W0289107

LA BALADE DE BOB KERJAN

En application de la loi du 11 mars 1957, toute représentation ou reproduction intégrale ou partielle faite par quelque procédé que ce soit, sans le consentement de l'éditeur ou du Centre français d'exploitation du droit de copie, est illicite et constitue une contrefaçon sanctionnée par les articles L.335-2 et suivants du Code de la propriété intellectuelle.

© Éditions Géorama
13, rue du Port - 29840 Porspoder
www.georama.fr

ISBN 979-10-96216-41-3

Hervé Bellec

LA BALADE DE BOB KERJAN
Livre premier

GÉORAMA éditions

SOMMAIRE

Il est long à se déclarer, ce pays
On n'en perçoit pas tout de suite
Le tressaillement organique
On le trouve généralement beau
C'est une manière
De s'en débarrasser
Georges Perros, *Poèmes bleus*

Pays stupide ! Peuple stupide !
Victor Hugo (Lettre à sa femme).

RODAGE

Le moins qu'on puisse dire, c'est qu'il n'avait pas l'air très heureux de s'en débarrasser et bien que l'heure fût plus à la négociation qu'à la compassion, je partageais modestement son chagrin. Il était en plein divorce et avait un besoin urgent de liquidités. Je comprenais, j'étais déjà passé par là, moi aussi, mais inutile de me prendre par les sentiments, mon vieux, *business is business*, n'est-ce pas, et si tu revoyais tes ambitions à la baisse, disons de deux ou trois mille euros, ça serait une bonne base de départ pour entamer une discussion sérieuse. Il a essayé de dévier le sujet en m'expliquant comment fonctionnait le frigo et, démonstration à l'appui, comment se rabattait le siège, à la façon d'un clic-clac, tu vois, de manière à faire une couchette tout ce qu'il y a de plus confortable.

« Oui, un super petit nid d'amour », ai-je renchéri avant de m'apercevoir à sa grimace que j'aurais mieux fait de me taire étant donné la période délicate qu'il traversait. Je sentais que ça lui faisait mal, cette couchette, que ça remuait de sacrés souvenirs. Il en avait dû se passer de belles dans cet habitacle de quatre mètres cubes, des confidences torrides sur l'oreiller, des parties de galipettes à n'en plus finir mais aussi des week-ends prometteurs qui tournaient vinaigre alors que la pluie ne cessait de tambouriner sur la tôle.

« J'ai changé la courroie de distribution il y a moins de six mois et les pneus sont quasiment neufs », ajouta-t-il sans grande conviction, un peu comme s'il tirait ses dernières cartouches.

C'était sans doute un honnête homme, raison pour laquelle il n'aurait pas fait long feu dans une carrière de vendeur de véhicules d'occasion. « Peut-être, mais il n'est pas tout neuf et il y a cette vilaine éraflure sur la porte latérale, là, qui me gêne » ai-je répondu. J'ai laissé glisser mon doigt sur la carrosserie le long de la cicatrice en affichant volontairement une moue dégoûtée. Ce n'était pas bien méchant mais c'était un argument de poids et je n'oubliais pas qu'il avait un pressant besoin d'argent, raison pour laquelle la première chose que j'ai faite quand il m'a invité chez lui à boire une bière a été de poser mon carnet de chèque sur la table du salon, histoire de lui afficher ma détermination. En Bretagne, une transaction quelle qu'elle soit ne se fait jamais devant un verre vide. Ça risquerait de porter préjudice aux affaires.

« Bon, on ne va pas y passer la nuit ! » ai-je marmonné.

J'ai sorti un stylo de ma poche et proposé un chiffre bien en deçà de l'offre initiale. Il a décapsulé les canettes en m'apprenant dans un stratagème éculé de changement systématique de conversation que la bière que j'allais boire était de fabrication locale issue de l'agriculture biologique. C'était un adepte du circuit court. La plume en l'air, j'ai hoché la tête d'un air entendu qui voulait dire que moi, mon petit gars, on ne me la fait pas. Il y a eu un silence puis, un peu penaud, il a remonté la barre de 2 000 balles. Je savais qu'il vivait une passe difficile, qu'après le véhicule, c'était la maison qui allait y passer, puis le canapé, le congélateur et le home cinéma que les avocats et les juges allaient sans tarder lui arracher, bref une bonne partie de sa vie était mise aux enchères, alors, trop bon, trop con, j'ai coupé la poire en deux et on a trinqué. C'est ainsi que pour la coquette somme de 22 000 €, Bob Kerjan, votre serviteur, est devenu acquéreur d'un van d'occasion de race Volkswagen, type T4, modèle California, version Free Style.

Il y a quelques années, j'avais ouvert à la banque une petite cagnotte dans laquelle je versais scrupuleusement mes droits d'auteur qui, bon an, mal an, tombaient dedans avec une énervante inconstance et ceci dans l'unique but de me payer un tel caprice. 22 000 balles, c'était la somme plafond que je m'étais autorisée. J'ai signé le chèque, fini ma bière, me suis essuyé les lèvres d'un revers de manche et j'ai attrapé les clés posées sur la table du salon. On s'est serré la pogne et j'ai grimpé à la place du chauffeur. Dans le rétroviseur, j'ai vu peu à peu s'estomper la silhouette d'un homme figé, les bras ballants au bord de la route, comme si on venait de lui arracher ce qu'il possédait de plus cher au monde. J'étais partagé entre le réel chagrin que je ressentais pour ce brave type visiblement déboussolé et la joie presque bestiale de tenir entre les mains le volant d'un combi Volkswagen nouvelle formule dont je rêvais depuis tant d'années. Un trois-étoiles. J'avais pris du galon, je montais un palier décisif dans l'échelle sociale. Une fois hors de sa vue, j'ai enclenché la troisième plein gaz en poussant un cri de guerre qui n'était pas sans rappeler celui d'un soldat de la Wehrmacht aux commandes de son blindé lors de l'invasion de la Pologne en septembre 1939.

Et d'abord, comment nommer autrement qu'un tank ce tas de ferraille monté sur quatre roues sinon par sa marque industrielle ? Un camping-car ? Surtout pas. Ne mélangeons pas les torchons et les serviettes, mon bon ami, nous n'appartenons pas au même monde. Un fourgon, alors, une fourgonnette, une camionnette, une roulotte, une carriole ? Le fourgon fait un peu trop dans l'utilitaire, genre *Raoul Dupneu, chauffage-plomberie-réparations en tout genre*, voire dans le sinistre quand on pense au fourgon de police, au fourgon cellulaire, autrement et joliment surnommé panier à salade, ou encore au fourgon funéraire pour ceux qui pensent que le mot corbillard n'a plus cours en nos sociétés modernes et aseptisées. Et puis il y a ce verbe « fourguer », comme pour se débarrasser du superflu, se refiler la patate chaude, mais aussi le fourgon à bestiaux, la bétaillère en d'autres termes, et l'on imagine sans peine des porcs, lamentablement entassés, balancés d'une ridelle à l'autre au gré des virages et de la conduite aléatoire d'un chauffeur aviné s'en allant gaiement vers l'abattoir en sifflotant un vieux tube de Joe Dassin. Rien que le mot transpire la peur et les effluves d'excréments ; bref, le fourgon, c'est non. La fourgonnette, itou. Tout juste bonne à transporter des poules, à la rigueur à livrer le pain et les mauvaises nouvelles aux populations des villages les plus reculés. La camionnette, malgré son petit parfum rétro de chanson des années trente, sur l'air de « *Dans ma camionnette, le lundi avec Suzette, dans mon gros camion le mardi avec Suzon* », avait aussi pris du plomb dans l'aile. Cependant, j'ai toujours eu un faible pour l'Estafette, un utilitaire conçu par Renault dans les années soixante, et qu'affectionnait également la Gendarmerie nationale. Du temps de ma jeunesse où j'arpentais avec mes deux compères musiciens les routes de l'Ouest d'un cabaret l'autre et d'un festival le suivant, on avait réussi à se dégoter « contre une poignée de moules », pour reprendre une expression bien connue des Brestois, une Estafette à un garagiste un rien louche implanté sur un terrain vague à la sortie de la ville à qui personne, sinon des saltimbanques de notre espèce, n'aurait osé acheter une voiture de seconde main. Certes, nous ne l'avions pas payée bien cher mais je vous prie de me croire qu'elle était vraiment d'occasion, cette occasion, et qu'elle ne valait guère plus. La carrosserie ne semblait tenir debout que par l'opération du Saint-Esprit et chaque démarrage du moteur tenait du miracle.

Déjà, à l'époque, les Combi Volkswagen immanquablement tatoués d'un autocollant antinucléaire étaient bien sûr plus glamours. On reconnaissait le bruit du moteur entre mille et on bavait d'envie chaque fois qu'on croisait leur bonne bouille rondelette. Ils évoquaient la Californie, le surf, le *Summer of Love*, la Route 66, les filles teintées au henné et parfumées au patchouli, en un mot la Liberté avec un grand L mais la demande dépassait l'offre. Quant aux rutilants fourgons Mercedes dans lesquels se pavanaient les orchestres professionnels de bal, inutile de rêver, c'était hors de nos moyens. Ne restait à notre portée que cette vieille Estafette vert-pomme-pourrie abandonnée au fond d'un hangar par un marchand de choux-fleurs de Plouénan. Alors, bon cœur contre mauvaise fortune, nous avalions à pleins pneus le bitume des départementales de Bretagne et même au-delà puisque nos chants immémoriaux ont résonné dans les oreilles des Toulousaines, des Bordelaises et même des Parisiennes. Parfaitement, Monsieur, des Parisiennes ! Or, donc, nous roulions été comme hiver dans cette Estafette qui défiait les lois de la mécanique. Aucune porte ne se fermait correctement. Transis de froid l'hiver car le chauffage ne fonctionnait plus depuis des lustres et que des courants d'air passaient comme des lames d'acier entre les interstices de la tôle rouillée à tel point que nous étions obligés de nous couvrir les jambes et les genoux d'un vieux sac de couchage, crevant de chaud l'été car, comme je l'ai écrit plus haut, nos contrats nous avaient envoyés jusque dans le sud de la France en plein mois d'août. Enfin, quand je dis contrat, tout le monde aura compris qu'il s'agissait d'un accord plus ou moins tacite conclu d'une cabine téléphonique avec le patron d'un bistrot aussi fiable que le garagiste cité plus haut. Des papiers, je n'en ai pas signé beaucoup au cours de ma carrière de musicien, à m'en mordre les doigts maintenant que l'heure de la retraite se pointe à l'horizon mais ce qui est fait est fait. Ou plutôt ce qui n'a pas été fait n'a pas été fait.

L'Estafette possédait malgré tout quelques avantages. Outre qu'on pouvait y ranger nos instruments et notre sono (deux gros baffles lourds comme des chevaux morts et un ampli frappé d'insuffisance respiratoire), nous pouvions aussi y dormir et y inviter nos belles pour une sieste éphémère si d'aventure l'un de nous avait eu ce jour-là la chance d'être élu par l'une de ces groupies. N'exagérons rien, elles ne furent hélas point légion et encore moins durant les mois d'hiver, mais j'ai souvenance d'y avoir cuvé deux ou trois fois après avoir joué et bu toute la soirée et sans doute plus bu que joué. Les cafés-concerts de l'époque étaient redoutables, la bière coulait drue dans les gosiers. Par bonheur, le concept de tolérance zéro n'était pas encore de mise et les contrôles d'alcoolémie une nouveauté un rien pittoresque. Alors on faisait confiance au destin. Bref, c'était un peu la vie de bohème, la vie sans façons, la vie de pata… patachon comme le chantaient jadis Bourvil et Georges Guétary dans une inoubliable opérette que tout le monde a oublié. Nous, on préférait appeler ça le rock'n'roll. Bien des années plus tard, j'avais fait l'acquisition d'un Ford Transit pour trimballer ma petite famille en vacances d'un camping à l'autre, de préférence avec piscine. Puis les gosses ont grandi, sont partis vivre leur vie de leur côté, ainsi que l'exige l'ordre des choses, et je me suis retrouvé à l'aube de la soixantaine sans d'autres perspectives que de continuer ma route, vaille que vaille, et le plus confortablement possible si ce n'était pas trop demander. Ce Volkswagen California arrivait pile-poil.

À ma connaissance, le premier récit de voyage en van, le premier *road trip* en quelque sorte, a été écrit en 1960 par John Steinbeck. *Voyage avec Charley.* Charley est un caniche et Steinbeck est déjà un écrivain mondialement reconnu, il obtiendra d'ailleurs le prix Nobel de littérature deux ans plus tard. Mais il est déprimé. Sa notoriété qui, selon lui, le coupe de la vraie vie et des vrais gens le démoralise et il se sait malade du cœur. Qu'à cela ne tienne, il décide de partir à l'aventure, de retourner à la source de son pays, c'est-à-dire jusqu'en Californie, quelque part entre Monterrey et Salinas. Lui, qui est devenu new-yorkais depuis deux décennies, qui fréquente la haute société et les soirées chic de la Cinquième avenue, qu'on respecte et qu'on admire, tourne soudain le dos à tout ce fumeux décorum. Sa femme Elaine, inquiète pour sa santé, tente en vain de lui faire changer d'avis mais Steinbeck est un teigneux et surtout un assoiffé d'espace, de liberté et peut-être de solitude. Il part donc seul avec son chien. L'argent n'étant pour lui plus un problème, il se fait construire sur mesure un camping-car

– appelons-ça ainsi – bien qu'il n'utilise jamais cette appellation. C'est un camion aménagé avec tout le confort nécessaire et superflu à la façon d'une cabine de yacht pour milliardaire repu et qu'il décrit en quelques lignes. Je le cite : *« Un véhicule robuste, rapide, confortable, équipé d'une maisonnette comprenant un lit double, un réchaud à quatre brûleurs, un poêle, un réfrigérateur et un système d'éclairage fonctionnant au butane, un espace réservé à la toilette, doté de w.-c. chimiques, un endroit destiné aux provisions, des fenêtres défendues contre les insectes »*. Bref, on s'approche du haut de gamme. En 1960, Steinbeck est le seul ou presque à s'offrir ce genre de caprice. Il baptise aussitôt son véhicule *Rossinante*, en hommage à la monture de Don Quichotte, et aussi pour faire taire les oiseaux de mauvais augure qui tentent de le décourager d'une si folle aventure.

Outre le chien, Steinbeck embarque à bord un fusil de chasse et deux carabines – n'oublions pas que nous sommes aux États-Unis – un stock de 150 livres à lire impérativement ainsi qu'une impressionnante réserve de bouteilles d'alcool (whisky, vins, cognac, gin, vodka…) et le voilà parti pour une odyssée trans-américaine de plusieurs semaines. Ce bouquin m'a toujours fait rêver, je crois d'ailleurs l'avoir lu trois ou quatre fois, toujours avec le même plaisir et forcément ça m'a mis la puce à l'oreille. J'avais envie, moi aussi, de mettre les bouts, de hisser la grand-voile, de me lancer à mon tour et à mon échelle dans une même virée, une même aventure, de partir à la redécouverte du vieux pays de mes Pères. J'avais envie de m'offrir une *« fantaisie vagabonde »*, comme le disait si bien Gustave Flaubert (qui va bientôt nous accompagner), envie de fouiner ce cabinet de curiosités qu'on appelait Bretagne depuis un bon millénaire et demi et, dans la mesure du possible, de relater mes pérégrinations dans un livre que j'aurais volontiers titré *Sur la route – On the road* ou *War an hent*, dans une version bretonne – si Jack Kerouac ne m'avait pas déjà piqué l'idée. De toute façon, j'avais tout le temps de le chercher, ce titre.

Certes la région est bien modeste par rapport à l'immensité des États-Unis parcourue par Steinbeck. Avec ses 34 017 km^2, Loire-Atlantique comprise, elle représente l'équivalent de l'État du Maryland et quand on regarde la carte de l'Amérique, le Maryland fait tout riquiqui, vraiment très riquiqui ; d'ailleurs je défie quiconque de situer précisément cet État, mais à l'échelle européenne, il faut savoir que la Bretagne est plus étendue que la Belgique ou l'Albanie, à peine moins grande que les Pays-Bas, qu'elle fait grosso modo la moitié de l'Irlande et qu'elle couvre trois fois la surface de l'Île-de-France, ce qui n'est pas rien. Cependant, je n'avais pas l'intention de faire un état des lieux de la vieille province à l'heure de la mondialisation, encore moins son autopsie géographique, économique ou culturelle. J'avais déjà parcouru ce pays en long et en large, et plutôt deux fois qu'une, de Nantes à Brest et de Quimper à Saint-Malo, mais je savais qu'il me restait un tas de petits coins à découvrir. À l'époque du lancement de ce projet, je vivais seul avec ma chatte dans ma petite maison au bord de l'Elorn, plutôt loup solitaire que vieux garçon si vous voyez ce que je veux dire. Je n'avais plus la vie devant moi mais j'avais un peu de temps de disponible, suffisamment de sous sur mon compte en banque, un plein de gazole dans le réservoir, quelques bières dans le frigo du van et tout un tas de cartes et de guides glissés dans la boîte à gants.

Une fois de plus, je me faisais la belle. Comme un voleur, un voleur de brume et de sel, un chapardeur d'images, un receleur d'horizons. Je voulais voir si l'aventure était au bout de la rue et si l'amour était dans le pré, si l'herbe était plus verte dans la prairie du voisin et le satin plus blanc dans le lit de la voisine. Sans une Suzette pour m'accompagner, sans une Suzon pour me tourner les pages de l'atlas, je partais seul – *« veuf, ténébreux, inconsolable »*, comme disait le poète – par un matin pluvieux, tout seul dans ma camionnette, simplement armé de « ma bite et de mon couteau », entendez par là mon ordinateur portable et ma carte de crédit.

PREMIER ÉPISODE

Un bon arrosage à l'ouest

Premier jour
Nantes – La Plaine-sur-Mer

Chaque jour que Dieu fait, il y a une personne dont le travail consiste à écrire environ une dizaine de lignes pour le bulletin météo quotidien. À vrai dire j'ignore si cette personne travaille directement pour le journal ou bien si c'est un salarié de Météo France qui rédige le papier, lequel sera sous-traité à la presse régionale. Toujours est-il que tous les matins un nouveau titre apparaît. J'imagine que cette personne a reçu des recommandations pour qu'en quelques termes aussi précis que concis, les prévisions météorologiques du jour soient présentées de manière immédiatement explicite, ce qui n'est pas aussi facile qu'il n'y paraît. Quel que soit le temps attendu, un brin d'humour et parfois de bonne humeur est souhaité. Après tout, ce n'est qu'une affaire de brouillard ou de chaleur, de dissipation des brumes matinales ou de risque d'orage. Il n'y a pas mort d'homme sauf en cas exceptionnel de canicule ou de catastrophes diluviennes. Le reste du temps, c'est la routine et justement, c'est cette même routine qui mérite toute notre admiration parce que si le ciel reste bleu pendant quinze jours, il faut trouver pendant ces quinze longues journées un nouveau titre à chaque bulletin, un titre de préférence original. Même punition s'il pleut pendant d'interminables semaines, ce qui n'est pas exceptionnel en Bretagne, tout cliché gardé. J'imagine la scène. Le type travaille de nuit devant tout un tas d'ordinateurs et il doit rendre son papier avant que ne s'emballent les rotatives. Il n'a pas eu trop de mal à faire une synthèse des prévisions, son collègue lui ayant préalablement tacheté la carte de petits soleils parfois partiellement cachés par de gros nuages blancs rondouillards. Des petits cercles pour les températures, bleus le matin, rouges l'après-midi, ont été ajustés, quelques flèches pour signaler la direction du vent ont été pointées, bref un petit boulot peinard. Mais le titre ! Bordel, le titre ! Cette éternelle question du titre. Le gars se lève, attrape sa veste pour aller s'en griller une petite en bas de l'immeuble où se trouvent les bureaux. Il regarde le ciel, cherchant l'inspiration, marmonne entre ses lèvres deux ou trois idées. Puis il remonte aussi sec les escaliers pour retrouver son ordi. Le titre lui est venu comme ça, entre le deuxième et le troisième étage. Rien de miraculeux dans cette histoire, juste une question d'habitude. Il le tape en caractère gras, s'entortille les lèvres pour jauger ce que ça vaut, puis incline la tête en guise de confirmation avant de sauvegarder le tout et l'envoyer à qui de droit.

C'est donc par ces quelques mots sibyllins qui ne m'appartiennent pas et volés à la barbe de l'auteur que j'ai décidé de titrer au jour le jour chacune de mes journées, ce qui m'épargnera dans la foulée de bien harassantes considérations météorologiques. Quatre-vingts jours pour quatre-vingts chapitres en deux tomes, c'était le cadre temporel et éditorial que je m'étais assigné pour ce tour de Bretagne que j'allais maintenant entreprendre. Un vieux projet que je mijotais depuis des années, un cure-dent entre les lèvres en étudiant la carte, un *Tro Breizh* qui serait différent. En d'autres termes et toutes proportions gardées, une sorte d'odyssée armoricaine, un *road trip* au beurre salé. J'avais décidé de partir en vagabondage à la rencontre de ce bon vieux pays, en zigzaguant selon mon humeur et les nécessités de la route, d'errer à la découverte de chapelles que je ne connaissais pas, de bistrots où l'on pouvait encore rouler sa clope au comptoir sans se faire clouer au pilori, de landes que je n'avais jamais arpentées et qui se trouvaient parfois à moins d'une heure de chez moi. J'allais faire confiance au hasard et au sens du vent. Nous vivions une époque où le mot d'ordre général était : *« On ne lâche rien ! »* Personne ne voulait rien lâcher, ni les gouvernements quels qu'ils soient, ni les Gilets jaunes qui faisaient du *reuz* dans tout le pays, ni les équipes de France de foot, de rugby ou de curling, ni même ma banquière et encore moins mon dentiste. Ils me fatiguaient, mon Dieu qu'ils me fatiguaient. *« On ne lâche rien ! »* Ils n'avaient que ce mot à la bouche, on l'entendait quinze fois par jour à la radio alors que j'arrivais à une époque de ma vie où, justement, j'avais salement envie de me lâcher, et de lâcher les rênes par la même occasion, peut-être même de me relâcher enfin, voire de tout lâcher.

Ni une ni deux, je suis donc allé au supermarché le plus proche pour remplir à ras bord un caddie de victuailles diverses et de produits dits de première nécessité que j'ai fourgués dans le fourgon à la va comme j'te pousse puis j'ai actionné mon clignotant et enclenché la première pour quitter le parking au plus vite avant de prendre la sortie de la ville en direction du sud. Le printemps me tendait ses bras tout humides.

Commençons par le commencement, en la bonne ville de Nantes, sur la butte Sainte-Anne, derrière l'église du même nom, rue Diderot où j'avais trouvé sans trop de difficulté une place où garer mon van sans avoir à sortir ma monnaie. Capuche sur la tête, je suis descendu sous la pluie vers le musée Jules Verne, où j'avais décidé de poser la première borne de mon périple, mon kilomètre zéro, en quelque sorte. Il fallait un début à tout, un point de départ précis, symbolique dans la mesure du possible, et j'avais pensé que ce ne serait pas une vilaine idée d'inaugurer ce voyage là même où l'auteur du *Tour du Monde en quatre-vingts jours* avait vécu son enfance et sa jeunesse. Le bouquin que je n'avais pas lu depuis disons une bonne quarantaine d'années était dans ma valise et je m'étais promis de replonger au plus vite dans les tribulations de Phileas Fogg, sorte de Don Quichotte psychorigide de la Révolution industrielle, accompagné de son fidèle serviteur Passepartout, le bien nommé.

Première désillusion, j'allais bientôt apprendre que la famille de Jules Verne n'avait jamais vécu dans cette maison. Ils habitaient au cœur de la ville, sur l'Île Feydeau, plus tard quai Jean-Bart où le père tenait son étude d'avoué puis au 6 de la rue Jean-Jacques-Rousseau. Par ailleurs, ils possédaient une maison à Chantenay, à l'ouest de la ville, dans un coin qui appartenait encore à la campagne. Devant moi, cette élégante bâtisse qui surplombait la Loire et abritait maintenant le musée avait dû appartenir à je ne sais quelle illustre dynastie d'armateurs mais ce qui était certain, c'est que le jeune Jules avait sans doute plus d'une fois traîné ses guêtres dans le quartier, ce qui n'avait rien d'étonnant. Malgré cette brouillasse qui enveloppait la ville, la vue était superbe et inquiétante à la fois. Le fleuve se prenait déjà pour un estuaire et tout invitait naturellement au voyage bien que ce qui apparaissait en premier lieu, hormis la Loire, n'étaient qu'usines en friche et parkings désaffectés. De grands projets étaient en attente, ainsi que le promettait un vaste panneau publicitaire scellé à la falaise. En haut d'un grand escalier qui descendait au port, sainte Anne bénissait d'un bras tendu l'autre rive où l'agglomération s'étendait aussi loin que la brume le permettait. On devinait la masse rectangulaire de la *Cité Radieuse* conçue par Le Corbusier que je m'étais promis d'approcher pour voir ce qu'elle pouvait bien receler de radieux, justement, parce que d'ici, voyez-vous, ça ne sautait pas vraiment aux yeux. D'ailleurs sous ce sale temps, rien ne semblait radieux en cette matinée du 2 mai. Je me sentais grognon. Il pleuvait sur Nantes, teint blafard, cœur chagrin, histoire connue, il pleuvait sur les 600 000 habitants de la métropole qui marchaient en baissant la tête sauf les plus dégourdis qui avait sorti le parapluie, il pleuvait sur la Cité Radieuse et sur les maisons colorées du petit port de Trentemoult, il pleuvait sur la Loire et sur ma capuche, il pleuvait sur Nantes et personne n'était là pour me donner la main. La belle chanson de Barbara me trottait dans la tête. Il était temps de me mettre à l'abri.

La toute première personne que j'ai rencontrée au tout début de cette aventure fut cette jeune fille brune âgée d'environ 25 ans qui, d'une façon fort aimable et parfaitement professionnelle, m'apprit que le musée n'ouvrait qu'à 14 heures. Elle semblait désolée, sans que je sache si c'était par ma déconvenue ou par mon allure de malheureux quémandant asile comme à la porte d'un couvent. Toutefois, je la remerciai. Elle me lança entre ses jolies dents un sourire capable à lui seul d'illuminer tout le département et c'était bien la seule chose que j'avais vue de *radieux* depuis mon arrivée à Nantes.

J'ai jeté un œil sur mon portable et j'en ai conclu qu'il me restait trois bonnes heures avant de pouvoir pénétrer dans le saint des saints pour officialiser solennellement le départ de mon périple. Trois heures, c'était à la fois trop et pas assez. Trop pour se contenter d'un tour du quartier, pas assez pour partir à la découverte de la ville. Bien sûr, je connaissais un peu Nantes mais je n'y avais fait que de brefs passages, des sauts de puce. Au début des années quatre-vingt, un de mes amis avait fait ses études à l'Ecole des officiers de la marine marchande et me revint en mémoire quelques virées mémorables dans les bistrots du quai de la Fosse du temps où il y avait encore des bistrots, aujourd'hui remplacés comme partout ailleurs par les marchands de kebabs et les cabinets de tatouages. Sans doute étais-je allé à une manif de plus pour le rattachement de la Loire-Atlantique à la Bretagne et plus sûrement, en 1983, à un concert au stade de la Beaujoire, du temps où j'étais encore capable de me coltiner 600 bornes aller-retour pour voir Bob Dylan. Mes autres apparitions relevaient du tourisme de base. Ne me restait qu'à errer dans les parages en attendant l'ouverture du musée, de faire en quelque sorte le tour du propriétaire.

La butte Sainte-Anne est un petit quartier paisible de pavillons de banlieue et d'immeubles propres sur eux où ne semblent vivre que des gens sans histoire et nantis d'un compte en banque suffisamment matelassé. Jadis, c'était le quartier breton. Ici, sur la commune de Chantenay, venaient s'échouer des hordes de paysans chassés des Monts d'Arrée ou du Méné par la misère, en quête d'un emploi sur le port. Des Bretons réfugiés en Bretagne, en quelque sorte. C'est dans la nef de cette église Sainte-Anne, bonne mère des Bretons, que l'on entendait résonner des cantiques en breton. Et les Nantais toisaient avec mépris ces pauvres hères venus manger leur pain et courtiser leurs filles.

Au sommet de la falaise qui surplombait une ancienne carrière en amphithéâtre, le square Maurice Schwob devait être un joli lieu de promenade sous un temps clément mais j'étais de toute évidence le seul client à m'y risquer. Je m'arrêtais un instant devant une étrange statue en forme de pietà qui avait tout l'air d'un monument aux morts de la Première Guerre mondiale bien qu'aucune inscription n'y fut gravée. Agenouillée devant le cadavre d'un jeune homme complètement nu aux allures christiques, une femme coiffée à la mode bretonne traditionnelle tendait un bras accusateur et son regard l'était tout autant. Le message était clair, sans appel, raison pour laquelle, je suppose, les autorités municipales de l'époque n'avaient pas cru bon de retenir ce projet mais comme l'œuvre était de bonne facture, on avait choisi cet endroit discret pour ne fâcher personne. Difficile de savoir vers qui était tendu le bras, j'ai bien sûr pensé à l'ennemi boche ou aux généraux français responsables de ce carnage, mais renseignements pris à mon retour, la statue signée Paul Auban s'appelle *L'épave* et cette pietà, c'est la mère éplorée d'un jeune marin péri en mer qui tend son bras vengeur vers l'océan.

Le square longeait un instant la corniche puis le chemin nous faisait descendre par des escaliers abrupts et glissants qui dégringolaient vers le fleuve puis remonter à travers de charmantes ruelles pavées où ne résonnait nul sabot. Un panneau indiquait le parc des Oblates. Ici aussi, personne. Ils étaient où, les gens ? C'était un ancien couvent situé au cœur d'un parc richement boisé qui laissait place ici et là à des jardins et des potagers. J'ai suivi un tracé joliment nommé *Le chemin des soupirs*, ponctué de quelques statues religieuses un rien pompeuses, qui me conduisit vers un petit cimetière enserré dans un enclos. Là, depuis 1949, reposaient sous un simple tertre de terre et dans la paix du Seigneur, du moins pouvait-on le leur souhaiter, une bonne centaine de bonnes sœurs à l'ombre de modestes croix blanches alignées comme à la parade. Ces sœurs Franciscaines Oblates du Sacré-Cœur s'appelaient toutes Marie. Marie Quelque Chose, Marie Timothée, Marie Opportune, Marie Bonaventure… et la plupart avaient eu des existences très honorables. Quelques-unes étaient devenues centenaires, ce qui laisse à supposer que la vie monastique a des vertus sur l'espérance de vie mais je préférais ne rien supposer. C'était à la fois émouvant et crispant. On se sentait hors de la ville, à la lisière de la cité, un peu hors du temps. En tout cas, on respirait dans cet endroit comme une sorte de sérénité douceâtre qu'il me tardait de quitter. La pluie poursuivait sa ritournelle. Les sirènes du premier mercredi du mois ont soudain retenti ajoutant au décor une note un peu sinistre. Il était donc midi, l'heure de se trouver un bon petit resto.

J'ai retrouvé la jeune fille aux jolies dents derrière le comptoir d'accueil du musée. Toujours avec le même sourire radieux, elle me demanda mon code postal avant de me tendre un ticket et de me souhaiter une bonne visite. Cette maison bourgeoise du XIXe était construite sur trois étages à flanc de falaise. De fait, l'entrée était au rez-de-chaussée et les autres étages étaient inférieurs.

On y trouvait des originaux de l'écrivain publiés chez Hetzel et tout un tas d'informations et de photos concernant le grand barbu. Des manuscrits, des illustrations, des objets rappelaient son parcours dont la maquette d'un étrange train volant destiné à nous propulser sur la lune et qui possédait des caissons de première, deuxième et troisième classes. Jules Verne avait passé vingt ans de son enfance et de sa jeunesse à Nantes, perdant son temps à rêvasser devant les navires en provenance de tous les ports du monde qui défilaient sur la Loire à la queue leu leu. On raconte qu'à onze ans, il embarqua sans demander l'autorisation à qui que ce soit sur un long-courrier en partance pour les Indes. L'histoire – ou de toute évidence la légende – est trop belle pour ne pas la raconter : le petit Jules voulait rapporter de l'Orient un collier de corail pour l'offrir à sa cousine Caroline dont il était éperdument amoureux. Son père le rattrapa par les oreilles *in extremis* à Paimbœuf, petit port situé en aval de l'estuaire, avant de le remettre dans le droit chemin, à coups de trique s'il en était besoin. Puis, son bac en poche, dépité par le mariage de Caroline avec un quelconque malotru, Jules partit faire des études de droit à Paris afin de reprendre la succession notariale de son père. Entre-temps, il commença à tâter de la plume. Des drames, de la poésie. Personne et encore moins sa famille ne prit ces enfantillages au sérieux. Il réussit néanmoins ses examens, passa sa thèse de droit avec succès mais décida de ne se consacrer qu'à l'écriture, avec plus ou moins de bonheur dans le théâtre. La rencontre avec l'éditeur Hetzel fut décisive et le succès immédiat. *Le Tour du monde en quatre-vingts jours*, paru en 1873, sera un best-seller. Une certaine Honorine, de noble souche picarde, lui ayant mis le grappin dessus, il l'épousa en justes noces avant de se retirer à Amiens, au milieu des champs de betteraves, où il s'éteignit le 24 mars 1905 après avoir pondu, s'il vous plaît, une bonne soixantaine de romans traduits dans presque toutes les langues du monde. Nantes, il n'y retourna guère, sinon pour gérer la succession de ses parents décédés et régler quelques affaires de famille.

C'était un chouette petit musée dont les fenêtres offraient la même vue sublime sur la Loire. Je croisais quelques badauds qui n'avaient rien trouvé de mieux à faire par ce jour de pluie et des gosses plus ou moins braillards qui chahutaient dans les allées. Voilà, c'était donc d'ici que démarrait mon voyage extraordinaire. Une petite heure de visite m'ayant suffi, je descendis vers le quai de la Fosse, passant en chemin devant la statue du capitaine Nemo qui pointait sa longue-vue vers l'océan et celle du jeune Jules en costume de mousse. Érigées dans un petit square situé en contrebas du musée, les deux statues signées Élisabeth Cibot avaient été inaugurées en 2005 à l'occasion du centenaire de la mort de l'enfant du pays. D'ailleurs, on trouvait du Jules Verne en veux-tu en voilà à tous les coins de rue, et je ne m'étais pas privé d'une halte dans un petit resto de la rue Sainte-Anne nommé Chez Jules qui proposait un plat du jour tout à fait honorable au prix modique de 12,50 €.

J'errai un moment dans le centre de la ville, ne sachant précisément quel itinéraire suivre. Il y avait encore tant de choses à voir sur Nantes, le château des ducs de Bretagne, bien sûr, et le musée Dobrée où quelques semaines auparavant avait été dérobé par un gang de pieds nickelés le reliquaire de la duchesse Anne avant qu'il ne soit retrouvé quelques jours plus tard au grand soulagement des adorateurs de notre dernière souveraine. Il y avait aussi les fameuses Machines de l'île, notamment son éléphant géant, mais je les avais déjà vues et je préférais reporter ces visites pour une occasion future, un jour de beau temps, pour changer. Le but de mon entreprise n'était pas de faire un inventaire exhaustif de la région mais plutôt de grappiller çà et là quelques petites perles, quelques mystérieuses impasses comme celles que j'avais découvertes le matin même au parc des Oblates. Et puis l'objectif principal était avant tout de me faire plaisir, raison sans doute pour laquelle je me suis aventuré un moment dans la médiathèque

Jacques Demy, un autre enfant du pays, histoire de me protéger un instant de la pluie et vérifier si par hasard mes propres bouquins étaient répertoriés.

Je suis sorti de la ville par la bien nommée rue des Usines bien que la plupart d'entre elles avaient mis la clef sous la porte. On y croisait surtout des friches hagardes, des hangars abandonnés, de la rouille et des flaques d'eau aux reflets irisés. Quelques tags et un graffiti qui n'était guère poli envers Emmanuel Macron égayaient un tant soit peu le macadam rafistolé de cette longue avenue. Une banderole déchiquetée flottait encore au portail clos d'une ancienne aciérie. Ça schlinguait le soufre ou je ne sais quel produit chimique et ce n'était pas très gai mais j'avais décidé d'éviter à tout prix ces zones périphériques qui se ressemblaient toutes et où fleurissaient jusqu'à saturation les mêmes enseignes qu'on voit partout, les Ikea, les Decathlon, les Leroy-Merlin, bref les labyrinthes qui nous rendent maboul tout en nous faisant croire que le bonheur est au bout de la carte de crédit. Quelques kilomètres plus tard, je traversais la Loire à Indre par le bac proposé gracieusement par le Conseil départemental de Loire-Atlantique, comme le proclamait en grandes lettres une affiche collée sur le bateau. Il suffisait de se garer sur le pont à la suite des autres bagnoles et en cinq petites minutes, le bac nous catapultait gratuitement sur l'autre rive.

J'entrai alors en *terra incognita*. Je ne connaissais personne de ce côté-ci du fleuve et nul ne me connaissait. Je n'avais aucune adresse, aucun repère sinon une carte et quelques guides. Mes essuie-glaces couinaient en permanence à la façon d'un chaton martyrisé par un sale gosse. Je traversais les interminables lotissements de la banlieue nantaise, les ronds-points succédaient aux ronds-points, les supermarchés aux supermarchés, j'avais déjà hâte d'échapper au tohu-bohu de la ville mais une fois traversé une paroisse nommée Le Pellerin, la circulation se fit plus lâche, on pénétrait peu à peu dans la campagne. J'empruntai une route adjacente sur ma droite qui indiquait la direction du canal de la Martinière et stoppai un peu plus tard mon véhicule face à une écluse.

Sans être extraordinaire, c'était un endroit plutôt paisible, hors la ville et hors le temps, lui aussi. Le canal longeait la Loire sur une dizaine de kilomètres. Il avait été creusé à la fin du XIXe siècle pour permettre aux navires de grand gabarit d'accéder au port de Nantes mais aujourd'hui, il ne servait plus qu'aux amateurs de balades en kayak et à quelques rares pêcheurs d'anguilles. Le chemin de halage pouvait également être un excellent prétexte à une promenade sentimentale mais point d'amoureuses dans les parages sinon un couple d'aigrettes se livrant à quelques batifolages ne portant pas à conséquence. De fait, les prairies et les marais situés au nord formaient depuis l'ouverture du canal une île, l'île de Massereau. J'ai traversé un pont très étroit enjambant le canal, puis un autre pont sur une petite rivière nommée le Mignon et j'ai mis le cap au nord sur ce qui ressemblait à une espèce de piste, du moins un chemin d'exploitation. Il n'y avait là aucune construction, ni ferme, ni hangar, ni maison, rien que des pâturages et quelques étangs où les grenouilles faisaient comme chez elles. Sur des prés carrés qui ressemblaient aux cases d'un échiquier de verdure, les troupeaux de vaches ou de moutons étaient les pions d'un jeu de société dont je ne saisissais pas toutes les règles. Au volant de mon char, j'avais l'impression de profaner les lieux, de transgresser un interdit et ce n'était pas qu'une impression. Même en roulant au pas, mon pot d'échappement résonnait dans ce sanctuaire comme des pets foireux dans un dîner de gala. Je ne savais même pas si j'avais le droit de rouler ici. Tout était plat, silencieux à en devenir inquiétant. J'ai éteint le moteur et continué à pied, j'allais dire à tâtons sur ce semblant de route qui menait à la Loire. Je n'ai croisé ici qu'un seul couple de promeneurs qui se serraient l'un contre l'autre sous un même parapluie. On s'est salué de la tête, comme il est d'usage, sans chercher à engager la conversation. La Loire apparut au bout d'une petite vingtaine de minutes. Sur l'autre rive, se dressait la silhouette inquiétante de la centrale électrique de Cordemais.

C'est sur ces lieux même qu'un projet de centrale nucléaire avait vu le jour dans les années soixante-dix, en même temps que celui de Plogoff, projets abrogés, on le sait, par le gouvernement de François Mitterrand. Mais en 1996, rebelote. L'EDF qui avait acheté les terrains envisageait maintenant le remblaiement des zones humides, celles que je traversais présentement, en vue de l'implantation future d'une centrale, sans préciser de quel type d'énergie. Après toute une série de pétitions et de manifs, avec comme point d'orgue une chaîne humaine réunissant 30 000 personnes entre Paimbœuf et Le Pellerin, et alors que les CRS commençaient à en avoir marre de se battre contre des troupeaux de bovins et d'être arrosés de lisier par les agriculteurs du coin, le gouvernement Jospin avait décidé de passer l'éponge en septembre 1997. Aux dernières nouvelles, le site se reconvertirait dans l'énergie éolienne.

Il me fallait trouver un gîte pour la nuit. Mes vêtements étaient trempés et le froid commençait à me transpercer les os. J'ai continué vers l'ouest, le long de l'estuaire, tourné le bouton de l'antibuée à fond et augmenté le chauffage du van. Paimbœuf portait un joli nom mais je ne m'y arrêtais que pour contempler une installation d'art contemporain un peu foldingue. Depuis quelques années, les autorités locales (Département, Métropole, Région) ainsi que quelques groupes privés alléchés par les avantages fiscaux du mécénat avaient eu la bonne idée de faire appel à des plasticiens pour égayer un peu l'estuaire entre Nantes et Saint-Nazaire. Certaines réalisations étaient vraiment audacieuses. Sur la Loire, j'avais aperçu une maison factice posée de traviole comme si elle s'enfonçait peu à peu dans la vase. Au bout de l'écluse de la Martinière, c'était un voilier tout ramolli posé au bord du quai qui, comment dire, piquait du nez. Ici, à Paimbœuf, il s'agissait d'une sorte d'enchevêtrement d'escaliers et de structures en bois qui s'entrecroisaient dans tous les sens. L'œuvre signée Kinya Maruyama s'appelait *Le jardin étoilé* et avait de toute évidence été adoptée par les gens du coin. Au bout du parking, cloué à son calvaire, le Christ semblait regarder tout ce capharnaüm d'un air consterné. Plus loin, au bout de la pointe de Saint-Brévin, sous la silhouette du grand pont de Saint-Nazaire, là où l'estuaire embrasse l'océan, c'était le terrifiant squelette d'un gigantesque serpent de mer, œuvre métallique d'un Chinois nommé Huang Yong Ping, qui s'était échoué sur la plage. Je me garai, fis quelques pas sur la corniche. Les cirés jaunes étaient de sortie. Le vent redoublait d'effort. Rien pour moi qui valait la peine de faire escale, ce qui était un peu dommage car Paimbœuf est un nom qui sonnait plutôt bien.

Il me semble que la dernière fois où j'ai dormi à la belle étoile, c'était sur cette plage de Saint-Brévin-les-Pins. *Flashback* : nous étions en 1986, j'avançais sur la route de Saint-Jacques de Compostelle et je n'avais pas les moyens de m'offrir une chambre dans l'un de ces hôtels qui affichaient vue sur mer. Je m'étais payé depuis mon départ matinal de La Roche-Bernard une bonne quarantaine de bornes, traversé dans la même journée les marais de la Brière, l'interminable périphérie de Saint-Nazaire avant de traverser, toujours à pied bien sûr, ce majestueux pont qui, sur trois kilomètres, enjambe la Loire avant d'échouer sur cette plage, un peu à la manière de ce serpent de mer qui gisait là. J'étais épuisé et je me demandai une fois de plus ce que je foutais là, question récurrente à tout voyageur qui ne comprend toujours pas les motivations profondes de son projet. Si c'est pour partir à la découverte du monde ou s'évader de son propre monde à lui. Bref, j'avais étalé mon sac de couchage sur le sable, à l'abri d'un buisson puis m'étais grillé deux ou trois cigarettes en éclusant une canette de bière tiède achetée dans une supérette du coin. Devant, c'était le même paysage, sauf qu'il avait fait toute la journée un cagnard du feu de Dieu, qu'il n'y avait pas cette brume poisseuse et démoralisante, ce qui ne m'empêcha nullement d'être un tantinet démoralisé en cette soirée de septembre 1986. Sur l'autre rive, je devinai les grands portiques, les grues-girafes et la proue hideuse d'un paquebot en achèvement de construction qui allait bientôt sillonner toutes les mers du globe pour déverser à chaque escale ses deux à trois mille touristes tous prêts à dégainer leur carte de crédit dans les boutiques chinoises de Venise ou de Dubrovnik. J'observai la ronde des goélands. Les plus téméraires s'approchèrent pour grappiller quelques miettes de mon sandwich, mais elles pouvaient crever, ces sales bêtes. À chacun de leur cri, j'avais l'impression qu'elles se moquaient de mon misérable sort. Je crois que j'avais néanmoins réussi à dormir trois ou quatre heures. Quelques semaines plus tard, j'étais parvenu vaille que vaille à Saint-Jacques de Compostelle, le teint hâlé et les pieds en compote. À mon retour, j'avais rédigé le récit de ce pèlerinage. Les gens m'en parlent encore de ce premier livre. Ils me disent, en me tapant sur l'épaule comme si on avait gardé les vaches ensemble, à quel point ils se sont fendus la poire à lire mes turpitudes et mes tribulations. Pourtant, je ne trouvai rien de marrant en cette soirée du 1er septembre 1986, non, vraiment rien de drôle. J'avais mal aux pieds, aux genoux, aux chevilles, au dos, aux couilles et au cœur, j'avais mal partout et je cherchai un sens à tout ça. Je peux l'avouer aujourd'hui, *Garce d'étoile*, ce bouquin innocent et sautillant que j'ai écrit en 1988, n'a absolument rien à voir avec les notes prises au jour le jour sur mon petit calepin mais qu'importe, écrire, c'est mentir, tout le monde sait ça. Pour ce présent récit, considérons d'ores et déjà qu'il en sera de même.

Trente-deux ans plus tard – mon Dieu, trente-deux ans ! – je me revois sur cette plage, tout seul, tout con, à me battre contre un goéland qui en voulait à ma boîte de sardine et ma portion de Vache-qui-rit. Tout avait depuis changé. Je voyageais maintenant dans un van, certes d'occasion, mais confortable et sécurisant, les distributeurs me souhaitaient la bienvenue à chaque fois que je retirais de l'argent, j'avais dans la poche une petite machine électronique à partir de laquelle je pouvais téléphoner, consulter mes mails, étudier les cartes, m'informer sur les prévisions météo, obtenir des renseignements sur les régions que je traversais et trouver le camping ainsi que le point wifi le plus proche. En 1986, rien de tout cela, que dalle, ma besace et mon bourdon, point. En 1986, j'étais un homme libre mais ce qui n'avait pas changé depuis ces longues années, c'est que je n'avais toujours pas trouvé le sens à donner à tous ces vagabondages. À chaque fois, que je me trouvais devant l'étagère à chaussures, j'hésitais entre les charentaises et les godillots.

Côte de Jade, c'est ainsi qu'ils nomment pompeusement la portion de littoral entre Saint-Brévin-les-Pins et Pornic. Rien de très excitant. Des hôtels plus ou moins chic, un casino, des villas vue sur mer aux volets clos, des promenades le long des dunes, des parcours-santé, oui, des parcours-santé, encore un hôtel et une multitude de villas cachées à l'abri des pins. Le dépliant de l'office de tourisme nous promet sans rire un « lieu idéal pour se ressourcer », pour y faire « le plein d'énergie » et partir « à la recherche de nouvelles sensations », ben voyons, mais tous les offices de tourisme du monde nous hameçonnent peu ou prou avec les mêmes arguments. Je me suis arrêté quelques kilomètres plus loin sur le parking du Super U pour faire quelques emplettes et me suis mis en quête d'un camping que j'ai trouvé sans trop de difficultés dans un patelin qui s'appelait La Plaine-sur-Mer. On peut supposer que le « sur-mer » avait été ajouté au cas où quelques clampins de passage n'auraient pas remarqué qu'il y avait un océan dans les parages.

Je privilégiais les campings pour trois raisons. Un, ils proposaient des toilettes (avec papier ou non, ça dépendait) ainsi que des douches plus ou moins chaudes et j'en avais bien besoin. Deux, on pouvait se raccorder à un boîtier électrique, ce dont mon ordinateur, ma vaporette et mon portable avaient également grand besoin. Trois, un minimum de sécurité nous était garanti et on pouvait parfois discuter le bout de gras avec ses voisins, comme ce vieux monsieur, par exemple, un gendarme en retraite qui vivait là avec sa femme une bonne partie de l'année dans son mobile-home et qui, me voyant un peu désarçonné avec mon câble électrique au bout du bras, fut tout à fait enclin à m'indiquer la prise. D'emblée, il m'avait mis au parfum : « C'est le paradis, ici. Tranquille, peinard. En plus, ils ont prévu beau temps pour demain ! Que demande le peuple ? »

Je ne sais pas si le peuple en soif de ressourcement demandait le plein d'énergie et de nouvelles sensations, en tout cas cet homme-là me paraissait en effet jouir ici d'un petit bonheur bien tranquille et sans prétention. Un jeune couple se pointa à ce moment-là à bicyclette. Ils avaient l'air éreinté, dégoûté même. Cette journée de pluie les avait littéralement lessivés et, suprême épreuve, ils avaient traversé le pont de Saint-Nazaire en priant à chaque tour de roue qu'une bourrasque ne les envoie pas valdinguer au-delà du parapet. Ils s'en venaient de Tours et pensaient pédaler ainsi jusqu'à Bordeaux. Bien au chaud dans mon van, j'ai pris un malin plaisir à les regarder s'esbigner pour monter leur petite tente de rien du tout. J'ai bien pensé leur offrir un verre de vin mais on sentait qu'il y avait entre ces deux tourtereaux un peu d'eau dans le gaz. Ça croassait plus que ça ne roucoulait, si vous voyez ce que je veux dire, et moi aussi, nom d'une pipe, j'avais mes soucis.

Retour du soleil
Deuxième jour
La Plaine-sur-Mer – Machecoul

Il aura fallu soixante-quinze longues années avant que le gouvernement britannique reconnaisse officiellement le naufrage du *Lancastria*, un paquebot réquisitionné pour permettre l'évacuation des forces armées de sa Majesté qui refluaient vers la côte atlantique devant l'avancée foudroyante des troupes allemandes. Le 17 juin 1940, dans une panique totale et sous le feu continu des attaques de la Luftwaffe, peut-être plus de 10 000 hommes – nul ne connaît le chiffre exact – s'engouffrèrent à bord du navire conçu à l'origine pour accueillir un maximum de 2 150 passagers. Ses amarres à peine larguées, une escadrille de Junkers bombarda le bâtiment qui coula au large de Saint-Nazaire en une vingtaine de minutes. Certains historiens évaluent les pertes à plus de 6 000 victimes, ce qui représente la plus grande catastrophe maritime de tous les temps mais on n'en saura pas davantage avant l'ouverture des archives prévue en 2040. Or, les autorités britanniques, Churchill en tête, décidèrent de garder secret l'événement afin de ne pas démoraliser l'opinion publique, déjà fort éprouvée par la déroute face à la Blitzkrieg et l'évacuation de Dunkerque. Secret militaire. Motus et bouche cousue. Les jours suivant, les habitants du secteur virent affluer sur les côtes des centaines de cadavres englués de pétrole qu'ils enterrèrent avec les moyens du bord dans les cimetières alentour, de Saint-Nazaire jusqu'à Pornic. Je ne suis pas un spécialiste de la Seconde Guerre mondiale, et d'ailleurs je ne me pose en spécialiste de rien du tout, mais connaissant quand même deux ou trois choses sur le sujet, je m'étonne d'avoir tout ignoré de ce drame jusqu'à ce jour.

Je me trouvai maintenant face à l'océan, sur la pointe Saint-Gildas baignée enfin par une extraordinaire lumière printanière et sur laquelle je mettais les pieds pour la première fois de ma vie. Ce retour tant attendu du soleil m'avait donné un bon coup de fouet au moral. Non loin d'un blockhaus, une plaque commémorative expliquait en quelques lignes et images ce qui s'était passé en cette funeste journée du 17 juin 1940 et avait été tenu secret pendant tant d'années. Je décidai de m'aérer les guibolles quelques heures pour faire le tour de la pointe, sorte de bastion naturel qui, par défi ou par morgue, semblait tirer la langue au grand océan. À ma gauche s'effilait tout en longueur l'île de Noirmoutier tandis que la clarté me permettait d'apercevoir le profil bien modeste de l'île de Hoëdic qui ne perdait rien pour attendre ma prochaine visite.

La balade était plaisante, ponctuée çà et là de panneaux explicatifs consacrés soit aux blockhaus du Mur de l'Atlantique, soit à des peintres qui avaient œuvré dans les parages et dont le tableau se trouvait reproduit ici face au paysage réel. On longeait quelques criques de sable très jaune et des récifs qui plongeaient vers la mer. C'était visiblement un circuit très prisé par les promeneurs et les touristes. Des « bacs à marée » avaient été installés le long de la côte pour y déposer les débris qu'on pouvait ramasser sur les grèves dans un geste « éco-citoyen », précisait l'affiche. De l'autre côté, des villas du début du XXe siècle se succédaient avec plus ou moins de bonheur architectural, la plupart bien entendu gardaient les volets clos, ce qui était tentant pour un voleur et navrant pour un promeneur. Beaucoup d'entre elles portaient un nom un peu tartignolle, tantôt à la mode bretonne – *Kerlouise, Keremma, Kermachin, Avel Mor, Roz Avel…* – tantôt plus généraliste – *Folle Brise, Les Mille Roses, Vents et marées, Chantelevent…* et je me suis demandé si elles répondaient quand on les appelait par leur nom, ces maisons à la con. La balade s'achevait devant un télégraphe reconstitué situé près du sémaphore proposant une petite exposition sur l'histoire dudit télégraphe.

Je ne voyais guère d'intérêt à traîner dans le bourg de Préfailles. L'église était tristounette et la dame qui s'occupait de l'entretien des lieux était désolée de ne pouvoir m'indiquer la direction du cimetière. « Je suis nouvelle ici, s'excusa-t-elle comme si elle venait de commettre un péché véniel. Allez à l'office de tourisme, c'est plus sûr ! » Aussitôt dit, aussitôt fait, la jeune femme de l'office me tendit avec un large sourire qu'il me semblait déjà avoir vu quelque part une carte des environs en me demandant mon code postal. J'aurais sans doute souhaité qu'elle m'interroge sur mes motivations de voyageur égaré à la recherche d'un cimetière, qu'elle me questionne sur la réunification de la Loire-Atlantique à la Bretagne, si j'étais pour ou contre un aéroport à Notre-Dame-des-Landes, ou qu'elle s'autorise pendant qu'on y était à me demander si je croyais en la culpabilité de Guillaume Seznec mais non, de toute évidence, mon code postal lui suffisait amplement, elle n'en demandait pas davantage. Las, je lui livrai les cinq chiffres magiques sur lesquels elle ne fit aucun commentaire mais qu'elle nota soigneusement dans un coin mystérieux de son ordinateur.

Au bout du cimetière de Préfailles étaient alignées une vingtaine de tombes des naufragés du *Lancastria*. La plupart portaient la mention *Known unto God*, « connu de Dieu seul ». Le soleil frappait les pierres blanches, toutes semblables à des dominos, à l'ombre desquelles de fragiles parterres de fleurs psalmodiaient des cantiques en silence.

De là, j'ai suivi la côte par le sud jusqu'à Pornic. De croquignolettes petites criques au sable orangé se planquaient le long de la corniche et donnaient envie de s'y baigner mais j'étais bien trop frileux pour y risquer ne serait-ce qu'un doigt de pied. Ici et là également, et bien qu'il n'y eût pas le moindre pêcheur à l'horizon, on apercevait des pêcheries sur pilotis plantées comme des promontoires avancés sur l'océan, des postes de guet qui devaient faire le bonheur des photographes et des vendeurs de cartes postales. Portmain était l'un de ces petits endroits qui méritaient qu'on s'y attarde un instant. Sur le port qui n'en était plus vraiment un, une sorte de paillote était bizarrement aménagée dans un container. Quelques personnes portant chapeau et lunettes de soleil étaient attablées en terrasse. Les femmes qui avaient dénudé leurs épaules laissaient apparaître leur nouveau tatouage et il flottait dans l'air comme un petit avant-goût estival. J'ai pris place à mon tour et la serveuse m'apporta le café que j'avais commandé. Tourné vers le large, confortablement installé, c'était un excellent poste d'observation pour ne rien faire.

Que dire de Pornic, appelé « le Trouville breton », sinon que j'étais à peu près certain d'y être déjà venu sans qu'aucun souvenir tangible ne me revienne à l'esprit ? Sans doute parce que c'était dans une autre vie et qu'une femme aux épaules dénudées, elle aussi, me tenait ce jour-là la main. Or je ne suis pas le seul à avoir plusieurs fois constaté qu'on ne voit pas le paysage de la même façon dès lors qu'on est en agréable compagnie et parfois même, on ne le voit plus du tout. Paul Léautaud, l'amoureux des chats et le pourfendeur aigri du genre humain, s'y rendait régulièrement en vacances, chez « le Fléau », ainsi surnommait-il sa maîtresse, Anne Cayssac, à le lire une emmerdeuse de première mais une redoutable baiseuse. Sa villa, je vous le donne en mille, s'appelait *Ker Miaou*. Difficile de trouver plus édifiant. En 1929, Léautaud écrivait ceci dans son journal : *« Pornic qui offrait jusqu'à la fin de la guerre, et deux ou trois ans encore ensuite, un endroit à peu près tranquille, est envahi maintenant et de plus en plus par plein de maisons nouvelles. Ker Miaou est entouré maintenant de toutes parts de voisins, une raison de plus pour ne pas m'attirer. Où aller, pour fuir tout ce bruit, tout est envahissement, tous ces baragouins, toute cette montée de vulgarité. »*

Inutile de prendre la mouche, bonnes gens de Pornic, Léautaud a passé l'essentiel de sa vie à râler contre tout, contre ses propres amis et ses quelques femmes, contre ses éditeurs, contre les gouvernements quelle que soit leur couleur, contre les Juifs et les Allemands et pour finir contre le bon Dieu lui-même. Je me suis garé sur un parking au pied d'un château qui avait appartenu à Gilles de Retz dont on aura bientôt l'occasion de reparler et j'ai marché quelques pas sur l'étroite promenade qui longeait un bras de mer à marée basse où croupissaient, éparpillés comme des hérons sur une vasière, une bonne vingtaine de voiliers et de coques en plastique. Il y avait du monde, certes, c'était les vacances de printemps, ce qui signifiait des familles, des gosses, des landaus, des poussettes, des bagnoles, des vélos, des cris, des pleurs, des chiens en laisse ou non, des selfies dans tous les sens et des marchands de glace, mais que Léautaud n'aille pas se plaindre, il ne connaissait pas encore les conséquences funestes des congés payés qui, depuis 1936, poussaient des hordes de vacanciers vers les stations balnéaires. Pornic en était une, comme tant d'autres, et peut-être pas la pire. C'était même un petit port assez mignon, certaines villas avaient vraiment du cachet, d'ailleurs le dépliant que j'avais entre les mains me souhaitait la bienvenue en me promettant une fois de plus que c'était l'endroit idéal pour se ressourcer et faire le plein d'énergie. J'ai dépassé le casino, ai mis un pied dans une galerie improvisée de photographes locaux qui proposaient des choses enfin originales, puis j'ai longé les quais avant d'emprunter une rue parallèle, jetant ici et là un coup d'œil consterné sur les vitrines des agences immobilières avant de rejoindre le van à petits pas. J'en avais assez vu.

Sauf qu'à la sortie du bourg se trouvait l'admirable tumulus des Mousseaux, vieux de presque six millénaires, c'est-à-dire bien antérieur à nos ancêtres les Celtes ou les Gaulois. C'était un amas de blocs de grès savamment orchestré en pyramide autour de deux dolmens parallèles. À l'origine, le monument était recouvert de terre, moyennant quoi on parle encore de tumulus et non de cairn. Je consultais aussitôt la précieuse édition originale du *Guide de la Bretagne mystérieuse* écrit par le défunt druide Gwenc'hlan Le Scouëzec (Tchou, 1979), un vieux bouquin épatant qui ne me quittait guère lors de mes balades et dont les pages écornées exhalaient une merveilleuse odeur d'humidité. Le Scouëzec évoquait des gravures et des reliefs énigmatiques sur les parois, allant jusqu'à suggérer des représentations féminines. Je suis entré sous le dolmen, ai tâté doucement les reliefs rugueux de la pierre au cas où je tomberais sur une tendre paire de seins mais les motifs ne me paraissaient pas de lecture évidente. En revanche les quelques débris de papier-toilette qui gisaient au fond de ce qui était à l'origine une tombe étaient d'interprétation plus aisée. Ne me restait qu'à maudire la personne qui avait déposé ici sa crotte, prier pour qu'elle soit frappée d'un prurit inguérissable et qu'elle soit condamnée à se gratter le cul jusqu'à la fin de ses jours. Dans le même genre de blasphème, un nommé Émile Cauly, archéologue amateur qui avait pondu un livret sur le monument, avait désiré qu'une des pierres du tumulus couvre son tombeau au cimetière de Pornic et son vœu fut accompli à son décès en 1928 sans que, visiblement, personne ne s'en offusque.

Bourgneuf-en-Retz, la paroisse suivante, possède un petit musée associatif tout simplement nommé Musée du Pays de Retz. Grosso modo, le Pays de Retz occupe toute la partie sud-ouest du département, de la côte atlantique au lac de Grand-Lieu, et les autochtones se nomment tout aussi simplement les Paydrets. Sous le règne d'Erispoë, ce qui nous ramène au IXe siècle, les Bretons avaient infligé aux Francs une sévère raclée sur les champs de bataille. Leur roi, Charles le Chauve, fut contraint en 851 de signer le traité d'Angers qui reconnaissait la domination bretonne sur tout le Pays de Retz, raison pour laquelle les gens d'ici, mais pas tous loin de là, se considéraient comme Bretons. En tout cas, Claudie, la dame de l'accueil du musée, était une vraie Bretonne, de par ses origines malouines, et tenait à ce que ça se sache. Pourquoi diable avait-elle donc atterri ici, au fin fond des marais ? Mystère et boule de gomme, je n'en savais fichtrement rien mais elle me fut tellement sympathique que je lui donnai en guise de sésame et sans rechigner mon code postal avant de sortir royalement de ma poche un billet de cinq euros, en échange de quoi j'eus droit à une petite visite fort intéressante sur les us et coutumes de la région avec en introduction, un film d'une vingtaine de minutes qui dévoilait toutes ses beautés secrètes. Une ancienne salle de classe avait été reconstituée, de même qu'une auberge d'antan où quatre mannequins jouaient tranquillement aux cartes tandis qu'une jolie bourgeoise habillée comme à la ville attendait qu'on veuille bien lui apporter sa camomille. Plus loin, une alléchante vitrine montrait une riche collection de culottes de femmes, depuis le XVIIIe siècle jusqu'à nos jours, en bref depuis l'ample jupon fendu par le milieu jusqu'à ce charmant petit string de dentelle blanche. Était également présentée toute une collection de costumes traditionnels ainsi que des outils de forgerons, de pêcheurs à l'anguille et de paludiers, bien sûr, puisqu'on exploitait le sel dans la région depuis l'âge du Fer. Au Moyen Âge, Bourgneuf était alors un port qui exportait son sel jusqu'aux villes de la Baltique. Puis la baie s'était progressivement envasée et la mer s'était retirée de quelques kilomètres. D'antiques cartes, dont celle des Cassini, témoignaient de ce recul.

Peut-être avais-je été le seul visiteur de l'après-midi, toujours est-il que je n'en avais croisé aucun et sans doute étaient-ils tous restés à Pornic pour sucer des glaces caramel au beurre salé et se prendre en selfie en train de sucer ladite glace. Qu'importe, j'avais passé une petite heure plutôt enrichissante dans ce vrai petit musée de pays, authentique et populaire, et ce fut bien agréable de discuter le bout de gras avec Claudie, la responsable des lieux qui me conseilla deux ou trois visites à faire dans la foulée. La chapelle de Prigny, par exemple, ou bien la lanterne des morts face à l'église des Moutiers-en-Retz ou encore le port du Collet, ce qui exigeait que je revienne sur mes pas mais qu'importe, je n'étais pas là pour faire une course de vitesse. Je lui serrai la main, regrettant après coup de ne pas lui avoir fait la bise. Elle le méritait amplement.

La chapelle de Prigny (XIe siècle) perchée sur une butte qui fut un oppidum gaulois en même temps qu'un poste d'observation sur tout le marais était fermée comme le seront à peu près toutes les chapelles de campagnes que je croiserai au cours de mon voyage. Dommage car j'aurais pu y découvrir une ancre viking, comme l'annonçait le prospectus. En revanche, l'église des Moutiers souhaitait la bienvenue aux fidèles et aux visiteurs de passage dont je me revendiquais. J'aimais bien le mot « passage », le mot « visiteur » également. Voilà, c'est ça, je n'étais qu'un modeste visiteur de passage. Pas grand-chose à raconter sur l'église. On retrouvait comme partout ces affiches un rien cucul qui faisaient appel à la générosité des fidèles pour le denier du culte et montraient immanquablement un jeune prêtre aux dents blanches, souriant comme pour une pub d'eau de toilette et portant comme la mode actuelle l'exige une barbe de trois jours, autant dire un prêtre plutôt sexy, mais c'était toujours une vieille dame qu'on rencontrait à l'intérieur et qui s'occupait des fleurs, et la vieille dame ressemblait à s'y méprendre à chaque vieille dame que je croiserai dans chaque église qui aura l'honneur de ma visite. La lanterne des morts est une tourelle située sur le placître. Fait unique en Bretagne et peut-être ailleurs, c'est le seul monument qui s'allume la nuit de la Toussaint et à chaque fois qu'on enterre un mort dans la paroisse. Pour l'heure, c'était toute une famille un rien braillarde qui prenait le goûter au pied de la lanterne.

La petite route qui suivait le littoral vers le sud et traversait les marais de Lyarne était de toute beauté. On n'y croisait très peu de constructions sinon des fermes isolées, des hangars, de temps en temps un calvaire dressé solitaire à la croisée d'un chemin. Ici des vaches, des moutons et des chevaux caressés par le soleil et taquinés par le vent avaient trouvé leur petit arpent de paradis. Le long de la grande plage quasiment déserte, des pêcheries s'alignaient à perte de vue et l'île de Noirmoutier semblait à portée de main.

Je roulais à 30 à l'heure et j'avais pourtant l'impression d'aller trop vite. Que n'avais-je eu l'idée de faire le chemin à pied ? Au bout de la route se trouvait, le long d'une ria, le petit port du Collet. Les gens du coin l'appellent le port chinois, à cause de ces baraques un peu brinquebalantes qui longent le quai et qui lui donnent ce petit côté pittoresque. Un temps voué à l'abandon, le port a repris du poil de la bête grâce au travail d'une association de bénévoles et c'est un vrai plaisir de s'y balader. À Pornic, j'avais eu l'impression d'avancer à travers les rayons d'un hypermarché par un jour de grandes promotions mais ici, il y avait un je-ne-sais-quoi de liberté tranquille, de paix sans prétention. Port ostréiculteur avant tout, on y pratiquait aussi la plaisance, bien sûr, et l'on y pêchait l'anguille et le mulet. En amont de la rivière, une petite passerelle enjambait le Folleron, la rivière qui se jetait dans l'océan à cet endroit. Au sud s'étendait le marais vendéen, au nord le marais breton. Les deux formaient bien sûr la même entité géologique, partageaient les mêmes misères d'un seul plat pays mais bon, les honorables plénipotentiaires qui avaient signé le traité d'Angers en 851 avaient dû décréter qu'à partir d'ici, c'est chez vous et à partir de là, c'est chez nous. Un pas de plus et vous êtes mort. À mes risques et périls, je traversai donc la passerelle et mis un pied en Vendée pour voir l'effet que ça faisait.

J'ai mis un temps fou à trouver le camping municipal de Machecoul, tournicoté trois fois autour de la ville, failli écraser un landau et par la même occasion la maman qui le poussait ainsi que le bébé qui était dedans, emprunté un sens interdit et pris deux ou trois ronds-points à l'envers avant qu'un jeune cycliste de bonne volonté ne m'indique enfin la bonne direction. Les vicieux ! ils vous mettent un joli panneau « Camping municipal » à l'entrée de la ville et après, débrouillez-vous. Plus de panneaux, plus de pancartes, aucune indication ou alors, c'est qu'elles étaient bien cachées, ou qu'il me fallait d'urgence changer de lunettes. Ils doivent s'imaginer qu'en 2018, tout le monde possède un GPS dans son véhicule mais bien sûr, il reste toujours un clampin de mon espèce à fonctionner avec des cartes, des cartes en papier, qu'il faut déplier dans tous les sens, replier et redéployer parce qu'on n'a pas bien regardé. Vous pouvez vous gausser aussi longtemps que vous le souhaitez, me traiter de voyageur paléolithique, il n'empêche que j'avais décidé de ne m'orienter qu'avec ces bonnes vieilles cartes qui sentent si bon la géographie, qui bruissent si joliment quand on les manipule et ce n'était pas une voix fadasse de hall d'aéroport qui allait m'indiquer si je devais tourner à droite ou à gauche, si je devais écraser le landau et épargner la maman ou vice-versa et dans quel sens prendre ce putain de rond-point. En vérité je vous le dis : autant la calculatrice électronique nous a amputés des notions les plus élémentaires de calcul, autant le GPS va nous faire perdre le sens de l'orientation, le sens de la géographie tout court, et croyez-moi, au matin du Grand Bug informatique, il va falloir s'attendre à un sacré bazar à tous les carrefours de la planète. Oui, un sacré bazar et c'est moi qui vous le dis.

Par bonheur, ce camping municipal m'a tout de suite paru accueillant. Il était situé non loin du centre-ville où je voyais d'ailleurs pointer les deux flèches de l'église. Mon emplacement était suffisamment spacieux. Certes, j'étais coincé entre deux camping-cars de taille XXL qui sont au camping ce qu'un double cheeseburger est à la gastronomie mais une petite rivière serpentait au bout de l'allée et quelques arbres de belle facture me faisaient gentiment de l'ombre. Au comptoir du bar du camping, une édentée sans âge et un tatoué venu du fond des âges s'arsouillaient méthodiquement. Ils attaquaient leur septième ou huitième pastis de la soirée et trinquaient une fois de plus aux vacances. « Elle est pas belle, la vie ? » demandait-elle de façon récurrente à son mec qui lui répondait par un grognement guttural en guise d'approbation. Puisque la vie était belle, j'ai commandé à mon tour un demi. La journée avait été riche en découverte, des horizons aussi paisibles que majestueux s'étaient imprimés dans mes souvenirs et j'entrais à pas de loup dans mon voyage. Par la petite porte, la Porte étroite de l'Évangile, ou plus prosaïquement par cette petite route qui serpentait à travers le marais, par exemple, et sur laquelle je roulai seul à 30 kilomètres à l'heure maximum de peur d'effrayer les hérons ou de m'effrayer moi-même, raison pour laquelle j'avais également éteint mon lecteur de CD, priant Patti Smith et Bob Dylan de se taire sur-le-champ. Faites silence à présent, ordonnai-je, et laissez place au piaillements des bergeronnettes et au bruissement du vent dans les sphaignes. Écoutez le chant du monde et fermez-la.

Je me suis concocté une petite bouffe dans mon camion, un plat réchauffé que j'avais acheté la veille au Super U. L'emballage promettait un « Cabillaud sauce citron sur son lit de petits légumes ». Dans la poêle, ça ressemblait à une sorte de mélasse insipide qui n'invitait guère à l'appétit, le genre de plat dont on se demande bien pourquoi c'est encore en vente libre. Bref, j'ingurgitai le tout en trois bouchées, avalai un coup de rouge pour faire passer l'ignoble tambouille et décidai d'aller faire un tour en ville histoire de me jeter une dernière petite bière derrière le cornet. Il était temps de partir en quête de compagnie.

C'est bien simple, je me serais cru au cœur d'un de ces romans d'anticipation où par je ne sais quel miracle, j'étais devenu le seul être vivant rescapé d'un cataclysme nucléaire, d'un *Big Bug* informatique, d'une pandémie dévastatrice ou de quelque chose d'aussi fatal. Pas de bagnole, personne dans les rues, seules les enseignes lumineuses des banques étaient encore allumées, ce qui prouve s'il en était encore besoin que le monde financier survivrait à toute catastrophe. Dans ce genre de bouquin, le héros malgré lui finit par rencontrer au bout de quelques errances et beaucoup d'angoisse une créature humaine et coup de bol, c'est à chaque fois une femme. Au début, on ne voit pas bien tant elle est poussiéreuse, amaigrie et effarouchée, telle une tigresse aux abois. Puis on fait peu à peu connaissance et dans les romans les plus optimistes, la créature se révèle être une très belle femme, intelligente, vive et bien sûr amoureuse bien que toujours un peu farouche. Tout se termine naturellement sous la couette et c'est reparti pour démarrer une nouvelle civilisation, cette fois-ci absente de toute corruption et basée uniquement sur des principes de solidarité et de fraternité. *Happy end.* À Machecoul, rien de tout ça. Couvre-feu sur la ville. J'errai dans des rues désertes sans croiser la moindre âme qui vive, l'esquisse d'un embryon d'existence. Passant devant l'église, j'empruntai une rue qui avait tout l'air d'être l'artère principale de la ville et traversai une grande halle tout aussi déserte. J'ai fini par trouver une crêperie ouverte mais à regarder depuis la vitrine la mine déconfite des deux seuls clients devant leur complète, j'ai renoncé à franchir la porte. Quant aux bistrots, oublions ça. Il semble que les Machecoulais ou les Mâchicoulis, j'ignore quel est leur gentilé, avaient oublié de boire depuis des siècles. Je passai devant une maison de la presse qui faisait également office de librairie mais la vitrine ne proposait que des ouvrages de jardinage – *Comment entretenir ses bégonias sans peine*, *Cent façons de cultiver les pois chiches*… – ou de sciences paramédicales – *Guérir son cancer par les plantes*, *La dépression pour les nuls*… – des titres de ce genre. Plus loin, j'ai croisé une médiathèque baptisée La Virgule. Pas très heureux comme nom, ai-je pensé, pas très accrocheur, mais c'était toujours mieux que Médiathèque Gilles de Rais.

Tiens, puisqu'on parle du loup, les ruines du château de Gilles le maudit, notre Barbe Bleue local, ne se trouvaient pas loin, juste à la sortie de la ville, à deux pas du camping. Bien entendu, c'était à cette heure-ci fermé et ça le restait également la journée, sauf en été et sur rendez-vous, informait une affichette punaisée sur le majestueux portail. Par-delà un mur d'enceinte, on devinait le profil d'une molaire cariée qui avait sans doute été jadis un flamboyant donjon. J'ai contourné le site. Du côté du boulevard du Château, une grande grille un peu sinistre s'ouvrait sur un parc arboré au milieu duquel se trouvait un pavillon de chasse devant lequel étaient garées une dizaine de voitures. Je ne voulais pas faire le malin d'autant plus que je suis d'un naturel assez trouillard et il s'était passé de bien vilaines choses en ces lieux. Le maréchal Gilles de Retz (ou de Rais, ça dépend), compagnon d'armes de Jeanne d'Arc, fut arrêté ici même le 15 septembre 1440. Ce noble chevalier, épaulé par quelques sbires, avait – je cite la charge d'accusation – *« égorgé, tué et massacré de façon odieuse, plusieurs jeunes garçons innocents, pratiqué avec ces enfants la luxure contre nature et le vice de sodomie, souvent fait et fait faire l'horrible évocation des démons, avait sacrifié à ceux-ci et fait des pactes avec eux, et perpétré d'autres crimes énormes dans les limites de notre juridiction… »*. Condamné par le tribunal ecclésiastique et la cour séculière du duc Jean V à être pendu et brûlé, Gilles de Rais fut exécuté à Nantes la même année après avoir avoué, dit-on, tous ses crimes et même les plus inavouables. On ne sait combien d'enfants furent victimes du monstre – certaines sources avancent le chiffre de deux cents victimes – toujours est-il qu'au plus fort de ses exactions, peut-être tourmenté par un léger sentiment de culpabilité ou alors poussant la perversion jusqu'au bout, Gilles fit bâtir à ses frais au bourg de Machecoul une chapelle placée sous l'invocation des Saints Innocents.

Je n'en menai pas large, forcément, et il est vrai que l'endroit était assez sinistre, ça puait le fantôme, le sang coagulé et la cendre froide à vingt lieues à la ronde, mais le démon de la curiosité me fit avancer d'un pas de plus, puis de deux, puis de trois et ainsi de suite en direction du pavillon. J'entendis le son d'un cor de chasse, puis de plusieurs cors de chasse, enfin il me sembla carrément assister à une répétition d'un ensemble de cors de chasse, ce qui me foutait encore davantage la trouille car qui dit cor dit chasse et qui dit chasse dit chien et qui dit chien dit crocs. Entre deux arbres, on apercevait la silhouette décharnée de la tour. Téméraire et tremblotant, je me suis approché à pas de loup. Drôle d'ambiance. Le prodigue Gilles de Rais avait dilapidé toute sa fortune et cherchait à se renflouer au plus vite. Un prêtre toscan nommé Prelati l'initia à l'alchimie et comme chacun sait, rien de tel pour fabriquer un or de bon aloi qu'une infusion de sang frais, de préférence puisé dans les veines de jeunes garçons prépubères. L'histoire est atroce mais la part de vérité reste difficile à évaluer. Les historiens continuent de se chamailler sur le sujet. On imagine sans peine les méthodes d'un tribunal ecclésiastique pour faire avouer tout et son contraire au plus abject des salauds ou au plus ingénu des innocents soumis à la question. Quoi qu'il en soit, on avait bel et bien retrouvé des ossements humains dans les douves du château autour duquel j'étais en train de roder à la recherche de je ne sais quoi. Je me suis approché du pavillon. À travers les vitres des fenêtres, j'arrivai à deviner une demi-douzaine de gars alignés en demi-cercle dans ce qui fut sans doute la cour d'honneur en train de répéter pour la Saint-Hubert, les fêtes médiévales du Pays de Retz ou encore les prochaines bacchanales de G. le maudit, premier *serial killer* de l'ouest.

« J'aime le son du cor, le soir, au fond des bois », écrivait Alfred de Vigny ou un autre poète de la même trempe. Ça n'engageait que lui. Quant à moi, j'aurais peut-être préféré en guise de sérénade au fond de mon camping quelque chose de plus enjoué, voire de plus romantique, une chanson de Barbara, par exemple, mais ce concert de cors m'avait au moins permis de m'assurer que je n'étais pas le seul survivant de l'espèce et dernier être vivant de la planète à pavoiser dans les rues désertes de Machecoul.

Un temps de plus en plus beau
Troisième jour
Machecoul – Clisson

Comment avais-je pu passer à côté de toutes ces villes et de tous ces villages alors que j'étais à moins de quatre heures de route de chez moi ? La Loire-Atlantique, hormis Nantes et peut-être la région de Guérande, je ne la connaissais quasiment pas, et tout ce que j'avais croisé ces deux derniers jours avait été pour moi source de découvertes et d'enchantement. Enfin, presque. Oublions Gilles de Rais et le cabillaud sauce citron sur son lit de petits légumes. Auparavant, on passait le pont sur la Loire et direction plein sud par l'A 83 qu'on payait grassement au poste de péage du Bignon, trop pressé de filer au plus vite vers les Pyrénées, vers Barcelone ou les plages du Portugal. Déjà trois heures depuis Brest qu'on roulait et on en avait déjà notre claque. La traversée de la Bretagne nous paraissait interminable et si on voyageait en couple, une sourde tension montait inexorablement dans l'habitacle. En famille, c'était pire. Les mioches nous demandaient tous les deux kilomètres si c'était encore loin le camping, et quand est-ce qu'on allait arriver et est-ce qu'il y aurait une piscine et est-ce qu'ils auraient droit à une glace à deux boules ? L'œil distrait qu'on jetait de temps à autre sur le paysage ne nous apprenait pas grand-chose. Les bretelles de sortie nous dirigeaient vers des patelins où on n'aurait même pas eu l'idée de s'aventurer un jour. Vertou, Aigrefeuille-sur-Maine… On se disait qu'on avait bien besoin d'une pause à la prochaine aire de repos, disons la Vendée, histoire de prendre l'air, de faire pisser les gosses, de fumer une cigarette devant la cafétéria en toisant ces abrutis d'automobilistes qui descendaient eux aussi en famille vers les Pyrénées, vers Barcelone ou les plages du Portugal.

Et si par malheur, on prenait l'avion, l'Airbus décollait de la piste au quart de tour et c'est à peine si on avait le temps d'apercevoir à travers le hublot, si tant est qu'on ait eu la chance d'être assis de ce côté-ci, une sorte de grande zone verdâtre, moitié marais, moitié étang, qui s'éloignait au fur et à mesure que l'avion s'élevait et on se demandait : c'est quoi ce truc, c'est quoi cette cuvette toute cracra ? Ça a l'air intéressant, faudra que j'aille faire un tour un de ces quatre, histoire de voir. Et puis j'oubliais, on oubliait tous. Barcelone nous attendait. C'est ça qui me faisait un peu rigoler sous ma barbe. Je connaissais un tas de mes compatriotes prêts à se faire hacher pour une Bretagne à cinq départements mais qui, comme moi, ignoraient tout de cette vaste platitude qui s'entendait au sud de la Loire et qu'un traité signé dans l'obscure salle de garde d'un château d'Angers avait intégré au duché.

Ce matin-là, je prenais un café à la terrasse d'un bar du centre-ville de Machecoul, cette agréable et charmante petite ville du sud du département au passé peut-être un peu trouble mais à l'avenir sans nul doute resplendissant. Les rues étaient animées, c'était jour de marché, et il flottait dans l'air comme un parfum de gaieté, de croissance économique à deux chiffres et de reprise de la consommation. Jambes nues bien qu'encore un peu pâlottes, les femmes arpentaient d'un pas vif l'artère principale un sac à la main, un téléphone portable à l'oreille et un sourire printanier aux lèvres. Elles avaient pris soin de vernir en un rouge étincelant les ongles de leurs doigts de pied qu'on devinait entre les lanières de leurs nouvelles sandales et avaient toutes une tête à avoir voté Macron dès le premier tour. Caché derrière mes lunettes de soleil, je matai sans vergogne tout en faisant semblant de lire dans *Presse Océan* un article consacré aux fêtes médiévales prévues le week-end suivant avec pour point d'orgue, la participation d'un ensemble exceptionnel de cors de chasse.

Huit mois qu'on attendait les beaux jours. J'avais passé une excellente nuit au camping municipal et je trempai maintenant dans mon café le petit spéculoos qu'une jolie serveuse avait délicatement ajouté sur le rebord de la soucoupe. Appelons-la Charlotte car je n'ai bien sûr pas osé lui demander son prénom. Pouvait-elle cependant m'informer sur la direction à prendre pour le lac de Grand-Lieu, la grosse cuvette verdâtre que j'évoquai plus haut, histoire d'engager la conversation ? « Je crois qu'il faut prendre la route de Nantes, elle a dit, mais je peux pas vous en dire plus. Je connais pas trop, faut demander au patron. » Quand je lui ai demandé si c'est bien ici, à Machecoul, que Gilles de Rais avait égorgé plus d'une centaine de jeunes garçons et de jeunes filles, elle m'a répondu « Vous savez, moi et la politique… Pour ça, il faut demander au patron. »

Le lac de Grand-Lieu, que j'avais donc plusieurs fois vu du ciel depuis le hublot de mon Airbus, m'attendait impatiemment. J'ai fait route vers le nord, en direction de Bouaye, via Saint-Même-le-Tenu et Saint-Mars-de-Coutais, noms à rallonge mais petits bourgs que je traversai sans m'arrêter sinon pour acheter une baguette de pain et une livre de bananes. Le paysage peu à peu changeait, s'élevait, s'ondulait. Aux collines recouvertes de blé vert et de prairies bien grasses entre lesquelles, miracle, j'ai aperçu les premières vignes, se succédaient des tronçons plus boisés derrière lesquels apparaissaient çà et là de vagues étendues d'eau. Je me souviens m'être arrêté au-delà d'un pont puis avoir marché à travers bois jusqu'à tomber sur un cul-de-sac. On aurait dit que le lac se cachait, se jouait de nous, qu'il faisait sa Marie-Chochotte, en quelque sorte. Avant d'arriver à Bouaye, je me suis garé sur le parking de la Maison du Lac non loin d'un bus scolaire en stationnement. Il était vide, ce qui présageait funestement qu'une trentaine de gamins au moins étaient à l'intérieur.

Un peu de géographie : la cuvette d'effondrement de Grand-Lieu est considérée dans l'Hexagone comme le plus grand lac naturel de plaine en hiver, environ 6 500 hectares, soit 15 000 terrains de foot, m'apprendra plus tard mon guide. En été, non, car il est si peu profond que sa superficie rétrécit comme peau de chagrin à mesure que l'eau s'évapore, laissant place aux herbiers et aux roselières. Le niveau de l'eau change donc chaque jour. Aujourd'hui, la jauge nous indiquait 2,52 mètres mais lors de la grande sécheresse de 1986, elle était descendue à 1,24 mètre. Grand-Lieu est aussi le plus vieux lac de France. Cinquante millions d'années nous contemplent. C'est aussi, nous apprend le prospectus que m'a tendu une jeune femme en échange d'un billet de cinq euros et de mon code postal, la deuxième réserve ornithologique de France après la Camargue. Une visite guidée était proposée, en attendant, je pouvais visiter le centre d'exposition. C'était ma foi très pédagogique, et c'est sans doute pourquoi ça grouillait de gosses de partout, ça chahutait, ça piaillait dans tous les sens. Histoire de lui enseigner les bonnes manières, j'écartai d'une bonne torgnole bien méritée un petit morveux qui m'empêchait de m'approcher des panneaux pour pouvoir noter tranquillement sur mon petit calepin les noms de plantes ou d'oiseaux que ma mémoire ne retiendrait sans doute jamais mais qui étaient si jolis à écrire. Entendez ça : la rousserolle effarvatte, le héron bihoreau, le myosotis des marais, l'aigrette garzette, le lycope d'Europe et j'en passe. Grand-Lieu était un véritable nœud aérien, un *hub* pour parler moderne, un carrefour de migrations. Des piafs venaient du grand nord et faisaient ici une petite halte avant de se remettre en route vers les déserts africains à moins que ce ne fût le contraire. Certains de ces étonnants voyageurs n'hésitaient pas à parcourir 12 000 kilomètres, oui douze mille bornes, vous avez bien lu, pour venir piocher dans le lac des poissons gros comme mon petit doigt. Mais tout bien réfléchi, ça n'avait rien d'exceptionnel. Beaucoup de nos contemporains s'offraient de tels trajets rien que pour déguster un rhum arrangé sur la terrasse d'une paillote tahitienne. Pas de quoi s'extasier. Quant au petit morveux, qu'il s'estime heureux. Les choses se passaient bien autrement du temps de Gilles de Rais.

Pour voir le lac de plus près, pour le voir tout simplement, il fallait que j'attende la prochaine visite – à midi pile – où m'attendrait au bout d'un sentier, certifia la jeune femme de l'accueil, un guide. Long d'un kilomètre, le sentier traversait un paysage plaisant de vignes et de prairies humides. Dans le ciel, les avions, migrateurs eux aussi, laissaient dans leur sillage de longues traînées blanches tirées au cordeau. L'aéroport de Nantes n'était pas loin et le lac se trouvait exactement dans l'axe des pistes de décollage et d'atterrissage. Forcément, ça ronronnait dru. Dans le secteur, les riverains accusaient les avions d'effrayer les oiseaux et de polluer le lac, raison pour laquelle, ils étaient donc bien évidemment favorables à l'implantation d'un nouvel aéroport à Notre-Dame-des-Landes, et on était un peu enclin à les comprendre, les pauvres gens, mais un rapport officiel commandé en 2017 par le Gouvernement concluait à l'irrecevabilité de ces arguments. Aucune trace de kérosène dans l'eau, aucun impact sur les migrations naturelles des oiseaux.

C'est un sujet brûlant dans le quartier, m'a aussitôt prévenu mon guide, Pierre. Je dis « mon » guide parce que j'étais le seul à profiter à cette heure-ci de la visite, les gamins étant partis au diable Vauvert et bon débarras. Pierre m'attendait au bout d'une passerelle en bois qui surplombait les marais, près d'une porte dont lui seul paraissait détenir la clé, le sésame d'un royaume interdit, en quelque sorte. Il y eut au cours des siècles passés plusieurs projets d'assèchement du lac, le dernier en date étant celui d'une société hollandaise qui voulait couvrir le territoire de tulipes. Lasse des oppositions, la société laissa tomber et vendit ses parts à Jean-Pierre Guerlain, de la famille des parfumeurs, mais à ne pas confondre avec Jean-Paul. Destiné à devenir son terrain de chasse, le lac et ses abords furent interdits au public. En 1977, il finit par faire un legs des deux tiers de sa propriété à l'État à la condition expresse que le site soit classé en zone naturelle et qu'il puisse jouir de son droit de chasse jusqu'à sa mort, laquelle survint quelques années plus tard.

Inutile d'ajouter que le pavillon de chasse, construit en 1960, est superbe. Il est dit que du beau monde y avait été invité à déguster une bonne coupe de champagne. Des ambassadeurs, des banquiers, des ministres, allez savoir. C'est le genre de maison qui se prêterait idéalement aux fantasmes les plus fous, aux fêtes les plus extravagantes, aux perversités les plus élaborées, ou, dans une moindre mesure, à une résidence d'écrivain, pourquoi pas, mais non, même pas, ne changez rien, c'est parfait comme ça, ouverte à tout public et même aux gamins des écoles. Dès qu'on pénètre à l'intérieur, on se prend une sacrée claque. À travers une large fenêtre, le lac apparaît dans toute sa splendeur bien que splendeur ne soit pas le mot qui convienne. Grand-Lieu est modeste, Grand-Lieu est timide, Grand-Lieu est mystérieux. Je restai scotché un moment devant ce spectacle qui, sans exagérer, me remuait la couenne. Je sais que la comparaison va paraître un peu fumeuse mais c'était comme si une femme dont j'étais secrètement amoureux depuis des années se déshabillait enfin devant moi, mais sans esbroufe, voyez-vous, sans fard, sans tralala, sans mise en scène inutile et sans soutien-gorge à balconnet, une nana à poil, tout simplement, sincère et généreuse. Elle se montrait simplement telle qu'elle était, dans une nudité nue, oserai-je dire, et j'en tremblai d'émerveillement. Non loin, sur la table d'un salon faisant partie d'un décor discrètement orchestré, un grand livre était ouvert sur une phrase de *Walden ou la Vie dans les bois*, l'œuvre essentielle de Henry David Thoreau, sans doute le premier écrivain écologiste. Je m'empressai de la noter sur mon carnet :

« Un lac est le trait le plus beau et le plus expressif du paysage. C'est l'œil de la Terre, où le spectateur, en y plongeant le sien, sonde la profondeur de sa propre nature. »

Pierre m'avait laissé seul quelques longues minutes dans ce pavillon et il ne saura jamais à quel point je l'en remercie. C'était comme si je visitais une résidence dont j'avais par hasard hérité d'un lointain parent, un richissime oncle d'Amérique, et que je devais maintenant m'approprier. Mais aurais-je eu une envie soudaine, de faire caca par exemple, que je n'aurais pas osé profiter des toilettes de peur de souiller les lieux. Ce qui était un peu absurde en soi puisque renseignements pris, les rejets domestiques, les pesticides et les intrants agricoles avaient déjà commencé le sale boulot depuis un bon moment. Une eutrophisation vicieuse menaçait la flore et des espèces invasives, telle cette saloperie d'écrevisse de Louisiane, décimant la faune halieutique. Des 120 pêcheurs recensés au début du XXe siècle, il n'en restait plus que sept qui traquaient les rares anguilles et les derniers mulets.

Depuis une terrasse qui dominait ce bénitier de verdure, Pierre me racontait maintenant les histoires se rapportant au lieu. Un lac est forcément un puits de légendes et un marais celui des imaginations les plus funestes. Tout le monde connaît le mythe d'Herbauges, la cité engloutie, qu'on retrouve un peu partout dans le monde à quelques différences près, et en particulier celui de la ville d'Ys en baie de Douarnenez. En revanche, j'ignorais tout du géant de l'île Dun, emprisonné sous les flots et dont la colère provoquait de terribles tempêtes quand il se débattait pour chercher à se libérer de ses liens. Pour le calmer, seule une jeune fille, bien entendue vierge, devait passer sa main dans le trou d'une roche percée et prendre le cou du géant pour l'enlacer.

Pierre était un jeune homme d'une trentaine d'années, vendéen mais nul n'est parfait, réellement passionné par ce qu'il faisait, bref un type profondément sympathique. Après un début comme enseignant d'histoire et de géographie, il avait bifurqué vers un master de valorisation du patrimoine avant de trouver ici un emploi pérenne. Et sa passion, c'était les oiseaux. Il les reconnaissait par leur chant, par la couleur de leur crête, par leur façon de voler au ras du sol, en zigzag ou en ligne droite. Il savait bien sûr lequel était mâle et laquelle était femelle, il savait d'où ils venaient et où ils allaient, il les appelait par leur petit nom, les tutoyait. En fait, c'était ça, c'était le genre de mec à tutoyer le ciel et ça faisait bien plaisir à voir.

Il me prêta une paire de jumelles, me disant, « Tenez, regardez ! une foulque macroule, un grèbe castagneux, un crabier chevelu, un héron pourpré ! » Mais bien sûr, le temps que j'arrive à orienter mes jumelles vers l'endroit qu'il m'indiquait, l'oiseau était parti refaire sa vie du côté de Madagascar ou du Kamtchatka. Doucement, doucement, mon gars, je n'ai que deux yeux ! Je hochai cependant la tête en guise d'approbation, mais une fois de plus, je m'en voulais de mon inculture en ce domaine. Je reconnus quand même une grande aigrette à sa façon un peu pimbêche de parader comme à un défilé de haute couture et un ragondin qui suivait une trajectoire parfaitement droite comme s'il se rendait de toute urgence à une réunion syndicale avec les représentants de la communauté des loutres et celle des castors.

Cette visite m'avait vraiment emballé. *« A tche fête »*, m'avait lancé Pierre en me serrant cordialement la main, ce qui signifiait « au revoir » dans le parler local, mi-gallo, mi-poitevin, ce à quoi j'avais répondu par un tonitruant *« Kenavo »*. Avant de nous quitter, il m'avait renseigné sur les quelques rares autres endroits où l'on pouvait s'approcher du lac. Aux Pierres-Aigües, sur la commune de Saint-Aignan de Grand Lieu, ou un peu plus au sud, à Passay. Je garai le van sur un parking et me déliai les pattes sur les chemins environnants en profitant de la chaleur de ce mois de mai. Passay, surtout, était un chouette de petit port, sans fioritures ni chichi. Cependant, toutes les deux minutes, un avion s'envolait au-dessus du lac tandis qu'un autre préparait son atterrissage. Ça ne devait pas être tous les jours facile de vivre ici, de supporter juste au-dessus de son plafond le fracas d'un Airbus au moment où Neymar lance une attaque décisive face au gardien de Bordeaux, de subir le vrombissement infernal du vol n° 7558 pour Marrakech quand on fait sa prière ou de sentir des tremblements bizarres au-dessous du sommier à l'instant où l'on sent monter l'orgasme amoureux. « C'est pas grave, mon chéri, t'inquiète pas, c'est encore ce Boeing 737 en provenance de Copenhague ! » Non, ils ne devaient pas rigoler tous les jours, les gens d'ici, et donc, forcément, la question d'un grand aéroport international à l'Ouest, ils la voyaient sous un autre angle. Il fallait les comprendre. Moi aussi, je me suis un moment posé la question puis j'ai arrêté de me la poser dès que j'ai aperçu ici et là des lotissements plutôt récents et des projets d'aménagements pour de nouvelles constructions. La ville de Nantes ne se trouvait qu'à une dizaine de kilomètres, la pression immobilière était donc telle que le moindre arpent de la périphérie était convoité. Et ce n'était pas le raffut des avions qui allait empêcher les gens de prier, de faire l'amour ou de regarder le foot à la télé. Contemplant le lac avec un rien de mélancolie agacée, je me suis avalé une banane en guise de quatre-heures avant de remonter dans le van.

Philibert était un fou furieux de l'engeance la plus rigoriste qui soit, à tel point que les autorités ecclésiastiques de l'époque le chassèrent à coups de pompes dans le cul pour son intransigeance, ses penchants mortifères et sa cruauté. Il goûta même un peu, dit-on, aux geôles du roi Dagobert Ier. Toujours est-il qu'il a fini par acquérir ses lettres de sainteté par je ne sais quel obscur processus dont seuls les bons catholiques ont, semble-t-il, le secret. Fondateur des abbayes de Jumièges en Normandie et de Noirmoutier, Philibert mourut en 684. Un siècle et demi plus tard, les Vikings attaquèrent l'abbaye de Noirmoutier, décapitèrent quelques têtes et pillèrent tout ce qui était à piller. Terrorisés, les moines durent se replier à l'intérieur des terres, dans un lieu nommé Déas, aujourd'hui Saint-Philbert. C'est là qu'on déposa la dépouille du saint homme, dans un grand sarcophage de marbre bleu qu'on emmura pour la protéger des raids vikings qui toujours menaçaient. Par mesure de sécurité, les moines transportèrent ses reliques – entendez par là une omoplate, un fragment de fémur, une crotte de nez et trois rognures d'ongles – jusqu'à Tournus, en Saône-et-Loire, à l'abri de ces maudits hommes du Nord. Le sarcophage ne fut redécouvert qu'au XIXe siècle. Il était vide.

Encore une fois, comme au musée du Pays de Retz ou au pavillon de chasse de Grand-Lieu, je me retrouvai seul visiteur des lieux. C'était un peu étonnant car nous étions en période de vacances pour la Zone A. Mais sans doute les familles avaient-elles préféré profiter de cette journée quasi estivale – le thermomètre dépassait les 25° degrés – pour aller batifoler dans les vagues plutôt que d'emmerder les gosses dans la pénombre d'une église abbatiale, fût-elle carolingienne et donc préromane, et sans doute l'un des plus vieux monuments médiévaux de Bretagne, voire de France. Donc, aucun chiard dans les pattes, c'était toujours ça de gagné.

L'église était balèze et on se sentait un peu écrasé sous les perspectives et les volumes. Des piliers mastoc de briques roses et de pierres gris clair étagées supportaient une impressionnante charpente de bois. C'était bien sûr magnifique et très émouvant, exactement le genre d'endroit où la Révélation pouvait vous frapper sans crier gare, un peu comme pour Paul Claudel derrière le troisième pilier de Notre-Dame de Paris. J'attendais le moment où le Seigneur m'aurait attrapé par-derrière en me cachant les yeux de ses mains pour me faire la surprise et demander, taquin : Qui c'est ? Mais rien de tout cela n'est bien sûr arrivé. La Révélation attendrait. Une tourterelle qui s'était égarée sous la charpente roucoulait un peu bêtement, se prenant peut-être pour la colombe du Saint-Esprit. J'ai fait le tour du transept. Bien que marchant sur la pointe des pieds, j'avais l'impression que mes pas résonnaient comme des coups de gong. Tout au fond du sanctuaire, le sarcophage reposait dans une crypte étroite, coincé entre deux murs. J'ai fait glisser ma main le long de la pierre. C'était aussi lisse et aussi froid que le capot d'une Torpédo restée au fond du garage pendant toute la durée de la guerre.

Pour les 4 € du ticket d'entrée, on avait également droit à la visite d'un jardin de plantes médicinales et d'une expo un peu lugubre d'oiseaux empaillés. Le soleil me fit un clin d'œil et je partis à la découverte du reste de la charmante ville de Saint-Philbert-de-Grand-Lieu. Je retirai des sous à la banque, achetai une carte postale à la maison de la presse qui proposait un tas de bouquins sur le lac et, chemin faisant, tombai nez à nez sur le général Louis Juchault de Lamoricière.

Sapristi, ce fut le pompon. Une sculpture monumentale de bronze se dressait près de l'église paroissiale, composée d'un ensemble de quatre personnages qui semblaient fondus pour l'éternité dans ce qui ressemblait à une caricature grotesque. Le général, vainqueur d'Abd-el-Kader en 1847 précisait la plaque, était juché au sommet d'une sorte de tourelle, le sabre au clair et le regard conquérant. À ses pieds, un zouave s'époumonait sur son clairon tandis qu'une femme assise devant la tour, coiffée d'une couronne de laurier et, ma foi, fort joliment dépoitraillée, lançait un regard bienveillant sur une jeune arabe agenouillée à ses côtés qui portait entre ses bras, sans doute en guise d'offrande, un échantillon de fruits exotiques (dattes, figues, bananes…) Elle avait le regard plein de reconnaissance. Pas besoin d'avoir fait un master 2 en Histoire contemporaine pour comprendre qu'on était face à une allégorie de la colonisation dans toute sa splendeur. À l'origine, la statue avait été inaugurée à Constantine puis, après l'indépendance de l'Algérie, elle avait été rapatriée à Saint-Philbert dont la famille de Lamoricière était originaire et qui, en quelque sorte, hérita de la patate chaude. Ce général s'était fait connaître par ses hauts faits d'armes lors de la conquête de l'Algérie et du Maroc : razzias des villages isolés, pillages, exécutions sommaires, viols en masse, politique de terreur sur les populations civiles, etc. Revenu à Paris, il fut l'artisan zélé de la répression sanglante de l'insurrection ouvrière des journées de juin 1848 et termina sa carrière au service du pape Pie IX qui lui fit élever un cénotaphe en la cathédrale de Nantes.

Ce n'était pas mes oignons mais il restait à savoir comment les municipalités successives de Saint-Philbert toléraient, générations après générations, une telle horreur sur leur territoire. Sans être un ardent partisan du déboulonnage des statues, je trouvais comme tout un chacun qu'il y avait des limites, ne serait-ce que par respect envers les populations victimes des exactions en question. Des statues avaient été plastiquées pour moins que ça mais visiblement, ça ne gênait personne ici. Si je pouvais me permettre une suggestion, il aurait peut-être été plus utile de fondre ce tas de bronze pour en faire des canons comme on le fait en règle générale, ou je ne sais pas, quelque chose de plus pacifique, des porte-clés, par exemple, ou des bougeoirs, des sex-toys, des soldats de plomb, pourquoi pas… Que nenni ! Le zouave s'esbignait à souffler comme un sourd dans son clairon et la déesse de la Civilisation, appelons-la ainsi, exhibait depuis plus de cinquante ans ses beaux nichons de bronze aux écoliers de Saint-Philbert qui en avaient certainement vu de bien plus affriolants sur Internet. Moi aussi, d'ailleurs. J'ai tourné les talons pour reprendre la route de Clisson.

Figurez-vous qu'au cours de mon honorable existence – honorable, parfaitement – je n'étais jamais allé à Clisson. Tout le monde connaît bien sûr *La Blanche Hermine* chantée par Gilles Servat, tout le monde a braillé au moins une fois dans un bistrot, de préférence enfumé, *« Vive la mouette et l'ajonc, vive Fougères et Clisson »*. Reconnaissons que c'est un peu un hymne, du moins un chant fédérateur, Servat ne dirait pas le contraire, et ceux qui n'ont jamais entendu ce refrain ne sont pas d'ici, tout simplement, ce sont des Parisiens ou des Martiens car même les Vendéens et les Normands connaissent, c'est dire. Et donc, je réentendis récemment cette chanson à la radio alors que je roulais tranquillement sur la N 164 dont nous reparlerons bientôt. Chantonnant *in petto* entre deux bouffées de vaporette, les doux noms de Fougères et Clisson soudain me tirèrent les oreilles. Pourquoi ce jour-là ? Je ne saurais le dire mais une vérité soudaine me foudroya. Le constat était là, implacable : je n'avais encore jamais de ma vie mis les pieds à Clisson, pas plus à Fougères. Moi, toujours prompt à me pavaner sans vergogne devant les dames en leur contant tout en dégustant une tasse de thé vert à la menthe mes extraordinaires aventures à Vladivostok ou à Katmandou, mes galères à New York et mes tribulations à Saint-Jacques de Compostelle, mes rencontres, inoubliables bien évidemment, aux quatre coins de monde ou presque, voilà que je m'apercevais qu'il manquait Clisson à mon palmarès et cette lacune était à combler de toute urgence. Je ne jurerai de rien mais il n'est pas impossible que cette révélation soit à l'origine de ce *road trip* breton que j'entamais à peine. Cependant, je vous accorde que pour épater les filles, Clisson, petite cité de 7 000 âmes, n'est peut-être pas la destination la plus excitante, l'argument le plus convaincant. Quoique…

Quoique la ville accueillait chaque été 150 000 personnes au *Hellfest*, le plus grand festival de hard-rock et de métal en Europe. Je n'y étais jamais allé mais mes fils me l'avaient raconté, du moins partiellement. Un soir de désœuvrement, surfant en toute innocence sur le Net, je tombais éberlué sur un concert d'un groupe de hard dont je ne me rappelle plus le nom. Le chanteur avait invité une dizaine de jeunes femmes à venir se trémousser seins nus sur scène à ses côtés sur des rythmes démoniaques, forcément sataniques. Je peux en toute foi vous assurer que si le bienheureux Philibert était encore parmi nous, il n'aurait pas hésité un seul instant, n'écoutant que son courage et sa foi, à sortir son fouet devant ces hordes impies tandis que le général Louis Juchault de Lamoricière, alerté par le clairon du zouave, aurait aussitôt brandi son sabre et foncé dans le tas comme au bon vieux temps des colonies et peu importent les dommages collatéraux puisque Dieu reconnaît toujours les siens. À vrai dire, je n'ai jamais été un fan de hard-rock mais à la vue de ces jeunes filles qui dansaient sur la scène aussi dépoitraillées que la déesse de la Civilisation, j'ai fait l'effort de regarder le concert jusqu'à la fin.

Je roulais donc sur la départementale 70 qui me menait à Clisson alors que s'ouvrait un nouveau chapitre de mon histoire et vive la mouette et l'ajonc, marmonnai-je entre les lèvres. Peu à peu, le paysage ondulait comme une tôle ondulée. Caressés par un vent d'est, les champs de blés verts nous offraient une danse lancinante, orchestrée par un subtil jeu de courbettes et d'arabesques. La route traversait ici et là quelques arpents vendéens avant de retrouver la Loire-Atlantique. Les frontières des départements avaient dû composer avec les desiderata et les susceptibilités des uns et des autres et donc, les lignes de démarcation ne paraissaient pas toujours très cohérentes, ainsi la commune vendéenne de Saint-Philbert-de-Bouaine pointait son dard en plein dans la Loire-Atlantique, comme un avant-poste, une tête de pont pour ainsi dire. Inutile de préciser que je ne m'y suis pas arrêté. Enfin, après toutes ces longues années d'errance et d'ignorance, apparut à mes yeux le donjon du château de Clisson.

Le camping municipal du Moulin se trouvait au nord de la ville et sa responsable était une dame particulièrement accueillante qui, en échange de mon code postal et d'un chèque de 13,80 €, taxe de séjour comprise, me renseigna sur tout ce qu'il y avait à voir dans les parages, les musées, les châteaux, les églises, les restaurants et les caves à vin. Son enthousiasme faisait vraiment plaisir à voir et son sourire dessinait des mimiques capables de dérider le plus intransigeant des moines, suivez mon regard. Je suis sorti tout ragaillardi de son bureau avec dix kilos de prospectus entre les mains et j'ai installé mon bivouac sur un emplacement ombragé, non loin des sanitaires. C'était un camping « éco-responsable ». Il y avait des affichettes punaisées un peu partout qui nous enjoignaient de fermer le robinet quand on se brossait les dents, de trier bien évidemment nos déchets et de n'utiliser l'eau de la douche qu'avec parcimonie. Là aussi, on nous demandait de fermer le robinet pendant qu'on se savonnait, ce qui n'avait pas tellement de sens puisque l'eau s'arrêtait automatiquement et qu'il fallait réappuyer sur le bouton toutes les quatre secondes. C'était bien sûr un peu infantilisant donc un peu agaçant. Passant aux toilettes, j'ai craint un instant qu'il y eût, dans un légitime souci de développement durable, des directives de restriction sur le papier mais non, on n'en était pas encore là.

Cette dame de l'accueil m'avait donné un itinéraire bis, si j'ose dire, pour rejoindre le centre-ville en empruntant un petit chemin qui descendait à travers bois vers la Sèvre Nantaise. Clisson était vraiment une charmante petite ville tout en relief et en perspectives avec plein de ponts, plein d'escaliers et de ruelles pavées que j'arpentai en sifflotant comme une entêtante ritournelle *La Blanche Hermine*. Il y avait un tas de jolies maisons et quelques ruines, dont celle du château médiéval d'Olivier de Clisson que je ne manquerais pas de visiter le lendemain. Je me suis assis à la terrasse d'une pizzeria qui se trouvait en face des halles, dans une rue joliment baptisée rue du Nid d'Oie. L'air fraîchissait très légèrement et une brise un rien langoureuse me chatouillait les poils des bras. Que demandait le peuple ? Le peuple demandait tout simplement une margarita et une demi-bouteille de Valpolicello. En attendant qu'on vienne me servir, j'ai pianoté mon portable pour savoir ce qu'il s'était jadis tramé dans les parages.

Il y avait eu ici un sacré grabuge pendant la période révolutionnaire. Le 1er octobre 1793, la Convention avait voté la loi dite « d'extermination » pour en finir avec le soulèvement vendéen, ce qui signifiait en clair que les pleins pouvoirs étaient accordés à l'armée républicaine pour éradiquer l'insurrection royaliste par tous les moyens, ceux-ci justifiant comme il se doit la fin. Commença alors une épouvantable série de massacres, d'incendies, de pillages, de viols, de noyades, de destructions et d'horreurs en tout genre à tel point que les historiens débattent encore aujourd'hui sur le point de savoir s'il s'est agi d'un crime de guerre ou d'un crime contre l'humanité, notion qui n'existait pas à l'époque, voire d'un génocide ou encore, comme l'affirment certains, d'un populicide, néologisme un peu tordu inventé pour l'occasion. Les chiffres prêtent à discussion mais les noyades de Nantes ordonnées par Jean-Baptiste Carrier qui, dans une ironie macabre, parlait de « baptême républicain » ou de « déportation verticale » auraient fait plus de 4 000 victimes. L'avant-veille, au port du Collet, j'étais passé devant une plaque commémorative qui rappelait que deux vieillards, vingt-quatre femmes, quinze enfants et cinq bébés « à la mamelle » furent noyés au rocher de Pierre-Moine le 28 mars 1794. Auparavant, les Colonnes infernales commandées par le général Cordelier avaient passé Clisson au fil de l'épée. La plupart des maisons avaient été incendiées et une bonne partie des habitants sauvagement massacrés. Dix-huit vieillards, femmes et enfants avaient été jetés au fond d'un puits de la cour du château, ainsi en témoignait une autre plaque que je ne découvrirai que le lendemain. On n'exhumera leurs ossements qu'en 1961. La ville était réduite à un tas de cendres fumantes. Ne restaient que « loups et chiens sauvages », se vantait Cordelier dans son rapport à la Convention. Clisson fut totalement abandonnée et désertée pendant deux années entières. Quelques décennies plus tard, les mêmes exactions, les mêmes saloperies furent perpétrées de l'autre côté de la Méditerranée, en Algérie ou au Maroc, à ceci près que ni Carrier, ni Cordelier n'eurent droit à leur statue auprès de l'église, contrairement au général de Lamoricière. En cours d'histoire au lycée, programme officiel oblige, nous consacrons allègrement deux bonnes heures à l'analyse en long et en large de la Déclaration des Droits de l'Homme et du Citoyen – n'oubliez pas les majuscules, s'il vous plaît – tandis que nous enterrons les dizaines de milliers de morts des guerres de Vendée en trois lignes. Allez comprendre.

J'ai éteint mon portable au moment où le serveur m'a apporté ma pizza. Tout en dénoyautant une olive, je réfléchissais à mon voyage. Mon van était mon caddie et je déambulai à travers la Bretagne comme parmi les rayons d'un supermarché. J'avais bien sûr préparé ma liste de commissions à l'avance. Les produits de première nécessité d'abord, ce qu'on appelle une fois de plus les incontournables, Nantes, Pornic ou le lac de Grand-Lieu, par exemple, puis j'ai commencé à piocher ici et là sans faire attention à la dépense. J'attrapai sur les étals des paquets de paysages, des flacons d'odeurs et d'émotions, des échantillons de lumières que je ne connaissais pas mais comme ils étaient en promotion et que je passai devant, je n'allais m'en priver. Nul doute que j'étais passé aussi dans certains rayons sans voir ce dont j'avais besoin, sans même profiter d'un lot de trois belles rencontres pour le prix de deux. Mais vaille que vaille, le caddie se remplissait peu à peu et je n'étais qu'au début de mon Odyssée. Celle d'Ulysse avait duré quarante jours, Moïse était resté quarante jours au sommet du mont Sinaï, Jésus avait erré quarante jours dans le désert et son Ascension vers le Ciel avait pris autant de temps. J'en prévoyais le double.

Ciel tout bleu
Quatrième jour
Clisson – Saint-Julien-de-Concelles

Étrangement, j'avais mal dormi au camping du Moulin, non que je fusse importuné par un bruit quelconque, un tremblement de terre, des ébats amoureux dans la tente voisine ou quelque chose du même acabit mais voilà, à trois heures du matin, branle-bas de combat dans ma camionnette. Loupiotes allumées, je m'étonnai de me voir finir une grille de mots croisés de puissance 4 tout en sirotant une tisane à la camomille aux vertus réputées apaisantes. Je suis sorti pour pisser et constater que cette satanée pleine lune était sans doute responsable de mon insomnie puis je suis retourné me coucher en ouvrant un bouquin que m'avait prêté avant mon départ une amie qui m'avait dit tout le bien qu'elle pensait d'Alessandro Baricco. Tout portait à croire qu'elle n'avait pas tort. Le livre racontait l'histoire d'un écrivain célèbre qui, las de publier bouquins sur bouquins, avait décidé de renoncer à toutes ambitions littéraires. C'était une chose que je comprenais volontiers. J'ai fini par me rendormir pour me réveiller deux heures plus tard sur un drôle de rêve où je me trouvais dans un train en partance pour Tokyo. Le problème n'était pas Tokyo, le problème, c'est que je n'avais pas mon billet et, d'un naturel un tantinet angoissé, le rêve se transforma bientôt en cauchemar.

J'ai pris ma douche et pris soin de fermer le robinet pendant que je me brossai les dents. J'ai vidé tout ce qui était papier dans la poubelle jaune, verre dans la verte et le reste des déchets ménagers dans la bleue puis j'ai chié trois misérables crottes en me demandant si c'était vraiment la peine de gaspiller huit litres d'eau potable pour si peu. Après quoi, écoresponsable un jour, écoresponsable toujours, je suis retourné en ville à pied. Un lourd programme m'attendait, à commencer par le château, du moins ce qu'il en restait. Ce matin-là, l'entrée était gratuite parce que des animations médiévales pour les gamins étaient prévues dans la matinée. Ce château fort était un gros tas de pierres qui avait dû en voir des vertes et des pas mûres au cours de sa longue existence mais il n'y avait aucun panneau explicatif pour m'indiquer où se trouvaient les cuisines et la salle d'armes, dans quelle chambre le duc François II s'était tapé Marguerite de Foix et où Olivier III de Clisson s'était fait décapiter après avoir pris fait et armes aux côtés du duc de Montfort contre les Français lors d'une lointaine guerre de Succession de Bretagne. À vrai dire, je m'en battais l'œil. Toutes ces histoires d'alliances, de coucheries et de trahisons me passaient un peu au-dessus de la tête, qu'il s'agisse du duché de Bretagne, de la couronne de France ou de la troisième dynastie des empereurs Ming. Ceci dit, je dois avouer que la visite du château fut impressionnante et les remparts offraient de magnifiques panoramas sur cette jolie ville de Clisson, si finement blottie dans l'échancrure de la vallée de la Sèvre Nantaise, pareille, si je peux me permettre, à un camée élégamment pendu sur la gorge dénudée d'une duchesse en mal de tendresse.

Non loin, se trouvait l'office de tourisme et une petite librairie nommée Le Vers Libre qui faisait le coin de la rue Basse des Halles. Pour ce voyage, je m'étais donné comme objectif, parmi d'autres, de visiter tous les cafés-librairies, ou librairies-cafés, comme on voudra, que je trouverais sur ma route et c'était donc ici que j'allais inaugurer mes prospections. Deux jeunes femmes officiaient dans la petite boutique. Décidément, elles étaient partout, ces femmes, dans les campings, les musées, les offices de tourisme et maintenant les librairies. On en croisait à chaque coin de rue, à croire qu'elles se reproduisaient entre elles avec la ferme intention d'envahir et de dominer la planète. Bien entendu, il n'y avait aucun de mes bouquins en rayon mais je n'étais pas là pour leur chercher des noises, d'autant plus qu'elles paraissaient un peu débordées par le boulot à voir le nombre de cartons qui envahissaient le magasin. J'ai fait le tour du propriétaire en attendant que mon café soit servi entre deux déballages. C'était un bel endroit et une bonne partie de ce qui était proposé valait la peine d'être lu. Il y avait un étage où l'on pouvait s'asseoir tranquillement avec un bon bouquin de Bill Bryson, par exemple, tout en jetant de temps à autre un œil sur le donjon du château et jusqu'à l'autre rive. J'aurais bien voulu engager un brin de conversation avec l'une ou l'autre des patronnes mais je suis un gars timide et elles semblaient vraiment empêtrées dans leurs cartons. Ne voulant pas m'esquiver comme un malotru, j'ai acheté un petit recueil d'aphorismes anticléricaux. Celui-ci, par exemple, écrit au XIIe siècle sous la plume du poète persan Omar Khayyâm, m'a bien plu :

« Referme ton Coran
Pense et regarde librement le ciel et la terre. »

Après quoi, je suis parti visiter l'église qui, avouons-le, n'avait pas grand intérêt bien que sa tour en forme de campanile eût un petit quelque chose d'italianisant, comme plusieurs autres bâtiments de la cité. Non, l'intérêt, la particularité et pour tout dire le charme de Clisson, c'était son histoire. J'ai raconté comment la cité avait été terriblement meurtrie puis abandonnée par les rares survivants pour devenir une ville fantôme. Pendant les années qui suivirent le sac de la ville, les seuls habitants furent les chats et les rats. Deux frères originaires de la région, Pierre et François Cacault, un peu diplomates, un peu artistes, sans doute un peu magouilleurs, décidèrent à leur retour d'Italie alors conquise par les armées napoléoniennes de reconstruire la ville à la mode toscane et de l'enrichir, notamment grâce à une exceptionnelle collection de peintures italiennes qu'ils avaient rapportées dans des circonstances que j'ignore. C'est pour cela que la ville avait, le soleil aidant, un petit côté méridional. Certes, ce n'était ni Pise ni Florence mais les maisons portaient des toits de briques rouges aux pentes douces qui fleuraient bon le sud. De l'autre côté du fleuve, sur la commune de Gétigné, un magnifique parc avait été aménagé par François-Frédéric Lemot, sculpteur, paysagiste et ami des frères Cacault, qu'on appelait aujourd'hui la Garenne Lemot. La balade était particulièrement agréable le long de la Moine, un affluent qui se jette ici dans la Sèvre. Çà et là, des décors antiques étaient plantés comme dans un jeu de piste : des colonnes, quelques petits temples, un tombeau, un obélisque… et la promenade qui m'avait pris une petite heure s'achevait par la visite d'une superbe villa de style Renaissance qui proposait une belle exposition sur l'art antique et ses résonances contemporaines.

Oui, j'ai bien aimé Clisson, une petite ville propre sur elle, peut-être un peu trop, diraient certains, un peu trop, comment dirais-je, un peu trop « Petite cité de caractère », si vous voyez ce que je veux dire, un peu trop « Village préféré des Français », mais je quittai la ville avec une pointe de regret. Je comprenais parfaitement qu'on puisse choisir de vivre ici pour épouser la femme de sa vie et y élever ses gosses. Les bistrots avaient l'air accueillant, un tatoueur avait inscrit sur sa vitrine « Oui, c'est cher, oui, ça fait mal et oui… je vous ferai la peau » et j'avais appris des choses fort intéressantes. Nous étions samedi et je remontai vers le nord, dans une région qu'on appelle tout simplement le vignoble nantais.

Des vignes, il y en avait partout, qui se réchauffaient langoureusement au chaud soleil de mai. C'était le pays du muscadet, bien évidemment, et bien que le vin blanc me donnât des crampes aux jambes et des aigreurs à l'estomac, je m'étais promis d'aller visiter le musée du Vignoble nantais au Pallet.

Pierre Abélard était né au Pallet en 1079, c'est-à-dire il y a presque mille ans, ce qui donne un peu le vertige. *« Je suis originaire d'un bourg situé à l'entrée de la Bretagne, à huit milles environ de Nantes, vers l'est, et appelé Le Palais »*, écrivait-il à un ami. Je résume vite fait la vie de ce moine pas comme les autres et totalement à l'opposé de notre ami Philibert. Un grand théologien, cet Abélard, qui plus est grand philosophe – on ne disait pas encore intellectuel à l'époque – et même un peu subversif sur les bords, la meilleure preuve en est que ses écrits ont été brûlés en place publique. Toujours l'éternel débat entre la Raison et la Foi. Féministe bien avant l'heure et partisan acharné de l'éducation des femmes, il tombe amoureux d'Héloïse et leur romance restera dans les annales des couples maudits au même titre que Roméo et Juliette, Tristan et Iseult ou plutôt Sartre et Beauvoir, car Héloïse était aussi une grande lettrée, religieuse également. C'était alors pour les femmes la seule façon de s'élever culturellement. De leur union naquit un fils, joliment prénommé Astrolabe. Tous les deux vont fonder le Paraclet, un couvent pour éduquer les filles de bonne famille. Il était clerc, elle était nonne, les deux prêchèrent l'amour courtois et pour tout dire l'amour libre, chose qui n'était appréciée que très modérément dans ces temps soumis à la pensée rigoriste de Saint-Augustin, ce pisse-vinaigre qui avait posé une chape de plomb dans nos slips pendant deux bons millénaires. C'est au Pallet que leur fils, bien sûr illégitime, est également né. Toute cette histoire finit très mal. Fulbert (ne pas confondre avec Philibert), l'oncle d'Héloïse, s'étant toujours opposé à cette union immorale, ordonne à ses sbires de couper les testicules d'Abélard, ce qui fut fait sur l'heure. Le scandale fut énorme car Abélard avait ses partisans. Le pauvre homme se réfugia plus tard à l'abbaye Saint-Gildas de Rhuys d'où il se fit également jeter pour des raisons autant religieuses que financières. *« J'habite un pays barbare dont la langue m'est inconnue et en horreur,* écrit-il à Héloïse dans une lettre chargée d'amour et de désespoir. *Je n'ai de commerce qu'avec une population brutale et sauvage…* » Finalement, il est accusé d'hérésie et c'est en allant plaider sa cause en appel auprès du pape que le moine breton, exténué par ses combats, décède en 1142. Héloïse demande que son corps soit enterré à l'abbaye du Paraclet où commence un véritable culte. Quand viendra l'heure de son trépas, Héloïse demandera à être enterrée sous le corps de son bien-aimé, dans la position du missionnaire, si j'ose dire, et si ce n'est pas de l'amour, ça, je vous demande bien ce que c'est.

Les deux amants – certaines lettres d'Abélard font penser que leurs relations étaient parfois assez *hard*, dirions-nous aujourd'hui, voire même anachroniquement un peu sado-maso – les deux amants, donc, reposent non pas au Pallet, charmante petite paroisse du vignoble nantais mais au cimetière du Père Lachaise à Paris, ce qui est bien sûr beaucoup plus glamour. Je n'avais donc plus aucune raison de m'attarder dans les parages. J'ai su par la suite que j'ai eu tort. Une statue récente avait été érigée à la mémoire des deux amants près de Sainte-Anne, une chapelle romane du XIIe siècle.

Le musée du Pallet était fermé et c'était bien dommage. J'aurais aimé me renseigner sur la vinification du muscadet, sur les différents cépages et les savoir-faire ancestraux, j'avais tant soif de connaissances que je n'aurais pas dit non à une petite dégustation, quitte à risquer quelques aigreurs d'estomac. J'aurais surtout voulu qu'on m'explique pourquoi et au nom de quel principe un musée était fermé le samedi, jour du sabbat, certes, mais nous étions en terre chrétienne, que je sache. C'était bien la première fois de ma vie que je me trouvais devant une porte close un samedi. Ils étaient où, les responsables ? Je suis resté quelques secondes le nez collé à la vitre de la porte d'entrée, comme un gosse de pauvre devant la vitrine d'une pâtisserie. Dubitatif, j'ai sorti le prospectus de ma poche qui disait en effet que le musée était fermé le samedi mais c'est un peu comme dans les contrats d'assurance, on ne lit pas tout, moyennant quoi je m'étais retrouvé devant une porte close. D'ailleurs, j'avais même oublié que nous étions samedi car c'est un peu la grâce en même temps que le désagrément des voyages que d'embrouiller notre calendrier quotidien. Pour résumer, j'avais l'air d'un con.

Il me restait une autre solution, un plan B, comme on dit. Laurent, un ami caviste de Brest et forcément grand amateur de vins blancs comme de rouges, m'avait donné une liste de vignerons chez qui je pouvais me rendre en toute confiance, notamment à quelques kilomètres de là, dans une paroisse qui s'appelle La Haie-Fouassière. L'exploitation était située en haut d'une colline d'où l'on dominait un large horizon s'ouvrant vers le nord, sans doute jusqu'à la Loire. On devinait les marais de Goulaine, à une dizaine de kilomètres. J'ai garé le van sur la cour, juste en face d'une petite boutique promettant d'alléchantes dégustations. Sur la porte vitrée était collée une affichette qui conseillait de ne pas hésiter à forcer pour ouvrir. Qu'auriez-vous fait à ma place ? L'endroit paraissait désert mais des bouteilles étaient savamment exposées, de belles photos du terroir décoraient les murs, bref tout était prêt pour accueillir la clientèle dans les meilleures conditions. Personne dans les parages. C'était certes l'heure de la sieste mais quand même, me suis-je dit, on n'est ni en Corse ni en Provence. Au cas où quelqu'un serait en train de cuver son vin derrière le comptoir, j'ai toussoté comme on le fait généralement dans ce genre de circonstances pour signaler sa présence. Je n'aurais pas dû. Une alarme s'est immédiatement mise en branle, stridente, insupportable, démoniaque. Tous les poils de mon corps se sont hérissés et mon cœur s'est mis à battre la chamade. Je suis sorti de là en deux dixièmes de seconde, comme si j'avais été catapulté par le souffle d'une explosion. La sirène continuait sa sarabande infernale mais aussi bizarrement que cela puisse paraître, personne, je dis bien personne, n'a accouru, soit avec une carabine chargée de plomb, soit avec des menottes, soit avec une camisole de force. En un mot, j'étais seul.

J'ai appelé, appelé, les mains en porte-voix, j'ai demandé s'il y avait quelqu'un. « Y'a quelqu'un ? », ai-je crié à pleins poumons, ce qui était en soi complètement stupide parce que l'alarme remplissait très bien cette fonction et quand elle s'est enfin arrêtée, un énorme silence s'est écrasé sur la cour. J'avais des bourdonnements dans les oreilles, la gorge asséchée et mon palpitant continuait à danser une salsa de tous les diables. J'ai encore attendu, peut-être une bonne dizaine de minutes, vidant d'un trait un demi-litre d'eau à défaut d'un verre de blanc bien frais mais toujours aucune présence humaine devant laquelle j'aurais pu me justifier, dire que je n'y étais pour rien dans cette regrettable affaire, que je n'avais aucune mauvaise intention, bien au contraire, que je possédais une carte de crédit tout ce qu'il y avait de plus fiable et un compte en banque honnêtement approvisionné. Et puis j'en ai eu marre d'attendre. Je suis remonté dans le van, ai regardé une dernière fois dans le rétroviseur. Toujours personne à 360°. Aucune trace de l'espèce humaine dont j'étais à nouveau le seul survivant. C'est bien simple, on se serait cru dans une rue de Machecoul un soir de semaine. J'ai démarré le moteur et, lançant un regard noir vers le magasin, j'ai murmuré entre mes lèvres : « Ne me refaites plus jamais ce coup-là ! Vous m'entendez ? Plus jamais ! » avant de dévaler la colline. C'est ainsi que j'ai quitté le vignoble du pays nantais sans le moindre verre de muscadet à me mettre sous la glotte. Histoire de me détendre, j'ai bien essayé de chercher un jeu de mots entre Le Pallet et le palais, voire le « pas laid », mais le cœur n'y était plus. Donc, pas de jeu de mots pour aujourd'hui. Désolé.

Manon (prénom d'emprunt) était une jeune femme disons d'environ vingt-cinq ans. Elle était guide au château de Goulaine et faisait admirablement bien son métier. Son discours était huilé comme une mécanique de précision : de la fluidité, du rythme, de l'humour, de l'autorité auxquels elle ajoutait un peu petit chouïa de grâce naturelle. Qui plus est souriante et jolie, ce qui ne gâchait rien, bien au contraire. Alors, j'imaginai volontiers que c'était une nouvelle Héloïse des temps modernes qui me guidait à travers les dédales d'un château renaissance. Contrairement aux apparences, je ne me moque pas du tout. Pas besoin d'être devin pour reconstituer son cursus. Un bac L avec mention bien, puis peut-être une prépa lettres avant d'entamer des études d'histoire. Sans doute une bifurcation après la licence vers un master en patrimoine ou en médiation culturelle, quelque chose dans le genre, qui se termine par un mémoire à rendre pour le tant, donc des nuits de stress et de travail acharné s'accentuant à l'approche de la date limite. Bref, un bac plus cinq ou six. Elle avait fait des stages un peu partout, dans des musées, pour des associations, peu ou pas du tout rémunérés, avait bossé un été dans une crêperie et plusieurs saisons à ramasser des tomates dans des serres en plein cagnard. À 25 ans, elle avait déjà un CV qui prenait trois pages. Enfin, elle avait dégoté ce boulot, avec ou sans CDI, difficile à dire, pas trop loin de chez elle, espérons. Peut-être même qu'elle était encore à l'essai mais elle y mettait tout son cœur et toute son énergie, aucun doute là-dessus. C'était une belle personne, volontaire et investie, comme il en existait des milliers dans ce pays. Des jeunes gens qui n'attendaient qu'une chose : qu'on les prenne au sérieux et qu'on leur donne leur chance. Et qu'on les paie correctement, si ce n'est pas trop demander.

Je ne savais rien de cette fille, Manon, et ne lui ai posé aucune question, je n'étais pas là pour emmerder les gens, mais je suis sûr que je n'étais pas très loin de la vérité en déclinant l'itinéraire que je venais de lui tracer en pensée. Quant à sa fiche de paie, je préférai ne pas la voir, au risque de me démoraliser pour le restant de la journée.

J'avais pour ainsi dire pris le train en marche. La femme de l'accueil du château m'avait conseillé de rejoindre un groupe d'une dizaine de personnes qui venait de démarrer la visite guidée il n'y avait même pas un quart d'heure. C'était une propriété privée qui appartenait à la même famille depuis presque un millénaire, certifiait le prospectus. J'ai oublié le nom de ces aristocrates et ça n'a pas tellement d'importance mais leur riche demeure valait le coup d'œil. Neuf euros, ce n'était pas donné mais on essaiera d'admettre que c'est pour la bonne cause car, comme dit ma mère qui est une femme pragmatique, un grand château comme ça, c'est joli, mais faut pas croire, c'est de l'entretien. Il faut penser à toutes ces vitres à nettoyer, à tous ces parquets à cirer, et l'argenterie, tu y as pensé à l'argenterie ? Oui, maman, j'y pense.

J'ai suivi docilement le groupe. Moyenne d'âge, soixante berges, c'est-à-dire des vieux schnocks de mon espèce. À la baguette ou tout comme, Manon menait tout ce petit monde d'une pièce à l'autre. Le salon de Madame de Goulaine, le boudoir de mademoiselle de Goulaine, avec son bidet en porcelaine de Limoges, le cabinet privé du marquis de Goulaine, etc. Littéralement tombés sous son charme, nous écoutions béatement son discours. Elle nous aurait fait visiter un parking souterrain de centre commercial qu'on se serait tout autant pâmés en poussant des « oh » et des « ah » de ravissement. Ici la chambre où aurait dormi Louis XIV (elle utilisait le conditionnel avec un rictus qui montrait qu'elle n'était pas dupe), là les petits chaussons qu'aurait porté la duchesse Anne de Bretagne alors qu'elle n'était qu'une enfant (même emploi du conditionnel). Enfin, un arbre généalogique qui, du sol au plafond, occupait tout un pan de mur et avait de quoi faire pâlir l'organigramme d'une firme transnationale. J'étais comblé, nous l'étions tous, d'autant plus que la visite s'achevait dans une autre aile du château par la collection LU, la fameuse biscuiterie nantaise, qui avait atterri ici à la suite de je ne sais plus quel itinéraire. Des affiches et des tableaux publicitaires de Mucha, de Topor, de Folon et d'un tas d'autres artistes étaient exposés dans cette vaste salle et la boutique originelle de Nantes avait été reconstituée. Manon nous offrit à chacun un Petit-Beurre Lu, la star incontestée du biscuit, avant de nous en faire une description savante. Si j'ai bien tout retenu, le Petit Lu est un rectangle de sept centimètres de long, correspondant aux sept jours de la semaine. Il possède bien sûr quatre coins pour les quatre saisons et cinquante-deux dents tout autour pour les semaines. Le Petit Lu est poinçonné de vingt-quatre petits trous correspondants, vous l'aviez deviné, aux heures de la journée, ce qui signifie pour ceux qui n'ont pas encore compris que ce biscuit, c'est tous les jours de l'année et à chaque heure de la journée. La biscuiterie Lefèvre-Utile avait été depuis rachetée par Danone et une grande affiche nous expliquait en long et en large comment cette entreprise rayonnait désormais à travers le monde pour le bonheur de chacun. Voilà, la visite était finie sans que Manon nous demande comme le veut la tradition de ne pas oublier le guide. Je suppose et j'espère qu'elle était appointée au fixe.

En tout cas, cochon qui s'en dédit, je n'ai pas oublié, je n'oublierai jamais cette charmante guide, d'autant plus qu'elle me conseilla si je voulais mieux connaître le pays de me balader depuis le Pont de l'Ouen jusqu'à la butte de la Roche. Le chemin montait à travers des rangées de vignes alignées comme à la parade et de la butte, si modeste soit-elle (47 mètres), on surplombait en effet les marais de Goulaine. Plus loin vers le nord, on devinait déjà la Loire. La journée avait été très chaude et elle l'était encore en cette fin d'après-midi. Le thermomètre avait dépassé les 25°, la sueur me dégoulinait le long du dos mais je me sentais bien, juste content d'être là, de pouvoir marcher entre les vignes, d'appartenir tout bêtement au monde. Descendant vers le marais à la recherche d'un peu d'ombre, je croisai un pêcheur un peu ronchon prêt à lancer sa barque vers ce qui ressemblait plus à un bayou ou à une mangrove qu'à un étang. Le bougre bougonnait. Il n'y avait quasiment plus rien à prendre, quelques anguilles s'il avait de la chance. Tout ça, c'était la faute aux barrages construits en amont qui perturbaient le chemin des brochets, tout ça c'était la faute aux écrevisses de Louisiane importées ici par il ne savait qui, un abruti sans doute, en tout cas un gars pas d'ici, et qui ravageaient tout l'écosystème, tout ça, c'était de la faute à Bruxelles, la faute au maire, la faute au Gouvernement.

J'ai atteint la Loire en fin de soirée après avoir fait quelques courses au Super U d'une paroisse de la périphérie de Nantes qui répondait au doux nom de Le Loroux-Bottereau puis je me suis mis en quête d'un camping, espérant me dégoter un petit emplacement du côté de la levée de la Divatte, cette longue digue parallèle au fleuve, construite sur seize kilomètres dès la fin du XIXe siècle pour parer aux inondations qui menaçaient régulièrement les cultures maraîchères de la région. Les crues de 1910 avaient été particulièrement dévastatrices et depuis, la levée n'avait cessé d'être consolidée avant d'être peu à peu abandonnée. Le bel ouvrage se détériorait au fil des outrages du temps, des caprices de la Loire et du passage incessant des véhicules. Une association de sauvegarde avait donc été créée en 1996 pour limiter les dégâts.

Le camping de Saint-Julien-de-Concelles se situait dans les terres, plus au sud, près de ce qu'on appelle maintenant un plan d'eau autour duquel avait été aménagé ce qu'on appelle communément un espace de loisirs, en bref le truc pour faire prendre l'air le dimanche après-midi à la mémé libérée quelques heures de son Ehpad ou pour éloigner un instant les gosses de leur console de jeux, ce qu'on appelle désormais le lien social. Le plan d'eau était en fait un ancien marais transformé en étang et, renseignements donnés par le gars du camping, l'eau jaillissait de la nappe phréatique. On pouvait emprunter des pédalos, une pancarte nous renseignait sur le nom de chaque arbre et tout autour de l'étang, il y avait un parcours sportif où des instruments de torture étaient censés affermir nos abdominaux, nos biceps, nos triceps, nos quadriceps, nos fessiers, nos adducteurs et que sais-je encore. Tout cela était pour moi un peu décevant, je n'appréciais que très modérément la nature apprivoisée et puis cette manière encore une fois infantilisante de se préoccuper de notre santé et d'encadrer notre style de vie en nous obligeant d'une subtilité vicieuse à suivre le couloir étroit qui nous est imparti m'irritait profondément. Mais quand j'ai aperçu un peu plus loin ce pêcheur assis sur sa chaise pliante à l'ombre d'un magnifique saule pleureur en train de fumer tranquillement son cigarillo et d'avaler à pleines bouffées des rasades entières de silence tout en observant le soleil se coucher derrière une haie de hêtres, je me suis dit que tout n'était pas perdu.

On n'y voit que du bleu ou presque

Cinquième jour

Saint-Julien-de-Concelles – Châteaubriant

Je savais que je n'avais d'autre choix que de remonter vers le nord mais j'hésitais encore entre l'est et l'ouest, entre revenir à Nantes que j'avais à peine effleuré ou suivre la Loire vers Ancenis. D'une façon ou d'une autre, il fallait bien la traverser, cette bonne vieille Loire un peu acariâtre, impossible à dompter et plus capricieuse qu'une aristocrate déchue. Il m'avait fallu quatre pleines journées pour faire le tour de ce plat pays et j'étais bien sûr très loin d'avoir tout vu. Je le répète, mon objectif n'était pas d'être exhaustif, d'établir un catalogue raisonné de tout ce qu'il y avait à découvrir dans telle ou telle région mais j'étais déjà à peu près certain que les habitants d'Aigrefeuille-sur-Maine, de Saint-Hilaire-de-Chaléons ou de Corcoué-sur-Logne allaient m'en vouloir à mort d'avoir sciemment fait l'impasse sur leur belle paroisse qui aurait pourtant mérité toute mon attention. Dans mon rétroviseur, il y avait un tas de chapelles du XVe siècle et de monuments mégalithiques devant lesquels je ne m'étais pas garé. Il y avait un tas de sites incontournables que j'avais pourtant contournés.

Nous étions un dimanche et comme l'avait si bien remarqué notre ami-e du bulletin météo du jour, le ciel avait revêtu sa chemisette réglementaire de gendarme. Dans une forme d'inconscience ou de folie, je me suis aventuré sur trois kilomètres en Anjou avant de me ressaisir et de retrouver la Loire-Atlantique après le pont d'Oudon. J'adorais tant franchir la Loire qu'hier en fin de soirée, alors que je cherchais un camping, je m'étais amusé à passer les ponts métalliques de Thouaré ou de Mauves dans un sens puis dans l'autre, un peu comme un gamin qui saute au-dessus du petit ruisseau en bas de chez lui en s'imaginant franchir le Mississippi. La Loire était une coulée vive de bronze et d'argent, une rivière souveraine et pourtant désertée, car nulle gabarre ne pointait sa voile, aucune péniche ne descendait vers l'estuaire, pas le moindre navire, tout au plus quelques kayaks ou canoës et j'ai pensé avec un rien d'amertume qu'un fleuve sans bateau, c'est un peu comme une pizza sans olives. Ou un gendarme sans moustaches, si vous préférez.

Je suis arrivé à Oudon assez tôt dans la matinée. C'était une petite ville qui avait eu la bonne idée d'inviter un tas de sculpteurs, de fait, on suivait la promenade du fleuve comme à travers les allées d'une exposition. La ville était dominée une fois de plus par un château, comme il y en avait un peu partout dans le coin et qui faisait partie du dispositif défensif des Marches de Bretagne, du temps où le duché était quasiment tout le temps en bisbille avec le royaume de France. Donc, on bâtissait des murailles plus hautes qu'un immeuble de cinq étages, on élevait des donjons au sommet desquels on plantait des oriflammes ornées de dragons censés foutre la trouille aux gars d'en face, on creusait des douves et si on avait eu des crocodiles comme dans le Nil, on ne se serait pas privé d'en apprivoiser quelques-uns pour les dresser à arracher les membres du premier venu qui aurait eu l'outrecuidance de s'approcher de trop près. Les visites du château d'Oudon ne démarraient qu'à 10 heures, de toute façon, je commençai à en avoir un peu ma claque des courtines, des mâchicoulis, des oubliettes et des tours de guet. De toute sa masse liquide, la Loire me susurrait à l'oreille « Viens par-là, mon petit, n'aie pas peur ! Viens caresser mes rives, mes flancs, mes hanches, viens voir comme je suis belle. » Comment résister à ça ? Le GR 3, qui va du mont Gerbier de Jonc jusqu'à La Baule, suivant le fleuve de sa source jusqu'à son estuaire sur plus de 1 200 kilomètres, passait logiquement par Oudon. Comment renoncer à ça ? J'ai garé mon van sur un parking face à un resto qui s'appelait le San Paolo, chaussé mes pompes de rando, glissé une bouteille d'eau et une banane dans mon sac à dos. J'étais d'attaque pour trois bonnes heures de marche.

Au départ, le chemin nous faisait traverser des prairies et des bois, puis peu à peu, on se trouvait au pied d'une abrupte falaise et on longeait une corniche étroite coincée entre la ligne TGV et le fleuve. Bien évidemment, je n'étais pas tout seul. Nous étions dimanche matin, jour où les hordes de vététistes et les meutes de joggers sont de sortie pour le sacro-saint entraînement dominical. De fait j'étais sans cesse obligé de me rabattre si je ne voulais pas tomber à l'eau ou me faire écraser par le direct Paris-Nantes. Toutefois, la balade fut plaisante. Il y avait dans l'air un je-ne-sais-quoi de douceur angevine sans que je sache trop à quoi correspondait vraiment cette expression surannée. Avant d'arriver à un village qui portait le joli nom du Cellier, je dus me résoudre à faire demi-tour. Qu'importe, je remontai maintenant vers l'amont, vers le mont Gerbier de Jonc, et observai la Loire dans l'autre sens, face à son courant, les yeux dans les yeux.

« Ancenis est ce qu'on appelle une affreuse petite ville, mal pavée, tortueuse, avec des maisons grises et pauvres, comme les petites villes du Languedoc, mais son dénuement lui donne un chic étrange. »

Ce n'est pas moi qui le dis, c'est Gustave Flaubert en personne, le grand Flaubert pour vous servir. Au printemps 1847, le jeune Gustave, âgé de 26 ans, encore inconnu du public puisque n'ayant jamais rien publié, décide de partir à l'aventure avec son ami Maxime Du Camp, écrivain en herbe également, sur les routes de l'ouest de la France. Leur périple démarre à Paris et ne s'achèvera qu'au Mont-Saint-Michel quelques mois plus tard. Flaubert n'est pas au mieux de sa forme et ses crises d'épilepsie n'en sont pas la seule cause. Il vient de perdre l'année précédente son père puis sa sœur bien aimée. Sa vie sentimentale avec la fantasque Louise Collet tourne vinaigre et il est taraudé par ses ambitions et ses frustrations d'écrivain en devenir (il vient d'achever dans la douleur une première version de *L'éducation sentimentale*). En bref, il cherche de l'air et du vert. Les deux amis voyagent en diligence, le plus souvent à pied, d'où le titre de leur récit de voyage : *Par les champs et par les grèves,* sous-titré *Des châteaux de la Loire aux remparts de Saint-Malo.* Car il s'agit d'un livre écrit à quatre mains, chacun son chapitre, les pairs pour Du Camp, les impairs pour Flaubert. Les chapitres de Maxime Du Camp seront publiés dans la *Revue de Paris* dès 1852, mais comme les deux amis se sont violemment mis sur la gueule pour une raison que j'ignore, ceux de Flaubert ne paraîtront qu'après sa mort, en 1881. La version que je possède propose les six chapitres rédigés par Flaubert ainsi que les notes de voyage qu'il a prises entre-temps et bien que l'article biographique de Wikipédia ne consacre pas une ligne, je dis bien pas une seule, sur la pérégrination des deux hommes en Bretagne, ce livre est une véritable pépite.

La première fois que j'en ai entendu parler, j'étais en fac d'histoire à Brest, dans le cours d'Yves Le Gallo, professeur de civilisation bretonne et celtique, qui, de sa voix délicieusement grave et rocailleuse résonnant contre les parois du bâtiment B du campus de Kergoat, nous en lisait quelques passages. Si mes inclinaisons de l'époque se portaient plutôt vers Jack Kerouac et les poètes de la *Beat Generation*, ce voyage en Bretagne m'intriguait. Je dénichai aussitôt une édition de 1984, préfacée par Gonzague Saint Bris, édition que j'ai depuis conservée comme une sainte relique et qui m'accompagnait aujourd'hui dans ce périple, dans la même sacoche où se trouvait également un tas de cartes routières ainsi que le *Guide de la Bretagne mystérieuse* de Le Scouëzec dont j'ai déjà parlé. Avec moi également, un *Guide Bleu* de 1977 histoire de voir comment les choses avaient évolué en quatre décennies. Le bouquin de Flaubert, feuilleté par mes propres mains dans tous les sens depuis des décennies, était dans un sale état, les pages se détachaient l'une après l'autre et des taches de gras toutes cracra apparaissaient çà et là entre deux paragraphes mais il restait lisible et c'était là l'essentiel.

En 1847, la Bretagne était encore une région lointaine, aussi arriérée qu'archaïque, souvent considérée comme rebelle et insoumise, donc à soumettre coûte que coûte et qu'importent les moyens. Il fallait compter une dizaine de jours en diligence pour rejoindre Brest depuis Paris. Les guerres des Vendéens et des Chouans avaient laissé dans un camp comme dans l'autre de profondes blessures qui étaient encore loin de se refermer. On l'a vu, la Loire avait été un cimetière pour beaucoup d'entre eux. Excepté dans quelques pôles urbains, la misère était reine, les mendiants se bousculaient aux portes des églises, l'espérance de vie moyenne n'atteignait pas quarante ans, la délinquance et la prostitution faisaient des ravages et l'Ankou ne chômait pas. En une phrase assassine, Flaubert avait planté le décor. *« Affreuse petite ville, maisons grises et pauvres ».* Mais la ville d'Ancenis avait aussi *« ce chic étrange »*, n'est-ce pas ! Oui, pour un bourgeois de Paris, la misère des provinces possédait un petit charme exotique, presque poétique et pour tout dire, bien que Flaubert se revendiquât du mouvement réaliste, la matière bretonne était source de romantisme. Le même romantisme, sans doute, que d'aucuns découvrent aujourd'hui dans les *slums* de Calcutta ou les *favellas* de Rio. Bref, on se faisait la Bretagne (et à l'occasion quelques mignonnes bretonnes) comme on se fait maintenant le Pérou ou le Kenya, les Aborigènes et les Papous. C'était un pèlerinage quasi-obligé pour les grands esprits de l'époque. Dans ses *Mémoires d'un touriste*, publiées en 1837, Stendhal écrit cette phrase implacable à propos de la Bretagne : *« la misère même du pays contribuait à l'émotion qu'il donnait, je dirais même sa laideur. »*

Flaubert n'avait pas trop de soucis financiers à se faire. À sa mort, son père lui avait légué une rente de 500 000 francs, de quoi voir venir, comme on dit, et ce voyage avec Du Camp, il le fit sans trop compter à la dépense. À sa décharge, il est vrai qu'il a voyagé avec les moyens du bord, sans faire sa chochotte et sans la moindre complaisance, mais avec beaucoup d'humour et même parfois de tendresse envers cette bonne vieille province. Ceci dit, à de rares exceptions près, Flaubert et Du Camp s'étaient contentés de suivre la frange littorale d'une ville à l'autre, sans oser mettre un pied vers l'intérieur des terres, de peur de se salir sans doute, mais qu'on ne leur jette pas la pierre, c'est encore aujourd'hui peu ou prou le même cas de figure. La plupart des gens, et pas simplement les touristes, les Bretons en premier lieu, se contentent de visiter la côte, Concarneau, Carnac, Saint-Malo et j'en passe, de s'extasier devant les lumières frappant la mer d'Iroise – non, mais regarde-moi un peu ces couleurs ! – de se goinfrer de langoustines achetées au port du Guilvinec et pour ce qui est de l'intérieur, le ventre mou de la Bretagne, et bien, c'est bien simple, disent-ils, il n'y a rien à voir. Ou quasiment rien. Des légendes, des sorcières, des corbeaux qui volent sur le dos, voilà tout.

Toujours est-il que plus d'un siècle et demi plus tard, Ancenis avait, semble-t-il, repris du poil de la bête. Nous étions aux portes de la Bretagne et, juché sur son piédestal, Joachim du Bellay, autre grande plume de notre patrimoine national littéraire, regardait d'un œil circonspect la Loire et le pont suspendu qui menait en Anjou. Il portait un short bouffant en dentelle et une fraise autour du cou. Je me suis souvent demandé comment, dans une période aussi riche que la Renaissance, aussi précieuse et inventive dans le domaine des arts et des techniques, ils avaient osé s'afficher dans une mode vestimentaire aussi ridicule mais passons. Je ne connaissais qu'un seul poème de ce Joachim, né de l'autre côté du pont, au château de la Turmelière, et je ne m'en souvenais que parce que Brassens l'avait chanté. Comme c'est dimanche et qu'on a un peu de temps devant nous, je vous fais le cadeau d'une strophe, comme ça, en passant. Ne me remerciez pas, c'est tout à fait naturel.

« Quand reverrais-je, hélas ! de mon petit village
Fumer la cheminée, et en quelle saison
Reverrais-je le clos de ma pauvre maison,
Qui m'est une province, et beaucoup davantage »
(« Heureux qui comme Ulysse… »)

Une perle de mélancolie me chatouilla le coin de l'œil droit. Je n'étais qu'à trois heures de route de chez moi et pourtant, j'avais l'impression d'avoir déjà parcouru la moitié du globe. Je repensai, moi aussi, à mon petit village, sur les bords de l'Elorn, me languissais des canards et des oies que j'allais nourrir à la tombée du jour de quelques miettes de pain sec, imaginai ma pauvre chatte en train de miauler toute sa solitude entre sa gamelle et sa caisse.

Le tour à pied de la ville d'Ancenis ne me prit pas beaucoup de temps. Les rues étaient désertes et silencieuses, la chaleur avait fait fuir les habitants vers le bord de mer. Quelques familles, cependant, jouissaient de l'ombre des arbres d'un parc aménagé face au fleuve. Quant au château, il ne restait, comme du temps de Flaubert, que les deux grosses tours d'entrée. J'ai mis cap au nord par la D 14.

Encore une région que je ne connaissais pas. C'était une campagne qui semblait peu peuplée mais très agricole. La route était parfaitement droite et le paysage n'offrait que peu de reliefs. Les noms des hameaux avaient des sonorités très provinciales, s'il en est, très vieille France : La Guibretière, Les Riffaudières, Le Bourg-Chevreuil, La Malmandière, Les Plessis… Des noms sans prétention qui sentaient bon le chèvrefeuille et la soupe aux choux. Peu de trafic, je roulai peinard, mon petit 50 à l'heure chrono. Je ressentais malgré tout un coup de mou comme ça nous arrive à tous régulièrement, une petite crise de mélancolie, pas bien méchante mais un peu enquiquinante, une baisse de tension portée par ce paysage somme toute un peu morne, un peu fadasse. Pour me changer les idées, j'ai mis Radio Nostalgie et Joe Dassin a sorti un vieux truc tout guilleret qui collait parfaitement au décor. Quand est arrivé le moment des pubs, je suis passé sur France Musique et là, je vous le donne en mille, *La sonate au clair de lune* du père Beethoven ! Ma parole, on dirait qu'ils le font exprès.

À l'entrée d'une forêt, il y avait sur ma gauche une pancarte qui indiquait l'abbaye de Melleray. Ni une, ni deux, j'ai actionné le clignotant.

Vous pensez bien que ce n'était pas innocent de ma part. Je n'étais pas venu ici par hasard, encore moins sous le diktat d'un ange perfide qui aurait piraté mon GPS, d'ailleurs, il me semble l'avoir déjà dit, je n'avais pas de GPS. Encore heureux. Flaubert et Du Camp avaient fait halte à cette abbaye au début de leur périple et je voulais savoir comment les choses avaient évolué depuis. Ils avaient été accueillis par les moines qui les avaient invités à leur table sur une *« nappe assez propre »*, écrit-il, et leur avait proposé de dormir dans un dortoir où les draps étaient plutôt sales. *« On pue beaucoup dans ce lieu de sainteté »*, ajoute-t-il. Les deux compères assistèrent à l'office, visitèrent les établissements où le silence restait la règle jusqu'au cimetière où il imposait sa loi. Le lendemain, ils décampèrent au plus vite.

J'ai garé le van sur le parking déjà occupé par quelques véhicules immatriculés 44, 56 ou encore 49 (Maine-et-Loire). L'abbaye se trouvait comme la plupart des abbayes au cœur d'un bel écrin de verdure. Sur l'étang se reflétaient les silhouettes vénérables de grands chênes vieux de sans doute plusieurs siècles. Je me suis approché. L'antique portail était fermé mais sur la gauche, dans un bâtiment récent, il y avait un magasin ouvert au public. En guise de frère hôtelier, je fus accueilli par deux jeunes nonnes qui me souhaitèrent la bienvenue, pareilles à de vieilles copines de classe que je retrouvai après des années de séparation. Étaient-ce vraiment des nonnes ? Je n'en aurais pas mis ma main au feu bien qu'elles fussent toutes les deux vêtues d'une longue robe de lin écru au-dessus d'un tee-shirt blanc à manches longues. Elles ne portaient pas de voile mais une modeste croix de bois, bien que subtilement stylisée, pendait à un cordon. Aux pieds, des baskets de toile blanche. Elles avaient quoi ? Trente ans ? Même pas. J'ai fait le tour du magasin qui proposait ce qu'on trouve en général dans ce genre d'établissement : des bondieuseries bien sûr, mais aussi des confitures maison, des pâtes de fruit, du miel d'acacia, des CD de cantiques, un étalage de produits cosmétiques, d'huiles essentielles ou de pommades naturelles, des bougies parfumées à la cannelle et un rayon librairie assez disparate qui allait des œuvres complètes de Jean-Paul II aux livres paramédicaux dans le genre *Comment guérir son cancer par la méditation ?* Parmi les bouquins et les prospectus, l'accent était souvent mis un peu étrangement sur des thèmes se rapportant au couple : Harmonie conjugale, rabibochage, enfants, stérilité du couple, PMA, divorce et recomposition des familles. Concernant ces épineuses questions, un écriteau disait qu'on pouvait prendre rendez-vous avec un membre de la communauté si on le souhaitait.

Un pot de confiture garanti sans colorant ni conservateur et un billet de cinq euros à la main, je me suis approché de la caisse en tentant d'amorcer la conversation. Je ne pouvais pas leur dire que j'étais en mission pour le Seigneur, ç'aurait été difficile à croire ; en revanche, j'expliquai que j'étais en reportage pour un magazine, ce qui n'était pas tout à fait faux, et pour preuve, je sortis de mon sac l'un des derniers numéros où apparaissait ma photo au-delà d'un article que j'avais signé. Bon d'accord, la photo avait été prise quand j'étais plus jeune mais ça restait ressemblant, non ? Je voulais tout simplement visiter l'abbaye pour un éventuel papier mais on m'apprit d'emblée que ce n'était pas possible. Comment ça, pas possible ? m'étonnai-je. Elles étaient désolées mais voyez-vous, on était dimanche et pour les visites, il fallait prendre rendez-vous. Tout cela énoncé bien sûr avec le plus grand sourire comme si elles étaient vraiment heureuses de me voir, comme si ma visite était réellement un honneur qui rayonnait sur toute l'abbaye mais quoi qu'il en soit, et avec leur plus grand regret, c'était *niet* pour la visite. J'ai insisté : Écoutez, mes sœurs, je viens de très loin, j'ai fait des kilomètres et des kilomètres pour venir vous voir, s'il vous plaît, juste un petit coup d'œil à l'intérieur. Je vous abonnerai au magazine pour un an, promis, je vous achèterai tout votre stock de confitures, s'il le faut, je brûlerai pour vous un cierge à Notre-Dame de Rumengol, à Sainte-Anne d'Auray aussi, allez quoi... soyez pas vaches, chouinai-je, juste une petite visite... siouplait... Tenez, je suis même prêt à vous donner mon code postal !

En guise de réponse, j'eus droit à deux larges sourires et deux têtes oscillant de gauche à droite dans un même mouvement. Par contre, je pouvais prendre rendez-vous pour le lendemain matin avec frère Benoît. Pour des raisons de respect et de sécurité que chacun comprendra, je ne peux ici dévoiler leurs vrais prénoms. L'une d'elles était parisienne alors on l'appellera Geneviève, comme sainte Geneviève, la patronne de la capitale. L'autre, la plus jeune, venait de Hongrie et je trouve que le prénom Zsófi lui siéra comme un gant. Elles m'expliquèrent l'affaire le plus gentiment du monde, l'une avec un léger accent qui ne la rendait que plus adorable. Voilà, l'abbaye avait été reprise il y a quelques années par la communauté du Chemin Neuf, une communauté à vocation internationale, œcuménique et écologique, appartenant au mouvement du Renouveau charismatique. Auparavant, l'abbaye était tenue par quelques cisterciens vieillissants et au final, l'évêque de Nantes avait confié les clefs à cette nouvelle communauté pleine de promesses. Geneviève et Zsófi étaient ici depuis quelques mois pour leur noviciat avant de prononcer leurs vœux. Ils étaient une quarantaine à vivre là-dedans, hommes et femmes, jeunes pour la plupart, venus des quatre coins du monde et issus des trois grandes religions chrétienne, catholique, protestante et orthodoxe. Quelques couples et familles laïcs partageaient également pour un temps plus ou moins long la vie de la communauté.

Leurs vœux ? Je sais, il serait si facile de se moquer, de faire des sous-entendus plus ou moins graveleux, mais j'avais en face de moi ces deux jeunes femmes qui m'avaient accueilli avec la plus grande courtoisie et discutaient maintenant avec moi le plus simplement du monde. J'étais bien mal placé pour juger qui que ce soit et si ces jeunes femmes avaient choisi de vivre ainsi, à la marge du monde, et pour l'amour du Christ, en obéissant aux lois de la pauvreté et de la chasteté, dans le cadre d'une communauté basée sur le partage, le respect d'autrui, la spiritualité, la fraternité et que sais-je encore, non seulement ce n'était pas mes oignons mais elles ne faisaient visiblement de mal à personne, sinon à elles-mêmes, et encore... Pensez à la chance qu'elles ont : elles ne se feront jamais traiter de pétasses par un connard de mari au prétexte qu'elles ont oublié d'acheter de la bière au supermarché en revenant d'une harassante journée de boulot, elles n'auront jamais de gosses à torcher et à trimballer à Eurodisney, au Parc Astérix ou même au Mac Do du coin, elles ne connaîtront pas les soupes à la grimace, la douleur de l'enfantement et les chagrins d'amour, peut-être même auront-elles le privilège inouï de passer une vie entière sans pénétrer une seule fois dans un magasin Ikea. Oui, pensez à tout ça !

Geneviève a écrit sur un post-it le numéro de frère Benoît et me l'a tendu. Demain dix heures. J'y serai sans faute. Zsófi a voulu me rendre mon magazine mais j'ai dit non, je vous en prie, c'est cadeau. Je n'ai bien évidemment pas osé leur faire la bise bien que je puisse vous assurer en toute bonne foi et en pleine sincérité que c'est désormais l'un des plus grands regrets de ma vie. Flaubert qui n'avait rencontré ici que de vieux religieux décrépits et acariâtres n'avait pas eu cette chance.

Les landes du Don, du nom de cette petite rivière que porte aussi un grand fleuve russe, sont peut-être les dernières landes vivantes de la Loire-Atlantique, à moins que François de Beaulieu, le grand spécialiste de la question, ne me prouve le contraire. François venait cette année de publier un remarquable ouvrage sur les landes de Bretagne, véritable trésor patrimonial et naturel, et je n'allais pas le titiller sur le sujet. Quoi qu'il en soit, j'avais suivi un peu par hasard une direction qui m'orientait vers ces fameuses landes qui depuis le XIXe siècle disparaissaient à la vitesse d'un bulldozer au galop et se réduisaient aujourd'hui à peau de chagrin. Cette visite à l'abbaye m'avait ragaillardi et il faut croire que le sourire de ces nonnes avait eu sur mon moral un pouvoir régénérant, suffisant pour me donner la force d'escalader un chemin escarpé qui montait vers une butte où affleuraient des blocs de schiste tout pointus. Les falaises tombaient en à-pic sur l'étang. C'était absolument magnifique. Les ajoncs étaient en fleur, en rut devrais-je écrire, et même si j'avais perdu une bonne partie de mon odorat (une tare congénitale de la famille), j'avais l'impression que tous les parfums de la terre s'étaient donné ici rendez-vous pour m'en mettre plein les narines. Un circuit de 12 kilomètres autour de l'étang était proposé mais j'en avais déjà autant dans les pattes depuis ma balade matinale le long de la Loire et la journée était déjà bien avancée. Je suis redescendu pour continuer à pied vers le site des anciennes forges de Moisdon qui se trouvaient en contrebas à une vingtaine de minutes à pied. Les mines de fer avaient été abandonnées à la fin du XIXe siècle, vaincues par la concurrence britannique. La halle aux charbons fit un temps office d'entrepôt agricole puis, dès 1939, on y accueillit des réfugiés espagnols, pour la plupart femmes et enfants, sous la surveillance de la gendarmerie française. Accueillir est peut-être un bien grand mot pour un camp d'internement qui dépendait du sinistre camp de Choiseul à Châteaubriant où fut assassiné au fond d'une carrière le 22 octobre 1941 Guy Môquet et ses vingt-sept camarades communistes. En 1941, ce fut au tour des Tziganes qu'on appelait alors « nomades » et de quelques « indésirables » de droit commun de profiter du site dans les conditions sanitaires qu'on imagine. La halle devint un véritable camp de concentration. Des enfants y périrent, nous apprenait un panneau, sans nous donner davantage de précisions.

Tout cela semblait appartenir à un passé assez flou. Des familles profitaient de ce radieux dimanche et elles avaient bien raison. Du site était conservée l'impressionnante grande halle où était exposée une collection d'outils industriels qui rappelait la vocation des forges ainsi que quelques tableaux plus ou moins ambitieux. Derrière se dressaient la demeure du maître et une rangée de maisons d'ouvriers. Un bâtiment avait été transformé en bar-crêperie-pizzeria, comme quoi l'œcuménisme frappe aussi la gastronomie. Je me suis acheté une glace à deux boules, vanille et pistache, que j'ai sucée lentement, assis sur un muret de pierre qui dominait le Don, en observant des enfants jouer au ballon sur la pelouse.

Châteaubriant n'était plus qu'à une dizaine de kilomètres. Comme à Machecoul, il m'a fallu faire trois fois le tour de la ville avant de dénicher le camping municipal qui se trouvait près du stade de foot, au bout de la zone industrielle et à l'ombre d'une usine Tetra Pak qui ronronna toute la nuit. Pour commencer, je me fis enguirlander par le responsable. « J'allais juste fermer ! » Il avait l'air en rogne, venait d'éteindre son ordi, de fermer à clé sa petite guérite et sans doute y avait-il un apéro qui l'attendait, un match de foot à ne manquer sous aucun prétexte, un rendez-vous galant à honorer, que sais-je. « Mais il n'est que 17 h 58 ! », geignais-je. Bon gré, mal gré, il finit par accepter de m'ouvrir la barrière. « Bon, on va faire les papiers ! », maugréa-t-il. Pour ceux qui auraient un jour la malchance de bivouaquer ici, sachez qu'il faut d'abord se plier à quelques formalités. Ainsi, pour montrer patte blanche, j'ai dû sortir ma carte d'identité et ma carte grise, signer un bulletin d'inscription reconnaissant avoir pris connaissance d'un règlement intérieur qui faisait trois pages et verser un chèque de caution de 100 €. Oui, 100 € qui bien sûr, précisa-t-il, me seraient restitués à mon départ après m'être acquitté du prix. Pour être juste, le responsable, soudain devenu aimable, est venu me voir quelques instants plus tard pour s'assurer que tout allait bien.

C'était sans doute l'un des campings les plus sinistres qu'il m'ait été donné de pratiquer. Seuls deux emplacements étaient occupés, l'un par une petite caravane d'un couple de retraités sans histoire et l'autre par un énorme camping-car, sorte de maison roulante tractée par un poids lourd garé en face et autour duquel s'agitaient trois hargneux caniches, aussi minuscules que le camping-car était démesuré. Mais les sanitaires étaient corrects et j'avais sacrément besoin d'une douche, le reste je m'en moquai pas mal. Après une telle journée où le thermomètre avait impunément dépassé les 28°, je puais comme c'est pas Dieu possible. Déjà, à l'abbaye de Melleray, je sentais des effluves de transpiration me remonter de partout alors vous imaginez mon embarras face à ces deux jeunes et jolies nonnes, aussi fraîches qu'à la sortie d'une séance de hammam. J'avais aussi besoin de laver un peu de linge et de profiter du soleil pour qu'il sèche. Et pour finir, j'avais également besoin d'une bonne bière, une bière bien fraîche. Vous avais-je dit que ma camionnette était équipée d'un petit réfrigérateur ? J'ai décapsulé ma canette et j'ai trinqué amour, gloire et beauté contre la carrosserie, une sorte de petit rituel un peu puéril que je m'imposai lors de mes virées en solitaire. Après quoi, je suis parti à la rencontre de la ville et de ses habitants, du moins ce qu'il en restait et pour dire vrai, il n'en restait plus beaucoup. J'avais appris je ne sais plus où que la chanteuse Jeanne Cherhal dont j'étais tombé secrètement amoureux depuis que je le l'avais vue en concert non loin de chez moi avait été lycéenne à Châteaubriant. Je l'imaginais se languir certains dimanches après-midi avec quelques copines sur ce parking vide qui ressemblait à un lac goudronné, je l'imaginais loucher vers d'autres horizons.

Bienveillante et sage décision de la municipalité, les jardins du château étaient ouverts au public jusqu'à 20 heures Encore une de ces forteresses qui constituaient la défense des Marches de Bretagne, à ceci près qu'une autre partie avait été construite quelques siècles plus tard, en pleine Renaissance, tant et si bien qu'on avait autour de soi une véritable leçon sur l'évolution de l'art et de l'architecture militaire sans avoir à se déplacer. Les escaliers de schiste et de tuffeau étaient magistralement agencés. On imaginait sans peine le maître des lieux, Jean de Laval, vénérable comte de Châteaubriant, descendre les marches avec à son bras sa jeune, sa très jeune épouse, Françoise de Foix, alors âgée de douze ans. Elle était si belle, dit-on, que la rumeur parvint aux oreilles du roi François Ier qui, bien évidemment, incorrigible queutard qu'il était, voulu s'offrir la belle, ce qui ne lui demanda aucun effort particulier, avant de la répudier quelques nuits plus tard au profit d'une quelconque duchesse piémontaise. Pour la punir de ses extravagances, Jean de Laval enferma son adultère d'épouse six mois durant dans une chambre obscure du château. La légende raconte qu'on la retrouva morte, vidée de son sang, au pied de son oratoire, terrassée en pleine prière. L'histoire dit qu'elle mourut beaucoup plus tard de sa belle mort, comme on dit, bien après le trépas de son cocu de mari. Mais tout ceci n'était qu'imbroglios de famille qui ne me concernaient pas alors, vaincu par la fatigue de la journée, j'ai rejoint mon camping, grignoté un repas un peu frugal et allumé mon ordi pour écrire en partie ce que vous êtes en train de lire.

C'était un de ces moments de solitude que j'appréciai particulièrement. J'avais à ma portée un verre de vin rouge et une tablette de chocolat noir, la lumière de l'écran suffisait à éclairer mon clavier, un vieux CD de Neil Young tournait en sourdine depuis l'autoradio, je ne me sentais pas trop mal, presque serein, si ce n'était cette sorte d'anxiété mélancolique que je traînais comme une tare congénitale et qui depuis toujours, je veux dire depuis l'adolescence, n'avait cessé de me tarabuster l'âme. Mais quoi ? je faisais avec, pas le choix, un peu comme avec cette mouche qui s'évertuait à gigoter sur l'écran de mon ordinateur sans que je puisse l'attraper pour l'écraser une bonne fois pour toutes. *« Il y aura toujours de la solitude sur la terre pour ceux qui en sont dignes »*, avait quelque part écrit Villiers de L'Isle-Adam, un écrivain breton du XIXe dont nous reparlerons bientôt. Je ne sais plus où j'avais pioché cette maxime un rien pompeuse et je ne sais pas si elle pouvait encore s'adresser à moi, toujours est-il que je l'avais notée dans mon carnet. La solitude avait deux visages : tantôt celui d'une amie intime me chantant à l'oreille un refrain rassurant, tantôt le masque d'une vieille pute dont l'haleine avait l'odeur de la mort. Ce soir, au camping municipal de Châteaubriant, elle avait eu l'élégance de prendre la première apparence. Sur le stade, quelques jeunes du coin jouaient au foot et on percevait le son mat des shoots dans le ballon. Ils sont partis à la nuit tombée alors le silence a posé sur mes rêves sa grosse couette de velours pourpre.

Soleil et chaleur nous restent fidèles
Sixième jour
Châteaubriant – Saint-Nicolas-de-Redon

Si ça ne dérange personne, on va commencer la journée en douceur, par ces quelques vers :

« Penche-toi à l'oreille un peu basse du trèfle
Avertis les chevaux que la terre est sauvée
Dis leur que tout est bon des ciguës et des ronces
Qu'il a suffi de ton amour pour tout changer »

Dès la fin de Seconde Guerre mondiale, René Guy Cadou avait été nommé instituteur à Louisfert, une petite paroisse située à un jet de pierre de Châteaubriant. Son œuvre fut féconde et sa vie trop courte. Une saloperie de cancer l'emporta à trente et un ans. Cadou est sans doute l'un des poètes les plus émouvants du XXe siècle. Je ne dis pas poète breton, il était bien plus que ça. Il était poète du monde et poète de sa petite cour de récréation où il surveillait les gamins de Louisfert. Plusieurs chanteurs l'avaient mis en musique et pas des moindres – Servat, Beaucarne, Manu Lann Huel… Sans doute avaient-ils compris que ses vers résonnaient déjà comme du papier à musique.

C'était une petite école rurale d'antan, avec un préau, quelques cabinets de toilette à l'ancienne au fond de la cour, une salle de classe au-dessus de laquelle vivaient dans un petit appartement de fonction le poète et sa femme Hélène, poète elle aussi. C'est ici qu'ils écrivaient, une fois les cahiers des élèves corrigés. Transformée en une sorte de musée, l'école était aujourd'hui fermée. La mairie en avait construit une toute neuve de l'autre côté du bourg. Pour visiter, il aurait fallu que je fasse une réservation à l'office de tourisme de Châteaubriant, m'avait appris le voisin d'en face, un retraité occupé à traiter ses rosiers avec un truc un peu louche, genre glyphosate mariné préalablement dans un bain de polonium. C'était peut-être le moment ou jamais de lui glisser un des vers précédemment cité – *« Dis-leur que tout est bon des ciguës et des ronces »* – hélas je n'avais pas le recueil sur moi. Je lui ai demandé s'il avait été élève dans cette école et si par hasard il avait eu un nommé René Guy Cadou comme instit. Non, mon bon monsieur. Il ne s'était installé ici qu'en 1967 mais si je voulais voir quelque chose de vraiment intéressant, il fallait que j'aille au cimetière, à la sortie du village, car il y avait un calvaire et ce calvaire, si je peux me permettre, Monsieur, c'était vraiment quelque chose. Croyez-moi, vous ne serez pas venu à Louisfert pour rien !

J'avais une bonne heure devant moi avant le rendez-vous avec le frère Benoît alors va pour le calvaire. Comme à mon habitude, je m'étais levé aux aurores mais j'avais dû attendre huit heures sonnantes pour récupérer mon chèque de caution et payer ma nuit. C'était un autre employé qui ce jour-là faisait l'accueil. La semaine commençait mal, il y avait un problème avec son imprimante, plus d'encre, et merde, comment allait-il faire pour la facture ? C'est pas grave, j'ai dit, dites-moi simplement combien je vous dois et quittons-nous bons amis. Doucement, doucement, mon bon monsieur, on est lundi, faut d'abord que je fasse le calcul, le supplément électricité, la taxe de séjour et tout, et tout. Et votre chèque de caution ? Où c'est y qu'il l'a mis, le collègue, votre chèque de caution ? Ah, le voilà. Bon, on n'a plus le choix, je vais vous écrire une facture sur papier puisque j'ai plus d'encre. Pas la peine, j'ai dit, vous fatiguez pas ! Mais si, il tenait visiblement à se fatiguer, même un lundi, à recopier tout ce qu'il y avait écrit sur l'ordinateur pour m'établir cette satanée facture. Enfin, il m'a présenté une feuille A4 et son verdict est tombé en bas de la page : 5,85 €, taxe de séjour comprise, bien sûr. J'ai déposé six euros sur le bureau mais, c'était décidément pas son jour, il ne trouvait plus la clé du tiroir où se trouvait la caisse pour me rendre la monnaie. Laissez, laissez, j'ai dit ! C'est pas grave, ai-je supplié avant de m'échapper de son bureau poursuivi par un type qui criait attendez, attendez, je vous dois quinze centimes !

Après ce dimanche quasi caniculaire, Châteaubriant, ville moyenne d'environ 12 000 âmes, retrouvait une apparence normale avec des gens qui allaient acheter leur pain à la boulangerie, le journal à la maison de la presse et d'autres qui prenaient un café en terrasse. J'ai donc fait exactement comme eux avant de rejoindre la D 771. Sous un pont était accrochée une grande banderole qui proclamait un slogan plutôt sympathique : « Bâtir des ponts, virer les pontes » et c'est ainsi que je suis arrivé à Louisfert en passant devant la nouvelle école, baptisée tout naturellement René Guy Cadou, et que j'ai rencontré Monsieur Glyphosate qui m'a orienté vers le calvaire le plus épouvantable que la Terre ait porté depuis la crucifixion de Jésus.

En 1871, un certain abbé Jacques Cotteux eut l'idée sublime de ramasser toutes les pierres mégalithiques qui traînaient dans les parages, « vestiges de cultes sanguinaires d'autrefois » (sic), pour les mettre en tas au cœur d'un enclos et en faire une sorte d'œuvre d'art en forme de gâteau de mariage indigeste où les statues toutes blanches des saints faisaient fonction de bougies. Je ne savais pas trop quoi en penser, s'il fallait en rire ou aller vomir dans le premier fossé venu. Je ne savais pas non plus ce que René Guy Cadou avait pensé de cette horreur, s'il avait écrit un sonnet à son sujet, toujours est-il que Monsieur Glyphosate avait bien raison : ce calvaire, c'était quelque chose !

Je tiens à répéter que j'ai volontairement changé les noms ou les prénoms des gens que j'ai rencontrés au cours de cette pérégrination, par respect pour leur intimité, d'une part, et aussi pour ne pas avoir d'emmerdements. Dans la réalité, Monsieur Glyphosate ne s'appelle pas vraiment ainsi et peut-être n'y avait-il dans son vaporisateur que de l'eau bénite. Idem hier, je l'ai dit, s'agissant de sœur Geneviève et sœur Zsófi. Moi-même, dans ce récit, j'ai tenu à changer d'identité. Pour ne pas qu'on me reconnaisse. Pas folle, la guêpe ! L'homme avec qui j'avais rendez-vous ce matin-là, je l'ai appelé frère Benoît, à mettre bien sûr en rapport à la règle de Saint-Benoît, comme quoi je ne vais pas chercher midi à quatorze heures. Le magasin était aujourd'hui fermé et il fallait sonner à la porte d'une guérite où l'on s'annonçait à travers une petite lucarne, un peu comme dans une boîte de nuit où la tenue correcte est exigée.

Une jeune nonne habillée comme vous et moi – jean, tee-shirt et baskets – m'a fait patienter dans le bureau en attendant la venue du frère et m'a même proposé un café, moyennant quoi j'ai pu lui faire un brin de cour. Anastazy était une Polonaise originaire de Gdansk. Elle aussi était novice. Je lui ai posé la même question bateau que j'avais posée hier à Zsófi. Regrettait-elle son pays ? La Hongroise m'avait répondu en langue de bois, si je peux me permettre, du genre les deux, mon général. Elle aimait son pays et sa famille, bien sûr, mais elle aimait aussi l'abbaye avec cette nouvelle famille, le tout enrobé dans un sourire d'hôtesse de l'air vous enjoignant d'accrocher votre ceinture avant un atterrissage qui risquait de devenir problématique. Anastazy semblait plus franche, plus directe. Elle était arrivée en Bretagne fin octobre et soyons honnêtes, il n'avait fait depuis que pleuvoir jour après jour, nuit après nuit, et elle en avait sa claque de ce temps horrible, de ce pays de brume, de flotte et de vent. Heureusement, le soleil et la chaleur venaient de réapparaître sinon, elle était bonne pour une dépression. Chez elle en Pologne – vous connaissez la Pologne ? Hélas non, ai-je répondu – même en hiver, le soleil frappait fort. Le thermomètre pouvait descendre très bas mais au moins, on voyait la couleur du ciel et en Pologne, il était bleu, le ciel. Comme aujourd'hui, ai-je conclu. Il était temps, marmonna-t-elle dans une grimace, oui, il était temps ! Une question me brûlait les lèvres, cependant : et vos parents, votre famille, ils disent quoi ? Et votre petit ami, vous aviez bien un petit ami, non ? Mais je me suis contenté de passer ma langue sur les lèvres pour y éteindre le feu qui me brûlait. Parfois, il faut mieux ne pas trop en demander de peur d'avoir à supporter la réponse.

Frère Benoît m'a serré une franche poignée de main. C'était un gars solide, bien bâti, qui se tenait droit dans ses pompes. Un bel homme, Africain du Burundi, réfugié en Europe pour fuir les guerres civiles qui ravageaient son pays. Ingénieur en informatique, il aurait pu s'orienter vers l'humanitaire, comme il me l'expliquera plus tard, mais il avait préféré choisir la voie de Dieu. La voie ou la voix, je ne sais trop comment l'écrire. Il avait senti comme une lumière en lui. J'ai froncé les sourcils :

— Une lumière ?

— En effet, une lumière.

Je n'ai pas insisté. En tout cas, il avait l'air d'un homme heureux et je n'ai pas manqué de le lui dire, ce à quoi il a répondu que oui, en effet, il avait trouvé sa place, il avait trouvé un sens.

Aujourd'hui, il était moine de la communauté du Chemin Neuf en attendant d'achever sa formation pour devenir prêtre. Je lui ai présenté mon topo tout de go : Voilà, Flaubert est venu ici même en 1847, et je prépare un article sur son voyage en Bretagne, d'ailleurs, j'ai le bouquin avec moi, vous pouvez y jeter un œil. Il connaissait Flaubert de nom mais n'avait jamais entendu parler de sa venue à la Melleray. Il a ouvert le livre à la page que je lui ai indiquée et m'a demandé à le photocopier si toutefois ça ne me dérangeait pas. Bien sûr que non. Après quoi, il a disparu dans une autre pièce où j'imagine se trouvait la photocopieuse et j'ai pu reprendre mon gringue avec Anastazy. Elle non plus n'avait jamais lu Flaubert mais elle avait étudié au lycée de Gdansk quelques grands auteurs français. Elle se rappelait de Victor Hugo et d'Émile Zola, elle avait particulièrement apprécié certains poèmes de Paul Éluard.

Frère Benoît m'a rendu le bouquin et m'a invité à le suivre. En l'an de grâce 1130, sous le règne de Conan IV, duc de Bretagne, un groupe de moines errants vagabondaient dans la région en quête d'un endroit pour s'installer à demeure. Las, ils posèrent leur bivouac un peu au hasard pour y passer la nuit. Au matin, ils se réveillèrent tous enduits d'une fine couche de miel qui leur était tombé du Ciel, comme une pluie un peu gluante. Dieu, agent immobilier à ses heures perdues, leur avait ainsi vendu le terrain de leur future abbaye qui devint, on s'en serait douté, la Mielleraie puis la Melleray, et de fait la paroisse voisine s'appelle La Meilleraye-de-Bretagne, avec une orthographe légèrement différenciée et le mot Bretagne en plus, comme pour affirmer au cas où quelqu'un en douterait qu'ici, y a pas à tortiller, c'est la Bretagne et point barre. L'abbaye, fondée en 1181, a connu bien des vicissitudes. Elle fut d'abord occupée par des Cisterciens qui adoptèrent la règle plus rigoureuse de saint Benoît. Le portail qu'on voit ici date du XIIe siècle mais il a été déplacé pour laisser place à une voie communale. Après les ravages de la Révolution, c'est une communauté de Trappistes venus d'Angleterre qui racheta l'abbaye. Ils apportèrent avec eux des techniques agricoles innovantes et l'abbaye connut dans leur sillage un réel essor. En 1848, quarante-huit moines de la Melleray, « après avoir embrassé leurs frères », s'expatrièrent aux États-Unis et fondèrent dans le Kentucky la première abbaye cistercienne du Nouveau Monde, qu'ils nommèrent Gethsémani. Comme je l'ai dit hier, la communauté du Chemin Neuf s'est installée ici il y a une dizaine d'années, en partageant dans un premier temps les lieux avec quelques anciens moines avant que l'évêché de Vannes ne leur confie les clefs de la boutique. Des bâtiments modernes avaient été construits il y a une vingtaine d'années, pouvant accueillir des retraitants mais aussi des séminaires d'entreprises ou même de syndicats. L'hôtellerie était pour l'abbaye une source importante de revenus. Le reste, m'expliqua frère Benoît sans chercher à biaiser ma question concernant le pognon, c'était les dons, les quelques productions agricoles et les recettes du magasin. Mais il faut savoir également qu'en entrant dans la communauté, ajouta-t-il, les moines et les nonnes doivent léguer leurs biens, tous leurs biens.

Mis à part le porche, les bâtiments étaient de facture assez récente, disons le XVIIIe siècle, et s'inspiraient des grands immeubles nantais de la grande époque du commerce triangulaire et de la traite des Noirs. Le décor semblait plus aristocratique que religieux, en témoignaient ce magnifique escalier de marbre et cette pièce qui ressemblait à un boudoir pour de capricieuses et languissantes marquises qui n'avaient cesse de laisser choir leur mouchoir au sol. Sur le fronton était gravée cette sentence : *In nidulo meo moriar* qui signifie, grosso modo « qu'en ce petit nid, j'aimerais mourir », ce qui me suggéra une idée sympathique pour décorer le linteau de la porte de ma propre maison et puis non, finalement.

Pas trop mal, comme petit nid, ai-je osé lancer à frère Benoît. Le cloître et l'église n'avaient rien d'exceptionnel, le dépouillement était le maître mot de la communauté. Ils avaient viré toutes les décorations intérieures, les statues, les retables, les bondieuseries et les candélabres, pour ne garder que l'essentiel. La statue de la Vierge Marie portant le Christ dans ses bras, trois vitraux blancs symbolisant la Sainte Trinité et un tabernacle frappé du sceau de l'alpha et de l'oméga. Tout était dit. La boucle était bouclée.

Dans son livre, Flaubert nous parle des croix noires d'un petit cimetière jouxtant l'église et en effet, elles étaient toujours là, les croix, à ceci près qu'elles étaient devenues toutes blanches. Il nous dit par ailleurs que c'est ce qu'il avait vu de mieux à La Meilleraye, ce qui n'est guère courtois de sa part mais Flaubert cultivait l'ironie à loisir, et de l'ironie au mépris, il n'y a pas des kilomètres. Ceinte de hauts murs de pierres, l'abbaye était assez vaste pour accueillir des jardins et des potagers, de quoi vivre en une autarcie partielle. Je voyais quelques moines et moniales qui s'affairaient ici et là autour de carrés de légumes. Ils s'intéressaient aux techniques écologiques de la permaculture, s'interdisaient bien sûr les pesticides et les engrais chimiques. Le fameux glyphosate n'était pas le bienvenu dans les parages. En fait, ils reprenaient une tradition datant du Moyen Âge qui voulait que les moines soient toujours à l'affût de nouvelles techniques agricoles et soucieux de l'aménagement raisonné du territoire. L'étang avait été creusé au XIIe siècle, il était toujours là. En son centre, une statue de la Vierge semblait se dresser sur l'eau par un étrange prodige.

Midi s'approchait et je ne voulais pas abuser de son temps. En effet, c'était bientôt l'heure de l'office auquel j'étais cordialement invité, au même titre que les quelques personnes des environs qui venaient y assister régulièrement, et je me suis dit banco, La Melleray valait bien une messe. Mis à part les enterrements de mes proches et de quelques potes qui avaient eu le mauvais goût de casser leur pipe avant l'heure, je n'étais pas un ardent coureur de bénitier. De temps en temps, j'accompagnai ma mère pour la Toussaint en l'église paroissiale de Locmalo (Morbihan), histoire de me la jouer bon fils, et c'est à peu près tout. Un rien piteux, j'ai avoué à frère Benoît que pour être honnête, le bon Dieu et moi, ça faisait deux. En guise de réponse, comme une évidence, il a écarté les bras, ses paumes noires grandes ouvertes vers la lumière. Leur église était ouverte à tous, à ceux qui croyaient au Ciel comme à ceux qui n'y croyaient pas et même à ceux qui n'y croyaient pas mais au cas où, sait-on jamais, faisaient comme s'ils y croyaient afin que ceux qui n'y croient pas comme ceux qui y croient n'y voient que du feu. Vous me suivez ?

Les cloches ont sonné, nous n'étions qu'une demi-douzaine de « civils » à assister à l'office. Une vieille dame m'a tendu en souriant un livre de cantiques. Les moines et les nonnes sont arrivés l'un après l'autre sans ordre précis, ils avaient revêtu une longue aube écrue mais ils avaient gardé leurs baskets. Les filles se sont installées à la gauche du chœur, les garçons à la droite, une quinzaine de chaque côté. J'ai reconnu Zsófi, ma copine hongroise d'hier, ainsi qu'Anastazy, la Polonaise, tout en me retenant de leur faire un petit coucou de la main, si discret soit-il. On sentait bien que les choses sérieuses allaient commencer. C'était une messe tout à fait traditionnelle orchestrée par un moine qui paraissait le plus âgé de la bande. Cantiques, debout, assis, lectures de l'Évangile et d'une des foutues lettres de saint Paul, debout, assis, rien de très nouveau. J'ai essayé réellement de me concentrer sur ce que disait le moine lors de son sermon, ça parlait de l'Esprit et de la Lumière, de l'Esprit ou de la Lumière, de la Lumière en tant qu'esprit mais aussi de l'Esprit en tant que Lumière, la Lumière étant concept, l'Esprit postulat, ou vice et versa, vous me suivez toujours ? Non ? Moi non plus. J'avais le sentiment qu'il aurait fallu avoir un master 2 en théologie pour comprendre un moindre mot de son laïus. On s'est remis debout. Un grand moment de solitude m'a accablé lorsque j'ai pris conscience que j'étais le seul à ne pas communier mais quoi ? On m'aurait pris pour un usurpateur, un hypocrite, un coquillard et j'avais ma dignité, moi aussi.

Frère Benoît m'a retrouvé à la sortie. Un soleil d'une divine générosité frappait l'abbaye ainsi qu'une bonne partie du reste du monde et on avait ce pressentiment naïf qu'il ne pleuvrait plus désormais que du miel. Nous avions passé un bon moment ensemble, tous les deux, nous avions discuté le bout de gras entre hommes intègres, lui l'Africain, moi, l'homme de l'Ouest, sans chercher à défendre notre chapelle ni à vendre nos salamalecs. Après avoir échangé nos adresses mail, il était temps de nous dire adieu. Tandis que les autres moines et nonnes s'éparpillaient dans tous les sens, nous nous sommes serrés entre honnêtes hommes une franche pogne puis le portail s'est refermé sur la Communauté du Chemin Neuf. Avant de rejoindre le van, j'ai jeté un dernier regard sur le clocher de l'abbaye et sur l'étang et sur les murailles de pierres et sur la petite lucarne de la porte d'entrée. Je me sentais bizarre. L'Esprit et la Lumière, le postulat et le concept, la Foi et la Raison se chamaillaient sous mon crâne comme larrons en foire, chacun voulant se tailler la part du lion. Ça braillait dans tous les sens. Je leur ai dit de la fermer, que ça suffisait comme ça, qu'on ne s'entendait plus. Pour les faire taire, j'ai enclenché à fond les manettes un CD et Mick Jagger a remis un peu d'ordre salutaire au milieu de tout ce raffut existentiel.

Après avoir mangé une omelette et des rognons dans une auberge de La Meilleraye, Flaubert a pris une diligence qui descendait vers le sud, du côté de Nort-sur-Erdre. Pour ma part, je me suis contenté d'une salade « arctique » en barquette plastique et d'un paquet de chips avant de reprendre la direction de l'ouest. La première partie de mon voyage s'achevait. J'avais du pain sur la planche, des rendez-vous en souffrance, un agenda à honorer. Des obligations professionnelles m'attendaient de pied ferme et j'en baillai d'avance. Doucig, ma vieille chatte acariâtre et adorée, devait se languir de moi. La route que je suivais à présent n'avait plus guère d'intérêt, elle semblait avoir été tracée à la règle et traversait des espaces parfaitement contrôlés. Ça ne rigolait plus. Il n'y avait pas à tortiller, on sentait ici que la France était une puissance agricole de premier plan. De temps en temps, une pancarte indiquait un menhir quelconque, une zone humide naturelle ou encore une chapelle du XIVe siècle sans que l'envie me prenne de m'arrêter. Je fis cependant une pause après la petite ville d'Abbaretz, sur l'impressionnant site des anciennes mines d'étain, exploitées depuis l'Antiquité et abandonnée en 1959. Récemment, on en avait fait un agréable espace de loisir et de promenade. Un chemin gravissait un terril haut de 121 mètres et d'une blancheur presque aveuglante sous cette lumière, une véritable colline artificielle élevée au fil du temps par les amoncellements des rebuts de la mine, puis redescendait pour contourner un étang. On avait l'impression de marcher sur la lune.

Vers 17 heures, j'arrivai à Redon mais je ne voulais rien visiter de la ville. Redon se trouvait à l'extrême sud de l'Ille-et-Vilaine, à la confluence des trois départements, et le 35, on verrait ça plus tard. Un couple de cyclistes couverts de sueur faisait une pause sur la terrasse du Nautic, un bistrot posté sur le quai de Brest. Je me suis assis à leurs côtés et j'ai commandé un demi. Ils pédalaient depuis trois jours, depuis Châteaulin pour être exact. La femme paraissait en avoir assez, du vélo. Elle se massait les mollets en grimaçant. On a parlé cyclisme, on a parlé météo – cette putain de chaleur –, on a bien sûr évoqué le canal de Nantes à Brest, ce qui m'a mis la puce à l'oreille pour la suite des événements. J'ai jeté un œil sur mon portable. J'étais invité à dîner le soir même chez ma frangine, à l'autre bout du Morbihan. On pouvait être certain qu'elle n'allait pas me demander mon code postal mais fallait pas non plus que je traîne. Mon beau-frère ne plaisantait pas avec la ponctualité dès lors qu'il s'agissait de l'apéritif.

DEUXIÈME ÉPISODE

Retour du soleil

Septième jour
Saint-Nicolas-de-Redon – Nort-sur-Erdre

Dubitatif, j'observai une douzaine de jeunes gens chahuter dans l'étang d'Aumée, un trou d'eau creusé à quelques kilomètres au sud de Saint-Nicolas-de-Redon, là même où j'avais clos le premier épisode de mon périple quatre mois plus tôt. Sur la plage aménagée, les garçons tentaient d'éclabousser les filles et les filles se défendaient en poussant des cris perçants particulièrement désagréables. Sachant que la rentrée des classes approchait et que le temps leur était maintenant compté, les plus téméraires osaient des mains baladeuses vers les maillots de bain de leurs petites camarades et s'en sortaient au mieux par un éclat de rire idiot, au pire par une paire de baffes. Ils profitaient des dernières chaleurs du mois d'août avant de reprendre le chemin du lycée. C'était le dernier week-end des vacances et les portes de leur purgatoire n'allaient pas tarder à s'ouvrir de nouveau. Bien fait pour eux.

Je fis quelques pas le long de la rive, peu décidé à me lancer dans une marche digne de ce nom bien qu'un panneau d'information proposât un circuit d'une dizaine de kilomètres autour de l'étang. Les mollets n'étaient pas prêts, ni physiquement, ni psychologiquement. Et puis il faisait chaud, bien trop chaud. Et puis il me fallait toujours un peu de temps pour me réinvestir dans le voyage. Une fois de plus, je ne savais pas si j'étais à la bonne place, c'est-à-dire à la mienne, tout simplement. Mais elle était où, ma place ?

Pas facile de reprendre la route après ces presque quatre mois de relâche. Au tout début de l'été, des événements d'ordre sentimental et professionnel avaient quelque peu chamboulé mon quotidien et m'avaient obligé à revoir le cahier des charges de ce voyage, et donc à faire quelques entorses à mon projet à peine entamé. Dans l'idéal, il aurait été plus glorieux que je me lance dans un *road trip* de quatre-vingts jours sans remettre une seule fois les pieds à la maison, sans débander, si j'ose dire, cul sec, un peu comme pour le fameux *Tour du monde* de Phileas Fogg ou les errances de ce brave Ulysse, mais j'ai vite compris que cela m'était impossible pour plusieurs raisons. Sans chercher à me disculper, des obligations m'attendaient, des rendez-vous à honorer chez le cardiologue ou le dentiste, des paperasses à signer, des pages à noircir pour tel magazine ou telle revue, le plafond d'une salle de bains à repeindre… Et puis je ne pouvais laisser Doucig, ma fidèle et vieille chatte, seule pendant presque trois mois quand bien même la petite voisine se serait chargée avec plaisir de remplir sa gamelle et de vider sa caisse tous les deux jours. Pensez, plus de seize ans qu'elle laissait traîner ses poils partout et qu'elle se faisait impunément les griffes sur le canapé ! Franchement, je ne comprenais pas pourquoi elle s'entêtait tant à rester vivante, je ne savais au juste ce qui la retenait ici-bas. Elle passait l'essentiel de son temps à dormir sur un vieil oreiller immonde et les seuls déplacements de sa journée se résumaient à quelques allers-retours entre sa gamelle et sa caisse, ce qui était bien en deçà des recommandations de l'OMS. De temps en temps, elle poussait un miaulement rauque en ma direction, comme pour me reprocher de lui imposer une telle vie de merde mais je n'y étais pour rien. J'avais adopté ce chat pour faire plaisir aux enfants, ou plutôt j'avais cédé sous leur pression constante, puis les enfants étaient devenus grands et avaient quitté le domicile familial comme l'exige l'ordre des choses, me laissant bien évidemment me dépatouiller seul avec cette sale bête dans les pattes. Je me suis demandé si Ulysse et Phileas Fogg avaient un chat à nourrir.

Grâce à une petite rivière joliment nommée la Noë, l'étang d'Aumée servait à alimenter le canal de Nantes à Brest qui passait non loin. L'idée de rallier Nantes en deux-roues m'avait un instant effleuré. J'aurais pu louer une bicyclette à Redon puis, au bout d'un ou deux jours de pédalage, remonter en train à ma base de départ. L'idée était excellente mais j'imagine que c'est par pure flemme que j'y ai renoncé ; et puis des amis qui avaient fait le chemin de halage dans sa totalité avaient trouvé l'aventure très ennuyante. Qu'à cela ne tienne, j'allais flirter avec ce beau canal par sauts de puce.

Les paroisses que je traversais n'offraient guère d'intérêt. Je fis une courte halte à Fégréac (Croix du XVe siècle, tombes antiques d'aristocrates et de prêtres locaux), une autre à Guenrouet (base de loisirs du port Saint-Clair). On se trouvait dans une zone relativement peu peuplée, un peu loin de tout, à des kilomètres de la côte et des grands centres. La campagne était un peu morne, du moins est-ce ainsi que je la voyais en ce paresseux après-midi où, soyons francs, je ne débordais pas d'enthousiasme. Au volant de mon VW, je roulais mon petit train-train en écoutant un vieux CD de Nina Simone qui se trouvait un peu hors sujet dans ce décor. Comme partout, le maïs s'était imposé, avait envahi les landes et les prairies depuis maintenant plusieurs décennies. Le maïs, c'est un peu comme les cheveux en brosse. C'est peut-être pratique à entretenir mais ça donne une tête de con. Voilà qu'il parvenait à maturité, les plants se dressaient alignés sur des hectares comme une armée au garde-à-vous, prête à défiler pour les grandes commémorations de je ne sais quelle victoire. Les ensileuses n'allaient pas tarder à se mettre en branle et faire de la campagne table rase. Je venais de lire le matin même en page agriculture un article qui m'apprenait que dans l'ouest de la France, 59 % de l'alimentation des vaches laitières était constituée de maïs ensilé. L'herbe pâturée, la bonne herbe des prairies, les prairies de *Martine à la ferme* par exemple, ne représentait plus que 11 % de leur assiette. Or le maïs revenait trois fois plus cher que l'herbe et exigeait un complément de protéines, raison pour laquelle il fallait en plus importer à grands frais du soja du Brésil, en participant dans la foulée au grignotage de l'Amazonie. On en était là. Je me suis souvenu de ces agriculteurs bios venus de Hollande qui depuis deux décennies exploitaient une ferme près de Carhaix. Quand je leur avais demandé pourquoi ils s'étaient installés dans le Centre-Bretagne, ils m'avaient répondu qu'ils voulaient tout simplement élever des vaches qui mangent de l'herbe. Tout simplement de l'herbe. Tout n'était donc pas perdu.

Blain était la seule commune du secteur qui semblait tirer son épingle du jeu. Le château de La Groulaie se trouvait à l'entrée du bourg, tout près du canal où étaient amarrées une dizaine de coques en plastiques et quelques promène-couillons flottants. Les deux restaurants du port étaient fermés. J'ai garé le van sur le parking et rejoint le château situé en contrebas. En fait, il y avait deux châteaux qui se faisaient face. Le premier, qui datait de la Renaissance, était une propriété privée accueillant séminaires, mariages et banquets. Le second était une forteresse médiévale du XVe siècle faisant également partie du dispositif de défense des Marches de Bretagne, au même titre que Fougères ou Châteaubriant, avant de devenir quatre siècles durant la propriété des Rohan, noble et prestigieuse famille convertie au protestantisme, c'est pourquoi sept des neuf tours initiales avaient été détruites sous l'ordre de Richelieu – *« comme un jeu de quilles »*, se plaisait-il à dire pour épater ses amis et effrayer ses adversaires. Il n'en restait donc plus que deux en place, la tour Sainte-Anne (cent dix-neuf marches, j'ai compté) et la tour du Connétable.

Puis l'édifice connut les petites péripéties habituelles de l'histoire : destruction et pillage sous la Révolution, abandon progressif puis transformation en prison pour quelques centaines de prisonniers de guerre espagnols condamnés à creuser le canal. Quand Marie Bonaparte, de la famille de l'empereur, adoubée par les liens sacrés du mariage princesse de Grèce et du Danemark, s'il vous plaît, rachète le domaine en 1918, le château est dans un sale état. Ne restent que des fragments de murailles. Elle casse sa tirelire pour le restaurer. Cette noble dame, amie, patiente et traductrice de Sigmund Freud, s'était convertie à la psychanalyse après avoir pris conscience de sa frigidité et elle fut l'une des premières femmes à soulever ouvertement le problème, bien sûr tabou à l'époque, du clitoris, concluant par ailleurs que le clitoris en question n'était pas le problème, mais plutôt la solution. À mon grand étonnement, cet aspect fort intéressant de la vie de Marie Bonaparte n'était pas évoqué dans le prospectus distribué à l'entrée, qui m'apprenait cependant que le domaine fut cédé en 1950 par les frères des écoles chrétiennes de Saint Jean-Baptiste de la Salle. Ils en firent une sorte de séminaire puis un collège. Plus récemment, le château a été classé Monument historique et est devenu propriété de la commune, raison peut-être pour laquelle, la visite était gratuite. On pouvait se balader à sa guise dans un passionnant petit musée de l'imprimerie et plusieurs salles proposaient des expositions d'artistes locaux dont je me serais volontiers moqué si j'avais été capable d'en faire autant.

Je fis un brin de causette avec la jeune fille de l'accueil – appelons-la Ludivine, ça lui va très bien – une très souriante personne qui fut néanmoins incapable de me dire pourquoi diable *« la dernière des Bonaparte »*, ainsi qu'elle fut surnommée, avait choisi de s'installer à Blain, elle qui possédait palaces en Grèce et villas sur la Côte d'Azur. Considérée comme celle qui fit introduire la psychanalyse en France, elle paya la caution pour que Freud puisse quitter l'Autriche sous la domination nazie, s'installa aux

États-Unis où elle milita contre la peine de mort puis finit sa vie à Saint-Tropez, à des années-lumière du château de Blain.

Consultant la carte, je m'aperçus que je n'étais qu'à une dizaine de kilomètres d'une modeste bourgade nommée Notre-Dame-des-Landes qui avait fait beaucoup parler d'elle ces dernières années. Un projet d'aéroport international vieux de cinquante ans et ressorti des placards au début des années 2000 fut aussitôt activement contesté par une poignée de voyous irresponsables, selon les uns, ou par un ensemble de citoyens soucieux de la préservation écologique de leur environnement, constitué en grande partie de bocage, selon les autres. Il y avait eu l'année précédente un sacré grabuge, sur le plan juridique, bien sûr, mais surtout sur le terrain. Comme au Larzac, comme à Plogoff, l'affaire prenait une dimension nationale. Les autocollants contre l'aéroport fleurissaient en jaune à l'arrière les bagnoles et nous rappelaient avec un rien de nostalgie le fameux « nucléaire, non merci ! » ou, dans sa version bretonne, *« Nukleel, nann trugarez ! »* des années quatre-vingt. Les CRS avaient ressorti leurs bonnes vieilles grenades lacrymogènes et les opposants leurs bons vieux cocktails Molotov. La ZAD (Zone d'aménagement différé) s'était transformée en ZAD (Zone à défendre) et la départementale D 281 sur laquelle je roulais aujourd'hui le plus paisiblement du monde avait été surnommée un temps la route des chicanes.

En avril 2012, les autorités lancent « l'opération César », un nom délicieusement tartignolle pour sortir le grand jeu à coups de bulldozers et de pelleteuses contre les constructions dites illégales. L'opération vire au fiasco, les images des violences policières tournent en boucle sur le Net, alors on tergiverse mais on insiste un peu, on organise un référendum, on nomme une commission d'experts, on hésite, on négocie, on recommence à causer. « Tout ce qui était évacuable a été évacué », annonce, droit dans ses bottes, le président Macron avant de renoncer quelques mois plus tard au projet. Les lacrymos s'étaient évaporées, quelques tags s'effaçaient sur le bitume et l'on devinait ici et là des vestiges de ce qui fut sans aucun doute un beau combat mais une fois de plus, j'arrivais après la bagarre.

J'avais envie de rejoindre un fleuve, une rivière, quelque endroit paisible pour y passer la nuit. L'Erdre se trouvait non loin de là, à quelques kilomètres à l'est. Le lieu me paraissait idéal pour passer la nuit. Le nom de Sucé-sur-Erdre résonnait agréablement bien qu'il y avait fort à supposer que les femmes du coin en avaient ras la casquette d'entendre les mêmes sous-entendus graveleux autour de leur supposé gentilé. Il est vrai que c'est tentant mais force est d'admettre que les habitantes s'appellent tout simplement des Sucéennes. En tout cas, c'était le bazar dans la ville. Des bouchons, des déviations dans tous les sens à tel point que j'en perdais mon calme légendaire. Je n'étais pas au courant que tous les ans, à la fin de l'été, étaient organisés sur les bords de la rivière les *Rendez-vous de l'Erdre*, grand rassemblement nautique et festif, concerts, fanfares, moules-frites et tout le tralala. Il était impossible de se garer, j'étais fatigué, stressé par cette agitation et voulais m'échapper de la ville, me réfugier dans un camping abrité sous les pommiers et géré par un personnel agréable et si possible compétent. Après avoir tournicoté dans tous les sens, j'en trouvais enfin un en fin de soirée, à Nort-sur-Erdre. Il n'y avait pas de pommiers, il n'y avait pas d'Erdre non plus. Mais il y avait en effet un camping derrière le terrain de football qui pour une somme raisonnable me proposait un emplacement tout ce qu'il y avait de plus correct.

Encore quelques jours d'été

Huitième jour

Nort-sur-Erdre – Nantes

En parlant de l'Erdre, je ne sais plus si c'est Flaubert ou Mérimée qui était tout content d'avoir enfin trouvé une rime qui collait avec le verbe *perdre*. Grand bien lui fit. Auparavant, François Ier, qui sans doute fréquentait une ardente courtisane du côté du Sucé-sur-Erdre, prétendait que c'était la plus belle rivière de France et bien sûr, les dépliants touristiques ne se privaient pas de nous le rappeler à toutes les sauces. Fallait-il que la raison de notre bon roi vert galant soit corrompue par l'exacerbation de ses sens ou tout simplement avait-il de la merde dans les yeux. Plus belle rivière de France ? Avouez que c'est complètement stupide. C'est un peu comme les Champs-Élysées, qu'on nous rabâche à chaque arrivée du Tour de France comme étant la plus belle avenue du monde. Ou encore la plus belle femme du monde. Tous ces superlatifs n'ont bien évidemment aucun sens, exception faite, peut-être, de la rade de Brest qui reste sans conteste la plus belle rade du monde.

Soit, l'Erdre est une sympathique petite rivière et Nort-sur-Erdre un aimable bourg sans prétention. Je m'achetai à la boulangerie un pain au chocolat pour le tremper dans une tasse de café que je commandai dans un bistrot du centre où j'étais le seul client. À cette heure de la matinée, la ville était encore bien calme. La statue de saint Georges surplombant le pont sur l'Erdre veillait sur elle. Je pouvais déguerpir en toute confiance.

Cette fois-ci, je trouvais une place sur un parking de Sucé pour voir un peu ce qu'il s'y tramait. L'agglomération qui avait pris beaucoup d'ampleur de par sa proximité avec Nantes s'étalait et grignotait la campagne sur des kilomètres de lotissements mais le bourg qui descendait vers la rivière avait gardé un petit côté guinguette qui ne me déplaisait pas. C'était déjà la foule. Le port accueillait pour les fêtes une armada d'embarcations de tout gabarit et toutes se préparaient dans une effervescence bon enfant à la grande régate qui les conduirait vers Nantes en fin d'après-midi.

Je revenais à Nantes, conscient qu'au départ de mon périple, je n'avais fait que l'effleurer, sous la pluie qui plus est, façon Barbara, et le moral en berne par-dessus le marché. Bon prince, je tenais à lui laisser une seconde chance, au contraire de Flaubert qui n'hésita pas à la taxer d'emblée de *« ville assez bête »* sans qu'il prenne la peine de nous donner les raisons de ce jugement. Mais bon, Flaubert, c'est Flaubert. En consultant la carte, j'avais repéré un bon plan pour garer ma camionnette, sur les bords de l'Erdre dans un endroit appelé la Jonelière, et à partir duquel j'espérais bien rejoindre tranquillement la ville à pied, comme on le faisait jadis. Au-dessus de nous, le grand viaduc de la rocade enjambait la vallée, entraînant derrière lui un ronronnement continu. Je n'étais pas seul, loin de là. Comme tous les week-ends, les accros du jogging qui s'échinaient à faire disparaître les graisses accumulées durant la semaine livraient une foire d'empoigne aux cyclistes obligés de dessiner des zigzags acrobatiques pour éviter les quelques couples d'anciens qui, à moitié terrorisés, avançaient cahin-caha en se tenant le bras. Et bien sûr, les inévitables promeneurs de nos amis ces saletés de clebs qui faisaient prendre l'air à leur maudite bestiole aux mâchoires dégoulinantes de bave et aux crocs acérés comme des dents de requin. Sur l'eau, ça souquait ferme, hardi les gars, ça ramait dur, ça avironnait fort, ça hissait haut les voiles, ça tirait des bords. On en voyait même descendre la rivière en paddle ou en planche à voile et pour compléter ce tableau bucolique, des zodiacs de cinquante chevaux, des scooters des mers et des canoës à moteur pétaradaient sur l'eau avec la même délicatesse qu'un marteau-piqueur au milieu d'un défilé de mode. Bref, dans le registre des promenades romantiques, j'avais connu mieux mais je n'allais pas faire la fine bouche, les arbres offraient de l'ombre à tout ce beau monde et il régnait dans l'air comme un parfum de douceur de vivre, de bien-être économique, d'optimisme raisonné et parfaitement anesthésiant. Rien d'étonnant, donc, dans ces conditions, qu'Emmanuel Macron eut été récemment élu président de cette paisible république. D'un pas ferme, j'avançai tout guilleret, un œil sur la rivière, un autre sur les hanches charnues des coureuses qui me doublaient avec un rien d'insolence. Les oreillettes clouées aux oreilles pour écouter je ne sais quelle insipide musique, elles regardaient droit devant, déterminées, conquérantes, ne daignant pas accorder une seule seconde de leur attention aux pêcheurs qui, tout aussi déterminés, guettaient leurs flotteurs comme si les numéros gagnants du loto allaient soudain jaillir au bout de leur hameçon. J'avais l'intuition confuse qu'entre les pêcheurs à la ligne et les coureurs à pied se déroulait une sorte de guerre civile larvée mais impitoyable et j'étais curieux de connaître un jour l'épilogue de ce combat silencieux.

Il m'a fallu trois quarts d'heure en marche rapide pour parvenir au centre de la ville de Nantes. Les berges étaient soudain devenues quais, de bien jolies péniches résidentielles y étaient amarrées, et l'île de Versailles, sorte de petit paradis vert pour les petits comme les grands, était une parfaite mise en bouche avant de s'offrir la ville. Un festival de jazz se préparait pour la soirée à venir, une foire de vieux disques vinyles s'y tenait également, des gargotes proposaient à manger et à boire et c'est sur la table improvisée de l'une d'entre elles qu'on me servit un café dans un gobelet en carton. Au bar, un vendeur de disques venu, comme il le proclamera haut et fort, de Guémené-Penfao et affublé comme un rockeur des années cinquante, exception faite d'une queue-de-cheval lui descendant jusqu'aux fesses, échangeait quelques propos avec la serveuse qui visiblement n'avait pas que ça à faire. « Nantes, c'est une ville de bobos, meuglait-il ! Avant, c'était bourgeois, bourgeois normal, quoi ! Maintenant, c'est devenu complètement bobo. 1,50 € le café ! Vous trouvez ça normal, vous ? 1,50 € !

Chez moi, à Guémené, c'est un euro ! Pas un centime de plus ! Vous entendez ? Pas un centime ! » La serveuse haussait les épaules, s'affairait à mille taches énigmatiques, semblait prier le ciel pour qu'il règle son café et dégage au plus vite.

Nantes, ville de bobos ? Nantes, ville assez bête ? On allait voir ce qu'on allait voir. Je payai mon café (un euro, pas un centime de plus) avec un sourire de gala et pris la direction de la cathédrale qui se trouvait à quelques centaines de mètres et dont j'apercevais déjà les flèches. Elle était haute, vaste et lumineuse. En ce samedi matin, peu de gens encore parcouraient les travées sinon quelques touristes chinois qui levaient la tête vers les voûtes d'ogive et une poignée de fidèles qui la baissaient sous le joug de la repentance. On s'y sentait bien. Elle avait connu son lot d'infortunes, subissant les terribles bombardements de juin 1944 où périrent neuf civils parmi lesquels le chanoine Poupard qui, quelque temps auparavant, avait écrit dans ses notes : *« Tu n'es ici-bas qu'un passant qui s'attarde »*. En 1972, lors des travaux de restauration, un incendie avait emporté la toiture. Depuis, les temps s'étaient un peu radoucis. Flaubert, ça va de soi, en a dit du mal – *« vilaine à l'extérieur, trop courte à l'intérieur »* – jusqu'au moment où il a découvert le tombeau de François II et de son épouse Marguerite de Foix, devant lequel je me trouvai présentement. Il y avait en effet de quoi être épaté. C'était vraiment balèze. L'œuvre était signé Michel Colombe et le marbre venait de Toscane. Un écriteau posé au pied du monument disait ceci en toutes lettres : *« Remarquez la grande beauté du duc, le calme, la douceur et la grâce de la duchesse »*. Bon élève, je remarquai en effet la grande beauté du duc ainsi que le calme, la douceur et la grâce de la duchesse. Autour des gisants, quatre allégories plutôt sexy représentaient les quatre vertus cardinales, à savoir la justice, la tempérance, la prudence et la force morale, celle-ci étant représentée par un petit dragon jaillissant d'une tour et aussitôt étranglé par la vertu. Au cas où certains auraient du mal avec les métaphores, sachez que le dragon représente le mal qui sommeille au fond de chacun de nous et à qui il convient naturellement de tordre le cou. François II, *« duc de Bretagne par la grâce de Dieu »*, était bien placé pour nous faire la morale. Bon vivant, aimant la bonne chère, il avait passé sa vie entre la chasse et les guerres, les intrigues et les complots, laissant derrière lui un duché appauvri et endetté par des années de conflits avant de mourir bêtement d'une chute de cheval et ça, c'est vraiment ballot.

De l'autre côté de la nef se postait un monument tout aussi imposant qui faisait écho au tombeau du duc et de la duchesse, lui aussi entouré aux quatre coins par les vertus cardinales : foi, sagesse, charité, courage. C'était le cénotaphe de notre vieil ami le général de Lamoricière, l'un des conquérants de l'Algérie dont on a déjà parlé au pied de sa statue lors de notre halte à Saint-Philbert-de-Grand-Lieu. Au cas où on en aurait douté, un écriteau disait de lui qu'il était *« homme de qualité, maître de son destin, très courageux dans l'adversité, illustre par son caractère, plus sublime par le cœur »*. Admettons, bien qu'en farfouillant dans son passé, on rappellera qu'il organisa la guerre de razzias en Algérie, autant dire la politique de la terre brûlée, qu'il participa activement à la répression de l'insurrection ouvrière de juin 1848 et qu'il acheva sa carrière au service du pape Pie IX contre les troupes de l'Unité italienne. Que les Nantais se démerdent avec ça.

Comme le chanoine Poupart, je n'étais aussi qu'un passant qui s'attarde et j'avais pleinement conscience que je ne faisais qu'effleurer les villes et les paysages que je traversais, un peu à la manière de ces tour-opérateurs qui proposent en une semaine une visite de l'Europe, du Mont-Saint-Michel au pont Charles de Prague, en passant par la tour Eiffel et le pont Rialto de Venise. Voir Nantes en une seule journée n'avait pas beaucoup de sens mais j'avais un cahier des charges à respecter. La matinée avançait et peu à peu, la ville s'animait, les rues se remplissaient, les gens profitaient du soleil. Descendant vers la Loire, une visite du château des ducs de Bretagne s'imposait. Face aux remparts, au milieu d'un petit square, se trouvait une statue d'Anne de Bretagne en costume d'apparat. Jean Fréour l'avait sans doute sculptée un peu plus belle qu'elle ne l'était en réalité, mais bon, depuis l'âge de douze ans, la pauvre femme avait connu une enfance de merde, des fiançailles dès dix ans, deux mariages forcés, quinze grossesses et tant de guerres et de drames qu'on ne pouvait lui en vouloir de tirer cette tronche ingrate sur les enluminures de l'époque. Elle avait beau joindre ses mains en prière, on sentait bien qu'elle n'y croyait pas vraiment, à sa Bretagne. D'ailleurs, préférant les bords de la Loire, elle n'a fait qu'y passer, elle aussi. Flaubert la jugeait froide et hypocrite. Certains historiens parlent d'une intrigante, à la fois orgueilleuse et incompétente, volontiers capricieuse, et ne dédaignant pas, loin de là, les fastes de la cour et les plaisirs de l'alcôve, bien qu'on ne se risquera pas à lui reprocher ce dernier point. Les Bretons qui, trop souvent, préfèrent le lyrisme du récit national à la réalité des faits historiques en ont fait une icône, une championne de l'indépendance bretonne, à tel point que beaucoup d'entre eux croient encore dur comme fer qu'on lui doit la gratuité des autoroutes. La *« duchesse aux sabots »,* comme la nomment parfois ses hagiographes, s'éteignit au château de Blois à l'âge de trente-six ans et ses funérailles qui durèrent trente-neuf jours coûtèrent une petite fortune (60 000 livres) à la couronne de France. Mille sept cents pleurants accompagnèrent la dépouille de Blois jusqu'à la basilique de Saint-Denis. Des tonnes de cire furent brûlées. Ainsi que le voulait la coutume, on éviscéra le corps pour en extraire avant embaumement les organes périssables et comme la plupart des souverains du royaume, elle fut inhumée à la nécropole royale mais son cœur, entendez bien, son cœur, selon son souhait le plus cher, fut placé dans un reliquaire d'or pour qu'il revienne en Bretagne.

Samedi 14 avril 2018, coup de théâtre ! Le reliquaire qui était exposé au musée Dobrée a été volé par quatre individus cagoulés.

Pour en faire quoi ? Le fondre en lingot ? Le cacher dans un coffre aux Bahamas ? L'échanger contre quelques kilos de cocaïne ? L'affaire fit tout un ramdam, bien évidemment. Grâce à Dieu ou l'un de ses sbires, le précieux écrin fut retrouvé quelques jours plus tard du côté de Saint-Nazaire. En fait, c'était une coquille vide depuis 1793. Des révolutionnaires radicaux, soucieux d'effacer toute trace de l'Ancien régime, avaient balancé le cœur de la bien-aimée duchesse à la fosse commune. Et ça, si vous voulez mon avis, c'est mesquin, c'est même petit.

Après avoir été une forteresse pendant de longs siècles, le château des Ducs de Bretagne avait servi tour à tour de prison, de caserne et d'arsenal. Aujourd'hui, il abritait un musée que je ne visitais pas, des expos que je n'allais pas voir et un resto qui me paraissait au-dessus de mes moyens. Je fis néanmoins le tour des remparts en passant par la tour du Pied-de-biche et celle de la Boulangerie. Une inscription gravée dans le marbre rappelait que François Ier, roi de France et usufructuaire du duché, avait signé ici en 1532 l'union *« perpétuelle »* de la Bretagne avec le royaume de France. Une autre plaque signalait que le roi Henri IV proclama en ce château l'édit de tolérance *« perpétuel et irrévocable »* accordant la liberté de religion. De toute évidence, ils aimaient bien le mot *« perpétuel »* à Nantes. L'édit de tolérance fut révoqué par Louis XIV moins d'un siècle plus tard, en revanche il semble que le traité d'Union de la Bretagne avec la France soit toujours en vigueur. Las de ces soubresauts de l'histoire, je prenais toute séance tenante la direction du musée Dobrée pour admirer de mes propres yeux le reliquaire d'Anne avant qu'il ne soit à nouveau dérobé par quelques malfrats et me promis de regarder dès mon retour la signification exacte du mot *« usufructuaire »*.

Le musée était en rénovation et donc fermé. C'était un manoir néogothique assez pompeux construit au XIXe siècle face au manoir de la Touche où mourut en 1442 le duc Jean IV et où fut condamné deux ans plus tôt notre ami Gilles de Rais dont nous avons précédemment parlé. Thomas Dobrée était le fils d'un richissime armateur qui consacra une grande partie de sa vie et de sa fortune à réunir une collection d'art et d'antiquités de plus de dix mille pièces. Il mourut avant l'achèvement de son manoir et ça aussi, c'est ballot. Non loin de là, la statue du général Cambronne, nantais également, ainsi que je l'ignorais, trônait au milieu du parc du même nom au-dessus d'une inscription gravée sur le socle : *« La garde se meurt et ne se rend pas »*, phrase qu'il jura de tous ces grands dieux n'avoir jamais prononcé de sa vie. De même, le fameux *« merde »* qu'on lui attribue sous le nom de « mot de Cambronne » semble être tout droit sorti de l'imagination de Victor Hugo. Légendes, donc. Et aussi arnaque, un peu. Encore un coup de ce fameux *Récit national,* qui se résume en gros au programme d'histoire qu'on enseignait au collège dans les années cinquante et que d'aucuns – suivez mon regard – voudraient réhabiliter. Le parc était paisible, impeccablement arboré. On avait l'impression que les arbres se tenaient au garde-à-vous devant le général, comme un bataillon de soldats prêts à mourir plutôt que de se rendre. Quelques anciens et un groupe d'étudiants occupaient les bancs situés à l'ombre alors que ceux situés au soleil étaient vides. J'ai donc continué mon chemin en me laissant glisser vers la Loire.

Chose que je n'avais encore jamais vu dans cette ville, et ce n'était pourtant pas faute d'en avoir eu l'occasion, c'était le Mémorial de l'abolition de l'esclavage. J'apprenais que de Nantes étaient parties plus de mille sept cents expéditions négrières, ce qui en faisait le deuxième port européen après Liverpool dans ce type de commerce. 550 000 Africains furent déportés vers les Amériques dans les conditions que l'on sait. Les navires portaient des noms charmants : *La Gloire, La Victoire, La Duchesse de Gramont, La Confiance, L'Aimable Manon, La Marie Heureuse, La Paix, La Joséphine*... Des fortunes ahurissantes furent amassées en quelques décennies, en témoignaient les grands hôtels de l'île Feydeau. Une expédition pouvait rapporter en dividendes jusqu'à 700 % de la mise de départ tandis que le taux de mortalité dans les cales pouvait atteindre 40 %. Je suis descendu dans un souterrain aménagé dans d'anciens entrepôts du port qui maintenant s'apparentait à une sorte de crypte. De la ville nous parvenaient en sourdine le bruit des tramways et des automobiles, le cri des enfants jouant sur les quais et le clapotis des vagues de la Loire qui s'écrasaient contre les parois de béton. À ce moment-là, je me suis trouvé seul, complètement seul, et un peu désemparé. C'était bizarre. Je lisais les mots de Martin Luther King, d'Aimé Césaire, de Senghor ou de Bob Marley sans vraiment les comprendre, je lisais des extraits de discours abolitionnistes et des articles de la Déclaration des droits de l'Homme et tout ceci résonnait comme un chant de misère, de révolte et d'espoir, un chant lourd jailli des entrailles d'un continent qui réclamait encore et toujours justice et réparation. À défaut, ce mémorial était une sorte d'acte de contrition.

Sorti de là un peu abasourdi, je n'avais que le désir de marcher et c'est ce que je fis, sans but précis, au petit bonheur la chance. Je traversai des ponts ou des passerelles qui enjambaient la Loire, je suivais les quais, m'aventurai dans des quartiers un peu borgnes, passai devant des immeubles de haut standing en construction où je n'osai même pas m'imaginer le prix du mètre carré, me faisant tout petit devant l'imposant palais de justice, me demandant *in petto* à quelle peine aurait été condamné Gilles de Rais dans un tel blockhaus. Mais j'étais bien obligé d'admettre que Nantes était une ville créative, dynamique, pleine de gaieté et d'imagination. Les artistes faisaient des farces. C'était ce qu'on appelle « Le voyage à Nantes ». On croisait ici et là, au hasard des places, des œuvres tantôt loufoques, tantôt prétentieuses, parfois si déroutantes que si l'honnête contribuable se demandait non sans aigreur où passaient ses impôts, il trouvait ici enfin une réponse à sa question. À l'emplacement des anciens chantiers Dubigeon se trouvaient maintenant des esplanades de jeux et de promenades. Dans le bâtiment des bureaux des Chantiers navals de l'Atlantique qui fermèrent définitivement leurs portes en 1987, une excellente exposition retraçait les très âpres luttes ouvrières qu'avait connu le port. Un gigantesque éléphant articulé arrosait de sa trompe une troupe d'enfants qui hurlaient de joie ou d'effroi. Les anciennes mûrisseries de bananes s'étaient transformées en bistrots avec terrasse, en restos ou en boîtes de nuit. On aurait dit que les Nantais ne cherchaient maintenant qu'à s'amuser, se divertir, s'allonger sur des chaises longues avec un bon bouquin – et les bonnes librairies ne manquaient pas – ou danser la rumba comme ils le faisaient sur l'esplanade devant le château des ducs pendant que leurs gosses s'arrosaient sous les jets d'eau. En ce premier jour de septembre, on aurait dit que Nantes n'était qu'une ville de fêtards, de paresseux, un repaire d'épicuriens, un nid de bobos, en somme. Certes, on était samedi et c'était encore l'été mais un peu de tenue, s'il vous plaît ! Les terrasses des bistrots étaient pleines à craquer, les gens faisaient la queue devant les marchands de glaces, les murs étaient couverts d'affiches annonçant des concerts, des expos, des festivals... De jeunes femmes élégantes buvaient des cocktails avec une paille et leurs jupes étaient si courtes, leurs épaules si nues, leurs orteils si vernis, leurs tatouages si sophistiqués que même le plus sage d'entre nous se serait volontiers damné contre une bonne bière le temps de jouir du spectacle. Ce que je fis, sans la moindre pointe de culpabilité et avec toute la sagesse qui me caractérisait depuis mon départ, dans ce qui semblait être l'un des endroits les plus en vogue de la ville, le Lieu Unique, situé dans les anciennes usines LU. *The place to be*, comme on dit. *The place to be* ou *not to be*, pourraient ajouter les esprits chagrins qui ne goûtaient pas particulièrement aux lieux branchés. Me soupçonnant d'en faire partie, je payai ma bière à la barmaid sapée aux limites de la décence la plus élémentaire et me mis en route en direction de la passerelle Victor Schoelcher, ce député qui, entre nous soit dit, avait été en 1848 l'initiateur de la loi sur l'abolition de l'esclavage.

Je ne l'aurais pas cru si je ne m'en étais pas approché. De loin, on aurait pu penser à l'une de ces performances artistiques contemporaines de grande envergure. Pensez, en plein centre-ville, un village de tentes, un patchwork de toiles multicolores, des centaines de guitounes accolées les unes aux autres, quelle audace ! Quelle créativité ! Nantes ne lésinant pas sur les moyens dans ce registre, c'était fort possible qu'on nous joue un tel tour pendable et chapeau l'artiste. De fait, il s'agissait d'un véritable campement de réfugiés qui depuis plusieurs semaines s'étaient installés ici, sur le square Daviais, à deux pas de l'île Feydeau, le quartier des négriers, et non loin du château des ducs. Chaque centimètre carré était occupé, les tentes étaient enchevêtrées les unes contre les autres, tassées, surpeuplées. Difficile d'évaluer combien ils étaient à survivre dans ce camp. Le journal avait évoqué des bagarres la nuit précédente. La police et les pompiers étaient intervenus, non sans mal. On parlait de plus de 400 réfugiés ainsi entassés, la plupart venus d'Afrique (d'Érythrée ou du Soudan). De jeunes hommes en majorité, vivant dans des conditions sanitaires déplorables – *« parmi les rats et les poux »*, écrivait le journaliste –, désœuvrés, silencieux même en groupe, parfois solitaires, tripotant leur portable comme un chapelet électronique les reliant à je ne sais quel espoir. Quelques bénévoles visiblement débordés par l'ampleur de la tâche les assistaient autour d'une table sur tréteaux, discutaient avec eux devant un gobelet de thé, lançaient des sourires autour d'eux, comme on lance une bouée de sauvetage. Il n'y avait au-dessus de ce camp aucune banderole de revendication déployée, aucun drapeau n'était hissé, le square Daviais était une île au milieu d'une île, un morceau d'Afrique ballotté au cœur de la ville comme un radeau de naufragés au milieu d'un océan de pierres et de béton*.

J'en avais trop vu, ou pas assez. Anne de Bretagne préparait sa toilette pour le grand bal du soir en grignotant des Petits Lu. Gilles de Rais commençait à baver en imaginant les dessous de la duchesse. François II ronflait comme une locomotive sur son tombeau de marbre en rêvant d'égorger son rival, le roi Louis XI. Des armateurs cupides négociaient avec des actionnaires frileux dans une taverne du quai de la Fosse. Thomas Dobrée lustrait ses figurines précolombiennes dans un palais néogothique, le général de Lamoricière passait le reste du monde au fil de l'épée et à des kilomètres de là, une princesse érythréenne se demandait ce qu'était devenu son grand garçon beau comme un prince parti depuis des mois se chercher en Europe un autre destin.

Autant l'avouer, la vision de ce camp de réfugiés m'avait fichu un sale coup au moral. Je m'étais senti voyeur, impuissant à quoi que ce soit, triste aussi, et révolté bien sûr. J'avais – c'est peut-être puéril – eu soudain l'impression que la fête était finie pour aujourd'hui. En fin d'après-midi, pourtant, Nantes attendait dans le cadre des *Rendez-vous de l'Erdre* l'arrivée de la régate partie le matin même de Sucé et qui réunissait plus de deux cents embarcations. Une foule de gens s'y précipitait, d'autant plus qu'un concert gratuit de jazz allait démarrer d'un instant à l'autre sur une scène installée sur la rivière. J'ai bien pensé y assister mais du jazz, franchement, quel intérêt ? D'autant plus que je n'avais cessé de marcher tout au long de la journée. Cette satanée ville m'avait fait arpenter en long et en large une bonne quinzaine de kilomètres en tout, je me sentais à plat et j'avais hâte de me

* Le campement sera évacué le 20 septembre suivant et les réfugiés seront accueillis dans différents gymnases de la ville et dans des conditions plus humaines par la mairie de Nantes.

trouver un bivouac. Par chance, Nantes possédait un camping non loin du centre, dans le quartier des universités, sous le doux slogan de « petit coin de verdure dans la cité ». Un cinq-étoiles, s'il vous plaît. À ce prix-là (quarante euros), j'aurais sans doute souhaité quelque chose de plus luxueux, voire de plus exotique. Une piscine, un jacuzzi ou un sauna ne m'auraient pas fait de mal mais, même si mon emplacement se trouvait au numéro 125 de l'allée des Zelkovas, c'était un camping des plus ordinaires, envahi comme il se doit par une division de camping-cars. Qu'importe, je me suis commandé au bar une pizza quatre fromages à emporter, j'ai débouché une bouteille de gaillac, ouvert un paquet de chips et j'ai branché l'ordi pour savoir dans un premier temps ce qu'était un zelkova.

Des envies d'école buissonnière
Neuvième jour
Nantes – Herbignac

On sent venir le déclin de l'été dès lors qu'on se déshabille au petit matin avant d'entrer dans la douche, et c'est moi, Bob Kerjan, tout grelottant dans ma cabine cinq étoiles, qui vous le dis. Cependant, la journée promettait d'être belle. Nous étions dimanche et déjà que je n'appréciais pas trop le septième jour en temps normal, je m'en méfiais d'autant plus lorsque j'étais en virée. Les villes étaient moribondes ou léthargiques, comme en temps de confinement. Nantes n'échappait pas à la règle. La plupart des commerces étaient fermés et les seules personnes qu'on croisait étaient des coureurs à pied suffocants comme des insuffisants respiratoires. À la campagne, on avait droit aux troupeaux de cyclistes amateurs et ce n'était guère mieux. Il y avait aussi les promeneurs de chiens et quelques égarés aux yeux hagards qui visiblement ne s'étaient pas couchés de la nuit. L'un d'eux me prit à partie pour me demander, haletant comme si c'était une question de vie ou de mort, où se trouvait le fleuriste le plus proche. Sans doute avait-il quelque chose à se faire pardonner avant de retrouver son foyer, je ne sais pas, une troisième mi-temps qui aurait mal tourné, un égarement conjugal. Bref, c'était opération ville morte ou presque. Par exemple, la tour Bretagne (et non *de* Bretagne, comme je l'avais toujours pensé) en haut de laquelle je rêvais de prendre un café matinal bien serré, ne serait-ce que pour jouir d'un panorama exceptionnel sur la ville, était aussi close que la porte d'un couvent. D'ailleurs, y avait-il autre chose que des bureaux dans ce machin haut de 144 mètres ? J'avais appris que le seul gratte-ciel de la région avait été inauguré l'année où était sortie *La Tour infernale* au cinéma et les investisseurs avaient eu le trouillomètre à zéro. Le restaurant du vingt-neuvième étage avait par la suite dû fermer ses portes suite à de trop nombreux suicides.

Résultat, la moitié de l'espace était inoccupé. Un fiasco complet. Ce matin-là, la plus haute tour de la région prenait des allures fantomatiques. Ne me restaient que ces bonnes vieilles églises, au final, comme celle de Saint-Nicolas où de bien braves dames pomponnées comme à la noce préparaient déjà l'office dominical.

Où étaient les Nantais ? Encore au lit ? Cuvaient-ils ? Baisaient-ils ? Rêvaient-ils encore ? Les réfugiés du campement du square Daviais se levaient aussi, vaille que vaille et se foutaient bien qu'on soit dimanche ou lundi, la pitance était la même. Sur la pointe des pieds, je passai la place Royale, aussi royale que déserte. À l'angle de la fontaine monumentale, un monstre marin particulièrement repoussant me regardait de travers en pissant par des trous creusés dans ses deux gros yeux globuleux. Je traversais la place Graslin, avec son théâtre et son célèbre restaurant La Cigale où je n'osai entrer de peur d'être aussitôt expulsé *manu militari*, affublé comme je l'étais de mon vieux short pendouillant, d'une chemise tombant en *pilhou* et de mes gros godillots. Pourtant, j'aurais pu leur rétorquer haut et fort que moi, Monsieur, j'avais reçu ici même dans votre établissement un prix littéraire, oui Monsieur, parfaitement, un prix littéraire avec un chèque à l'appui, mais bon, était-ce vraiment la peine de sortir le grand jeu, même si c'était la pure vérité. Le mieux était de se dégoter un petit bar-tabac-PMU sans prétention pour s'offrir enfin le vrai café dont je rêvais depuis mon réveil, et en terrasse, si possible. Le bonheur se trouvait quai de la Fosse. Ambiance populaire des dimanches matin, au grand air, avec un journal. La serveuse portait de ravissantes boucles d'oreille, un coquelicot tatoué en haut du sein droit et répondait au prénom de Corinne. Auprès de moi, un groupe d'une dizaine d'hommes parlait avec entrain une langue dont je n'arrivais pas à deviner la provenance : Polonais ? Roumain ? Le journal que j'étalai sur ma table titrait sur le camp de réfugiés du square Daviais, ainsi que sur le succès des Rendez-vous de l'Erdre et celui du FC Nantes qui avait enfin décroché sa première victoire de la saison contre Strasbourg. J'entendais vaguement Corinne se plaindre à un client que sa Twingo avait rendu l'âme le jour de la mort de Johnny Halliday.

Inutile de le crier sur tous les toits mais je dois avouer que j'avais adoré Nantes. Cette balade dominicale m'avait ravigoté autant que les découvertes que j'avais pu y faire la veille. Bien sûr, je n'avais pas pris la peine de fureter dans le passage de la Pommeraye, ni de visiter le musée des Beaux-Arts et j'avais sans doute raté un tas de choses forcément très intéressantes que des amis bien intentionnés ne manqueraient pas de mentionner à mon retour. Le temps pressait, mine de rien, et la route, impitoyable et despotique, m'appelait. Adieu donc, Nantes, *kenavo Naoned*, capitale des Namnètes et peut-être même de Bretagne mais bon, on n'allait pas remettre la même sempiternelle question sur le tapis. La Loire-Atlantique, c'était un peu l'Alsace-Lorraine des Bretons. Je sais que ce que j'écris ne va pas plaire à tout le monde et que je risque un de ces quatre de recevoir dans ma boîte aux lettres un kouign amann parfumé au polonium 210 mais je crois qu'une grande partie des habitants d'ici se fichent de savoir s'ils sont bretons ou non. Ils sont nantais, un point, c'est tout, et l'affichent haut et fort. Certes, on trouve tagués sur les murs et sur le bitume des *BZH=44* un peu partout, certes des *Gwenn-ha-du* flottent ici et là sur les balcons et au cul des carrosseries mais, désolé de l'écrire, ça reste anecdotique. Même s'il est incontestable que la Loire-Atlantique au regard de l'Histoire avec un grand H soit bretonne, que le château fut la résidence des ducs et le siège de l'administration ducale, que le décret signé par Philippe Pétain en 1941 amputant la Bretagne de la Loire-Inférieure n'a aucune légitimité, puisque signé par le gouvernement de Vichy et donc considéré comme nul et non avenu par le général de Gaulle, les Nantais, de réformes territoriales en réformes territoriales, ont fini par se faire une raison et se sont peu à peu retranchés dans leur bastion pour se fabriquer leur petite identité urbaine.

La ville a toujours méprisé la campagne, c'est bien connu, et pour les Nantais, la Bretagne, c'était la campagne, autant dire les vastes steppes inhabitées du bout du monde, où on allait parfois en vacances parce que l'air y était plus vif et que les populations indigènes étaient tellement plus authentiques. Preuve en était ce cynisme qu'ils n'avaient pas manqué d'afficher contre ces misérables *« immigrés bretons »* qui venaient suer dans leurs usines pour trois francs six sous, preuve en est maintenant cette fascination plus ou moins folklorique envers la province historique, et dont la duchesse Anne représente le symbole indéfectible. M'est d'avis que les véritables frontières sont ailleurs. Des siècles qu'on nous fait bêler sous les étendards et les drapeaux, des siècles que nos bons maîtres tracent des pointillés sur les cartes en nous expliquant qu'ici c'est chez nous et là c'est chez les autres, pour mieux nous faire oublier que les clivages sociaux, culturels et *tutti quanti* sont des fossés bien plus profonds.

Trêve de polémiques, il était temps de mettre les bouts avant que je ne reçoive un pavé dans le pare-brise après tout ce que je venais de penser. Je voulais continuer à suivre la Loire en sortant de la ville par la rue des Usines par laquelle j'étais entré quelques mois auparavant. La métropole s'y étendait, avalant dans sa grande gueule goulue les communes environnantes, Saint-Herblain, Indre… Je fis une première pause à Couëron où je n'avais jamais mis les pieds. La ville se targuait d'un passé industriel assez riche et la Tour de Plomb en demeurait le symbole. Elle ressemblait à un phare mais ce n'était qu'un haut-fourneau de 69 mètres construit en pleine révolution industrielle. On y fabriquait notamment des plombs de chasse. Comme l'expliquait un panneau, les ouvriers venaient « de Bretagne » puis, à partir des années vingt, de Pologne, d'Italie ou du Maroc. Ici aussi, les conflits sociaux avaient été très durs. En 1975, les cinéastes René Vautier et Soazig Chappedelaine y avaient tourné le film *Quand les femmes ont pris la colère*, retraçant le combat d'une douzaine d'entre elles qui avaient occupé le bureau du patron de Tréfimétaux et furent inculpées pour séquestration et terrorisme, rien que ça. L'affaire fit grand bruit, un vaste mouvement de solidarité s'organisa dans la région et les ouvrières furent finalement relaxées. Depuis, la place a été baptisée ainsi : *Place des Douze femmes en colère*. L'usine Tréfimétaux a définitivement fermé ses portes en 1988. Une très jolie médiathèque occupe aujourd'hui les bâtiments rénovés et les livres ont remplacé les plombs de chasse.

Le reste du bourg ne proposait rien de particulièrement intéressant mais les berges étaient agréables, idéales pour se délier les pattes une petite demi-heure. Un couple de pêcheurs tentait de capturer à la ligne quelques anguilles. Du côté de la rive opposée, toujours dans le cadre des *Parcours de l'estuaire*, une maison de traviole semblait flotter sur le fleuve, comme une épave abandonnée à la merci du courant. L'œuvre, très poétique et très étrange, était signée Jean-Luc Courcoult.

À l'ouest de la ville s'étendaient les vastes marais d'Audubon, du nom de ce peintre franco-américain, considéré comme le premier ornithologue mais qui reste cependant assez méconnu en France. Né à Haïti, il avait passé une partie de sa jeunesse dans un manoir des parages où il pouvait tout à loisir observer les sarcelles et les hérons cendrés qui batifolaient dans les marais. Pour échapper à la conscription napoléonienne, il s'embarqua avec un faux passeport pour les États-Unis, menant une vie errante à la recherche du moindre piaf avant de connaître le succès grâce à ses dessins et ses peintures qui atteignent aujourd'hui des sommes colossales aux ventes aux enchères de chez Sotheby's. Pour son rôle dans la connaissance et la protection des oiseaux, et notamment des espèces rares, certains le considèrent comme l'un des pionniers de la conscience écologiste.

C'était également le domaine des vaches et des moutons, celui des prairies et des canaux, celui du silence aussi. On y croisait de rares fermes isolées. Je suivis pendant une dizaine de kilomètres une route étroite et tranquille qui me mena tout droit jusqu'à la centrale thermique de Cordemais où 25 000 tonnes de charbon sont brûlées chaque jour. Sur le fleuve, un gros navire balourd attendait de décharger sa came. On la voyait de loin cette usine qui, depuis la fin des années soixante, alimentait en énergie les bouilloires, les télés et les radiateurs de tout l'ouest de la France à tel point qu'elle avait parfois du mal à fournir suffisamment de jus. Un projet de centrale nucléaire avait été étudié. Dans les années soixante-dix, je l'ai déjà dit, on avait trouvé un chouette de coin juste en face, de l'autre côté de la Loire, sur la commune du Pellerin, mais les oppositions furent si véhémentes qu'on se replia sur un autre site, là-bas tout au bout du Finistère, à Plogoff, du côté de la pointe du Raz, où la population était réputée loyale et soumise.

Trois hautes cheminées rouge et blanc d'où ne sortait en ce dimanche aucune fumée se postaient face au fleuve, semblables à des totems géants. La centrale, dit-on, était en pleine reconversion énergétique depuis que de nouvelles mesures avaient été prises par le Gouvernement suite aux accords de Paris contre le réchauffement climatique. À l'horizon 2022, on espérait qu'elle fonctionne essentiellement à la biomasse. D'accord, ce n'était pas l'endroit idéal pour faire sa pause casse-croûte et encore moins sa sieste, ce que je fis pourtant, à l'ombre des barbelés et de deux grandes collines de charbon d'un noir étincelant.

Il m'a fallu marcher un bon quart d'heure à travers les marais de Lavau-sur-Loire pour découvrir ce qu'un artiste japonais – Tadashi Kawamata – avait modestement baptisé *L'Observatoire*. Ici, on entrait dans une forêt de roseaux plus hauts que des maïs dopés aux intrants. C'était superbe, vraiment. Une jolie passerelle de bois longue de plusieurs centaines de mètres nous conduisait jusqu'à une tourelle de poutres enchevêtrées sur laquelle on pouvait grimper pour apprécier la platitude du paysage. Assis à une table prévue à cet effet, un couple d'amoureux cassait la croûte au pied de *L'Observatoire* et ils avaient bien raison. C'était un bel endroit pour se faire des confidences et se bécoter à loisir. À gauche, se dressaient les cheminées de la centrale de Cordemais, à droite, celles de la raffinerie de Donges. Entre les deux, un immense espace dénudé, inhabité sinon par les vaches et les moutons, sans oublier les têtards et les libellules, une sorte de *no man's land* un peu inquiétant, un rien déstabilisant. L'œil ne savait pas vraiment où se poser. Un labyrinthe de canaux se frayait un chemin à travers les prairies pour se laisser glisser doucement vers la Loire qui semblait dessiner une frontière à l'horizon.

N'ayant aucune envie de me farcir une nouvelle ville un dimanche, je me réservai la visite de Saint-Nazaire pour le lendemain et décidai de mettre cap au nord, direction Pontchâteau. J'en avais un peu ma claque des marais, de tous ces roseaux et même de la Loire. Ce pays était décidément aussi plat que le tarmac d'un aéroport, si je peux permettre d'utiliser une métaphore sur un sujet qui reste assez sensible dans les parages, et d'ailleurs la Loire-Atlantique est le département le moins élevé de France. Tout au nord, à l'approche de l'Ille-et-Vilaine, une colline dépasse difficilement les cent mètres, mais tout le reste semble être passé sous un rouleau à pâtisserie. D'ailleurs, si les projections liées au réchauffement climatique se révélaient exactes, le département disparaîtrait corps et biens sous les flots à plus ou moins long terme, ce qui aurait le mérite de régler définitivement la question du rattachement de la Loire-Atlantique à la région Bretagne. Bon, inutile de faire cette tête-là, je plaisante, bien sûr, je plaisante…

Sans chercher à tout prix à prendre de la hauteur, je n'avais rien contre l'idée de croiser quelques arbres, de gravir quelques tertres et je ne fus pas déçu. Écoutez-moi ça : Il était environ 16 heures lorsque j'arrivai au lieu-dit Le Calvaire qui se trouvait à quelques kilomètres à l'ouest de Pontchâteau. J'avais en effet entendu parler de cet étrange village à travers un article ou par le biais d'un quelconque livre sur les mystères et boule de gomme de la Bretagne. Il y avait d'abord un grand parking au bout duquel se trouvaient des toilettes et plus loin, une chapelle somme toute assez modeste au pied d'un tertre, justement. C'était une sorte de petite colline, disons un tumulus sur lequel étaient plantées une multitude de statues d'un blanc éclatant. Souvenez-vous de la consternation qui m'avait saisi devant le calvaire de Louisfert. Ici, c'était pire. Devant la chapelle, une baraque en bois faisait office de bureau d'accueil et devant cette baraque, deux personnes assez âgées guettaient le chaland bien qu'il n'y en avait guère en ce chaud dimanche après-midi, voilà pourquoi, sans doute, je fus reçu tel le fils prodigue.

Enfin, n'exagérons rien, mais la dame se proposa aussitôt de m'accompagner, de faire le guide en quelque sorte. « Ça me fera les pieds ! dit-elle. Une petite marche ne peut pas faire de mal à un vieux croûton comme moi. Suivez-moi, le Seigneur nous accompagnera ! » Je n'avais rien demandé, et encore moins la présence du Seigneur, à peine m'étais-je enquis de la gratuité ou non de la visite. Cependant il eut été fort discourtois de ma part, n'est-ce pas, de lui dire d'emblée que toute cette bondieuserie de kermesse ne m'excitait pas vraiment. Et cette dame était si charmante, si avenante… On lui aurait donné le bon Dieu sans confession.

La chapelle, d'assez récente facture, ne présentait guère d'intérêt sinon par ses fresques d'une édifiante naïveté qui, en quelques tableaux, nous racontaient la vie de Louis-Marie Grignion de Montfort, un autre célèbre inconnu à mon bataillon. Deux mots sur ce saint homme canonisé en 1947 par Pie XII : fils d'une très grande famille (dix-huit enfants) de petite noblesse bretonne, le jeune homme choisit dès douze ans la voie ecclésiastique. Collège des Jésuites à Rennes puis séminaire de Saint-Sulpice. En chemin pour Paris, nous dit-on, il croise un pauvre malheureux et lui fait la charité des dix écus que son père lui a donnés pour son voyage. Plus loin, il échange ses habits presque neufs contre les oripeaux d'un mendiant couvert de croûtes purulentes. Bref, un saint homme qui guérit les lépreux ou tout comme, qui vient au secours des inondés, des miséreux, des incurables… et qui chasse à coups de crucifix une jeunesse *« dévoyée »* se livrant sur la place du village à des danses impies. Ordonné prêtre en 1700, il exerce son ministère la plupart du temps dans les asiles de pauvres, les hospices, les hôpitaux, partout où la misère bat son plein, mais il se fait virer pour des raisons assez obscures. Nul doute que son intransigeance et son mysticisme tartignolle ont dû chauffer les oreilles de ses supérieurs – sans doute des jaloux – qui lui interdisent dorénavant les prêches. Louis-Marie ne se dégonfle pas et s'en va de ce pas à Rome à la rencontre du saint pontife en personne qui lui confie un rôle de missionnaire apostolique. C'est ainsi qu'il arrive un beau matin à Pontchâteau et décide de l'érection d'un calvaire monumental avec l'aide de toute la population (N'y voyez pas malice mais j'ai toujours un peu de mal à écrire « érection d'un calvaire » sans ricaner bêtement sous ma barbe). Mais la veille de la bénédiction dudit calvaire, le roi Louis XIV, lui-même, ordonne sa démolition. Je me dois d'ajouter qu'on était en pleine crise janséniste et que le pouvoir royal voyait d'un très mauvais œil ces fondamentalistes religieux qui commençaient à lui faire de l'ombre. Bref, Louis-Marie reprend la route, prêchi-prêchat ici ou là et notamment en Vendée, avant de s'éteindre en 1716, *« usé par le travail, la maladie et les pénitences qu'il s'infligeait »*. Comme il est de coutume, quelques miracles suivirent ses funérailles et le culte de Louis-Marie s'étendit comme une traînée de poudre à travers toute la région. Son œuvre perdure, ses bouquins continuent d'être édités, les congrégations qu'il a fondées à l'image des Montfortains ou des Filles de la Sagesse semblent toujours florissantes. Quant au calvaire, il fut reconstruit par l'abbé Gouray à partir de 1822 puis restauré et agrandi de 1891 à 1913 par un certain Jacques Barré dont la tombe se trouve à l'entrée du Chemin de croix que j'allais désormais parcourir aux côtés de ma guide. On comptabilisait en tout une trentaine de monuments sur tout le site.

On s'était fait les présentations assez vite. Catherine, toute de blanc vêtue, était une laïque de la fraternité montfortaise, et donc bénévole sur la Terre Sainte, ainsi qu'elle nommait le site du Calvaire. Car le calvaire ne se résumait pas à cette statuaire de carnaval que je viens de décrire plus haut. Il suffisait de traverser la nationale pour se rendre au Chemin de croix, « car on porte tous sa croix, dit-elle avec un rien de solennité, et Louis-Marie l'a portée plutôt deux fois qu'une. »

— À qui le dites-vous, ma chère Catherine ! Oui, on porte tous sa croix, hélas… soupirai-je avec peut-être un peu trop d'emphase.

— Ne dites pas hélas ! La croix est notre rédemption. Remerciez plutôt le Seigneur !

Ce que je fis sans attendre une seule seconde. Catherine était une impénitente bavarde. Nous n'avions pas fait deux cents mètres à pied à travers les bois que je connaissais déjà l'essentiel des grandes lignes de sa vie : ses origines campagnardes, son mari, ses enfants, ses petits-enfants, son cancer, son sacrement aux malades, sa guérison – grâce à qui, je te le donne en mille ? –, son engagement dans la foi, ses deux pèlerinages à Jérusalem, sa récente visite au Mont-Saint-Michel, son deuxième cancer, son diabète, celui de son gendre, sa recette du chou farci, son péché mignon pour le chocolat aux noisettes, son amour pour le pape François et sa passion pour les mots fléchés mais pas au-dessus du niveau 3. Le lieu était un peu surréaliste, la situation aussi. À intervalles réguliers, des stations composées de groupe de statues dans une mise en scène qui se voulait édifiante donnaient à l'ensemble un côté ultra-kitch, presque hollywoodien à la grande époque des péplums. Par exemple, pour illustrer le sermon sur la montagne, la statue du Christ était juchée sur un amas rocheux devant les douze statues des apôtres. On n'avait visiblement pas lésiné sur les moyens. Autre exemple, l'ascension de la Vierge, entourée d'une escouade d'anges et d'archanges prêts à s'élancer vers le ciel. De quoi en mettre plein la vue à l'humble pèlerin de passage que j'étais. Plus loin, il y avait une grotte animée où Jésus faisait la causette à l'archange Michel et plus loin encore, le long du sentier qui traversait le sous-bois, des panneaux illustrés racontaient à nouveau les bonheurs et les déboires ainsi que les grandeurs et les servitudes de Louis-Marie Grignion de Montfort et de sa petite copine, Marie-Louise Trichet, fondatrice des Filles de la Sagesse. Mais je n'avais encore rien vu.

La balade n'était pas désagréable et le site était étrangement paisible, ce que je ne manquai pas de faire remarquer à mon guide que je tutoyais déjà puisqu'on s'entendait désormais comme larrons en foire. « C'est normal, dit-elle le plus naturellement du monde, la sainte Vierge marche avec nous. » Pour en avoir le cœur net, je regardai quand même autour de moi mais ne remarquai rien d'anormal. Il va sans dire que je n'osai lui avouer que je ne croyais pas une seule seconde à ces fables, que Dieu, tout créateur du monde et de l'univers qu'il était censé être, n'avait pour moi pas plus de réalité ni de légitimité que les antiques dieux grecs ou égyptiens, les Horus, les Déméter ou les Artemis. Que le dogme de l'Immaculée conception était aussi crédible que Zeus transformant la déesse Io en génisse. Tout n'était que mythologie et à prendre comme telle, et surtout pas comme dogme, on sait ce que ça nous avait coûté, mais passons, oublions ce malentendu, je t'écoute, ma chère Catherine.

Elle m'épatait. Elle n'était pas bigote, elle était bien plus que cela, elle était… comment dire ? elle était la foi vivante, incarnée, dynamique. Sa croyance semblait inébranlable. Ce n'était pas la foi d'un charbonnier lambda qui ne se pose aucune question existentielle sur le chemin qui va de l'église au bistrot, c'était quelque chose de bien plus enraciné, à tel point qu'il m'était totalement impossible de lui opposer la moindre contradiction, pas même la plus innocente des interrogations, sur la provenance des fonds pour financer tout ce merdier, par exemple. Je commençais à comprendre comment d'honnêtes gens d'apparence intègre et dotés d'une bonne intelligente pouvaient tomber entre les griffes du premier gourou venu et lui livrer en toute confiance leur relevé d'identité bancaire. On est passé devant la Santa Scala et c'était de pire en pire. Un escalier monumental menait à une sorte de temple ouvert à tous vents et truffé de bas-reliefs. Catherine râlait contre les vandales qui parfois s'amusaient à taguer les saintes sculptures. « Rends-toi compte, il a fallu refaire les mains de Ponce Pilate. » En effet, je me rendais compte.

Je n'étais pas au bout de mes surprises. On arrivait enfin devant le Temple de Jérusalem, ou plutôt une reconstitution approximative, *« construit au début du XXe siècle dans la joie du Jubilé de la Rédemption »*, ainsi que le proclamait un panonceau accroché à l'entrée, un temple tout entouré d'une parodie de murailles et à l'intérieur duquel on trouvait une vaste cour ombragée de platanes. Je croyais en avoir assez vu mais bien sûr que non, suis-je bête, nous n'allions pas nous quitter sans adresser une prière à la Vierge Marie dans la grotte de la Nativité pour implorer sa bénédiction. On est entré dans la pénombre. Derrière un candélabre hérissé de cierges allumés, une statue de la Vierge nous adressait son sourire bienveillant de dame-caté. Catherine m'a alors demandé le nom de mes gosses et de ma femme. Je n'osai pas lui dire que j'étais déjà passé deux fois devant monsieur le maire et autant de fois devant le juge chargé de prononcer les divorces, pensez, j'avais trop peur de la décevoir. Certes, j'avais une petite amie depuis quelque temps, peut-être un peu foldingue sur les bords mais plutôt bien roulée. Était-il vraiment nécessaire de prier pour elle, sans compter que je la sentais parfaitement capable de m'égorger sur-le-champ si d'aventure elle apprenait que j'avais livré son nom à une illuminée dans une simili grotte de la Nativité, alors j'ai bafouillé le premier prénom féminin qui me soit venu par la tête, Véronique, ainsi que deux prénoms de garçon tout aussi plausibles, du genre Kevin ou Kilian, tout en ayant la désagréable impression que mon nez s'allongeait à vue d'œil. « Véronique, quel beau prénom ! a murmuré Catherine d'une voix suave. Sainte Véronique, qui a essuyé les larmes et la sueur du Christ dans la montée du Golgotha. »

« C'est cela, c'est cela même », me suis-je étranglé tout en cherchant dans ma poche une pièce d'un euro pour allumer un cierge, espérant me faire pardonner de l'horrible péché que je venais de commettre.

Elle a entonné un Je-Vous-salue-Marie-pleine-de-grâce et dans un état de confusion mentale à peine alarmant, je me suis entendu à mon tour marmonner la prière entre mes lèvres tremblantes. Dieu du ciel, je m'en souvenais ! Mot à mot. Alors que je serais aujourd'hui bien incapable de réciter par cœur toutes les strophes du *Bateau Ivre* de Rimbaud et de jouer au piano le premier mouvement de la *Sonate au clair de lune* de Beethoven, choses que, sans vouloir me vanter, je savais jadis faire les yeux fermés ou presque, je n'avais rien oublié, non sans effarement, du Je-Vous-salue-Marie. Tout cela était ancré dans ma tête bien plus solidement que je ne l'aurais pensé.

Catherine a rajouté un supplément à l'intention de Véronique, de Kevin et de Kilian, on a allumé le cierge puis nous sommes sortis de la grotte. Catherine avait l'impression d'émerger d'un hammam et moi des ténèbres. Je devais être tout pâle. « Dépêchons-nous, la messe va bientôt commencer ! », lança-t-elle en m'attrapant le bras comme s'il s'agissait d'une évidence. Mais dans un dernier sursaut de résistance, appelons ça ainsi même si certains parleraient de lâcheté, je lui ai fait la bise devant la porte de la chapelle, prétextant un autre mensonge. Il était grand temps pour moi de me ressaisir.

De retour au van, j'ai jeté un œil à l'horloge du tableau de bord et me suis aussitôt envoyé une bonne claque sur chaque joue. J'avais passé deux heures pleines avec sainte Catherine, deux heures de mon voyage et donc de ma vie à déambuler dans un décor de carton-pâte que même un curé responsable d'un modeste patronage aurait accueilli avec circonspection pour sa représentation théâtrale annuelle des fêtes pascales. Je fus soudain saisi par un besoin urgent d'un coup de rouge, d'une bière, d'un cigare, d'un whisky bien frappé, de danseuses nues, de hard-rock, de salsa, de vodka, je ne sais pas, quelque chose de fort, qui soit en contact direct avec la réalité, avec le monde tangible, quelque chose qui brûle à l'intérieur, qui me tombe au bas du ventre et me purge les entrailles. J'avais l'impression d'avoir subi non un lavage de cerveau mais tout au moins un sérieux essorage de l'âme. J'ai roulé une bonne vingtaine de kilomètres avant de trouver un charmant camping à Herbignac. La piscine fermait à 19 heures. J'avais un petit quart d'heure devant moi. C'était un peu juste mais c'était suffisant pour reprendre pieds dans ce bon vieux bas monde alors j'ai enfilé mon maillot.

Rentrée et récré riment avec été
Dixième jour
Herbignac – Le Croisic

En effet, c'était la rentrée des classes et c'était la première à laquelle je n'allais pas participer depuis vingt-huit ans. Car depuis le 1er septembre, inutile de le crier sur tous les toits, j'avais fait valoir mes droits légitimes à la retraite. De l'Éducation nationale, j'entends. Je n'aimais pas le mot. Primo, ça trahissait mon âge, secundo, ça commençait à sentir le sapin. La retraite avait des intonations désagréables : la retraite d'une armée, c'était quoi ? C'était tout bonnement la défaite. On imagine sans mal des soldats en haillons tourner le dos à la ligne de front et dans une débandade sans nom tenter par tous les moyens de rejoindre leur doux foyer sans oublier de se livrer au passage à quelques razzias sur les populations civiles. La retraite religieuse, quant à elle, nous évoque immédiatement un moine anachorète rejeté de tous, chassé à coups de pierres par les gamins du village et obligé de se retirer au fin fond des marais vendéens ou dans une masure de la rue Saint-Sulpice comme le fut un temps notre regretté Louis-Marie Grignion de Montfort. Certes, il fut béatifié puis canonisé mais ça lui faisait une belle jambe puisqu'il était mort depuis belle lurette.

Je pensais à lui hier soir au bar du camping tout en regardant à la télé un match de foot qui opposait Guingamp contre je ne sais plus quelle équipe en attendant la crêpe complète que j'avais commandée. J'étais le seul client. Guingamp était en train de se prendre une sévère branlée et la patronne se plaignait que la saison, malgré la clémence du temps, avait été mauvaise, surtout juillet, la faute à la Coupe du Monde de foot, la faute au Gouvernement, la faute aux voyages *low cost* qui faisaient que bientôt les vacances allaient revenir moins cher aux Baléares ou aux Maldives qu'à La Baule, rendez-vous compte. Mais chaque année, ils disaient tous à peu près la même chose. À les entendre, chaque saison était pire que la précédente et ceci depuis l'origine du tourisme en Bretagne et la création des premières stations balnéaires. Elle espérait que septembre allait redresser la barre. Je l'ai félicitée pour sa crêpe, histoire de ne pas la décourager, et j'en ai même redemandé une autre, avec un verre de vin rouge si ce n'était pas trop demander. « Du rouge ? D'habitude, on prend du cidre avec les crêpes, non ? » Peut-être mais moi, je veux juste un verre de vin rouge. Bordeaux, beaujolais, peu importe, ce que vous avez. Elle a insisté : « Vous êtes sûr que vous voulez pas de cidre ? » J'ai fait oui de la tête, oui j'en étais sûr et certain. Dans ce pays, il n'y avait que les touristes qui prenaient du cidre, à la bolée de préférence, faïence de Quimper si possible, tellement plus authentique, n'est-ce pas, mais je n'étais pas un touriste, sacrebleu. J'étais en mission, moi aussi. L'air abattu, elle est repartie dans sa cuisine d'où parvenaient des bruits bizarres. Je ne savais pas trop si elle était en quête d'un tire-bouchon ou d'une pleine boîte d'anxiolytiques.

Donc, j'étais en retraite. Depuis des mois, les collègues me tannaient le cuir pour savoir quels étaient mes projets, si je m'étais préparé à un tel bouleversement parce qu'attention, disaient-ils en fronçant les sourcils, ce n'était pas rien la retraite, il fallait la prendre au sérieux. À ceux-là, je répondais que j'envisageais sur les deux ou trois prochaines années une dépression carabinée qui, entre les visites chez les psys, les magnétiseurs, les coachs de développement personnel, les exorcistes et les pharmaciens, occuperait une grande partie de mon temps. J'exagérais à peine. Cette nouvelle vie me foutait un peu les jetons, raison pour laquelle j'avais préféré ne pas rester traîner dans mes parages habituels à l'approche de cette putain de rentrée. Mais à toute chose malheur est bon puisqu'en cette matinée une fois de plus ensoleillée de septembre, et pendant que les collègues susnommés montaient tête baissée les quatre étages du bâtiment N pour se farcir le discours lénifiant du proviseur, je prenais tout mon temps pour déguster à petites lampées un délicieux cocktail à base de tequila et de fruits exotiques. J'étais allongé sur un transat au bord de la piscine d'un hôtel cinq étoiles à Acapulco (Mexique), pendant qu'une magnifique créature blonde aux seins superbes et à la peau plus cuivrée qu'un cor de chasse me massait les épaules avec une remarquable dextérité. Leur envoyer une carte postale eût été de mauvais goût.

À cinq minutes d'Herbignac se trouvaient les ruines médiévales de la forteresse de Ranrouët que j'aurais volontiers visitée, or j'avais oublié que nous étions lundi et c'était donc fermé, *closed*, ainsi que le signalait le dépliant qui promettait par ailleurs que *« dans un cadre enchanteur et verdoyant, le château de Ranrouët révélait sa mystérieuse silhouette.* Et que *cette forteresse à ciel ouvert, bordée de chênes centenaires, vous transportait dans le passé ».* Étant seul à cinq lieues à la ronde ou presque, j'ai bien sûr pensé escalader la barrière et, ni vu ni connu, m'offrir une visite gratos mais était-ce encore de mon âge de jouer ainsi les casse-cou ? Mon col du fémur me rappelait à l'ordre. En tout cas, les toilettes étaient ouvertes, parfaitement *clean* qui plus est, et équipées d'un papier hygiénique d'excellente facture. Il y avait de l'eau chaude, un distributeur de savon qu'il fallait actionner par une simple pression de la main et un autre de serviettes en papier. Le tout était en parfait état de fonctionnement et d'une irréprochable propreté. Bravo. Voyageur averti, je savais que je n'allais pas trouver ça tous les jours alors j'ai compris que c'était le moment ou jamais. Voilà à peu près tout ce que j'ai à dire à propos du château de Ranrouët, qui fut longtemps la propriété de l'illustre famille des Rieux, dans un temps où la question sanitaire se posait en d'autres termes et je suis poli.

Commission faite, je pris la direction du Parc régional de la Brière quand, passant au bourg de Sainte-Reine-de-Bretagne, j'aperçus une pancarte qui indiquait la maison de René Guy Cadou ainsi qu'un calvaire de plus. J'ai déjà parlé de Cadou, le poète, de sa poésie fraîche, souvent bucolique, heureuse, limpide et modeste à la fois. Le long d'une belle allée boisée qui montait vers cet horrible calvaire érigé au-dessus d'une fausse grotte et que l'on s'empressera d'oublier au plus vite, des poèmes étaient punaisés aux arbres. L'un d'eux disait ceci :

« Sainte-Reine-de-Bretagne
En Brière où je suis né
À ce souvenir on gagne
Du bonheur pour des années »

Pour ma part, en septembre 1985, j'avais écrit sur un cahier quadrillé que j'ai pieusement gardé ce qui suit :

« Île Fédrun. La maison de la Brière est à cette saison fermée. Des canaux, des chalands, des joncs… quelques chaumières. La veille, je lisais une brochure sur la région. Dans le genre pompeux, difficile de faire mieux : « Écoutez, admirez, n'est-ce pas mieux que le spectacle d'une rame de métro ? », interroge l'auteur page 40. Plus loin : « La Brière s'apprécie, comme on goûte un bon vin », et de citer Rimbaud sans vergogne. Toute Brière qu'elle soit ou qu'elle ait été dans ses marécages et son isolement, cette Venise du pauvre n'engage pas à la méditation. Tout stagne ici, et tout croupit. Je n'aime que les eaux qui ont quelque chose à raconter et, n'entendant rien de bon sortir de ces marais, je marche tête baissée, des œillères sur le cerveau. »

La Brière, c'est cette vaste zone marécageuse devenue Parc régional depuis 1970, trois fois plus grande que le lac de Grand-Lieu, et qui s'étend sur une vingtaine de kilomètres entre Saint-Nazaire au sud et La Chapelle-des-Marais au nord. Aucune route ne la traverse mais on peut l'approcher ici et là, à partir de l'île Fédrun, par exemple, un étrange village de forme circulaire s'avançant dans le marais, comme une île reliée au continent par un étroit cordon, justement, et dont le tour à pied me prit une petite heure. Des chaumières d'antan avaient été retapées, ce qui donnait à l'ensemble un petit côté gaulois. Chaque propriété comprenait un bout de terrain qui menait au marais, chacune possédait son petit ponton d'accostage, et donc l'accès en était parcimonieux. J'arrivai cependant à m'en approcher et c'était en effet charmant. Il fallait bien sûr s'imaginer la misère chronique que devaient subir les populations locales qui jadis survivaient vaille que vaille de la pêche, de la chasse et d'un peu d'élevage, arrachaient la tourbe pour se chauffer l'hiver et fauchaient les chaumes pour couvrir leur maison. Anne de Bretagne, attendrie par la pauvreté de ses habitants, leur aurait donné un droit de propriété indivise sur le marais. Encore un baratin à rajouter au profit de la duchesse. En réalité, c'est son père, François II, qui leur accorda le privilège de gérer collectivement leur territoire, d'où le dicton : *« Briéron, maître chez toi »*. Depuis, l'ensemble était géré par un syndicat de propriétaires locaux.

Le mieux aurait sans doute été de s'offrir une balade commentée sur un canot mais la visite coûtait 12 € la demi-heure et je n'avais nulle envie de partager mon temps avec une douzaine de retraités bavards comme des pies. Le dépliant conseillait aussi la visite *« incontournable »* du village de Kerhinet qui se situait de l'autre côté du marais, à l'ouest, or – je pense l'avoir déjà dit, et si je ne l'ai pas déjà dit, c'est le moment – dès que je vois un site incontournable conseillé quelque part, je fais de mon mieux pour le contourner. Je sais, ça fait très snob de ma part mais c'est ainsi. J'ai poussé mon bon vieux van jusqu'au port de Rozé et j'ai suivi un peu au hasard un sentier qui semblait s'enfoncer dans les marais et là, je me suis retrouvé seul parmi les roselières et les prairies. Sur l'horizon, on arrivait à distinguer les clochers de Saint-Joachim et de Saint-Malo-de-Guersac, la raffinerie de Donges, le pont de Saint-Nazaire ainsi que les portiques de ses chantiers navals. Le chemin, sans doute impraticable l'hiver, poursuivait sa course jusqu'à la réserve naturelle Pierre Constant, du nom de cet enseignant rennais, ornithologue reconnu, qui fut l'un des pionniers de la création du Parc naturel régional. Une grande structure de bois avait été construite afin que le visiteur puisse observer les oiseaux à sa guise sans les déranger et, en effet, nul ne semblait les déranger. Un héron picorait la vase de son grand bec, une poule d'eau coursait ses petits, un cormoran juché sur un tronc d'arbre séchait ses ailes au soleil. On entendait leurs petits cris, leurs piaillements, leurs gazouillis, leurs zinzinulements… C'était absolument émouvant, d'une tendresse inouïe. Il m'avait semblé ce matin-là recevoir toute la beauté du monde dans un paquet-cadeau, offert par Dame Nature en personne. J'en étais presque gêné, j'en rougissais. Servez-vous, disait-elle, je vous en prie, c'est gratuit, ne soyez pas timide ! Fallait pas, balbutié-je, vous avez fait des folies ! Mais non, mais non, répondait la Dame, n'hésitez pas, c'est tout naturel.

Un sentier d'observation avait été aménagé le long d'un canal que je suivis pendant un kilomètre ou deux pour revenir à mon point de départ. Sur ma droite, des agriculteurs ramassaient des *round-ballers* sur une remorque. Il était midi et le soleil frappait déjà fort. Je me suis bricolé un casse-croûte maison dans la camionnette avant de prendre la route de Saint-Nazaire.

Aussi bizarre que cela puisse paraître, je ne connaissais quasiment rien de cette ville, sinon une librairie installée dans la galerie marchande de la base sous-marine, spécialisée dans la matière bretonne et où Annie, la patronne, m'avait invité à une séance de dédicace voilà déjà quelques années mais qui était hélas aujourd'hui fermée, lundi oblige. Certes, on franchissait régulièrement le grand pont en haut duquel on toisait la ville et l'estuaire mais boire une bière à la terrasse d'un bistrot avec quelques potes, par exemple, ou tout simplement musarder avec une jolie brune à travers les rues, c'est bien simple, ça ne me serait même pas venu à l'idée. Il est des villes, il est des lieux, c'est ainsi, qui n'attirent pas la moindre curiosité. À moins d'être soudeur en construction navale ou électricien dans l'industrie aéronautique, on ne voyait aucune raison de faire une halte à Saint-Nazaire, ville détruite puis reconstruite allez savoir comment. Ceci dit, l'objectif de mon odyssée restait justement de découvrir cette Bretagne qui m'était encore inconnue et le propos n'était pas de savoir si j'étais déçu ou enchanté par tel ou tel endroit, encore moins de porter un quelconque jugement, pas du tout mon genre, le propos était de voir, d'écouter, d'observer et, dans la mesure du possible, d'apprendre.

Je pénétrai humblement dans la ville après avoir tournicoté à travers une banlieue d'habitations modestes. Je garai le van face au port de Penhoët où se trouvent les chantiers de construction navale et décidai de m'offrir une balade le long des installations portuaires, ce qui me changerait des marais et des calvaires. Je longeai des hangars plus vastes que des cathédrales, d'où résonnaient d'inquiétants bruits métalliques. Des bruits, que dis-je ? Des hurlements de tôles, des barrissements métallurgiques, des vrombissements de fraiseuses. Vulcain s'en donnait à cœur joie. Des camions chargés de je ne sais quoi passaient et repassaient dans un sens comme de l'autre. Tout n'était que fracas et en même temps, tout semblait s'organiser de la manière la plus rationnelle qui soit. Je m'approchai des quais où se trouvaient les Chantiers de l'Atlantique, un moment aux mains de l'entreprise STX, groupe sud-coréen, puis repris par les Italiens de Fincantieri avant de retomber récemment dans le giron français de Naval Group. Des hommes casqués vêtus de bleus s'activaient comme dans une ruche. Un paquebot haut de je ne sais combien d'étages était en achèvement de construction. C'était un truc absolument colossal, un gigantesque hôtel flottant avec piscines, casinos, jardins d'extérieur, supermarchés et tout ce qu'il faut pour dépenser ses sous et s'emmerder en beauté pendant une inoubliable croisière de rêve de trois semaines à l'occasion de ses trente ans de mariage, par exemple. Tiens, j'étais même quasiment certain qu'il y avait à l'intérieur du paquebot un cabinet d'avocats spécialisés dans les divorces.

Le *Celebrity Edge* était bientôt prêt à larguer les amarres pour aller enquiquiner les honnêtes gens aux quatre coins du monde et dégager dans l'atmosphère en CO_2 et en particules fines l'équivalent d'un million de voitures. Déjà, Venise ne pouvait plus les supporter. Les armateurs avaient le chic ou plutôt le cynisme pour baptiser leurs putains de rafiots de noms aussi romantiques que *Harmony of the seas* ou *Symphony of the seas.* Ceci dit, et avec tout le respect qu'on devait aux ingénieurs, aux techniciens et aux ouvriers de Saint-Nazaire, ce paquebot avait vraiment de la prestance. Quand on se trouvait juste à côté, on avait l'impression d'être un de ces petits personnages dessinés par Sempé au pied d'un gratte-ciel new-yorkais. C'était fascinant. Ça vous en mettait plein la vue et vous donnait une idée assez précise de ce qu'est une glorieuse nation telle que la nôtre. J'ai continué un moment mon chemin le long des quais pour arriver à la base sous-marine qui était en quelque sorte et étrangement le cœur de la ville. À l'intérieur de cet immense bloc de béton se trouvait l'office de tourisme où, en échange de mon code postal, j'eus droit à deux charmants sourires et un plan de la ville. Et aussi bizarre que cela puisse paraître, encore une fois, la ville de Saint-Nazaire m'a d'emblée conquise. Comme à Brest, l'urbaniste qui avait refait les plans de la ville suite à la destruction de 90 % du bâti, un certain Noël Lemaresquier, ne s'était pas foulé, d'autant plus que le site était aussi plat qu'un terrain de foot. Il avait pris une règle et une équerre, posé son café au bout de la table, et avait sans doute conclu l'affaire en une matinée. L'heure de l'apéro venue, tout était loché, comme on dit à Brest. On aurait pu penser en toute logique que ce Lemaresquier, une fois son forfait commis, s'était réfugié en Argentine sous un faux nom, traqué par des commandos à la solde de Nazairiens revanchards mais non, il n'en fut rien.

Ce monsieur avait paisiblement continué sa carrière comme si de rien n'était. Bref, une ville en damier, avec des immeubles pas trop hauts, juste ce qu'il faut pour faire un peu d'ombre, et même quelques vieux quartiers miraculeusement préservés, comme La Havane avec ses maisons aux façades rétro, ou encore le Petit Maroc, sur le site originel de la ville, baptisé ainsi parce que les pêcheurs de Douarnenez avaient coutume d'y faire escale avant de s'aventurer vers les côtes du Maroc pour taquiner la langouste.

J'ai suivi le front de mer. Plusieurs monuments commémoraient tel ou tel épisode de l'histoire chaotique de la ville, un peu comme une frise chronologique un peu décousue : le mémorial du *Lancastria*, la catastrophe maritime du 17 juin 1940 dont j'ai déjà parlé au début de mon voyage alors que je me trouvais de l'autre côté de l'estuaire ; le Mémorial de l'esclavage, plus réaliste et forcément plus âpre ; le monument américain, un ange ailé qui rappelait l'intervention des forces US lors de la Première Guerre mondiale et qui, en 1918, avait fait de Saint-Nazaire le premier port du monde en tonnage ; le mémorial de l'opération Chariot, un raid des commandos de l'armée britannique en 1942 visant à détruire les installations de l'occupant allemand. Et puis il y avait un peu partout affichées sur les murs de la ville les vignettes agrandies de Tintin et du capitaine Haddock au prétexte que Hergé avait choisi ce port comme décor pour situer une partie de l'intrigue dans l'album *Les Sept boules de cristal*.

Pendant deux bonnes heures, j'ai marché le long des docks, arpenté la base sous-marine en long et en large puis flâné sur son toit ouvert au public. Bizarrement, on s'habituait à cette grosse verrue de béton, noire et sinistre, qui masquait le port. La base faisait partie intégrante de la ville comme si elle était là depuis la nuit des temps, du moins depuis le Néolithique. Plus loin, j'ai posé mes pieds nus sur la plage et que les Nazairiens n'aillent pas se plaindre, ce n'est pas tout le monde qui a le privilège de se baigner à la sortie du lycée ou du bureau en plein centre-ville ou presque. On s'y sentait bien dans cette ville, vraiment bien, on respirait l'air du large mélangé à celui de la Loire, dans un parfum sucré-salé, et les gens avaient l'air plutôt content de me croiser, du moins était-ce mon impression première, bien que je craigne que personne ne se soit aperçu de mon départ lorsque j'ai quitté la ville.

En suivant le littoral, l'agglomération se prolongeait vers l'ouest, en fait sans discontinuité jusqu'au Croisic, à une bonne quarantaine de kilomètres de là, et l'ensemble formait ce que les guides touristiques nommaient avec la plus grande déférence *la Côte d'amour*, comme il existe ailleurs la Côte d'émeraude, d'opale ou des légendes. Ces dernières, je veux bien, mais *Côte d'amour*, ça fait un peu cucul la praline, non ? Voire un rien racoleur. Qu'importe, je me sentais moite et j'avais grand besoin d'un plongeon dans l'océan. À Saint-Marc-sur-Mer, il n'y avait que l'embarras du choix. De jolies petites anses d'un jaune éclatant se succédaient. La plus connue était bien sûr celle de M. Hulot où Jacques Tati tourna le film de ses vacances mais je choisis celle de Courance pour la simple et bonne raison qu'il y avait de la place pour se garer. Le sable était brûlant, l'eau était aussi froide que revigorante, le ressac était puissant, semblait vouloir vous dévorer, et la crique était vraiment croquignolette. Quelques couples de retraités se prélassaient sous des parasols, une grille de mots fléchés entre les mains, un stylo entre les dents. Des lycéens faisaient semblant d'ignorer la rentrée des classes en jouant au volley sur la plage mais les choses sérieuses allaient commencer dès le lendemain huit heures. Hé, hé, finies les vacances, finie la belle vie. Adieu la Côte d'amour, adieu l'amour tout court. Au boulot, petits salopards ! J'avais passé trois décennies de mon existence à enseigner à des jeunes gens de la sorte la couleur du cheval blanc d'Henri IV et je ne pouvais résister au plaisir parfaitement légitime de leur promettre sang, sueur et larmes pour l'année scolaire à venir.

Une *bôle* désigne un rivage marécageux comme il en existe tant sur le territoire d'Escoublac ainsi que dans les environs. C'est ainsi que la première station balnéaire fut nommée dès 1883 mais la compagnie des chemins de fer décida de l'orthographier La Baule au fronton de la gare. Après avoir été baptisée un temps Escoublac-La Baule, la commune avait pris depuis 1962 le nom de La Baule-Escoublac, ce qui changeait tout. Flaubert est passé dans les parages en 1847 et nous a seulement laissé, entre Pornichet et Le Pouliguen, la vision d'une longue baie déserte. On sait ce qu'il en advint moins d'un siècle plus tard : un mur de pierres et de béton étendu sur une dizaine de kilomètres, longeant ce que les publicistes appelèrent sans rire *« la plus belle plage d'Europe »* jusqu'à ce que les réseaux sociaux bouleversent le hit-parade en nous dégotant des petits paradis bien plus excitant en Crète ou en Croatie et même en presqu'île de Crozon. La Baule s'était consolée avec le titre de plus jolie baie. Certes, il y avait de bien belles villas, des hôtels biscornus datant de la Belle Époque, quelques curiosités architecturales intéressantes et les habituelles horreurs des années soixante et soixante-dix mais comme dirait ma mère, le trop est l'ennemi du bien. Je connaissais un peu le secteur parce que des amis y passaient leurs vacances et qu'il m'arrivait de m'arrêter chez eux boire une bière ou deux. C'est ainsi que pas plus tard que l'été dernier, ils avaient réussi à me traîner de force sur la plage, au milieu d'une foule de deux ou trois millions de baigneurs venus ici semble-t-il de leur propre gré. Sur la plage, c'est à peine s'il restait assez de place pour étaler une serviette. Téméraire, je m'y étais même baigné après avoir pataugé des centaines de mètres pour avoir de l'eau jusqu'au nombril et quand il y avait assez de fond pour nager et prendre un peu de recul, on pouvait tout à loisir admirer ce magnifique arc de cercle en se demandant, bordel, d'où pouvait bien venir tout ce fric. Le prix du mètre carré pour un appartement ancien dépassait les 4 000 €, ce qui constituait bien sûr le record de toute la région.

Mes amis insistaient, me disait OK, Bob, tu n'as pas complètement tort, c'est pas joli-joli, mais dès que tu prends les petites rues en retrait du front de mer, tu vas voir, tu trouveras des petits quartiers paisibles et ombragés, de jolies petites maisons modestes, pas bégueules pour un sou, et même des gens qui votent à gauche. Et ils n'avaient pas vraiment tort, ce à quoi je répondais : bon d'accord, une nuit ou deux mais pas plus. Leurs parents avaient acheté cette petite maison dans les années soixante à l'époque où l'immobilier était encore accessible aux classes moyennes, ils avaient vécu ici une enfance heureuse, avaient bâti des châteaux de sable sur la plage et appris à nager dans la baie. Plus tard, ils avaient roulé leurs premiers palots alors qu'un doucereux clair de lune nappait l'océan et essuyé leurs premières cuites dans les parcs de la ville en mélangeant du jus de pamplemousse frelaté avec de la vodka de contrebande. La Baule, c'était chez eux, voilà tout. C'était leur histoire.

Comme il était totalement illusoire de trouver une quelconque place pour se garer, je me suis contenté d'avancer d'un rond-point à l'autre, autant que la circulation pouvait me le permettre, c'est-à-dire, au pas. Les gens n'arrêtaient pas de traverser le boulevard de l'Océan pour se rendre à la plage. Passage piéton ou non, il fallait leur laisser la priorité, à ces abrutis, et étant donné leur âge moyen, j'avais largement le temps de me curer les oreilles et les trous de nez tout en consultant la carte en attendant que la dame au déambulateur parvienne à grand-peine de l'autre côté de la chaussée. N'en déplaise à mes amis, ils avaient tous une tête à voter à droite. Pas la droite dure, criarde et malpolie, bien évidemment, mais plutôt une droite conservatrice de bon ton, celle qui rêve d'une harmonie sociale entre patrons et ouvriers, entre dominants et dominés, entre maîtres et domestiques parce que c'est ainsi que l'exige l'ordre naturel des choses mais qui ne peut s'empêcher de prononcer au moins dix fois le mot « laxisme » au cours du repas dominical. Passons.

Justement, je ne faisais que passer. J'étais crevé et je commençais à en avoir ma claque de tout ce raffut, ces bagnoles, ces vélos, ces gens plus ou moins hargneux, ces feux rouges, ces immeubles, ce pognon… J'avais déjà hâte à l'hiver parce que j'eus soudain la nostalgie d'une balade délicieuse que je m'étais offerte en solitaire il y a quelques années sur cette même plage par un matin de novembre, à l'occasion du salon du livre de Guérande dont nous allons bientôt reparler. Et quand je dis en solitaire, ça voulait dire que j'étais vraiment le seul être humain à marcher sur le sable, aussi seul que sur un catamaran au milieu du vaste océan, ce qui me paraissait aujourd'hui complètement surréaliste. J'ai poussé jusqu'au Croisic, en suivant entre Le Pouliguen et Batz-sur-Mer une route en corniche qui longeait une côte aussi déchiquetée qu'une mâchoire de boxeur. De la Côte d'amour, on passait à la Côte sauvage, ce qui devenait, ma foi, bien plus excitant.

Chaud mais sans excès

Onzième jour

Le Croisic – Mesquer-Quimiac

En un peu plus d'une heure, j'avais quasiment fait le tour de la presqu'île du Croisic à pied. Le ciel était d'une outrageante limpidité, l'air d'une transparence indécente et la balade que je connaissais déjà pour l'avoir jadis pratiquée au bras de je ne sais plus quelle blonde ou aux côtés de je ne sais plus quelle brune était particulièrement vivifiante. En cette heure matinale, pas grand monde sinon les habituels coureurs à pied mais il est vrai qu'il était difficile de trouver un terrain d'entraînement qui soit aussi tentant. Ça donnait presque envie de chausser des baskets et s'y mettre à son tour. Et puis non, finalement.

En fait, je n'avais pas oublié, on n'oublie jamais ces choses-là. Que croyez-vous, je me souviens même de son prénom, du grain de beauté sur son sein gauche et de la couleur de ses cheveux. Ni blonds, ni bruns, ils viraient plutôt dans les tons châtain clair. Elle suivait un stage dans un laboratoire pharmaceutique de la région et je l'avais rejointe fin juin pour quelques jours. Nous dormions dans un hôtel un peu décrépit du Croisic, à cette époque bénie où l'on pouvait encore trouver des chambres qui sentaient la vieille encaustique, des sommiers à ressorts qui couinaient et des confitures faites maison au petit-déjeuner. Cerise sur le gâteau, notre chambre avait vue sur mer. J'étais amoureux, bien sûr, qui ne l'aurait pas été devant un tel popotin frisant la perfection architecturale. En ce qui concernait ses sentiments envers moi, c'était plus flou. Fallait qu'elle réfléchisse, disait-elle avec cet air un rien snobinard qui se voulait lointain. Elle avait peur de s'engager, il était peut-être un peu trop tôt pour envisager une relation durable et étais-je assez mûr pour une telle expérience, sans parler que je n'avais toujours pas de situation digne de ce nom. Elle n'arrêtait pas de professer des conneries de ce genre, et ce matelas qui couinait si fort qu'on avait l'impression de forniquer dans un abattoir de porcs nous coupait forcément la chique. Résultat, on s'était rhabillé en pleine nuit et on avait marché le long du sentier côtier, éclairés par une lune bienveillante jusqu'au moment de trouver une petite crique tout aussi accueillante. C'était l'été, la marée montait et on sentait les embruns nous lécher les doigts de pieds. On s'était embrassé debout, à flanc de falaise. Elle portait une robe assez légère dont je libérai d'une main les premiers boutons de son décolleté pendant que mon autre main soulevait les pans de ladite robe en même temps qu'elle baissait sa culotte tout en remuant ingénieusement des hanches pour la faire glisser jusqu'à ses chevilles et de l'envoyer au diable par un habile mouvement du pied gauche, tout ceci de manière parfaitement synchronisée, comme si on avait passé la semaine à répéter la chorégraphie. Je l'ai prise debout, contre la falaise, pendant qu'une brise légère caressait mon cul nu. C'était bon, Seigneur, c'était divinement bon.

Notre petite affaire conclue, nous avions repris en toute innocence le chemin de l'hôtel, main dans la main, avant de passer une nuit où nul ressort ne coinça jusqu'à l'aube. Les choses reprirent cependant leur cours habituel dès le petit-déjeuner. On reconnaît la marée au bruit qu'elle fait quand elle descend. La belle remettait le couvert : mon immaturité, ma situation, mon inconséquence.

— Mon inconséquence ?

— Parfaitement, Bob ! Ton inconséquence.

On ne m'avait encore jamais fait un tel reproche. Je ne savais pas si je devais en tirer fierté ou si je devais m'agenouiller à ses pieds pour implorer son pardon. Peut-être avait-elle raison, après tout. J'étais jeune, pas très sûr de moi, souvent taciturne ou lunatique, inconséquent donc. Il ne me restait d'autre solution que de prendre mes cliques et mes claques avant de partir vers de nouvelles aventures. Vous comprendrez maintenant pourquoi le nom du Croisic résonne aujourd'hui comme une longue plainte déchirant les nuits de pleine lune. Et une trentaine d'années plus tard, je me trouvai devant l'endroit exact où j'avais troussé la belle, entre la Vigie romaine et le port aux Rocs, pour être précis. Je reconnaissais parfaitement la falaise ainsi que le petit rocher sur lequel son slip avait atterri et cette vision me vrilla la colonne vertébrale. Bon, on n'allait pas non plus en faire un lieu de pèlerinage, sceller une plaque de cuivre dans la falaise pour rappeler qu'en ce lieu, le 27 juin 1984, Bob K. passa un chouette de sacré quart d'heure avec Delphine G., un *sex voto* en quelque sorte, mais quand même, ce souvenir me remuait encore le bas du ventre. Un peu désappointé, je retournai à mon camp de base, le camping de la Pierre Longue, rapport au menhir local, pour prendre une douche avant de déguerpir. Mon inconséquence en avait bien besoin.

Jusqu'à la fin du XVIIe siècle, Le Croisic fut un grand port morutier. Une armada de navires partait pour deux mois vers les bancs de Terre-Neuve. Le poisson était salé à bord – ce n'était bien sûr pas le sel qui manquait dans la région – puis tassé en tonneaux avant d'être vendu au port de Nantes. Dans un contexte d'insécurité géopolitique, l'activité déclina et nombre d'armateurs se recyclèrent dans le trafic négrier ou la guerre de course, ce qui était autrement plus rentable et expliquait l'origine des fonds pour élever ces magnifiques demeures qu'on voyait sur le port.

Trois siècles plus tard, il n'y avait au Croisic que des vieux. Que ce soit sur le port ou dans les petites rues parallèles au front de mer, on ne croisait que des vieilles personnes venues en pagaille profiter du bon air estival. C'était absolument déprimant. La seule personne en dessous de quarante ans que j'ai rencontrée ce matin-là devait être la vendeuse de la boulangerie à qui j'avais acheté un croissant. Les lycéens étaient au lycée, les collégiens au collège, les écoliers à l'école, ce qui était tout à fait normal en ce jour de rentrée et ne restaient donc que des vieux schnocks qui flânaient sur les quais, se vautraient aux terrasses des cafés qu'ils occupaient sans vergogne, s'attardaient indéfiniment devant les étals des magasins pour choisir une carte postale à 40 centimes représentant le phare de la Jument ou la recette du *kig ha farz*, une boîte de sardines venue tout droit de Belle-Île, un autocollant BZH=44, un tee-shirt clamant haut et fort qu'« en Bretagne il ne pleut que sur les cons », un mini-dictionnaire franco-breton, un lot de sets de table humoristiques où des Bigoudènes attendent à la sortie d'un bistrot leur ivrogne de mari avec un rouleau à pâtisserie, ou je ne sais quelle biniouserie qui depuis trop longtemps faisait florès dans la région, sans oublier bien sûr le petit sachet de fleur de sel, puisque nous étions au pays des salines.

Ce n'était pas des petits vieux tout décatis passants leur journée assis sur un banc à regarder défiler le monde, des octogénaires à la voix chevrotante ne tenant debout que par la grâce d'une canne ou d'un déambulateur, c'était des vieux pas trop vieux, des seniors comme on dit maintenant, qui s'affichaient impunément en short et en tongs, qui portaient dans le meilleur des cas lunettes noires et panama et dans le pire polo rayé et casquette de marin tout juste achetée en solde à la boutique susnommée. En un mot, c'était des jeunes retraités, parmi lesquels on trouvait beaucoup d'étrangers : des Belges, des Hollandais, des Rennais, des Italiens ou des Anglais. Leur pouvoir d'achat semblait confortable, leur santé encore solide, leur agenda surbooké par des séances de yoga et des parties de bridge. Sans la moindre vergogne, ils s'affichaient main dans la main, comme de jeunes amoureux. C'était indécent. J'en soupçonnais même certains d'avoir une vie sexuelle tout à fait satisfaisante.

Hormis ces hargneuses considérations que je marmonnai en moi-même tout en battant le pavé des quais, Le Croisic, une « Petite cité de caractère » de plus, était une ville plutôt coquette, bien sûr, un havre de villégiature idéal pour rabibocher les couples plus ou moins brinquebalants, la preuve. Cependant, Batz-sur-Mer, la commune voisine et forcément rivale, eut tout de suite ma préférence. Je garai ma vieille caisse en centre-ville sur le parking de l'église du Mûrier, « d'une surprenante beauté », c'est du moins ce qui était écrit sur le panneau d'information. La pauvre avait été détruite en 1819 par un ouragan, puis honteusement pillée et abandonnée avant d'être sauvée *in extremis* par les Monuments historiques. Ne restaient debout que les murs. Juste à côté, une nouvelle église avait été construite et en échange d'un ticket à deux euros qu'on pouvait se procurer à la petite guérite d'en face, il était permis de monter jusqu'au sommet du clocher par un étroit escalier en colimaçon, si on avait le courage de gravir les cent quatre-vingt-deux marches, ce que j'ai fait, bien évidemment, puisque je les ai comptées une par une et ceux qui ne me croient pas n'ont qu'à recompter.

Pour qui n'a pas le vertige, c'est vraiment superbe. D'un côté l'océan, de l'autre le plat pays des marais salants s'étalant à l'horizon comme un immense damier de flaques. On devine au loin la ville de Guérande et plus à l'est, les immeubles de La Baule. Les photos que j'ai prises à ce moment-là ne traduisent en rien l'émotion que j'ai ressentie. La luminosité était trop forte et mon appareil trop sommaire. De toute façon, je n'avais pas la prétention d'être un photographe et les photographes professionnels sont bien trop fiers pour m'accepter comme tel. Mon petit appareil me servait simplement de pense-bête, de prise de notes, car j'avais plusieurs fois remarqué qu'il était parfois difficile de sortir un stylo et un carnet en présence de témoins. Je ne saurais expliquer pourquoi mais ça faisait louche et ça mettait les gens dans l'embarras. Écrire n'est jamais complètement innocent, tout le monde sait ça. Alors j'ai fait comme tout le monde, j'ai cadré et j'ai appuyé sur le bouton. Sans déranger quiconque.

Une fois redescendu de la tour, j'ai musardé dans la ville. Il y avait tout naturellement des boulangeries, des charcuteries, des magasins de fringues, et tiens, il y avait même une librairie, une bonne petite librairie comme je les aime, avec une magnifique devanture rouge, avec tout un tas de chouettes bouquins soigneusement sélectionnés et rangés sur d'élégantes étagères en bois, avec un petit jardin côté cour où l'on peut boire un thé parfumé à la menthe, peinard au soleil, tout en feuilletant quelques pages de Nicolas Bouvier sans se faire emmerder par les patrons. La Gède aux livres était tenue depuis cinq ans par Élisabeth et Philippe, un couple fort sympathique que j'avais rencontré au salon du livre de Guérande et à qui j'avais promis une petite visite (pour ceux qui veulent tout savoir, et je fais partie de ceux-là, une gède est ce récipient de bois, de forme creuse et rectangulaire, qui servait à transporter le sel et que les femmes portaient sur la tête). Ils avaient racheté un fonds d'un commerce d'articles de bains de mer, espadrilles, bouées et épuisettes en tous genres, et l'avaient métamorphosé du sol au plafond. La librairie faisait partie d'une fédération d'une vingtaine de cafés-librairies (Calibreizh) qui depuis quelques années essaimaient dans toute la région et coordonnaient leurs objectifs. Le café qu'on m'offrit était excellent. C'est grâce à eux que j'appris qu'Honoré de Balzac avait séjourné quelque temps dans une maison du bourg, juste dans la rue derrière, pour y écrire son roman *Béatrix* que je n'avais jamais lu, certes, mais enfin, c'était Balzac, le grand Balzac. Je n'allais décemment pas sortir de cet endroit sans emporter un livre avec moi. Élisabeth me conseilla la lecture d'Émile Zola, qui lui aussi – décidément, que du beau monde ! – avait traîné dans les parages pour y écrire un petit roman adorable et coquin – *Les coquillages de M. Chabre* – publié chez l'éditeur nantais Joca Seria.

L'histoire en deux mots : M. Chabre, 45 ans, vient d'épouser la belle Estelle, 18 ans, mais au grand désespoir de monsieur, le couple ne parvient pas à avoir d'enfant et Zola nous suggère discrètement que c'est peut-être la conséquence de l'inconséquence de Monsieur. Son médecin lui conseille alors les bains de mer et une alimentation à base de coquillages. Ils quittent donc Paris. Sur le conseil d'un bellâtre croisé par hasard à Guérande et avec qui ils sympathisent, le couple finit par s'installer à Piriac, non loin de là. Pendant que M. Chabre se gave de moules, de palourdes et d'arapèdes dans sa chambre d'hôtel, la jeune Estelle batifole sur la plage et dans l'eau avec Hector, notre bellâtre. Se déroule vers la fin de l'intrigue un épisode assez semblable à celui que je vous ai narré au début de ce chapitre mais écrit bien sûr d'une façon autrement plus subtile et plus concise. Lisez-moi plutôt ce qui suit : *« Une odeur de fécondité montait des vagues vivantes. Alors, Estelle laissa lentement tomber sa tête sur l'épaule d'Hector. Et le vent du soir emporta ses soupirs »*. Vous l'aviez deviné, le couple revint à Paris et neuf mois plus tard, Estelle accoucha d'un magnifique petit garçon pendant que M. Chabre vantait à qui voulait l'entendre les vertus des coquillages de Piriac. Quoi ? Qu'est-ce que vous voulez savoir encore ? Les arapèdes ? Et bien, c'est tout simplement ce qu'on appelle ici des berniques et chez moi, en Finistère, des *brennigs* dont on fait d'excellents pâtés.

Batz-sur-Mer possédait également deux musées qu'il aurait été idiot de ne pas visiter. Le Grand Blockhaus et le Musée des marais salants. Je commençai par le premier bien que j'eusse quelque appréhension de devoir me contenter d'un mannequin en uniforme allemand, d'un vieux char Sherman et d'une gamelle bosselée en fer blanc ayant appartenu à un caporal-chef originaire du Texas. Une fois de plus, j'avais tort. Construit en 1943, le blockhaus que les Allemands avaient camouflé par des trompe-l'œil pour lui donner l'apparence d'une innocente villa de bord de mer était un bunker armé jusqu'aux dents qui surveillait l'entrée de l'estuaire de la Loire contre toute attaque ennemie. De l'autre côté du fleuve, le blockhaus de la pointe Saint-Gildas avait la même mission. En tout, l'organisation Todt avait édifié pas moins de 3 000 blockhaus dans le secteur. Ouvert depuis 1997, le musée était géré en association par deux frères, Luc et Marc Braeuer, passionnés par la Seconde Guerre mondiale et particulièrement par la poche de Saint-Nazaire, dernière zone occupée d'Europe puisque la reddition des forces allemandes ne fut actée ici que le 11 mai 1945, soit trois jours après la capitulation signée à Reims. Dans une des pièces, on avait reconstitué la scène avec des mannequins de taille humaine. Hitler avait donné l'ordre aux 28 000 soldats de la Wehrmacht, dont beaucoup étaient alsaciens, ukrainiens ou caucasiens, de maintenir *« jusqu'à la dernière goutte de sang »*, pour reprendre une expression chère au führer, ces zones de repli sur le littoral atlantique, à savoir Brest, Royan, Lorient, La Rochelle et Saint-Nazaire. Ne constituant plus un objectif stratégique pour les Américains – le port était devenu inutilisable – des unités mal équipées de FFI furent chargées de contenir la zone. Celle-ci s'étendait de la Vilaine au nord jusqu'au Pays de Retz au sud sur un périmètre d'environ 1 500 km^2. Pendant neuf mois, 130 000 civils se sont retrouvés piégés, « empochés » pour reprendre le mot de l'époque, crevant de faim, de froid, de trouille, subissant les pillages des soldats et la terreur des nazis. La Croix-Rouge réussit à évacuer quelques milliers de femmes et d'enfants, et assura tant bien que mal le ravitaillement de ceux qui restaient, les « oubliés » de Saint-Nazaire, les « pochards » comme ils se nommaient, et qui seront malgré tout soupçonnés de collaboration au moment de la Libération.

Le second musée qui se situait au nord de la ville, du côté des marais, nous ramenait dans un contexte plus pacifique. Je le connaissais pour l'avoir visité il y avait déjà de nombreuses années et constatai qu'il avait été depuis fort bien rénové. C'était exactement le genre d'endroit où on se sentait moins bête à la sortie. Gède sur la tête (maintenant que je connais le mot, autant s'en servir), la statue signée Jean Fréour (le même qui a sculpté la duchesse Anne devant le château de Nantes) d'une porteuse de sel nous accueillait à l'entrée, pieds nus et voile sur la tête pour se protéger des morsures du soleil. Le sel avait fait la fortune de la région et ces femmes qui portaient sur la tête des charges pouvant aller jusqu'à trente-cinq kilos en étaient les esclaves. À la fin du XIXe siècle, on les entendait encore parler breton dans les villages paludiers et à travers les marais, d'un mulon à l'autre. Le sel se disait *héleň* (*hoelen* en pays léonard) mais la langue bretonne disparut peu à peu de la région vers la fin du XIXe siècle et Batz-sur-Mer fut la dernière paroisse où on la pratiqua.

Le musée méritait deux bonnes heures de visite entre les différentes salles d'expo, les films, les reconstitutions… Vraiment, c'était une réussite. Après, il me fallait voir les marais même si je les connaissais pour les avoir parcourus par tout temps, en voiture, à pied et même à vélo par un jour de grand vent, avec la Delphine précédemment citée qui, d'un geste de dédain, considéra le paysage aussi plat que monotone et donc déprimant et que je me le tienne pour dit. Aujourd'hui, c'était l'été et donc la saison de la récolte. Des tracteurs chargés à bloc de cet or blanc allaient le décharger dans les immenses hangars de la coopérative qui se situait au pied de la ville de Guérande. Je garai mon van un peu n'importe comment, au risque de me faire engueuler par un paludier en plein boulot. On m'avait dit que ce n'était pas des gens très commodes, qu'ils fonctionnaient un peu à la manière d'une caste, qu'en un mot, fallait pas trop pousser mémère dans les œillets. Un héron qui picorait la vase s'envola à mon approche, à moins que ce ne fût une aigrette, je ne suis pas très doué pour reconnaître les oiseaux, mais son vol semblait vouloir m'entraîner vers un monde meilleur. Le paysage dégageait une mélancolie douce, sans pathos ni lyrisme déplacé. Je ressentais cette sensation bien connue d'équilibre instable qu'une solitude provisoire peut parfois engendrer. Les marais salants étaient un monde à part et j'avais l'impression de flotter dans cet univers en marge de la réalité, à la bordure des continents.

La journée avançait et il me fallait remonter vers le nord sans tarder puisque j'étais attendu à l'heure de l'apéro. Je fis d'abord un petit détour jusqu'à la pointe de Pen Bron, qui signifie « le bout de mamelon ». C'est un sillon de sable, une étroite presqu'île qui sépare l'océan de la zone des marais et du traict, ainsi nomme-t-on ici cette petite mer intérieure que la marée vient remplir deux fois par jour. Le port du Croisic se trouve juste en face. Ici fut construite au début du XIXe siècle une conserverie de sardines, transformée un siècle plus tard en hangar à sel puis en sanatorium dont le paisible et terrifiant cimetière destiné aux enfants décédés en bas âge reste le témoin. Ces enfants souffraient de tuberculose, les sœurs de Saint-Vincent-de-Paul qui en avaient la charge reposent auprès d'eux. Aujourd'hui, la presqu'île abrite un centre de rééducation fonctionnelle et un hôtel trois étoiles.

De là, s'étend une très longue plage ornée çà et là de vestiges du Mur de l'Atlantique et de quelques culs nus dans sa partie naturiste. La Turballe est l'un des plus importants ports sardiniers du littoral, et c'est aussi l'un des berceaux de l'industrie de la conserverie. Je me garai rue des Bretons à la recherche de je ne sais quoi, peut-être le souvenir de mon pote Nobby Clarke, un Anglais immigré en France depuis des lustres qui vécut un temps ici et m'accueillit plusieurs fois dans son appartement pour liquider quelques bières et fumer le bout d'un pétard. Nobby était un fameux joueur de saxophone qui, de Brest à La Rochelle, écumait toutes les boîtes de jazz qu'il trouvait sur sa route. C'était un errant, un baladin, un nomade de la musique qui traînait partout son accent à coucher dehors et sa longue tignasse aussi blanche qu'un tas de sel. Je ne me rappelle plus pourquoi il avait décidé un temps de s'installer ici, sans doute pour les beaux yeux d'une Turballaise. Ensuite, il revint à Brest, squatta un moment le canapé de mon salon où il passait des heures à regarder des âneries à la télé tout en remplissant mon cendrier de mégots de Gauloises. Et puis un cancer l'avait emporté. De cela combien de temps, je ne savais plus. On oublie les dates, on n'oublie pas les gueules. Et en cette fin d'après-midi, saisi par un soudain coup de blues qui, entre nous, seyait parfaitement à l'ambiance parce que question blues, Nobby en connaissait également un rayon, je traînai dans la rue piétonne de La Turballe une sorte de chagrin anachronique qui résonnait comme le son larmoyant de son saxophone. Il y avait une terrasse sur le quai. J'ai commandé une bière et levé mon verre face à l'océan, histoire de trinquer encore une fois, une fois de plus, à ta santé, vieux pirate.

Piriac-sur-Mer était sans doute un endroit délicieux, une « Petite cité de caractère » tout à fait typique, un charmant petit port tout ce qu'il y a de plus authentique, n'est-ce pas, mais je ne pris même pas la peine de m'y arrêter. Rien que l'ajout « -sur-Mer » me sortait par les trous de nez. On savait qu'elle était là, la mer, on avait les yeux en face des trous alors inutile d'en faire tout un plat, non ? Je préférai faire une bise à Fabienne, une artiste peintre qui exposait dans l'ancien bureau du port de Kercabellec, sur la commune de Mesquer. C'était une sorte de guérite qui, avec ses quatre mètres carrés de surface au sol, abritait maintenant sans aucun doute la plus petite galerie au monde. Fabienne Laurent peignait les oiseaux des marais : gravelots, hiboux, aigrettes… Elle peignait aussi des vaches et des moutons, bref, tout ce qu'il y avait à peindre du règne animal qui squattait les parages, volait, ruminait, bêlait, caquetait ou meuglait. Je l'avais rencontrée l'année précédente en vue d'un article pour la revue *Ar Men* et elle m'avait fait découvrir les marais du Mès, à deux pas de son échoppe, marais beaucoup moins connus que ceux de Guérande, et donc beaucoup moins fréquentés mais tout aussi fascinants. *« Un bien étrange paysage,* avais-je alors écrit, *à la fois nu et chevelu, un paysage qui ne sait pas ce qu'il veut, qui hésite, qui se cache, se déguise selon les caprices de la lumière, un paysage tantôt terrestre, tantôt marin, un territoire de lisières et d'incertitudes, envoûtant, forcément envoûtant, inquiétant aussi comme le sont tous les marais du monde, puisque c'est bien connu, c'est là où se réfugient les sorcières et les têtards, c'est là où, dit-on, se trouve l'origine de toute vie mais où se terrent aussi bien des animaux féroces que des fées espiègles, raison pour laquelle, fou que je suis, je persiste à la suivre. Mais en fait de sortilèges, on ne rencontre à cette heure matinale que la queue noire et le bec crochu d'un ibis sacré d'Égypte échappé du zoo de Branféré et disputant le territoire à un héron natif d'ici ».*

Le problème, c'est qu'avec de tels articles, on a l'impression de dénoncer ses voisins, de dévoiler des choses secrètes, presque inavouables, d'ouvrir de vieux tiroirs pour en étaler le contenu au grand jour, en un mot d'exhiber la Bretagne dans ses parties les plus intimes, et les abrutis qui lisent mes sornettes risquent de s'exclamer : « Lis-moi ça, ma biche, un nouveau coin qu'on ne connaissait pas. Ça a l'air d'être plutôt sympa ! Fais les valises, Bibiche ! On y court. » Résultat, par ma faute, l'adorable petit port de Kercabellec risquait dans les mois qui allaient suivre d'être envahi par tout un bataillon de camping-cars, encore que Fabienne me fît remarquer qu'elle n'était pas vraiment certaine que les propriétaires de camping-cars lisent mes bouquins. Je ne savais pas si je devais prendre cela pour un compliment. Avant de lui donner congé, je l'ai prise en photo, debout devant sa guérite, dans sa robe d'été d'un jaune éclatant, me lançant un sourire plus large que les ailes d'un albatros.

Il était exactement l'heure de l'apéritif lorsque je sonnai à la porte d'une maison à la sortie du bourg de Quimiac, celle de mon vieil ami Jacques Clément – oui, c'est ainsi qu'il se nomme, comme l'assassin d'Henri III mais quelle drôle idée de porter le nom d'un régicide ! – qui, avant d'être mon ami, fut l'un de mes éditeurs, aujourd'hui retraité, un de plus. Oui, il arrive que les éditeurs deviennent les amis des auteurs. Le contraire est également vrai. Pour ne rien cacher, je passais le voir de temps en temps pour la simple et bonne raison qu'il était un excellent cuisinier et il le savait parfaitement. Le reste était secondaire, d'autant plus que les salades sous cellophane et les chips grignotées dans la solitude de ma camionnette, ça commençait à bien faire. J'en reparlerai mais, d'abord, installons-nous confortablement dans son canapé et dégustons ce petit vin des bords de Loire agrémenté de quelques tartines de rillettes de sardines pêchées et concoctées par ses soins.

Moins beau que les jours précédents

Douzième jour

Mesquer-Quimiac – Pointe de Pen Bé

Mon exploration de la Loire-Inférieure touchait donc à sa fin. Le département avait subtilement changé de nom en 1957 parce que *Atlantique*, ça faisait quand même un peu plus sexy que *Inférieure*, tout le monde l'aura compris. Restait la question du rattachement à la région Bretagne qui revenait comme un serpent de mer à chaque repas dominical entre la poire et le fromage. Les différents sondages publiés ici ou là étaient plutôt favorables à la réunification mais les autorités n'en démordaient pas. La dernière réforme territoriale promulguée à la hussarde en 2015 avait redécoupé l'Hexagone en treize nouvelles régions sans bien sûr demander l'avis des populations concernées. À quoi bon, devaient-ils se dire ? Donc, statut quo pour le 44 qui restait dans le giron des Pays de la Loire pendant que la France s'accrochait à son dogme jacobin comme un arapède à son rocher.

Quoi qu'il en soit, j'avais pris le parti d'intégrer le pays des Namnètes à mon programme, d'une parce que c'était une évidence historique, de deux parce que je risquais de me retrouver cloué au pilori si par omission, par cynisme ou tout simplement par respect du programme officiel de géographie pour les classes de première, j'avais exclu la Loire-Atlantique de mon périple. Ç'eut été une faute déontologique de ma part, pire, un blasphème. Mais inutile de se voiler la face, il restait une ambiguïté, un paradoxe, disons une sorte de malaise, j'ai du mal à trouver le mot juste. Bien sûr, la toponymie sonnait breton à tous les coins de rue, et notamment au nord de la Loire, sans oublier les Sainte-Reine-*de-Bretagne*, Montoir-*de-Bretagne* ou Fay-*de-Bretagne* mais je l'ai dit, les Ligériens, appelons-les ainsi même si ça les fâche, avaient parfois tendance à considérer la Bretagne comme un pays voisin – en témoignait la *rue des Bretons* à La Turballe, le *quar-*

tier des Bretons à Nantes, etc. – et les Bretons, donc, comme des immigrés, avec tout le mépris que cela pouvait induire. *« J'habite un pays barbare dont la langue m'est inconnue et en horreur »,* écrivait Abélard, le théologien né au Pallet (44), à propos de sa retraite imposée à Saint-Gildas-de-Rhuys. Et il n'en demeure pas moins que certains Nantais proclament en toute bonne foi se rendre en Bretagne dès lors qu'ils franchissent la Vilaine. Au-delà de la revendication culturelle et politique, des enjeux économiques de taille s'imposaient dans le débat, à commencer par la concurrence entre les deux principaux pôles urbains. Rennes et Nantes commençaient à se regarder de travers et les histoires de gros sous venaient comme toujours altérer le débat.

A-t-on discuté ce soir-là de cette problématique entre les palourdes farcies et la cassolette de coquilles Saint-Jacques que m'avait cuisinées avec science et amour l'ami Jacques ? À vrai dire, je ne m'en souviens guère. Jacques avait été de longues années directeur commercial des éditions Ouest-France à Rennes avant de devenir le patron des éditions Coop-Breizh, à Spézet, en plein cœur de la Bretagne, et ses obligations professionnelles l'avaient contraint à couvrir la région d'est en ouest comme du nord au sud à la rencontre des différents points de vente. C'est ainsi qu'il avait appris à connaître comme sa poche tous les recoins de la vieille Armorique. Las du pays bigouden, où il avait vécu auparavant, et de la mentalité un peu obtuse de ses habitants – oui, obtuse, je persiste ! –, il s'était dégoté ce petit coin au cœur du plat pays et semblait s'en porter à merveille. La pêche, le jardinage, la lecture, les ami-e-s et la cuisine avaient largement de quoi remplir la vie d'un honnête homme de cet acabit.

J'avais rendez-vous le lendemain matin avec Michel, le président du salon du livre de Guérande qui se déroulait tous les ans fin novembre et attirait plusieurs milliers de visiteurs dans une ambiance plutôt sympathique et pas prout-prout pour un sou. Au contraire, j'avais davantage souvenance de bombances et de ripailles que de littérature et de débats sur les fluctuations du marché du livre. Pas trop mécontent du Pays blanc dans lequel il vivait et surtout soucieux de me faire connaître ses petits coins secrets, Michel m'avait promis une balade hors des sentiers battus, comme on dit, et ledit rendez-vous fut fixé à dix heures sonnantes au pied des murailles de Guérande, devant le collège Saint-Jean-Baptiste. Mais plutôt que de me faire visiter la ville que je connaissais un peu et qui méritait malgré tout qu'on s'y attarde un autre jour, il préféra m'attirer vers les faubourgs. Nous fîmes une petite balade d'une heure sur les coteaux qui dominait le *« manteau d'Arlequin »* des marais, pour emprunter la belle expression d'une chanson de Gilles Servat. C'était calme, doux et agréable. Derrière un bosquet, ce manoir aurait pu servir de décor pour la série *Game of Thrones*, c'était du moins l'avis de Michel, pas du mien parce que je dois être l'un des derniers habitants vivant sur cette planète à n'avoir encore jamais visionné un seul épisode de cette série. Plus loin, groupées autour d'un calvaire, les maisons du village paludier de Queniquen avaient gardé leur « charme d'antan » comme on dit avec une niaise nostalgie, en oubliant la dureté des temps anciens. Des photos nous représentaient la vie du quartier dans les années soixante : scènes de la vie quotidienne, femmes en costumes du dimanche, manif de paludiers réclamant le droit de vivre de leur travail… « Une drôle de race, les gens d'ici, une race à part ! », me disait Michel.

— Ah, bon ! Comme les Bigoudens ? m'enquerrai-je.

— Pire, je crois bien ! soupira-t-il.

Nous reprîmes la voiture pour redescendre vers les marais à travers ces arabesques de routes et de chemins tortueux qui se faufilent entre les bassins. C'était la pleine saison du ramassage et des mulons plus blancs que des congères de neige s'élevaient en pyramide à la façon de pièces sur l'échiquier géant d'un jeu dont il était difficile de comprendre les règles. Michel m'avait gardé le meilleur pour la fin. Sissable, au bout du bout de tout, face à la pointe de Pen Bron. Une longue digue de pierres destinée à réguler le flux des marées et l'alimentation des marais ceinturait le traict du Croisic. Nous pouvions marcher dessus à notre guise. Édifiée au XIXe siècle, cette digue, tachetée de pépites de lichen et de bouquets de salicornes, était la Grande Muraille qui défendait le royaume de l'estran.

Guérande s'est construite sur une butte qui domine tout le plat pays et le domine dans les deux sens du terme. Les paludiers trimaient dans leur marais et survivaient dans le froid et l'humidité de leurs chaumières tandis que les marchands de sel se bâtissaient de très honorables demeures. Aujourd'hui, la ville comptait seize mille âmes, sans compter les hordes de touristes. C'est à Guérande que fut signé le traité qui mit fin en 1365 à la guerre de Succession de Bretagne entre les familles des Blois et des Montfort, chacune voulant être calife à la place du calife. Dans le contexte européen de la guerre de Cent Ans, les Blois étant soutenu par le roi de France et les Montfort par ces satanés Anglais. En fait, il s'agissait déjà d'un vieil antagonisme entre d'une part la haute noblesse et le haut clergé de la Haute-Bretagne, et d'autre part la petite aristocratie et la paysannerie de la Basse-Bretagne. Au départ ponctuée de simples escarmouches entre seigneurs de la guerre et chevaliers féodaux en mal de gloire – l'exemple du Combat des Trente dont nous reparlerons en est l'illustration parfaite – cette querelle de succession dégénéra peu à peu en une terrible guerre civile avec son cortège d'atrocités – *« d'outrageouses prises et estorcions et destruction de povres gentz »,* selon un rapport de 1350 – qui affaiblit le duché pour de longues années.

Nous nous sommes quittés au pied du moulin de Guérande, titre de la tendre et nostalgique chanson de Gilles Servat citée à l'instant (*Tournez, tournez/les ailes du moulin de Guérande/sur les grains de mes jours envolés…).* Nous nous reverrions bientôt, fin novembre au salon. Comme chacun sait ici, le moulin avait été bâti par Satan en échange de l'âme d'un brave paysan et une fois de plus, le diable se fit rouler dans la farine car le paysan, un nommé Yves Kerbic, plaça une statue de la Vierge en guise de dernière pierre. Bien joué, meunier. Mais ces histoires-là, on les entendait un peu partout, et pas seulement en Bretagne. C'est bien connu, Satan avait creusé un puits à Tombouctou en exigeant comme salaire la vertu de onze mille vierges, Belzébuth avait édifié un pont sur le Danube pour pouvoir se taper quelques éphèbes et Lucifer avait construit en un rien de temps le Caesar Palace à Las Vegas en échange d'une nuit avec Gina Lollobrigida.

Avant de prendre la route du retour, je fis une dernière halte à la pointe de Pen Bé pour clore ce deuxième épisode et dire au revoir à la Loire-Atlantique. J'avais la vague impression d'être déjà venu sur les lieux mais il est vrai que même si tout était différent, tout finissait par se ressembler un peu. Et pourtant, ce qui m'avait épaté dans cette région, c'était l'incroyable diversité des paysages et des milieux. En quelques kilomètres, on passait d'une longue côte sableuse et surpeuplée à des campagnes bucoliques et quasiment désertes. On pouvait le même jour, comme il m'était arrivé de le faire, marcher le long d'une côte tourmentée par l'océan et se perdre dans la douceur étrange des marais salants, longer les quais bavards d'une ville industrieuse et se baigner une heure plus tard dans les eaux d'une petite crique sableuse. Tout bien réfléchi, ça serait quand même un peu dommage que le département de la Loire-Atlantique disparaisse sous les flots suite aux conséquences du réchauffement climatique. Oui, ça serait même un peu regrettable.

TROISIÈME ÉPISODE

Lumineux mais plus frais

Treizième jour

Pénestin (Pointe du Bile) – La Roche-Bernard

On était maintenant entré dans la période hors saison, comme s'il n'y en avait qu'une, de saison, et qu'au soir du 30 septembre, on fermait la boutique, circulez, m'sieurs-dames, y'a plus rien à voir, revenez le 1er mai. On baissait les rideaux de fer, on repliait les transats, on rangeait au placard les présentoirs de cartes postales et de bols bretons estampillés d'un prénom peint à la main. Encore une idée lumineuse des professionnels du tourisme, bien que, depuis un moment, les hôtels affichaient leurs tarifs selon qu'on soit en haute saison, moyenne saison et basse saison, ce qui était autrement plus subtil.

Bref, on était en automne, morte saison tout simplement, et j'ouvrais ce troisième volet de mon périple au point le plus méridional du Morbihan, à savoir la pointe du Bile, en Pénestin, à dix minutes de celle de Pen Bé où j'avais plié bagage trois semaines auparavant. Entre-temps, j'avais noirci une bonne cinquantaine de pages sur mon ordinateur sans chercher à revenir sur ce que j'avais écrit la veille, de peur de me poser trop de questions, sans doute, ainsi que me le répétait à tout bout de champ ma bien-aimée Pénélope. Je n'ignorais pas qu'un jour ou l'autre, il faudrait passer sur tous ces bavardages, écrits plus ou moins à l'arrache, un sérieux coup de débroussailleuse afin de rendre la chose lisible, pas plus que je n'ignorais que c'était l'aspect le plus redoutable du travail qui m'attendait. J'en frémissais d'avance.

Il m'avait fallu douze jours pour faire le tour de la Loire-Atlantique. Je rappelle que mon projet s'étalait sur quatre-vingts jours, clin d'œil à Jules Verne. Or, si l'on divise ces quatre-vingts jours par les cinq départements de la Bretagne historique et si ma calculette ne me joue pas des tours, il me faudrait consacrer seize jours à chaque département. Donc, quelque chose clochait. J'étais allé trop vite, ce qui me donnait cependant un peu d'avance sur mon programme et me laissait le loisir d'approfondir ce qu'il me restait à voir, voire de souffler un peu. J'admettais que c'était un peu mesquin de me livrer à de tels calculs d'apothicaire pour une aventure au si bon goût de liberté, d'improvisation et de part du hasard mais je revendiquais le droit d'être un peu maniaque sur les bords. Sans compter que je craignais de faire des jaloux. La concurrence des territoires était vive et les collectivités locales restaient susceptibles.

« Tu te poses trop de questions, Bob, me soufflait pas plus tard qu'hier soir Pénélope à l'oreille. Va à ton rythme, personne n'en saura rien. Tu as tout ton temps. »

Ceci dit, elle ne comprenait pas trop où je voulais réellement en venir. Moi non plus, d'ailleurs, mais j'étais bien trop fier pour l'avouer.

— La Bretagne, soupira-t-elle, on a déjà écrit une pléthore de bouquins sur le sujet, il y en a plein les rayons des librairies, tout a été dit !

— Oui, mais moi, ça ne sera pas pareil.

— Comment ça, Bob, pas pareil ?

— Ça sera différent, c'est tout !

— Comment ça, différent ?

— Et bien… pas pareil. Disons que c'est un livre pour en finir une fois pour toutes avec la Bretagne.

— *Pour en finir une fois pour toutes avec la Bretagne*. C'est pas mal comme titre !

— Trop prétentieux. J'avais plutôt pensé à *Tro Breizh*. Tu en dis quoi, Pénélope ?

— Trop bretonnant. Ça risque d'en rebuter plus d'un. En plus, tu ne parles même pas breton correctement.

— Ou alors *Une odyssée armoricaine* ?

— Trop lourd, Bob. Trop redondant.

— *Le tour de la Bretagne en quatre-vingts jours*, tout simplement.

— Surfait. Bon, ça suffit. Tu réfléchiras à ton titre plus tard. En attendant, on éteint et on dort. N'oublie pas que je bosse demain.

— Qu'est-ce que tu crois, ma chérie ? Moi aussi.

— Oui mais c'est pas pareil.

— Comment ça, pas pareil ?

— C'est différent, c'est tout. Et maintenant, bonne nuit, mon tendre voyageur.

Je vais vous faire une confidence. En réalité, elle ne s'appelle pas Pénélope (non, mais vous m'avez bien regardé ? Est-ce que j'ai une tête à sortir avec une fille qui se coltine un prénom aussi tartignolle, franchement ? D'autant plus que je l'imagine mal, telle la bonne et fidèle épouse d'Ulysse, passer ses journées à faire et défaire son ouvrage tout en guettant jour après jour depuis sa fenêtre que la voile blanche d'un navire apparaisse à l'horizon, sans compter qu'elle déteste que je l'appelle ma chérie. Ma louloute, mon cœur, ma princesse, ma biche, mon rat, mon trésor, tout ce que vous voudrez, mais ma chérie, laisse tomber). Résultat, je n'avais pas posé un pied sur le sol du Morbihan que ses questions à la con me manquaient déjà, ainsi que ses bras, bien sûr, et tout le reste. Je suis comme tous les solitaires. Au fond, je déteste la solitude.

La journée s'annonçait superbe. À peine descendu de la camionnette qu'une irrésistible envie de marcher me saisit par les mollets, sans doute aussi parce que je venais de me farcir au volant trois bonnes heures de route. Devant moi s'étendait une immense baie qui, de la pointe du Castelli en Piriac jusqu'à la pointe de Penvins à Sarzeau, formait un immense arc de cercle ouvert sur le grand océan et, miracle, je me trouvais au juste milieu de cet arc, à l'endroit exact où est positionnée la flèche.

Ici comme un peu partout ailleurs, hélas, le littoral était fragile et chaque jour de plus en plus fragilisé. Tous les hivers, les vagues mordaient davantage la falaise, ici faite de roches trop tendres qui s'émiettaient comme un gâteau breton trop sec et les vents d'ouest, comme les pluies d'hiver, ne se gênaient pas pour tirer sur l'ambulance. La paroi était si friable qu'elle s'effritait entre les doigts. Le sentier des douaniers n'en menait pas large. Sur la grève, quelques rocs plantés comme des crocs dans le sable résistaient tant bien que mal aux caprices des éléments comme ces deux îlots qui faisaient office de vigie à cent mètres de la côte mais leurs jours étaient comptés. Pour limiter la casse et surtout protéger les maisons qui se trouvaient trop près du rivage, on avait mis en place des enrochements balourds bien que de plus en plus de voix s'élevaient contre ce système inélégant, coûteux et inefficace à moyen terme. Bref, c'était une fausse bonne idée. Quoi qu'il en soit, la falaise éclaboussée de soleil avait mis ce matin-là sa robe du dimanche.

Sur les hauteurs, une bonne partie de landes d'ajoncs et de bruyères avait été sauvagement arrachée pour faire place à de vastes pelouses insipides qui dégoulinaient jusqu'au sentier côtier comme une moquette verdâtre déroulée depuis la maison. Il me semblait que les propriétaires tenaient absolument à avoir leurs mille mètres carrés à tondre tous les samedis de manière à occuper honorablement une retraite bien méritée (encore qu'ils venaient d'inventer des robots-tondeuse pour faire le boulot à leur place), ou tout simplement à emmerder ces hordes de randonneurs qui osaient marcher impunément devant leur « propriété-privée-défense-d'entrer-attention-au-chien ». Et au cas où les choses n'auraient pas été suffisamment claires, certains avaient cru judicieux d'installer des barbelés le long de leur barrière. Bon, je sais, on voyait ça un peu partout, il n'y avait rien de nouveau sous le soleil, mais ça m'énervait, ça m'énervait vraiment et ça m'énerve encore.

Sur la plage du Loscolo, une vieille dame marchait péniblement avec sa canne sur le sable mouillé. Elle s'arrêtait tous les cinq mètres, se figeait face à l'océan comme étonnée qu'il soit encore à la même place tous les matins. Alors que j'arrivai à sa hauteur en lui lançant un tonitruant « bonjour madame » chargé d'empathie et de ma légendaire bonne humeur matinale, elle sursauta avant de se raidir comme une statue de sel. Je me suis aussitôt excusé :

— Désolé madame, je ne voulais pas vous faire peur.

Elle s'est tournée vers moi, m'a jaugé en trois secondes avant de conclure que j'aurais fait jadis un gendre idéal. Jadis, j'ai dit.

— Ce n'est pas grave, je ne vous avais pas entendu venir, je suis un peu sourde, vous savez !

— Non, je ne savais pas.

C'était une très vieille dame au sourire très doux, un rien facétieuse, d'une coquetterie discrète trahie par un fond de teint rose pâle et un trait de rouge sur les lèvres. Ses cheveux étaient aussi blancs et soyeux qu'un foulard de satin. Elle habitait juste derrière, dans une petite maison dont elle me montra la direction avec sa canne. Veuve depuis six mois, ajouta-t-elle. Elle semblait bien connaître le coin, me montra, toujours à l'aide de sa canne, l'île Dumet au large puis la pointe de Piriac. Elle essayait de marcher un peu tous les jours, histoire de voir si la machine fonctionnait encore. Pensez, Monsieur, je vais avoir quatre-vingt-dix ans en décembre prochain ! C'était l'âge de ma mère, ce que je ne manquai pas de lui faire remarquer. Elle me demanda alors de ses nouvelles – « de votre maman » dit-elle – que je lui donnai sans me forcer avec bien sûr quelques mensonges ici et là.

Alors que nous marchions côte à côte depuis quelque temps, à petits pas, mais vraiment petits, tout en papotant de tout et de rien, de l'érosion des dunes et de son arthrose, la dame finit par me prendre naturellement le bras, exactement comme ma mère a l'habitude de le faire lors de nos rares – trop rares, oui je sais, maman ! – promenades. Un moment, elle s'est arrêtée et a pointé sa canne vers le large.

— Il est là, m'a-t-elle dit.

— Qui ça ?

— Mon mari. Il a voulu que ses cendres soient dispersées au large. On a pris le canot de mon neveu. C'était une belle journée comme aujourd'hui.

— Pardon… je suis désolé.

— Ne soyez pas désolé, Monsieur ! Chacun de nous doit partir un jour. Vous êtes jeune. Profitez !

Ça faisait toujours plaisir d'entendre que je pouvais encore faire illusion et j'ai pris sa remarque pour argent comptant. Je l'ai ainsi accompagnée jusqu'au bout de la plage, en l'aidant par le bras dans le raidillon qui menait à la route. Sa maison n'était plus très loin, maintenant. C'était exactement le genre de grand-mère que l'on ne rencontre que dans les livres pour enfants. J'étais déjà certain qu'elle savait cuisiner de gouleyantes soupes au potiron et des fars bretons à tomber par terre. M'aurait-elle invité à prendre un café dans son salon que je n'aurais certes pas dit non, surtout s'il était resté une part de far, mais on s'est simplement salué en se souhaitant une bonne fin de journée.

— Profitez, m'a-t-elle lancé une dernière fois, profitez de la vie, de chaque seconde de votre vie… Profitez du soleil, de la lumière, profitez des gens que vous aimez, c'est précieux et ça passe si vite, vous savez. Si vite…

Un rien dubitatif, j'ai rejoint le van sur le parking. C'était vraiment une belle journée qui s'annonçait. Jetant un œil dans le rétroviseur avant d'actionner la marche arrière, j'ai aperçu la silhouette élégante d'une vieille femme se dirigeant cahin-caha à petits pas, à tout petits pas, vers sa dernière falaise.

Le *Guide Bleu* 1977, qui ne me quittait jamais et sur lequel je jetais un coup d'œil de temps à autre histoire de voir comment évoluaient les choses, décrivait en quelques mots succincts Pénestin (on pronone Pénétin) comme une station balnéaire sans prétention. Et de ce côté-là, les choses ne semblaient pas avoir évolué de façon notoire. Autoproclamée capitale de la moule de bouchot, Pénestin, située à la pointe de l'estuaire de la Vilaine, proposait une suite de criques, de caps et de plages sympathiques dont la fameuse plage de la Mine d'or qui d'ailleurs n'est pas une mine. Certes, quelques paillettes avaient été dénichées dans le sable mais il semble que le dénommé Charles Bonnefin qui demanda en 1852 une concession à la mairie pour exploiter le site ne fit pas fortune et il n'y eut point de ruée vers l'or. Quoi qu'il en soit, la falaise dans les tons ocre et blanc était absolument extraordinaire bien qu'elle s'effritât inexorablement, elle aussi, et que des panneaux de signalisation ainsi que des barrières de sécurité en interdisaient l'approche.

J'avais eu vent d'un sympathique café-librairie appelé Le Bateau-Livre dans les parages mais il était fermé, forcément car on était lundi. Mais pourquoi donc, ruminai-je, les commerçants s'obstinaient-ils à baisser systématiquement leur rideau ce jour-là ? N'ayant rien de mieux à faire, je filai vers Tréhiguier pour m'offrir un café dans un petit bistrot dont je n'ai pas retenu le nom et où j'étais le seul client. La patronne paraissait s'ennuyer ferme et je ne fis aucun effort pour la divertir. Tréhiguier est un petit port mytilicole où se trouvait jadis l'ancien bac qui faisait la navette avec l'autre rive de la Vilaine. D'ici, comme nous l'indiquait une carte sur un panneau, on pouvait joindre Dinard et Saint-

Malo par les voies fluviales intérieures, ce qu'on appelle la liaison Manche-Océan qui jadis évitait aux embarcations de se farcir le tour de la péninsule armoricaine et ses dangereux écueils.

La Vilaine formait la frontière entre le territoire des Namnètes et celui des Vénètes et j'ignore aujourd'hui en quel honneur les quelques communes (Pénestin, Camoël, Férel) de la rive gauche de l'embouchure du fleuve, entre la pointe du Bile et La Roche-Bernard, ont été incluses dans le Morbihan, ce qui n'a certes pas une importance primordiale mais quand même, ça paraît un peu incohérent. Pour réguler le débit capricieux du *« plus grand des petits fleuves »*, ainsi qu'on nomme la Vilaine, un barrage a été construit en 1970 à Arzal et inauguré par Raymond Marcellin, alors ministre de l'Intérieur sous les présidences de de Gaulle et de Pompidou. Souvenez-vous de Marcellin, « Raymond la matraque », ainsi l'appelait-on, en référence à sa conception « musclée », dirait-on, de l'ordre républicain. Après la chienlit de mai 1968, il était temps de siffler la fin de la récréation et notre homme se chargea de la situation avec semble-t-il un zèle particulièrement raffiné. Décoré de la Francisque par Pétain pour son engagement exemplaire dans la *« Révolution nationale »*, Marcellin fraya parallèlement dans la Résistance. Bref, un vichisto-résistant, comme Mitterrand, raison pour laquelle il fut dans les petits papiers du général qui vit en lui un *« nouveau Fouché »*, le ministre à poigne, mais vraiment à poigne, de Napoléon Ier, et lui donna carte blanche pour lutter contre ce qu'on appelait alors la subversion. C'est dire la stature du bonhomme. Compromis dans l'affaire de ces faux plombiers de la DST qui avaient placé des micros dans les locaux du *Canard Enchaîné*, Marcellin continua néanmoins une brillante carrière en tant que maire de Vannes et président du Conseil général du Morbihan puis du Conseil régional de Bretagne, tout cela supervisé depuis Paris qu'il n'avait jamais quitté, un peu comme ces évêques de l'Ancien Régime qui empochaient les bénéfices de leurs diocèses sans jamais s'éloigner de la cour de Versailles. Raymond la matraque décéda à quatre-vingt-dix ans. Ses funérailles ne remplirent pas la cathédrale de Vannes, loin s'en faut.

Voilà pour Arzal qui par ailleurs est un petit port de plaisance pas déplaisant pour qui aime la plaisance. Pour 60 € par personne, boissons non-comprises, des croisiéristes proposaient un inoubliable dîner aux chandelles sur un grand navire-restaurant d'un jaune étincelant voguant de 20 heures à 23 h 30 sur la Vilaine.

À La Roche-Bernard, encore une « Petite cité de caractère » comme je les affectionne, j'arrivai en terrain connu, ou tout comme. C'était une halte agréable sur la route du sud, un petit coin tranquille pour passer la nuit avant de reprendre la voiture le lendemain ou encore au retour des vacances au Pays Basque quand les gosses étaient trop crevés ou trop insupportables. C'est ainsi que j'avais plusieurs fois dormi place du Pilori à l'hôtel des Deux-Magots, au camping du Patis ou encore tout simplement dans le van, au bout d'un parking ombragé. La Roche-Bernard était une petite ville nichée dans un trou d'eau à l'ombre du pont sur la Vilaine sur lequel passait la quatre-voies. Les Vikings avaient adoré. C'est ainsi qu'ils s'installèrent à la bonne franquette sur le promontoire rocheux qui dominait le fleuve, buvant dans le crâne de leurs ennemis de grandes gorgées de cervoise et rêvant à de futures conquêtes. Un peu trop de bateaux peut-être, encastrés dans un dédale de pontons interdits à toute personne non autorisée, pour la plupart des coques en plastique sans intérêt, bien que certains yachts étaient de réelles petites merveilles ; ce qui donnaient bien sûr envie de prendre l'air ou tout simplement de déguster sur le pont un petit verre de chardonnay tout en picorant des olives vertes marinées dans une sauce piquante avec un arrière-goût de menthe sauvage. Je n'avais jamais eu la fibre marine, je m'en foutais un peu des rafiots, du monde de la voile en général. Kersauson sur son catamaran autour du monde avait pour moi autant d'intérêt que Lewis Hamilton sur sa Ferrari au grand prix de Monza mais bon, même si la plupart de ces voiliers restaient à quai les neuf dixièmes du temps, ça faisait, dit-on, tourner l'économie locale.

Je me déliai les pattes à travers les ruelles des vieux quartiers et les escaliers qui montaient vers le centre-ville. Pierres antiques, géraniums aux fenêtres, boutiques d'artisanat, poteries et calligraphies, galeries de peinture, musée fermé, expositions de photos en extérieur, rien de très nouveau. La promenade du Ruicard qui surplombait le port était particulièrement agréable au soleil couchant et menait jusqu'à cet énorme éperon rocheux qui faisait la réputation de la ville. La Roche-Bernard avait connu son heure de gloire sous Richelieu qui en fit l'un des premiers grands chantiers navals de sa majesté. C'est ici que fut construite *La Couronne*, le premier vaisseau de ligne à trois ponts, comme nous l'apprenait la plaque. À voir le nombre de panneaux d'information à visée pédagogique plantés à tous les coins de rue, la municipalité de La Roche, et c'était tout à son honneur, tenait à nous instruire coûte que coûte. Il y en avait vraiment partout, illustrations à l'appui. Bon élève, je n'en manquai pas un. C'est ainsi que j'appris que François de Coligny, baron de La Roche, convertit un temps la ville au calvinisme. C'est ainsi également que j'appris que 6 000 Chouans reprirent la ville aux Bleus en 1793, exécutèrent sauvagement le républicain Joseph Sauveur qui mourut bravement aux cris de *« Vive la Nation »*, que La Roche-Bernard fut rebaptisée en son honneur La Roche-Sauveur et que les représailles des Bleus une fois la ville reconquise se traduisirent pour l'exemple par la décapitation de quelques têtes en place du Bouffay.

Je sortais de l'office de tourisme lesté de trois kilos de prospectus quand une femme visiblement bouleversée et que je ne connaissais ni d'Ève ni d'Adam m'interpella comme premier témoin à charge pour m'apprendre le décès soudain de Charles Aznavour.

Petite perturbation, un peu de pluie
Quatorzième jour
La Roche-Bernard - Damgan

Aznavour n'était plus, donc, et plutôt que d'allumer l'ordinateur pour me mettre au travail comme un honnête tâcheron, j'ai passé ma soirée dans le camion à écouter quasi religieusement une émission de deux heures qui lui était naturellement consacrée. *Emmenez-moi* était ma chanson préférée, bien sûr, un hymne au voyage, à l'aventure, à tous les possibles, et je bénissais France Inter de nous l'avoir offerte, après quoi je pus m'endormir en toute quiétude. Le réveil fut cependant un peu frisquet, le thermomètre ne dépassant pas les sept degrés. C'était ainsi, on était en automne et bientôt viendrait l'hiver, sa solitude et ses frimas, mais j'avais décidé de profiter du cocon métallique du van tant que ce serait supportable.

Si La Roche-Bernard ne m'était pas inconnue, les rives de la Vilaine en revanche l'étaient. On les devinait depuis le pont du Morbihan alors qu'on roulait sur la quatre-voies à 110 kilomètres à l'heure en se disant tiens, ça n'a pas l'air mal dans le coin, faudra s'y arrêter un de ces jours, mais on ne tenait jamais ses promesses. C'était donc le moment ou jamais. J'ai mis cap au nord vers la paroisse de Nivillac et j'ai suivi sur ma gauche une petite route qui descendait en lacets vers un petit port de plaisance nommé La Ville Aubin. La jeune fille de l'office de tourisme m'avait parlé la veille du site du Folleux – à ne pas manquer, avait-elle ajouté, un rien péremptoire bien qu'elle fît très correctement son boulot, la preuve, elle m'avait demandé mon code postal – alors je me suis dit allons-y pour le Folleux. Je tombai une fois de plus sur un port de plaisance, plus conséquent cette fois-ci, à croire que les gens d'ici consacraient l'essentiel de leur temps et de leur budget à la navigation, même si le voilier, je l'ai dit hier, restait la plupart du temps enchaîné au ponton comme un chien punì à sa niche. Il y avait aussi une capitainerie, ce qui ajoutait une touche de sérieux au site, des toilettes tout à fait dignes de ce nom ainsi qu'un chantier nautique et bien sûr des parkings pour les bagnoles. Par contre, nulle guinguette à l'horizon, pas la moindre buvette. Dans les parages, les résidences devant lesquelles j'étais passé étaient plutôt du genre cossu. Plantés à l'entrée des lotissements, des panonceaux *« voisins vigilants »* avertissaient d'emblée le promeneur trop curieux et sans tomber dans la paranoïa, mieux valait marcher sur la pointe des pieds de peur de me faire remarquer par un de ces voisins vigilants qui m'observait depuis la fenêtre de sa cuisine, une paire de jumelles au bout des yeux et un 22 Long Rifle dans la main droite.

Ici, la Vilaine commençait à se resserrer. Sur l'autre côté de la rive, à un jet de pierre, se trouvait le même type d'installation portuaire. Le fleuve était aujourd'hui d'un calme exemplaire mais il ne fallait pas s'y fier. Son débit pouvait dépasser les 1 500 mètres cubes par seconde et le barrage d'Arzal que nous avons eu l'honneur de franchir hier en fin d'après-midi avait été construit pour empêcher la marée montante de s'aventurer plus en amont, justement. Des crues désastreuses avaient laissé de bien mauvais souvenirs aux habitants de Rennes ou de Redon, la dernière en date remontant à 1995. Mais ce n'est pourtant pas à cause de ses caprices que le fleuve est affublé d'un tel nom. Pour les spécialistes, le mot Vilaine viendrait soit de *ster vilen*, littéralement « la rivière aux moulins », soit du mot *melen*, « jaune » en breton, pour rappeler la couleur ocre de ses eaux souvent boueuses. Son ancien nom du Moyen Âge était d'ailleurs *Visnonia*, « la rivière aux eaux de rouille ». On prétend également que si les Rennaises avaient la vertu d'être si belles, c'était grâce aux eaux de ce fleuve, raison pour laquelle toutes les mochetés de la région prenaient des « bains de Vilaine » dans le fol espoir d'améliorer les choses, tout au moins de limiter les dégâts.

Il n'y avait pas de chemin de halage mais un parcours de randonnée suivait le fleuve vers le nord, longeant une large prairie marécageuse, bien sûr inondable, qui elle-même suivait dans toute sa longueur un coteau boisé, le tout formant une parfaite illustration pour une leçon de géographie physique. J'ai marché ainsi une bonne demi-heure le long du fleuve, cheveux au vent, du moins ce qu'il m'en restait, puis le chemin a tourné à droite pour remonter vers les bois du coteau où l'on se perdait une autre demi-heure avant de redescendre vers le port. Rien à dire, ce fut une belle balade. Une heure, cinq à six kilomètres, mon quota quotidien était respecté.

Le ciel se couvrait, je suivais peu ou prou la Vilaine par des petites routes sinueuses où je ne croisais quasiment personne et à défaut d'avoir un CD d'Aznavour à me mettre entre les oreilles, j'écoutai un vieux disque de Leonard Cohen, ce qui n'est pas, chacun en conviendra, le meilleur choix dès lors que la mélancolie vous aguiche de ses jolis yeux aux cils soulignés de mascara. Si je voyais une pancarte indiquant quoi que ce soit, une chapelle ou un point de vue, je tournais. C'était aussi simple que cela. C'est ainsi qu'intrigué par le pléonasme, j'ai pu découvrir la Butte du Tertre, sur le territoire de la paroisse de Saint-Dolay. À la fin du XIXe siècle, un abbé décida de construire sur ce promontoire une grotte semblable à celle de Lourdes, destinée aux ouailles qui n'avaient pas les moyens de se payer le voyage, ce qui est en soi une noble et généreuse idée. Les cathos ont un faible pour les grottes, allez savoir pourquoi. Les gens des environs en firent un lieu de pèlerinage assez fréquenté mais les Allemands de la poche de Saint-Nazaire, qui y virent un emplacement stratégique de première importance, détruisirent le site qui fut reconstruit dès 1947. Je suis allé faire mon curieux. Une belle allée, déjà tapissée des feuilles mortes aux couleurs mordorées de l'automne, montait vers le site. Une goutte de pluie s'est alors écrasée sur mon front. Une grande croix de bois était dressée sur la butte et au pied de la grotte abritant la statue de la vierge, elle-même entourée d'une couronne de roses blanches en plastique, étaient disposés une bonne cinquantaine de pots de fleurs alignés comme à la parade. C'était d'une naïveté presque touchante, bien sûr, et *ce lieu agréable invitait au silence, favorable au recueillement et à la prière.* Rendons à César ce qui est à César, j'avoue que ces derniers mots ne sont pas les miens. Je les ai recopiés de l'affichette clouée sur le chêne d'en face.

La chapelle Sainte-Anne, toujours à Saint-Dolay, c'était autre chose. Un modeste petit bijou de pierres datant du XVIe siècle et édifié dans le pur style du gothique flamboyant, épargnée de justesse, parait-il, pendant la Révolution. Surprise, elle était ouverte ! Protégée dans une niche de verre, une magnifique statue polychrome du XIIe siècle représentait sainte Anne et Marie en petite fille, un livre ouvert entre les mains. Rien que ça valait la pièce d'un euro que je glissais sans malice dans le tronc.

C'est à Rieux, sur le pont de Cran, que j'ai traversé la Vilaine pour la redescendre sur l'autre rive, à nouveau vers le sud et la côte. Une route communale suivait le fleuve jusqu'à Béganne d'où l'on pouvait accéder au site du Rohello, toujours sur les rives du fleuve mais ici aucun ponton, nul club nautique, seulement des prairies marécageuses qui s'étendaient à perte de vue. L'endroit idéal pour s'offrir une pause casse-croûte ou se livrer à la pêche à la ligne comme ce vieux monsieur assis sur son tabouret, non loin de son antique camping-car. Nous étions les deux seuls êtres humains dans les parages, distants l'un de l'autre d'une centaine de mètres et épiant discrètement de biais nos solitudes réciproques. La sienne était statique. Je crois qu'il s'en foutait un peu des poissons, des anguilles et des brochets, peut-être même qu'il n'aimait pas ça, qu'il était allergique ou je ne sais quoi. Que connaît-on de son prochain ? Il était venu là pour jouir de quelques heures de silence, pour s'enivrer de paix, peut-être pour fuir bobonne le temps d'un après-midi, fut-il gris. Comme pour la plupart des pêcheurs à la ligne, le poisson était un prétexte, c'est pour cela que j'enviais leur inébranlable patience bien que j'eusse été bien incapable de rester assis des heures sur un tabouret à guetter les oscillations d'un bouchon flottant à la surface de l'eau.

Ma solitude était nomade, c'était ainsi. Une fois mon café avalé, je redémarrai en suivant cette même petite route qui, pour épouser un relief plus accidenté, serpentait d'un virage à l'autre. La vitesse de cinquante kilomètres à l'heure me convenait parfaitement, rares étaient les fois où je passais la cinquième, mais bien entendu, il y avait toujours un abruti à me coller au derrière, rongeant son frein dans l'impossibilité de me doubler, alors j'étais bien obligé d'accélérer un peu pour lui prouver ma bonne volonté. J'étais en vadrouille, il allait peut-être au boulot. Un rendez-vous urgent l'attendait. Un client impatient. Une maîtresse tout aussi impatiente, allez savoir. Tant qu'on ne me lançait pas d'appels de phare ou de doigt d'honneur comme il m'était arrivé d'en recevoir, j'étais plutôt un conducteur conciliant. C'est ainsi que je ratai l'entrée du parc du château de Lohellec, ce qui n'était pas une catastrophe en soi d'autant qu'il y avait de grandes chances que je me fracasse le nez contre un portail fermé. Il fallait une fois de plus se résoudre à l'évidence. Je ne verrai pas tout.

Mais je ne regrette en aucune façon m'être arrêté au village de Lantiern, sur la commune d'Arzal, et sa très étrange chapelle au joli clocher tout pointu, édifiée dès le XIIe siècle par les Templiers, reprise après leur dissolution de 1314 par les Hospitaliers et remaniée au XVIIe. Autour d'elle se recroquevillait une douzaine de maisons, la plupart anciennes et visiblement habitées, dont un imposant manoir qui fut jadis le siège d'une sénéchaussée et qui proposait aujourd'hui des chambres d'hôtes. Un petit chien aboya, c'était bon signe. Au pied du calvaire, une plaque en bronze datant d'une mission de 1892 nous gratifiait d'une indulgence partielle de sept ans de paradis pour sept *Avé* et de trois cents jours pour cinq *Pater*, ce qui était toujours bon à prendre. La chapelle, dédiée à saint Jean-Baptiste, était fermée mais dans le jardin d'en face, je repérai un type qui s'acharnait à faire démarrer une tondeuse thermique. « Comment ça ? D'habitude elle est ouverte ! », grogna-t-il. L'homme était bienveillant, prêt à abandonner sa pelouse pour venir en aide à son prochain à moins que j'arrivasse à point nommé et sans jeu de mots pour lui couper l'herbe sous les pieds, comme un ange de la Providence venu le délivrer d'une corvée. Après avoir affublé sa machine récalcitrante de tous les noms d'oiseaux, il m'invita à le suivre vers une maison voisine où il entra sans frapper pour réclamer les clés à une nommée Maryvonne avant de m'ouvrir la porte en grand. J'appréciai le geste et ne manquai pas, en guise de pourboire, de le lui faire savoir par un sourire tenant lieu de bénédiction. C'était une modeste petite chapelle aux murs chaulés de blanc et aux piliers trapus. Dans un coin se terrait un vieux confessionnal qui n'avait pas dû entendre résonner le moindre péché mortel depuis des générations. L'ordre des Templiers continuait à alimenter de sa réputation sulfureuse les fantasmes et les légendes qu'on prenait trop souvent pour argent comptant, et la communication touristique ne se privait pas d'en rajouter une couche au mépris de la réalité historique. Vêtus de larges capes blanches marquées d'une grande croix écarlate sur la poitrine, les « moines rouges » de l'ordre maudit étaient condamnés à errer la nuit afin d'expier leurs abominables crimes – enlèvements d'enfants, pillages, viols, rapines, rites sataniques, sodomie… – et comme ils étaient maudits, ils continuaient à exercer leurs forfaits en toute impunité et à semer la terreur jusque dans nos draps pour égorger nos filles et nos compagnes. La plupart de ces supputations dataient du XIXe siècle et pourtant, des montagnes et des montagnes d'imbécillités ne cessaient d'être publiées à leur sujet. Le Net en regorgeait.

À ma question récurrente « Qu'y a-t-il à voir encore dans le coin ? », l'homme à la tondeuse me conseilla d'aller au Guerno, à une dizaine de kilomètres au nord. Sans vouloir se vanter, son beau-frère avait participé à la rénovation de la fontaine. Dans ce cas… Je m'y suis rendu sans grand enthousiasme. Le bourg était joli, bien aménagé, l'église était fermée, comme l'était la crêperie d'en face et je ne vis aucun tondeur de gazon à l'horizon. Dépité, j'ai fait demi-tour et suis redescendu vers la côte via Muzillac où j'ai fait le plein d'essence. J'ai continué plein sud jusqu'à Damgan, une station balnéaire du sud Morbihan qui à ce jour n'avait encore jamais reçu l'honneur de ma visite.

Pas de quoi pavoiser, Damgan ne proposait rien de terrible, et c'était même assez sinistre de voir une fois de plus cette rangée de volets clos ratatinés derrière la longue digue. J'ai suivi le front de mer sur cinq cents mètres avant d'aller faire mon curieux dans le bourg. La plupart des bistrots et des restos étaient fermés et on se demandait s'ils avaient été ouverts ne serait-ce qu'un seul jour, ou alors il y a longtemps, très longtemps. Dans la rue piétonne, il restait quand même quelques êtres vivants pour boire une bière en terrasse – le temps s'était adouci – ou pour vendre une carte postale à quarante centimes à un mec de ma trempe qui n'avait aucune envie d'acheter un mug *gwenn-ha-du* ou une serviette de plage imprimée aux couleurs océanes. J'ai continué ma route jusqu'à la pointe de Kervoyal et me suis garé sur le parking. Sur un emplacement à épis, une BMW rouge d'assez belle facture était stationnée juste à côté. Sa conductrice restait figée sur son volant. Sans malice, j'ai bien évidemment jeté un œil. Elle était blonde, élégante, maquillée, à vue de nez la quarantaine, portait des lunettes de soleil sur les yeux alors que le ciel était nuageux et que l'atmosphère était même un peu grisounette. Elle ne cessait de tapoter son portable. J'ai deviné qu'elle pleurait à un geste de son index soulevant furtivement ses lunettes pour essuyer une paupière. Nerveuse, elle farfouillait dans son sac, sans doute à la recherche d'un mouchoir, mais les mouchoirs, c'est bien connu, ne sont jamais là quand on a besoin d'eux. Peut-être venait-elle de recevoir un SMS de son mec pour lui dire en deux phrases bien léchées qu'elle était une fille formidable mais qu'ils n'étaient pas faits pour vivre ensemble. Que son toubib lui avait confirmé le résultat de ses analyses de sang ou que cette pétasse de Martine Le Gall venait de lui ravir le poste de directrice commerciale qu'elle convoitait en toute légitimité depuis deux ans ? Qu'est-ce que j'en savais et qu'est-ce que je pouvais faire pour elle ? Sortir de ma caisse, tapoter à sa vitre et lui dire : « Dîtes donc, ma petite dame, c'est quoi ce gros chagrin ? Faut pas se laisser aller comme ça ! Un petit café vous ferait peut-être le plus grand bien, ou alors un bon verre de vin blanc, qu'est-ce que vous en dîtes ? J'ai repéré un petit bistrot sympa pas loin d'ici. »

Bien évidemment, je n'ai rien dit de la sorte. En tout cas, l'endroit me paraissait mal approprié pour éponger un chagrin. L'horizon était trop large, les lumières trop douces, la marée trop basse. Le paysage ne sait pas se tenir tranquille en pareil cas, il nous envoie sa beauté en pleine gueule, sans doute pour mieux nous rabaisser à notre condition de pauvre mortel, alors si je peux me permettre une petite suggestion, ma chère petite dame, c'est pas un lieu décent pour sécher ses larmes si tant est qu'un tel havre existe quelque part sur cette vaste et cruelle planète. Quand on se fait larguer, on est bien nulle part.

Elle a tourné le regard vers moi et s'est aperçue que je l'observais. Un peu gêné, je suis sorti du van. Valait mieux la laisser seule digérer sa peine. J'ai marché jusqu'à la pointe de Kervoyal et oui, en effet, c'était assez difficile à encaisser. C'était d'une beauté inouïe, presque indécente. La baie s'étendait en arc de cercle depuis la pointe du Castelli à Piriac jusqu'à celle de Penvins en presqu'île de Rhuys. Comme par un fait exprès, un bout de soleil du genre farceur avait percé à ce moment précis les nuages pour éclairer pile poil les falaises de la Mine d'or de Pénestin, qui se dressaient juste en face tel un long ruban de soieries ocre et orange, étalé horizontalement face à la mer. À nos pieds, un éperon de rochers noirs pointait son dard vers l'océan. C'est ici que Sauveur, un ermite irlandais parachuté dans le secteur afin d'évangéliser les populations païennes, réussit à s'enfuir pour échapper à leur fureur, en construisant une sorte de pont le menant jusqu'à l'autre rive. Je suis resté béat un bon quart d'heure, la bouche ouverte, un peu comme on regarde, cloué sur son fauteuil, défiler sur l'écran le générique d'un film qu'on a beaucoup aimé alors que les autres spectateurs remettent déjà leur manteau. Quand je suis revenu au parking, la BMW rouge avait disparu, sa conductrice avec.

Camping de la Plage, à la sortie du bourg de Damgan. Aucune plage en vue mais un terrain étroit tout en longueur et coincé de tous côtés par des lotissements en construction. Je lisais récemment dans le journal qu'en Bretagne, les terres agricoles perdaient quotidiennement l'équivalent de la surface de neuf terrains de football au profit de l'étalement de ces lotissements et ce n'était même pas pour y jouer au ballon.

Gris puis de plus en plus lumineux

Quinzième jour

Damgan – Sarzeau

Le petit tour en van entrepris la vielle au soir avant de m'installer au camping m'avait donné envie d'en apprendre davantage. Je l'ai dit, Damgan n'avait d'autre vocation que d'être une station balnéaire et, passé le 30 septembre, elle prenait l'allure d'une ville fantôme dévastée par une quelconque pandémie. Or nous étions le 3 octobre et les dix mille estivants avaient réintégré tête basse leurs quartiers d'hiver. Même les retraités commençaient à déguerpir. Le camping de la plage où j'avais passé la nuit n'était plus occupé que par quelques rares résidents de mobile-homes qui paraissaient s'ennuyer ferme. Mes voisins venaient de la Sartre comme me l'apprenait la plaque de leur véhicule et pendant que la femme taillait son bout de haie à coups de sécateurs avec une telle hargne qu'on aurait dit qu'elle avait la ferme intention d'éradiquer toute trace de verdure sur cette planète, l'homme ne cessait de jeter vers moi des regards dans le genre voisin vigilant. Il devait, et c'est bien légitime, se poser des questions sur ma présence un peu décalée en ce paisible lieu de villégiature, d'autant plus que la lumière de mon ordinateur avait dû l'intriguer au moment où il s'était levé au milieu de la nuit pour aller pisser. Car c'était un camping trois étoiles, voyez-vous, où l'on ne mélangeait pas les canadiennes avec les mobile-homes. Entre nous soit dit, tout trois étoiles qu'il fut selon les normes du ministère du Tourisme, il n'y avait pas de papier-toilette dans les chiottes et ça, sans vouloir vous faire un dessin, c'est parfois très embarrassant. Vraiment.

Comme l'avait fort justement titré le type ou la nana de la météo, le ciel était d'un gris immobile, sans aucune nuance, et prenait l'apparence du plafond d'un bureau d'une administration fiscale. J'ai chaussé mes godillots et j'ai pris la direction de la plage de Damgan, située à trois cents mètres du camping. Belle plage, rien à dire, qu'on peut suivre sur la promenade côtière jusqu'à ce qu'elle disparaisse au profit d'une enfilade de maisons nous obligeant soit à passer par les lotissements qui se trouvent derrière comme nous l'indique la signalétique du GR34, soit à s'enliser dans le sable et patauger dans les odeurs rances des goémons en voie de putréfaction, ce que je me suis résolu à faire avec un rien d'irritation. Sur plusieurs centaines de mètres, tout le front de mer est envahi par des pavillons, le plus souvent très moches, dotés chacun d'un escalier leur permettant d'accéder directement à ladite plage. Inutile d'ajouter que les volets étaient clos. Ces hideuses bâtisses avaient été construites avant la loi Littoral de 1976 et leur présence était donc légale, donc on ne pouvait pas les détruire par simple arrêté municipal d'un seul coup de bulldozer et qu'on n'en parle plus, d'autant plus que l'une d'elles appartenait peut-être au beau-frère de la voisine de la tante du maire. Fallait donc faire avec mais franchement, je ne voyais pas trop l'intérêt d'emmerder le monde avec leur putain de vue imprenable, à part, peut-être, pouvoir depuis sa cuisine mater avec une bonne paire de jumelles les filles se prélassant sur la plage quoiqu'au bout d'un moment et avec l'âge, on doit finir par aussi s'en lasser.

Insidieusement et en quelques décennies s'était dressé de Pornic jusqu'à Quiberon un nouveau Mur de l'Atlantique. À Carnac, le taux de résidences secondaires dépassait les 72 %, à Arzon, il flirtait avec les 80 % et à Damgan, où nous nous trouvions, le chiffre montait à 81,3. Un record. Inutile d'ajouter que le marché, stimulé par ce fameux réchauffement climatique qui faisait de la Bretagne une nouvelle terre d'attraction, était en pleine croissance. En se baladant dans les parages, on avait l'impression que les seules personnes à bosser, c'étaient les couvreurs, les charpentiers et les maçons. « Il vaut mieux des volets clos onze mois de l'année que clos pour toujours », concluait l'article d'où je tirais ces sources.

C'était à mon avis discutable mais je ne trouvais personne autour de moi pour en discuter.

Plus loin vers l'ouest, alors que j'approchai de Penerf, les choses se sont améliorées. La plage avait laissé place à des bancs de rochers noirs et plats, les maisons se faisaient donc plus rares, plus anciennes aussi, et parfois même habitées, preuve en étaient les culottes de grands-mères qui séchaient sur le fil. La dune devenait plus solide et le sentier avait repris sa bonne vieille petite trajectoire de douanier pépère. La mer était si plate qu'on aurait pu marcher dessus. C'est ici, sur cette avancée de rochers, qu'avait été dressée au XVIe siècle une tour de quinze mètres de haut qu'on appelle la tour des Anglais. Pas vraiment un phare, mais une sorte de minaret sur lequel on faisait brûler des feux pour signaler l'arrivée des navires ou leur indiquer l'entrée de la rivière de Penerf. Toute de blanc vêtue, la tour avait vraiment la forme d'une pièce d'échecs, à croire que les fabricants de jeux s'en étaient inspirés ou que la tour était tombée d'un échiquier céleste à la suite d'un mémorable tournoi entre dieux de l'Olympe. Sautillant d'un rocher à l'autre, je m'en suis approché. J'étais absolument seul. Un panneau affirmait que c'était la seule tour à feu conservée sur le littoral atlantique.

Pour ne rien vous cacher, Penerf m'a beaucoup plu ce matin-là. C'était un petit port spécialisé dans l'élevage de moules et d'huîtres, la mytiliculture et l'ostréiculture si vous préférez, et des baraques plus ou moins brinquebalantes proposaient le long du quai des dégustations plutôt alléchantes. Un tombolo, ou une flèche littorale si vous préférez encore, protégeait le port. Toujours sur le quai, une école communale mignonne comme tout était fermé depuis je ne sais combien de rentrées scolaires mais une modeste église aux murs peints en blanc et au clocher pointu était ouverte aux pèlerins de passage qui pouvaient y faire leurs prières sous la belle maquette d'un navire à deux mats. Les maisons du bourg avaient gardé un je-ne-sais-quoi de charmeur. De l'autre côté, vers le nord, s'étendaient d'anciennes salines et des mares où s'ébattaient quelques canards. Non, rien à dire de Penerf, rien de mal, j'entends.

Je suis revenu au camping pour prendre une douche salvatrice après les deux heures de marche que je venais de me coltiner. Il était onze heures et le type du mobile-home voisin n'avait pas bougé d'un pouce depuis mon départ. Debout devant sa Dacia, mains dans les poches, lançant le même regard suspicieux vers ma pauvre camionnette qui ne méritait pourtant pas tant de haine. Bon prince, je lui ai lancé un signe d'adieu qui se voulait amical, signe auquel il m'a répondu par une grimace qui voulait plus ou moins dire bon débarras.

J'ai quitté Damgan au moment où deux nuages se sont écartés pour laisser place à une trouée d'un bleu prometteur. À Ambon, l'église aurait sans doute été intéressante à visiter, de par sa forme un peu atypique, mais elle était fermée. À Surzur, l'église n'avait rien de spécial, c'était juste une grosse bâtisse un peu balourde plantée au milieu du bourg. En revanche, j'ai repéré non loin le Café des Voyageurs et comme il était l'heure de l'apéro, je me suis dit ni une ni deux qu'un petit blanc me ferait le plus grand bien. Exactement le genre de petit troquet qui me convenait. À commencer par son nom. Café des Voyageurs ! Ça faisait rêver, non ? Bien que je sache pertinemment que le mot «voyageur» faisait référence aux représentants de commerce, nommés ensuite VRP puis, plus récemment, commerciaux. C'était un bistrot, un vrai. Un de ces rades qui disparaissent les uns après les autres et qui vont finir par nous manquer terriblement. Rien d'extraordinaire, pourtant, une pièce parfaitement carrée, un comptoir long de trois mètres, une demi-douzaine de tables éclairées par une grande baie vitrée donnant sur la rue, quelques tableaux sans prétention accrochés au mur et une patronne qui régnait en despote, semble-t-il éclairée, sur son royaume de quarante mètres carrés. Au comptoir étaient accoudés cinq ou six habitués, des anciens du village venus déguster un petit rosé bien frais et en profiter pour apporter quelques considérations sur l'état du monde. Je lisais mon journal étalé sur la table devant mon café, tout en dressant une oreille attentive vers les conversations du jour. En l'occurrence, il s'agissait ce matin-là d'une sombre histoire de mœurs concernant une élue municipale mère de quatre enfants et un rugbyman irlandais d'un club de seconde division qui était, circonstance aggravante, bien plus jeune qu'elle. À ce qu'il se disait, l'époux légitime, par ailleurs médecin du club, les aurait surpris en pleins ébats dans les douches des vestiaires mais tout ceci ne nous regardait pas, n'est-ce pas ! « C'est pas pour dire du mal mais on aimerait bien savoir, c'est tout ! », lança la patronne d'un franc sourire pour clore le débat avant de remettre une tournée. J'ai commandé un autre verre pour avoir davantage d'éclaircissements sur cette regrettable affaire mais ils étaient déjà passés à la mort de Charles Aznavour et là aussi, on ne nous disait pas tout, on nous cachait des choses. Il n'avait que 94 ans. De quoi était-il mort ? Personne n'en savait rien. C'étaient des voyageurs à leur façon, des voyageurs immobiles qui colportaient sur le zinc les nouvelles du monde et celles du bourg. Un jour prochain, Colette prendra sa retraite. Colette, ou Maryvonne, ou Joséphine, peu importe. Le Café des Voyageurs fermera définitivement ses portes. Et il nous restera quoi ? Il ne nous restera que les réseaux sociaux pour dire du mal des voisins ?

Il me fallait à tout prix visiter le château médiéval de Suscinio mais auparavant, je voulais revoir la pointe de Penvins, un cap de plus à ajouter à mon palmarès. Je connaissais cette adorable presqu'île s'avançant plein sud sur l'océan, face aux îles de Houat et de Hoëdic, un superbe endroit pour planter son bivouac par une agréable nuit de juin. La petite chapelle Notre-Dame-de-la-Côte l'avait échappé belle. Les Allemands, encore eux, avaient voulu dynamiter ce point de repère stratégique comme ils l'avaient fait des villas du XIXe et du poste de douane. Bref, tout ce qui dépassait était voué à la destruction, mais la pugnacité du vicaire fit plier l'occupant, preuve que la foi peut parfois déplacer des montagnes et faire reculer des armées. Comme nous l'apprenait le panonceau, la chapelle était en forme de croix grecque pour mieux résister aux vents. Une statue de la Vierge présentant le petit Jésus surplombait l'édifice. Suivant l'itinéraire classique de la superposition des strates civilisationnelles dans la logique du pousse-toi de là que je m'y mette, elle avait été bâtie à l'emplacement d'un lieu de culte gallo-romain, lui-même édifié sur un site sacré datant de l'âge du Fer. Quoi qu'il en soit, et bien qu'elle fût hélas fermée, elle était superbe et vous savez quoi ? Ça donnait presque envie de se fendre d'une petite prière, ne serait-ce que pour la beauté du geste.

J'ai marché jusqu'au bout de la presqu'île où subsistaient quelques vestiges. Le ciel était radieux, l'océan placide. Allongé sur le sable d'une petite crique à l'abri de la brise, un couple s'enlaçait comme s'ils n'avaient rien de mieux à faire en plein milieu de semaine. Ça commençait même à devenir un peu chaud. Je les ai laissés à leurs papouilles et dans un léger vague à l'âme, j'ai repris ma route car tel était mon funeste destin de voyageur solitaire.

Le château se trouvait à cinq kilomètres. Flaubert s'y était arrêté (il écrit Sucinio) et n'y avait vu qu'un tas de ruines autour d'une cour peuplée de bœufs, de moutons et de chèvres qui paissaient là le plus tranquillement du monde. *« On pourrait facilement le reconstruire »*, écrit-il quelques années après que Prosper Mérimée l'eût déjà inscrit au catalogue des Monuments historiques. Construite au XIIIe siècle (la première mention date de 1218), résidence des ducs de Bretagne puis de Pierre de Dreux, la forteresse subit bien évidemment les outrages de la guerre de Succession. En 1373, Bertrand du Guesclin fit ici un sacré grabuge au nom du roi de

France pour en chasser ces maudits Anglais, alliés de la maison de Montfort. Suite au Traité d'Union, le domaine devint propriété des rois de France en guise de cadeau de mariage, tomba peu à peu en désuétude et servit même de carrière pendant la Révolution. Des photos du XIXe exposées dans une salle nous montraient un tas de ruines béantes et désolées, comme l'avait vu Flaubert en 1847. Il faudra attendre 1965 et que le département du Morbihan (merci Monsieur Marcellin !) s'aperçoive qu'il y a là un bien joli joyau à exploiter pour que la restauration démarre.

Pas à dire, le château, flanqué de hautes murailles et de cinq ou six tours mastoc, avait maintenant fière allure. Les eaux des douves étaient d'un joli vert chimique. On pénétrait dans l'enceinte par le pont-levis et la billetterie se trouvait tout de suite sur la gauche. 9,80 € l'entrée. Depuis le début de l'année, le département en avait confié la gestion à une société privée spécialisée dans les sites patrimoniaux (Kléber-Rossillon) pour une durée de douze ans, ceci expliquant peut-être cela. La société avait l'intention d'engager deux millions d'euros et bien sûr, j'étais tout disposé à comprendre qu'elle attendait des retours sur investissement, comme on dit, mais quand même, 9,80 €, ce n'était pas à la portée de toutes les bourses, loin s'en fallait. Après Fort-la-Latte que je ne manquerai pas de visiter quand son tour viendra, Suscinio était le deuxième château le plus fréquenté de la région. Dans ma tête, j'ai rapidement fait un petit calcul mental d'une mesquinerie sans nom. 120 000 visiteurs en 2017 équivalaient grosso modo à un million d'euros par an rien qu'avec les entrées, ce qui faisait un joli pactole, mais fi de ces basses considérations matérialistes, j'ai sorti sans la moindre amertume ma carte de crédit en affichant le sourire un peu niais du pigeon toujours enclin à se faire plumer jusqu'à l'os.

On grimpait des escaliers de pierre qui tournoyaient vers des pièces aussi vastes que des salles omnisports mais, par flemme ou peur de pécher par redondance, je ne vais pas perdre mon temps à les décrire en détail. Les cheminées étaient assez grandes pour y faire rôtir deux bœufs entiers et on imaginait avec une certaine délectation les bombances et les ripailles qui se donnaient en ces nobles lieux. J'appris en passant que le domestique chargé de découper la viande s'appelait l'écuyer tranchant. On traversait des chambres où, toujours avec la même délectation, on fantasmait tout à loisir sur les nobles dames ou les simples servantes qu'on troussait debout, sabre au clair, contre les tapisseries ornées de sulfureux motifs mythologiques. C'est du moins le jeu intime et délicieux auquel je me serais volontiers prêté si n'avait débarqué avec la délicatesse d'une armée de soudards au service de du Guesclin une horde de gamins braillards courant dans tous les sens et poursuivis par deux jeunes institutrices au bord de la crise de nerfs qui, pour un salaire royal de 1 600 € par mois, s'échinaient malgré tout à aller au bout de leurs objectifs pédagogiques ou pour le moins faire leur métier correctement. Elles avaient bien du courage. À leur place, j'en aurais balancé sans hésiter quelques-uns du haut des remparts pour les noyer dans les eaux chimiques des douves, histoire de faire un exemple et que ça leur serve de leçon, à ces sales morveux. Dans la partie résidentielle du château, la plus récente, se trouvait le « Logis merveilleux », une scénographie qui reprenait l'éternel thème arthurien, Merlin, Viviane, Lancelot et toute la clique, dans une ambiance qui tenait tantôt de la boîte de nuit, tantôt du train fantôme. Du déjà-vu mais je crois que ça n'allait pas leur déplaire. Ils allaient se calmer pendant un bon petit quart d'heure.

La promenade sur les remparts, justement, était l'endroit idéal pour retrouver un peu de ce silence auquel j'avais grand soif. On dominait tout le plat pays alentour, les marais, l'océan, les bois revêtus des premières couleurs de l'automne naissant. J'aurais voulu être duc de Bretagne, et je l'étais à ma façon, bien que fils de roturiers de basse souche, pour déclarer *urbi et orbi* que tout ce qui était à portée de ma vue m'appartenait désormais en bien propre et inaliénable. Après tout, certains avaient jadis tenté le coup et ça avait marché du feu de Dieu alors pourquoi pas moi ?

Un petit circuit se faufilait à travers les marais. Des platelages avaient été installés pour ne pas se mouiller les pieds. J'avoue que je ne connaissais pas ce mot-là : platelage. Auparavant, j'appelais ça des passerelles ou des caillebotis ou plus simplement des machins en bois pour ne pas se mouiller les pieds et je fus ravi d'enrichir mon vocabulaire. Encore une fois, c'était superbe et tranquille à la fois. Je croisais quelques photographes armés d'engins ressemblant davantage à des bazookas qu'à des appareils photos et qui restaient des heures immobiles entre deux bosquets de joncs pour saisir au vol le déhanchement d'une bergeronnette ou le sourire aguicheur d'une panure à moustaches.

Au bout du chemin, cachée derrière un mur de dunes, une immense plage quasiment déserte s'étendait le long d'un parfait arc de cercle. Nulle construction alentour, pas même un blockhaus. L'idée d'un bain m'a traversé l'esprit.

Du soleil encore et toujours

Seizième jour
Saint-Jacques (Sarzeau)

Depuis mon belvédère, j'observai la ligne d'horizon tirée au cordeau. Certaines voix prétendaient qu'on pouvait deviner à l'œil nu la sphéricité de la planète mais j'en doutais. Je ne voyais devant moi qu'une ligne si droite que ça en devenait presque agaçant. Agaçant aussi était le bleu du ciel, immobile, clinique, figé comme un papier peint de catalogue. Celui de l'océan était plus sombre et scintillait de milliards de petits éclats de verre, à la façon d'un kaléidoscope. À ma gauche, la pointe de Castelli et le phare des Cardinaux dont j'avais aperçu le feu la nuit dernière. À ma droite l'île de Houat et la presqu'île de Quiberon. L'île de Hoëdic était cachée derrière les deux grands pins qui résistaient vaille que vaille aux assauts du vent dans le jardin de la petite maison d'en face. Une voile blanche et deux petits bateaux de pêche égaillaient la nappe d'eau. Le temps de boire mon café, disons une bonne dizaine de minutes, j'ai comptabilisé les mouvements de population passant sur la route bitumée qui séparait la côte de l'immeuble où je me trouvai. Deux voitures roulant au pas, un couple de cyclistes quand bien même il s'agissait de vélos électriques, une joggeuse aux portes de la cinquantaine et plutôt élégante dans son legging d'un fluo vert pomme et un vieux monsieur qui avançait clopin-clopant avant de s'arrêter quelques mètres plus loin pour reprendre son souffle devant la table d'orientation. Je me suis demandé si ce genre de décor pouvait me procurer davantage d'inspiration et d'énergie créatrice que la table de ma cuisine sur laquelle je posais habituellement mon ordinateur au milieu d'un fatras de prospectus, de cartes routières, de dictionnaires et de tasses de café. En réalité, je ne ressentais aucune envie d'écrire ce matin-là, j'avais juste envie de me laisser happer par le panorama qui s'offrait à moi.

Laurence, une amie qui tenait à Sarzeau Les Passeurs du livre, une chouette de librairie superbement achalandée, m'avait très aimablement prêté l'appartement de sa mère récemment décédée en me disant de faire comme chez moi et d'y rester aussi longtemps que je le souhaitais à la condition sous-entendue par un clin d'œil de lui pondre quelques paragraphes bien léchés. Difficile en effet de trouver mieux pour une résidence d'écrivain. L'appartement était confortable et la vue sublime mais justement trop sublime pour se mettre au travail. Trop sublime et trop calme. Et pourtant, il y avait eu au cours de l'histoire de sacrées animations dans les parages et je ne parle pas simplement du naufrage de ce pétrolier maltais affrété par le groupe français Total, l'*Erika* qui, le 12 décembre 1999, dégueula ses trente mille tonnes de fioul lourd sur quatre cents kilomètres de côtes atlantiques et provoqua la mort de plus de deux cent mille oiseaux de mer dont la quasi-totalité de la population des guillemots de Troïl.

Lors de la conquête de la Gaule, les Vénètes, puissante nation celte dont le territoire correspondait grosso modo à l'actuel département du Morbihan, furent parmi les seuls peuples à résister à Jules César. Ils constituaient déjà une puissance maritime de par le quasi-monopole du commerce de l'étain et du sel qu'ils contrôlaient sur toute la façade atlantique. Pour soumettre ces rebelles et gagner la maîtrise des mers, le général romain ordonna la construction d'une flotte digne de ce nom. La bataille s'engagea ici même en 56 avant Jésus-Christ, quatre ans avant Alésia. L'arsenal vénète était composé de deux cent vingt navires gréés de voiles de cuir. Les galères des Romains étaient plus maniables et plus rapides. Le combat dura toute la journée, indécis, mais au crépuscule, le vent tomba et leurs navires immobilisés devinrent la proie facile des envahisseurs. *« Le massacre fut atroce »*, nous dit Maurice Duhamel dans son *Histoire du peuple breton*, et la répression qui suivit pire encore. *« César fit égorger tous les membres de l'assemblée vénète, vendre aux enchères les femmes et les enfants, couper le poignet droit de tout ce qui ne pouvait être utilisé comme esclave »*. Fin de la guerre des Vénètes. Les Gaulois n'étaient pas invincibles et encore moins irréductibles. Quant à César, il empocha le butin de sa victoire, ce qui lui fut bien utile pour conquérir quelque temps plus tard le pouvoir à Rome.

J'étais accoudé au balcon devant cette mer olympienne à peine troublée par le « popopop » d'un caseyeur qui filait pépère en direction de Houat. Des siècles plus tard, ce furent les Anglais qui, au même endroit, nous donnèrent du fil à retordre. Louis XV s'était levé un beau matin de 1759 en se disant entre deux bâillements « Tiens, et si on allait envahir l'Angleterre ? Ça nous changera de la chasse à courre ! » Mal lui en prit puisque la flotte française commandée par le duc d'Aiguillon reçut une sacrée raclée contre une armada de navires anglais mieux équipés et mieux armés. Deux mille cinq cents morts côté français, trois cents côté anglais. Cet épisode est resté connu dans l'Histoire sous le nom de Bataille des Cardinaux, en référence à l'écueil de rochers affleurant la surface de l'eau du côté de l'île Dumet et sur lequel est érigé le phare du même nom. Depuis mon balcon sur la mer, j'essayai d'imaginer tous ces rafiots se foutre sur la gueule, le bruit des canons et la fureur des vagues, les ordres aboyés et contre-ordres bafouillés, les mâts qui craquent, cèdent puis se fracassent sur le pont, l'odeur de la poudre et du sang, les corps déchiquetés échoués sur la grève, les navires engloutis, les abysses, la guerre, toujours leurs putains de guerres.

Foin d'histoire, de naufrages et de batailles, je suis parti faire un petit footing de quarante minutes le long de la côte pour me décrasser les guibolles autant que les poumons et si le vent fut un tantinet frisquet, je l'avais dans le dos. De retour, j'ai pris une douche, me suis habillé d'un short et d'une chemise assez légère, à nouveau d'attaque pour de nouvelles aventures. J'étais en résidence ici pour deux jours avec la ferme intention de ratisser de fond en comble la presqu'île de Rhuys.

Souvenez-vous que j'ai déjà évoqué la personnalité un peu sulfureuse du grand théologien Pierre Abélard – *« le professeur incomparable »* – alors que nous gambadions dans le vignoble nantais, du côté du Pallet. Après cette regrettable histoire de castration, le voici en 1127 nommé abbé prieur de l'abbaye Saint-Gildas-de-Rhuys, chargé par le duc de Bretagne de remettre un peu d'ordre chez les moines dont les mœurs laissent à désirer, et ça se passe si mal avec ses coreligionnaires qu'il doit se réfugier dans les latrines pour échapper à une tentative de tabassage en règle. *« Je n'ai de commerce qu'avec une population brutale et sauvage… Mes moines n'ont d'autres règles que de ne pas en avoir »*, écrit-il à Héloïse, sa belle amoureuse, son épouse, son égérie et mère de son fils Astrolabe. Il n'y reste que cinq ans sans avoir laissé un souvenir impérissable bien que sous la Révolution française, la commune de Saint-Gildas-de-Rhuys fut un temps rebaptisée Abélard. Aujourd'hui ne reste qu'une rue à son nom. Ce fut pourtant l'un des plus grands esprits du Moyen Âge, humaniste avant l'heure, visionnaire et poète, un rien libertaire sur les bords. Par contre, Saint-Gildas tenait toujours le haut du pavé. Pensez, il avait chassé le dragon de la presqu'île, ressuscité sainte Triphyme qui avait été décapitée par le vilain Conomor et il guérissait les fous de la folie, les migraineux des maux de tête ainsi que les bons chrétiens des rages de dents, ce qui était quand même autre chose que de nous embrouiller la tête avec des questions théologiques à n'en plus finir. L'église abbatiale, remaniée au XVIIe, avait gardé des éléments de l'époque romane. Derrière l'autel, saint Gildas et sa bonne bouille d'apôtre reposait sous une lourde pierre tombale aux côtés de quelques autres grandes figures d'un panthéon plus ou moins catholique : saint Goustan, saint Rioc, saint Félix… que du beau monde. Parmi d'autres tombes d'abbés connus de Dieu seul, se trouvaient également les sépultures de cinq des enfants morts en bas âge de Jean Ier, duc de Bretagne, et de sa femme Blanche. Celle d'Aliénor était particulièrement émouvante. C'était au final un vrai cimetière, ce qui n'avait en soi rien d'étonnant puisque les familles nobles avaient coutume d'inhumer les leurs au sein même de l'église. Les autres aussi, d'ailleurs, ce qui posa vite des problèmes de place mais surtout d'hygiène, moyennant quoi on déménagea au fil des siècles les défunts hors les murs, d'abord autour de l'église, puis un peu plus loin, puis encore un peu plus loin, à la périphérie des villes, entre les zones industrielles et les parcs d'accueil des gens du voyage. Quoi qu'il en soit, c'était une bien belle église. Un livre de prières et de doléances était posé sur un lutrin. L'encre était encore fraîche. *« Je prie pour ma famille et pour ce charmant monsieur Aznavour »*, disait l'une. *« Si Dieu existait, je n'aurais pas eu tous ces malheurs »*, disait l'autre.

Le café pris à la terrasse du bistrot de l'autre côté de la place coûtait 1,70 € mais à ce prix-là, on était assis au soleil et on avait une vue imprenable sur l'église. Je fis quelques emplettes à la supérette du coin avant d'aller casse-croûter à la pointe du Grand Mont qui, au-delà d'une impressionnante falaise, culminait à 27 mètres. De là, je pris la route d'Arzon, un coin que je pensais connaître pour y avoir séjourné une ou deux nuits. En effet, un de mes amis y travailla durant plusieurs saisons et c'était toujours un excellent prétexte pour faire une halte et déboucher quelques bonnes bouteilles.

Arzon, c'est un peu la presqu'île de la presqu'île. Il y a plusieurs petits points de vue tout à fait charmants, soit du côté du Golfe, plus intimistes, soit de celui de l'océan, forcément plus lyriques, plus grandioses. Par exemple, l'étang et le moulin à marée de Pen Castel, restauré grâce aux bons soins d'une association, ou encore le sympathique petit village de Kerners ou bien encore la pointe de Bilgroix à l'entrée du détroit du Golfe face à la pointe de Kerpenhir, en Locmariaquer, sans oublier bien sûr, en point d'orgue, le tumulus de Tumiac, dit « Butte de César » car nul ne doute que c'est de ce promontoire que l'Empereur en personne assista à la déconfiture navale des Vénètes en poussant des ricanements sadiques à chaque fois qu'un navire ennemi sombrait corps et biens, pendant qu'une esclave maure aux seins nus et aux longues tresses d'ébène lui présentait de pleines grappes de raisins noirs issus des vignobles voisins tout en éventant le visage rougeoyant de son maître avec des feuilles de bananiers importées à grands frais de la colonie africaine de Leptis Magna. Le sort en étant jeté, j'y suis monté, bien évidemment, en empruntant la sente étroite qui tournait en spirale autour de la butte. Ce que j'ai vu du haut de ce tertre de vingt mètres ne changera pas la face du monde mais quand même, ça valait le déplacement.

Laurence, la libraire, m'avait dit le plus grand bien de Port-Navalo et je ne voulais surtout pas la contredire. C'est vrai qu'il y avait là de biens jolies demeures fin XIXe début XXe mais ça ne m'avait pas emballé plus que ça. En tout cas, c'était bien plus intéressant et bien moins hideux que le port du Crouesty, l'un des plus grands ports de plaisance de Bretagne, pouvant accueillir plus de mille cinq cents anneaux. Le projet d'une nouvelle station balnéaire avait été lancé dans les années soixante-dix, à l'époque de la grande furie bétonnière. Un mec comme vous et moi avait dû se gratter le nez en regardant les marais qui se trouvaient auparavant à cet endroit et s'était dit qu'il y avait là du potentiel. Oui, Monsieur le directeur, un sacré potentiel, de quoi se faire, passez-moi l'expression, des couilles en or. Ce fut d'abord un flop retentissant, et pour cause : en Bretagne, il pleut comme chacun sait tous les jours du 1er juillet au 31 août. Résultat, les touristes parisiens ou hollandais, et comme on les comprend, préféraient prendre l'autoroute du sud plutôt que d'aller barboter dans les flaques sous un ciré jaune vif avec de ridicules bottes en caoutchouc tout aussi jaune vif. Grâce soit rendue au réchauffement climatique, la *« Destination golfe – La rencontre avec l'exceptionnel ! »*

(sic) – était devenue peu à peu moins humide et donc plus attractive, les responsables de l'office de tourisme avaient mis le paquet et l'affaire s'est avérée finalement plus ou moins rentable, à défaut d'être juteuse. Rentable pour qui ? Je ne sais pas.

Ce qu'il fallait voir à Arzon – « à ne pas manquer », comme disent les guides ! – c'était le grand cairn juché sur une colline de landes qu'on appelle ici le Petit-Mont. Hélas, c'était fermé mais à travers les grilles, je pus deviner l'imposante masse de l'édifice de pierres qui n'était pas sans rappeler le cairn de Barnenez, au nord de Morlaix. Durant la Seconde Guerre mondiale, les Allemands en avaient fait un poste d'observation, détruisant au passage l'un des deux dolmens, en conséquence de quoi des éléments de béton du XXe siècle se fondaient très étrangement dans une structure du Néolithique, ce qui donnait au monument un aspect un peu surréaliste, tout droit sorti de l'imagination d'un auteur un peu dérangé de science-fiction. Tout autour, on pouvait se balader dans les landes et le long du chemin côtier qui menait directement à la longue et délicieuse plage de Kerjouanno où, me croirez-vous, gens de peu de foi, je me suis baigné.

Nous étions donc le 3 octobre et oui je me suis baigné ! Au moment où je descendais vers la grève, j'ai vu une femme sortir de l'eau. Aussi curieux que cela puisse paraître, sa peau n'était ni violacée, ni même bleuie, à la rigueur un peu rougeâtre sur les épaules ainsi que sur les cuisses. Aucune convulsion, aucun signe alarmant. Au contraire, elle paraissait ravie de sa baignade et prétendait même à son mari ou son compagnon à moins que ce ne fut tout simplement son amant, en tout cas l'homme qui partageait sa serviette, qu'elle était divinement bonne. Celui-ci ne daigna même pas lever les yeux de son journal. J'en déduisis que ça devait donc être son légitime époux. En tout cas, elle m'avait donné envie de tenter ce qui allait sans doute être pour moi le dernier bain de l'année. Ni une ni deux, j'ai ôté mes pompes de rando ainsi que tout le reste excepté mon slip (je n'avais bien sûr pas prévu de maillot) et n'écoutant que mon courage, mon inconscience ou ma folie, la question se pose encore, je me suis jeté à corps perdu dans l'océan Glacial Arctique. Une eau horriblement froide m'a cisaillé la peau, du cou jusqu'aux chevilles. C'était atroce. Chaque vague qui déferlait vers moi était une morsure, un véritable supplice. Bien sûr, je n'ai rien laissé paraître, question de classe, me contentant de quelques brasses entre deux icebergs et quand, passées les cinq minutes réglementaires, je suis ressorti tout suffocant et blême, comme dit je ne sais plus quel poète, j'ai dit pour répondre à la question d'un type jovial qui se préparait à plonger à son tour qu'elle était peut-être un peu frisquette au début mais plutôt bonne une fois dedans et qu'il pouvait y aller en toute confiance. Oui, on pouvait dire ça comme ça. Plutôt bonne. Puis je suis parti en courant avant qu'il ne me rattrape pour me casser la gueule.

Suis rentré à l'appartement à toute berzingue pour prendre une douche bien chaude et me changer. Ça allait déjà un peu mieux. Mon épiderme avait repris une apparence humaine et les tremblements convulsifs s'étaient peu à peu estompés. L'heure de l'apéro approchait, j'avais soif d'une bière. Laurence m'avait également vanté le petit port du Logeo comme un petit havre tranquille, un petit îlot de petites maisons traditionnelles avec un petit port et face au petit port, un petit café qui s'appelait le Petit Port et qui occupait les petits locaux de l'ancien petit poste de douane. Alors j'ai commandé une petite bière. Ici, nulle frime, nul signe extérieur de richesse, les bateaux étaient plus modestes. C'était de simples coques de plaisanciers, des barques, des canots, des machins flottants pour lancer ses casiers et attraper deux ou trois bars à la ligne. Jadis, Le Logeo fut un port actif. Milieu XIXe siècle, on comptait plus de cent soixante navires. Des gabarres venaient ici charger du sel, du bois ou du vin de la presqu'île de Rhuys, ce qui expliquait la présence des gabelous dans les parages. Aujourd'hui, c'étaient plutôt les parcs à huîtres qui disputaient l'espace aux goélands.

Le soleil avait entamé sa descente depuis un petit moment et le Golfe enfilait maintenant sa robe satinée de soirée. Les lumières se reflétant sur l'estran, dans les tons rose et orangé, s'accordaient si bien avec celles de ma bière que j'ai pris une photo qui se voulait artistique et qui l'était sans aucun doute. C'était divin. J'aurais vraiment voulu à ce moment-là trinquer avec quelqu'un, voire avec quelqu'une, pour partager en toute humilité ce moment de grâce mais j'ai dû me contenter de mon portable où s'affichèrent en réponse trois mots et un petit cœur à la con. Même pas rouge, en plus, le cœur. À côté de mon verre, le barman avait posé une petite soucoupe pleine de cacahuètes et d'amuse-gueules variés. Je lui ai demandé comment s'appelait l'île qui se trouvait en face. Il avait oublié le nom, Govihan ou Stibiden, mais il savait que l'île avait appartenu à Danielle Darrieux. « Vous voyez de qui je parle ? L'actrice. Celle qui est morte centenaire il n'y a pas longtemps. » J'ai dit oui oui, bien sûr, je connais, qui ne connaît pas Danielle Darrieux, et j'ai levé mon verre en direction de l'île à la mémoire de la célèbre actrice. Une légende un peu surfaite prétend qu'il y a dans le Golfe autant d'îles que de jours dans l'année. Beaucoup d'entre elles appartiennent à des gens du show-business, du spectacle et des médias, du monde des affaires et de la finance également, on ne citera pas de noms. L'île déserte reste un vieux fantasme pour les nantis en quête de « ressourcement » et les Robinson d'aujourd'hui, même s'ils payent plein pot la taxe d'habitation et l'ISF (ou maintenant l'IFI, impôt sur la fortune immobilière), règnent sur leurs petits cailloux en monarques absolus.

Je suis rentré à l'appartement de Saint-Jacques bien décidé à me mettre au travail, dussé-je y passer la nuit. Mais avant, j'ai préféré déboucher une bouteille de vin et m'offrir un petit verre sur le balcon, histoire de me donner un peu de courage avant de passer à l'attaque. À l'ouest, une énorme boule rouge s'écrasait mollement sur la presqu'île de Quiberon et le ciel se chargeait d'un panel de couleurs fauves. Quelques phares clignotaient au loin, sur les îles et les caps. Déjà les premières étoiles apparaissaient au firmament, comme des loupiotes de kermesse. Les couchers de soleil, me suis-je alors dit, c'est un peu comme les feux d'artifice, toujours un peu la même chose, presque barbant à la longue, et pourtant, je suis resté cloué une bonne demi-heure sur mon poste d'observation, immobile et niais, incapable du moindre mouvement et dans une posture qui tenait autant de la béatitude que de la léthargie. Après quoi, j'ai éteint l'ordinateur et, muni d'un paquet de chips et d'un autre verre de vin rouge, je me suis écrasé sur le canapé pour regarder à la suite trois épisodes d'une passionnante série danoise sur Arte. Le coucher de soleil m'avait anesthésié et le confort de l'appartement rendu paresseux.

Belle journée avant dégradation

Dix-septième jour

Sarzeau (Saint-Jacques) – Saint-Armel (Île Tascon)

Le lendemain, j'ai remercié Laurence de ce merveilleux, ce prodigieux – comment dire ? – cet inoubliable coucher de soleil qui avait enchanté ma soirée et dont elle m'avait gratifiée. M'ayant rétorqué qu'elle n'y était pour rien, je ne l'ai crue qu'à moitié tant il est vrai que rien n'est innocent en ce bas monde. On s'était donné rancard à la librairie sur le coup de midi et demi. J'avais passé la matinée sans toucher à la bagnole, privilégiant la marche à pied pour une petite exploration du coin. Où avais-je lu que le port de Saint-Jacques était un point d'embarcation pour les pèlerins se rendant par la mer à Compostelle ? Il fallait se méfier car depuis ce nouvel engouement pour les pèlerinages, on nous servait du Saint-Jacques-de-Compostelle à toutes les sauces, des itinéraires en veux-tu en voilà, quitte à broder les ourlets de la réalité. Cependant, l'abbaye de Saint-Gildas n'étant pas loin, il était fort possible que des moines en mal de rédemption se fussent lancés dans l'aventure. Après tout, c'était tout droit vers le sud. Il suffisait de garder le bon cap. Au port, protégés par une longue digue, quelques bateaux de pêche professionnels étaient amarrés au quai, le reste tenait comme d'habitude de la plaisance. Plus loin s'étendait vers Le Roaliguen une longue plage de cinq ou six kilomètres. Je fis l'aller sur le sable mouillé et le retour par les dunes où tous les cent mètres était accroché sur les ganivelles un petit panneau nous demandant « Protégez les dunes », ce qui paraissait une évidence en soi et pourtant ne l'était visiblement pas.

Laurence avait placé devant la devanture des Passeurs de mots, à Sarzeau, un écriteau qui prévenait : *« Attention, dernière librairie avant la mer ! »*. Vingt ans qu'elle tenait vaille que vaille cette boutique remplie à ras bord de bouquins, ce qui était tout à fait normal pour un commerce de ce type, d'autant plus qu'on y proposait mes propres ouvrages, vous pensez bien que j'avais discrètement vérifié. Ce qui était moins normal, c'est qu'avant de devenir libraire, elle avait travaillé à Rouen dans l'ébénisterie du meuble de style pendant seize ans, ceci après des études de droit pour devenir avocate, ce qui représentait un cursus professionnel d'une implacable logique que je dois avouer ne pas avoir saisi au premier abord malgré la cohérence de ses explications. On était de la même année, tous les deux, et elle me confessa sa fatigue, parfois. Non pas sa lassitude mais sa fatigue. Chacun sait que le boulot de libraire, aussi passionnant soit-il, n'est pas une sinécure. Des manutentions de cartons à se bousiller le dos avant l'âge, des tonnes de paperasses à se coltiner le soir après la fermeture, des emmerdeurs qui exigent un livre dont ils ne connaissent ni le titre ni l'auteur mais dont ils ont entendu parler à la télé, et la certitude quasi absolue de n'avoir aucun risque de faire fortune. C'était pourtant l'un des plus beaux métiers du monde et Les Passeurs de mots était la seule librairie à plus de trente kilomètres à la ronde. À Sarzeau, la population estivale était multipliée par dix et, bien sûr, l'été était propice à la lecture si tant est qu'il y avait des touristes qui savaient lire, ce qui semblait être le cas. Par ailleurs, la région avait vu naître à des époques bien différentes deux écrivains que je ne connaissais pas, sinon vaguement de nom. Alain-René Lesage, l'auteur entre autres de *Gil Blas de Santillane*, un pavé de plus de mille pages dans une veine picaresque que plus personne ne lisait, était né à Sarzeau dans une maison de la rue Saint-Vincent où son père était notaire. Il quitta la région assez jeune et ne semble pas y être retourné. Pas rancunier, un lycée de Vannes porte aujourd'hui son nom. Idem pour un autre établissement scolaire baptisé Marie Le Franc, une fille du pays. Son grand-père était passeur à Banastère sur le bac qui reliait la presqu'île de Rhuys à Penerf. Partie sur un coup de tête au Québec pour rejoindre un journaliste canadien dont elle était tombée éperdument amoureuse, avant de s'apercevoir sur place qu'il était marié et père de famille, Marie Le Franc, bien que salement déconfite, resta malgré tout sur place, devint professeur de français et publia plusieurs ouvrages. Son roman *Grand-Louis l'innocent*, un récit du terroir, comme on dit, obtint le prix Femina en 1927. Sa vie fut une suite d'allers-retours entre le Québec et Sarzeau où elle demanda à être inhumée.

Nous avons déjeuné à Port-Navalo, sur la terrasse du Nausicaa, un bar restaurant situé sur le port. Le soleil tapait dur. Tee-shirt et lunettes de soleil de rigueur. Je trouvais assez classe de baptiser un établissement face à la mer du nom de la « princesse à la figure immortelle ». Selon le chant VI de *L'Odyssée*, la belle et envoûtante Nausicaa, fille du roi Alcinoos, avait recueilli dans un état lamentable notre brave Ulysse échoué sur une grève après le naufrage de son navire, l'avait lavé et vêtu avant de le conduire à la ville en échange de quoi le naufragé lui avait embrassé les genoux. Les genoux ! Drôle d'idée mais bien lui en prit. S'il avait échoué sur la plage de Suscinio ou celle du Kerver, nul doute qu'avec cette poisse qui le suivait comme son ombre il serait tombé sur la princesse Dahut.

Il était déjà l'heure de se quitter. Ne me restait à voir que la partie orientale de la presqu'île. Le château de Kerlevenan était fermé. Qu'à cela ne tienne, je filai vers l'île Tascon pour me payer une dernière balade sur la digue qui enserrait d'anciennes salines devenues paradis pour les cygnes, les aigrettes et ces satanés ibis.

QUATRIÈME ÉPISODE

Mieux l'après-midi

Dix-huitième jour
Noyalo – Malestroit

Je ne menais pas d'enquête, je ne faisais pas de reportage, je n'avais aucune intention de me poser en témoin à charge d'une Bretagne passée, présente ou à venir, je me contentais de baguenauder d'un marais l'autre, par les landes, les bois et les grèves, par les villes et les ports, comme à travers les pages d'un atlas si d'aventure on a devant soi deux heures à perdre. Innocent et dilettante, je remplissais mon carnet de notes et de croquis, d'émotions et d'agacements, avec l'appréhension de l'inéluctable moment où il me faudrait, content ou pas, me présenter à la caisse. C'est ainsi que j'envisageai les choses en ce lundi grisâtre où je reprenais ma route là où je l'avais laissée quelques semaines auparavant, à l'entrée de la presqu'île de Rhuys. Je me garai devant la boulangerie de Noyalo, consultai la carte sans trop savoir avec précision quelle direction prendre et fis quelques pas dans le bourg avant d'aller acheter une baguette de pain ainsi que le journal. Noyalo, aujourd'hui bien ou mal mariée avec la commune de Theix, est une petite paroisse qui trempe le bout des pieds dans le golfe du Morbihan. Je n'avais pas grand-chose à en dire, c'était toujours un peu difficile de se remettre en route. Il fallait dégripper la machine, se remettre en condition, se demander une fois de plus qu'est-ce qu'on foutait là.

J'avais passé le dimanche en famille, dans ce petit patelin du Pays Pourleth qui, bien que peu couru, peu connu, bénéficiait en Bretagne d'une position centrale et représentait pour moi une avantageuse base de départ même si je redoutais déjà d'avoir bientôt à parler de mon pays où, comme chacun sait, nul n'est prophète. Comme tous les ans à la fin octobre, le vélo-club de Guémené-sur-Scorff organisait une randonnée (700 participants) pour renflouer ses caisses et j'avais marché toute la matinée en compagnie de mes deux cousines sur des chemins bocagers que, pour la plupart, je découvrais. Ma tante nous avait invités ce midi-là à déjeuner autour d'une grande table et c'est sur sa terrasse que nous prîmes le café. La queue de la comète estivale ne finissait pas de distiller sa chaleur.

À une dizaine de kilomètres au nord de Noyalo se trouvait le petit bourg du Gorvello, un très beau village de vieilles maisons en pierre comme on peut parfois les aimer, même sous la grisaille. Il n'y avait pas un chat dans les rues, peut-être un chien qui aboyait au loin, peut-être une vieille dame qui entretenait son petit lopin de terre. Le café-cabaret qui faisait également office d'épicerie et de dépôt de pain était fermé, en revanche l'église construite au XVIe siècle par les Hospitaliers de Saint-Jean-Baptiste ouvrait généreusement sa porte au pèlerin en souffrance et c'était ma foi un bien beau bâtiment. Je garde le souvenir de vitraux contemporains plutôt originaux.

La carte indiquait dans les parages le château de Plessis-Josso. Sur la voie express, après Vannes, il y avait en effet un grand panneau qui l'annonçait et à chaque fois que je passais devant, je me disais tiens, voilà sûrement un chouette de château à visiter, faut absolument que je voie ça un de ces quatre, et puis comme d'habitude, ça rentrait par un œil et ça ressortait par l'autre.

J'ai pris une petite route à droite à la sortie du Gorvello. Le portail du château était fermé et aucune pancarte ne signalait d'éventuels horaires de visite. Je glissai le nez à travers les barreaux et aperçus en effet une lourde bâtisse Renaissance qui n'avait pas tout à fait rompu avec le Moyen Âge. Sur les côtés se trouvaient des dépendances, le tout ceinturé par de hauts murs qui faisaient le tour de la propriété, et comme auprès de tout bon château, il y avait un étang où batifolaient quelques canards et un couple de cygnes. Volets fermés, propriété privée, pas même un chien pour aboyer. Je serais cambrioleur, ça me donnerait des idées. Allez savoir ce qu'on trouverait à l'intérieur des coffres, des tiroirs, des armoires et des oubliettes. Des colliers de diamants, des bougeoirs en bronze, de l'argenterie à foison, un squelette, d'authentiques actes seigneuriaux prouvant enfin que Napoléon Bonaparte naquit dans le Finistère et que Guillaume Seznec était innocent ? Mais à mon grand regret, je n'étais pas cambrioleur.

Questembert fut ma première affectation dans l'Éducation nationale en tant que professeur d'histoire-géographie mais je n'y ai jamais exercé. C'était bien trop loin de chez moi, j'étais tout jeune papa et j'avais finalement obtenu auprès du rectorat une sorte de dérogation qui m'avait permis d'exercer mon ministère dans un petit collège de la banlieue brestoise classé ZEP (Zone d'éducation prioritaire). Par curiosité, j'avais quand même fait un détour au retour des vacances suivantes pour voir à quoi ressemblait la ville à laquelle j'avais échappé et, ma foi, il y avait pire endroit dans le monde. Questembert était connu pour ses halles du XVIe siècle, encore le XVIe, à croire que la folie bâtisseuse s'était emparée de tout le pays ou plutôt, ce qui est plus probable, que la conjoncture économique commençait enfin à sourire à la province, raison pour laquelle on parle de manière sans doute un peu hasardeuse de « siècle d'or ». Je revenais donc sur les lieux de ma désertion et me garai sur un petit parking face au buste de Jean-Julien Le Mauff de Kergal, un fils du pays qui, en tant qu'officier de marine, participa à la guerre d'indépendance américaine aux côtés de Lafayette et fut à ce titre décoré de l'ordre de Cincinnati, qu'on se le tienne pour dit.

C'était jour de marché à Questembert, c'était aussi jour de deuil. Les titres des journaux ressemblaient à une cicatrice à vif. Le samedi précédent dans la soirée, une bagarre sous les halles avait dégénéré et un jeune homme sauvagement matraqué à coups de skate-board était resté sur le carreau. Malgré l'intervention des secours, la victime – *« Sami Abdelamalek, membre d'une famille très connue et estimée sur la commune »*, ajoutait l'article du journal – avait succombé à ses blessures. Quatre suspects étaient d'ores et déjà en garde à vue et en ce lundi matin de grisaille, les gens venus faire leurs courses au marché étaient sous le choc et on les comprenait. Sous les halles, les visages étaient graves, tendus, tristes pour la plupart, sonnés qu'un tel crime puisse avoir eu lieu ici, chez eux, dans cette bourgade sans histoire. À Marseille, dans le Neuf-Trois, à la rigueur, mais pas ici, pas chez nous. On se frottait les yeux, on parlait à voix basse, on s'échangeait des signes de tête entendus, on ne réalisait pas, on ne comprenait pas. Entre le poissonnier et les marchands de légumes, un enclos ceint d'un ruban plastique de sécurité avait été réservé à la mémoire de la victime où déjà s'entassaient pêle-mêle fleurs et bougies autour de la photo d'un jeune homme souriant à pleines dents. J'ai fait le tour du marché sans acheter quoi que ce soit, sinon un pot de miel à l'étal d'un apiculteur bio, puis je suis entré dans le bistrot des halles, plein à craquer et où, bien sûr, les conversations ne variaient guère. Certains évoquaient à demi-mot le crime raciste, rapport au nom du jeune homme, d'autres une connerie de branleurs, une très grosse connerie qui allait leur coûter cher, à eux et à leur famille. Quelques-uns rappelaient, les larmes au bord des yeux, la dernière fois où ils avaient pris une bière avec Sami, le dernier match de foot qu'ils avaient joué ensemble. Une jeune femme engoncée dans un manteau noir grelottait debout en se retenant à un pilier. Elle tenait une rose blanche à la main

Je ne me sentais pas à ma place, à la fois voyeur du malheur de ces gens et impuissant à les aider. J'ai payé mon café et rejoint le parking. Leur deuil commençait aujourd'hui même, sous les fameuses halles. Le samedi suivant, j'apprendrai par les mêmes journaux qu'une marche blanche avait réuni près de 5 000 personnes dans les rues de Questembert.

C'était une journée décidément morose. Je baguenaudai sans grande énergie, me posai aux alentours de midi au bord d'un plan d'eau à Pluherlin pour me réchauffer d'une soupe aux poireaux que Pénélope, ma bonne amie, avait pris soin de me préparer avec les légumes de son jardin. Tout en trempant ma cuillère dans le bol, je me dis avec un rien d'attendrissement qu'il vaudrait mieux y réfléchir à deux fois avant de me débarrasser d'une femme qui savait concocter de telles soupes. Toute la matinée, j'avais traversé une campagne agricole sans prétention mais laborieuse. Quelques bois, mais surtout de grands champs cultivés, désormais à nu depuis la moisson du maïs. Une image désormais si habituelle de la Bretagne, à l'instar d'une publicité du Crédit Agricole. Les paysans, on n'en croisait presque plus. Ils passaient maintenant davantage de temps devant leur ordinateur qu'aux champs, à se demander comment ils allaient pouvoir éponger leurs dettes, pallier au manque de fourrages pour le prochain hiver et nourrir leur famille avec moins de mille euros par mois.

Les municipalités, quant à elles, annonçaient à l'entrée du bourg le prix du mètre carré comme les supermarchés le font d'une promotion sur les langoustines. À la périphérie des petites villes, comme à Pleucadeuc où je passai présentement mais aussi un peu partout ailleurs, poussaient des lotissements qui paraissaient aussi fadasses les uns que les autres. Le pays entier était confronté à la question de l'étalement urbain au détriment des terres agricoles, chacun exigeait son carré d'herbe pour le plaisir de passer la tondeuse et de tailler la haie le samedi après-midi ; tout le monde voulait son doberman, son labrador ou son chihuahua, certains voulaient même y élever des gosses et des rosiers grimpants. Au nom de quel principe pouvait-on leur dénier ce droit ? Le prix de l'immobilier des centres-villes étant devenu rédhibitoire pour les classes moyennes, 40 % de la population française vivait aujourd'hui dans ce type d'habitat, rue des Renoncules ou allée des Hortensias, à la lisière de villes plus ou moins grandes qui ne cessaient de s'étendre comme une nappe d'huile dans le sillage d'un navire en plein dégazage. L'équivalent de neuf terrains de foot par jour en Bretagne, comme je l'ai sans doute précédemment écrit. Ou de rugby, si vous préférez. Certes, le bistrot du village avait depuis belle lurette laissé la clé sous la porte et pour aller chercher une baguette de pain, il fallait prendre la Twingo mais les municipalités étaient contentes. La courbe de population remontait vers le haut, une nouvelle classe allait ouvrir à l'école primaire et on projetait dans le prochain budget la construction d'une salle polyvalente équipée des toutes dernières innovations techniques, ce qui serait bien pratique pour accueillir le prochain vide-greniers organisé par les parents d'élèves de l'école Sainte-Thérèse. Qu'on ne se méprenne pas, je n'ai aucune animosité contre la paroisse de Pleudaceuc (connue par ailleurs pour organiser tous les ans une rencontre de jumeaux, et d'ailleurs on pouvait admirer des photos de frères et sœurs jumeaux ou jumelles affichées un peu partout dans le bourg), c'est juste que ces lotissements standardisés finissaient par me rendre un peu neurasthénique à la longue.

En 2016, la commune de Rochefort-en-Terre avait été élue « Village préféré des Français » et c'est l'une des pires choses qui pouvait lui arriver. À vrai dire, je connaissais déjà un peu le coin pour y être passé l'été précédent, à la rencontre d'un artiste ayant ici pignon sur rue. Non content d'être « L'un des plus beaux villages de France », « Village fleuri », « Petite cité de caractère », comme l'annonçait une série de pancartes à l'entrée du bourg, la ville s'était fourvoyée dans une émission de télé animée par ce cher Stéphane Bern et bingo ! avait décroché la palme. Alors forcément, ça paraissait un peu louche, ça sentait le surfait, la vieille pierre, les géraniums dégoulinants des fenêtres et les parkings payants. Devant l'horodateur, un couple de touristes italiens se demandait avec circonspection comment fonctionnait cet étrange totem lorsque j'arrivais à leur rescousse avec trois mots d'anglais. Rochefort-en-Terre, peuplé hors saison de quelque six cents âmes, faisait partie de ces petites communes qui avaient tout misé sur le tourisme. « Marchandise trop vantée, marchandise avariée », disait ma grand-mère qui était une sainte femme, et c'est donc avec des pincettes et sur la pointe des pieds que je revenais à Rochefort-en-Terre. Soyons honnêtes, il n'était pas déplaisant de se balader à travers ses vieilles rues pavées, à l'ombre des antiques demeures du XVIe siècle reconverties en restaurants ou en boutiques d'artisanat de bracelets en cuir et de poteries au raku qu'on avait bien sûr mille fois tâtés. Il y avait même une excellente librairie nommée Sainte-Hortense et, dans une dépendance du château, un musée-galerie vraiment original – le Naïa Museum, musée des arts fantastiques et visionnaires – tenu par Patrice Hubert, un type très attachant dont j'avais déjà dressé le portrait pour un magazine et qui m'avait fait crapahuter sur les crêtes de schiste – appelées ici « grées » – qui se dressaient au sommet des landes de Lanvaux. Et bien sûr, il y avait un office de tourisme.

Les hôtesses des offices de tourisme ne cessaient de m'épater. Elles étaient toutes souriantes, disponibles, sobrement maquillées, avec toutefois une petite touche de fantaisie pour les plus audacieuses, un tatouage au poignet, une paire de longues boucles d'oreilles en argent. Aucune ne m'avait dit, même pour plaisanter, que le tourisme était une industrie de merde qui menaçait de gangrener la Bretagne comme elle l'avait fait de Venise et était en train de le faire de Barcelone. Aucune ne s'était plainte d'avoir en face d'elle des gros connards pleins de soupe qui demandaient les horaires du prochain train pour Belle-Île et des pouffiasses bronzées aux UV qui exigeaient qu'on leur réserve un transat sur la plage de Kergrist-Moëllou. Aucune ne se serait risquée à dire que la région puait le lisier à quinze lieues à la ronde et était peuplée par des hordes d'alcooliques incultes qui menaçaient l'intégrité de la République par leurs danses barbares et leur baragouin incompréhensible à toute oreille un tant soit peu civilisée. Aucune ne m'avait balancé au visage qu'elle n'en avait absolument rien à cirer d'un vieux schnock de mon espèce mais qu'elle faisait ce boulot de merde uniquement pour payer son loyer et nourrir ses deux gosses, ce qui n'était pas chose facile depuis que son enfoiré de mec s'envoyait en l'air avec une poupée Barbie qui s'était refait les seins au silicone. Et en plus, je tombais mal parce qu'elle avait ses règles. Non, aucune. Au contraire, elles étaient prêtes à tout entendre et à tout conseiller. Un stabilo toujours à portée de main, elles entouraient sur la carte posée sur leur comptoir les lieux qu'il ne fallait manquer sous aucun prétexte, les fameux incontournables, et on repartait de l'office chargé de dix tonnes de prospectus en papier glacé, moi-même je me laissais embobiner par leurs ongles savamment vernis de rouge et leurs sourires de fées ou de sorcières, ce qui revient plus ou moins au même. Et l'hôtesse de l'office de Rochefort-en-Terre, une brunette qu'on va appeler… je ne sais pas, Mélusine, par exemple, c'est très bien Mélusine pour ce genre de boulot, ne dérogeait pas à la règle. Elle était vraiment adorable.

Ce n'était guère original mais la première chose à faire, m'avait conseillé Mélusine, était de visiter l'église qui valait le détour d'autant plus qu'elle était ouverte, qu'une petite musique profane au piano accompagnait la visite et que j'étais à ce moment précis le seul fidèle. Au XIIe siècle, une jeune bergère (comme par hasard, c'est toujours une jeune paysanne, de préférence pauvre, et jamais la veuve acariâtre d'un boucher-charcutier ou encore un vieux notaire libidineux qui tombe sur ce genre d'apparition !) une jeune bergère, donc, découvrit au creux d'un arbre une statue de la Vierge qui avait été cachée là trois siècles auparavant lors des invasions normandes. On édifia le sanctuaire sur les lieux de la sainte trouvaille et on le baptisa Notre-Dame de la Tronchaye, « tronchaie » signifiant en effet un vieux tronc d'arbre. La statue, habillée comme une poupée d'une robe blanche et d'un manteau jaune, était toujours vénérée au-dessus d'un autel. La Vierge avait le visage tout noiraud, non qu'elle fût apparentée au culte de la Vierge Noire mais tout simplement parce qu'un quelconque étourdi l'avait badigeonnée par erreur d'une potion magique destinée à la rendre imputrescible.

Habile transition de ma part, noiraud était aussi le teint de Naïa, qui signifie en effet « noire » en gallo. Cette femme réputée sorcière a réellement existé. On ne connaît ni son véritable nom, ni ses dates de naissance et de mort. On sait qu'elle a vécu dans les ruines du château de Rochefort-en-Terre entre la fin du XIXe siècle et le début du XXe. Le photographe et romancier rennais Charles Géniaux nous a laissé quelques clichés de cette mendiante qui, dit-on, possédait tout un panel de dons aussi extraordinaires que discutables. Bien sûr, elle lisait l'avenir dans les mains, connaissait le secret des plantes médicinales, ignorait la douleur aussi bien que la faim et la soif, et pouvait tenir des tisons ardents entre ses mains sans se brûler et sans qu'on ne lui ait demandé quoique ce soit. Mais on lui accordait aussi le don d'ubiquité – des anciens assuraient l'avoir vue au même moment en plusieurs lieux différents – et on la soupçonna même d'immortalité, ou pour le moins d'une longévité exceptionnelle. J'allais oublier de dire qu'elle était également ventriloque à ses heures perdues et qu'elle aimait bien faire des farces de mauvais goût aux gamins du village qui s'enfuyaient terrorisés. Les photos faisaient un peu froid dans le dos bien qu'il semble évident que Géniaux ait surenchéri la mise en scène. Elles nous montraient tous les archétypes de la sorcière, à savoir le teint grisâtre, les poils au menton, de grosses verrues dégoûtantes sur le nez, le cheveux gras et crépus, sur elle une couche de robes, de châles et de tabliers en *pilhou*, un gros bâton noueux toujours à la main, le regard fourbe et une parfaite sale gueule, en tout cas suffisamment d'arguments en sa défaveur pour qu'elle finisse au bûcher, comme toute sorcière qui se respecte mais à vrai dire, nul ne sait où et comment Naïa est morte. Peut-être fut-elle la dernière sorcière de Bretagne encore que rien n'est moins sûr. Sans citer de noms, il m'est arrivé au cours de ma misérable existence d'être envoûté par des créatures féminines qui, sous un joli minois et un blue-jean enrobant un appétissant popotin, dissimulaient toutes les caractéristiques d'une sorcière de la plus redoutable espèce.

Je montai justement au château où Naïa avait vécu, si on peut utiliser le verbe «vivre» pour une aussi lamentable existence. Le château avait appartenu à la grande et noble famille des Rieux avant de tomber en ruines. Racheté à la fin du XIXe siècle par Alfred Klotz, un peintre américain, il devint une sorte de résidence d'artistes et on commença à parler de Rochefort hors les murs. Le département du Morbihan en avait fait l'acquisition il y a quelques années et le château était en pleine rénovation. Je fis assez sommairement le tour du parc avant d'aller saluer Patrice Hubert et ses inquiétantes créations de dentelles et de métal qui hantaient le Naïa Museum. Honnêtement, ça valait le détour. Après quoi, je filai rejoindre ma camionnette de peur qu'un PV ne fleurisse sous mon essuie-glace.

J'étais déjà venu au musée de la Résistance de Saint-Marcel avec une classe de première technologique, option génie mécanique. C'était au tout début de ma carrière quand j'étais encore capable de supporter un trajet de deux heures dans un car avec une trentaine d'adolescents de sexe masculin. Je n'y avais gardé que très peu de souvenirs et j'imagine qu'il en était de même pour eux, encore que la balade en half-track dans les bois leur avait, me semble-t-il, plutôt bien plu et sans doute est-ce la seule chose dont ils se souvenaient. Moi-même, je ne pouvais guère en dire plus.

Le maquis avait été créé dès février 1943 à quelques kilomètres du village de Saint-Marcel, près de la ferme de la Nouette, pour, entre autres, recevoir des parachutages d'armes. Le relief découpé des landes de Lanvaux se prêtait volontiers à la clandestinité. À la veille du débarquement de Normandie, le maquis comptait plus de 2 500 hommes retranchés dans un camp semble-t-il assez bien organisé puisqu'on y trouvait une boulangerie, une boucherie ainsi que plusieurs groupes électrogènes. Rejoints par cent soixante parachutistes français du 4th SAS (Special Air Service), les résistants eurent pour mission de retarder les renforts allemands vers les théâtres d'opérations par des actes de sabotages et de guérillas. Attaqués par les troupes de la Wehrmacht le 18 juin 44, ils furent obligés de se replier après toute une journée de combat avant de se disperser dans les alentours à la faveur de la nuit et avec l'aide des populations locales. Les sources ne sont pas d'accord sur le nombre de victimes. Entre cinquante et six cents morts côté allemand (bien que la plupart des soldats de la Wehrmacht qui combattaient en Bretagne sous l'uniforme allemand étaient, je pense l'avoir déjà évoqué, ukrainiens ou géorgiens), entre 27 et 42 tués côté Résistance, sans compter une quarantaine de civils victimes des représailles, massacrés et torturés au lendemain de la bataille avec le soutien des miliciens nationalistes bretons de la sinistre Bezen Perrot. Le bourg de Saint-Marcel fut pillé et incendié. Quoi qu'il en soit, la bataille de Saint-Marcel, bien qu'au dénouement indécis, fut considérée à juste titre comme une victoire militaire française. Pour la première fois, l'armée allemande avait été tenue en échec par la Résistance locale alors que les maquis du Vercors et du plateau des Glières avaient été militairement exterminés.

Construit dans un bâtiment moderne, le musée a mission pédagogique et vocation à retracer l'histoire de la Résistance bretonne et particulièrement celle du Maquis de Saint-Marcel. Une rue sous l'occupation et des scènes de batailles ont été reconstituées. Comme il est de coutume dans ce genre de musée, sont exposées des collections d'armes, de mannequins en uniformes de toutes obédiences, d'affiches d'époque et de cartes de rationnement ainsi qu'une vieille Traction-avant Citroën des années quarante. À l'accueil, un présentoir proposait des cartes postales de reproductions de superbes pin-up destinées aux soldats de l'armée américaine pour leur faire oublier les horreurs de la guerre. J'en choisis deux, une brune intrigante en nuisette noire et une blonde voluptueuse dans un splendide bikini vert pomme, que je payai en baissant les yeux comme un adolescent qui achète une boîte de préservatifs à la pharmacie de son quartier. Oui, c'était un bon musée dans lequel j'avais flâné une bonne heure quoique flâner ne soit pas vraiment le verbe adéquat. Pour échapper au STO comme tant d'autres, mon père avait combattu dès 1943 dans ce type de maquis, un peu plus au nord, à une centaine de kilomètres de Saint-Marcel. On lui avait appris à se servir d'une mitrailleuse et à se battre à mains nues. Il avait vingt ans, s'était caillé les miches à monter la garde dans les bois de Kergoet, au nord-ouest du département, avait plus d'une fois crevé la dalle dans son uniforme à quatre sous et failli lui aussi y laisser sa peau comme beaucoup de ses camarades. À chaque fois que je visitais ce genre de musée, je ne pouvais m'empêcher de penser à lui alors non, je ne flânais pas, ce n'était pas le mot, je suivais mon père à la trace en me demandant tout penaud ce que j'aurais fait à sa place.

Dehors, une pluie fine et particulièrement froide tombait doucement sur le parc. Les machines de guerre exposées sur la pelouse comme des totems d'une civilisation disparue ne m'intéressaient plus. Le monument à la Résistance en forme de lanterne des morts surmontée d'une croix de Lorraine était particulièrement hideux mais il avait été inauguré par le général de Gaulle en personne alors je n'avais plus qu'à me taire et à réintégrer ma camionnette dans laquelle je n'avais ce soir-là aucune envie de dormir. Il faisait un froid de canard ou alors était-ce tout simplement mon âme qui grelottait. Questembert, Rochefort, Saint-Marcel, la journée avait été rude. Je suis monté vers Malestroit à la recherche d'un hôtel, en priant Dieu qu'il y en ait un. Mes prières furent exaucées. Face à la communauté des Augustines, il y avait un petit établissement qui me paraissait plutôt accueillant. Le patron du Cap Horn me proposa une chambre avec de vrais meubles en vrai merisier, un écran télé d'une surface raisonnable, des prises électriques pour recharger l'ordinateur, la vaporette et le portable, des sanitaires on ne pouvait plus correctes et tout ça pour 39 € seulement. Au même prix, j'aurais pu m'offrir un mètre carré de terrain dans un lotissement à la sortie du bourg de Pleucadeuc mais je ne suis pas certain que j'aurais gagné au change.

Retour en force du soleil

Dix-neuvième jour

Malestroit – Trédion

Dès que j'ai trempé le croissant dans ma tasse de café, j'ai su que la journée débutait sous de bons augures. Pensez, pour sept euros, j'avais eu droit à un plein verre de jus d'orange, deux délicieuses viennoiseries, un bon quart de baguette à peine sortie du four, du beurre et de la confiture à volonté ainsi qu'un yaourt qui, bien que n'étant pas bio, était au lait entier. Sorti de l'hôtel, j'avais le ventre plein et le cœur léger. J'avais déjà remarqué la veille que Malestroit était une ville agréable, dans le genre des belles endormies qui font semblant de dormir. Difficile d'imaginer qu'en 1828, le prêtre malouin Félicité de Lamennais, le père du catholicisme libéral et social condamné par le pape Grégoire XVI pour ses écrits subversifs, avait créé dans l'actuelle communauté des Augustines, située juste face à cet hôtel, un noviciat, autrement dit une école supérieure où l'on enseignait dix langues parmi lesquelles le chinois, le persan ou le sanskrit au même titre que la théologie et la philosophie. Lamennais voulait faire de Malestroit un nouveau Cambridge. Dans son journal *L'Avenir* créé en 1830, ce prêtre en rupture avec l'Institution prônait déjà la liberté de la presse et de conscience, la séparation de l'Église et de l'État et l'instauration d'une réelle démocratie sociale, ce qui explique qu'il passa quelque temps en taule. Il mourut en 1854, enterré dans la fosse commune du Père Lachaise sous le contrôle de la police qui craignait une émeute de ses partisans.

Dès huit heures trente du matin, l'église était ouverte mais comme il y avait un office réunissant quand même une trentaine de personnes, dont un bon bataillon de bonnes sœurs, j'ai préféré les laisser prier dans la paix du Seigneur plutôt que de jouer les fouineurs à travers les allées. La cerise matinale m'attendait en bas de la ville, près de l'écluse qui barrait le canal le long duquel je m'étais risqué à faire quelques pas. La température oscillait entre 3 et 4 degrés. De bien jolies péniches étaient accostées en file indienne sur la rive droite. Une nappe de brouillard d'un blanc diaphane s'effilochait lentement au-dessus de l'eau et des rais de lumière cherchaient à s'y introduire par effraction. Si j'avais été poète, j'y aurais vu la métaphore d'une jeune mariée ôtant sa nuisette devant son époux au premier soir de ses noces. Je n'étais pas poète et d'ailleurs, je ne savais plus trop ce que j'étais, ce qui n'avait pas grande importance. Je me trouvai là, c'est tout, sur la passerelle du canal, à la bonne heure et au bon endroit, ici et maintenant comme dirait l'autre, et pendant que des employés de la commune vidaient le container des déchets recyclables dans un camion-benne, j'essayai d'enregistrer quelques images de l'élégance naturelle du monde. Une fois de plus, j'avais envie de dire merci mais je ne savais pas à qui. L'ancienne maison éclusière faisait maintenant office de gîte d'étape communal, un numéro de téléphone était inscrit sur la porte. Je m'en suis presque voulu de ne pas m'être renseigné avant et puis non, finalement. Il était parfait, ce petit hôtel.

J'ai pris direction nord, vers La Chapelle-Caro et le Roc-Saint-André, les deux communes voisines s'étant récemment acoquinées sous le nom un peu fourre-tout de Val d'Oust. À peine ai-je pris le temps d'un café dans un bistrot pour feuilleter le journal et faire quelques pas jusqu'au pont centenaire qui enjambait cette fameuse rivière joliment nommée Oust et qui traçait jadis la frontière entre les Curiosolites et les Namnètes, deux antiques nations armoricaines se foutant régulièrement sur la gueule. Le nom de Lizio me tentait bien. Mélusine, l'hôtesse de l'office de tourisme de Rochefort, m'en avait glissé un mot la veille et je m'en approchai. La carte mentionnait une chapelle dans les parages. Encore une fois, il ne s'agissait pas de visiter toutes les chapelles – et d'ailleurs combien y en avait-il en Bretagne ? Mille, cinq mille, dix mille ? – mais puisque celle-ci était sur ma route, autant y jeter un coup d'œil. Fermée, bien évidemment. Fondation templière à l'origine, reprise comme il se doit par les Hospitaliers, la chapelle Sainte-Catherine avait un bien joli minois. Un peu plus loin se trouvait un écomusée, également clos. Et un peu plus loin, sur la route de Lizio, le musée d'un poète ferrailleur, ainsi qu'il se nommait, n'ouvrait ses portes qu'à 14 heures. De la route, on devinait des choses bizarres, des constructions loufoques, des tourelles de traviole, des sculptures surréalistes qui donnaient envie d'en apprendre davantage.

Lizio, petit bourg de sept cents âmes, avait gardé le charme des vieilles demeures sans se la jouer petite cité de sacré caractère ou village préféré des blaireaux. De plus, l'équipe municipale avait opté pour des méthodes écologiques de bon sens et tenait à ce que ça se sache, ce en quoi elle n'avait pas tort. En outre, elle proposait deux sentiers de randonnée autour de la commune qui paraissaient bien tentants. La température peu à peu s'élevait et mes souliers de marche semblaient crier famine. J'optai sur les huit kilomètres du circuit botanique et bien m'en pris car ce fut vraiment une chouette de balade pédagogique à travers les bois, les prairies et les champs de lin en fleurs. Les arbres et les arbustes étaient nommés sur un petit écriteau planté au pied de leurs troncs : frêne, châtaignier, douglas, hêtre, chêne, houx, aubépine monogyne... On avait l'impression de parcourir un manuel de sciences naturelles.

Au programme de mon après-midi, j'avais donc deux musées à visiter à Lizio et c'était quand même une chose exceptionnelle qu'un patelin aussi modeste puisse proposer une telle offre sur son territoire. C'était même louche. Le premier s'intitulait l'Univers du poète ferrailleur et en effet, il y avait dans ce parc et ce hangar autant de poésie que de ferraille. Son univers, c'était des machines sans queue ni tête, des automates incroyables, des éoliennes caractérielles, des phares de guingois, des cyclistes volants, des maisons brinquebalantes, des tourelles de traviole et des poèmes accrochés aux arbres. Et c'est pour cette raison que le mot musée, trop figé, trop conventionnel, ne convenait pas trop. C'était du moins mon avis. Robert Coudray appartenait à cette race de fous furieux, de bricoleurs de génie, d'artistes déjantés et finalement inclassables, indéfinissables, non-subventionnés, bien sûr, et un peu subversifs sur les bords. Son grand-père avait tenu une carrière non loin de là, à Sainte-Catherine, et l'entreprise avait été reprise par son père. Après deux années d'études de cinéma et un peu dégoûté par la vie parisienne, Robert était revenu au pays pour apprendre le métier de tailleur de pierres et bosser dans l'entreprise familiale comme simple employé.

Puis son destin tournicota au gré des hasards de la vie et de ses envies : il fut prof de techno, apiculteur, crêpier, pèlerin, sculpteur, paysan, il monta une coopérative bio et une cidrerie, se passionna pour les énergies alternatives et l'avenir de notre pauvre vieille planète. Dans le même temps, il ne cessa de récupérer toutes sortes de matériaux pour les assembler en drôles de machines et en automates surréalistes, le premier ayant été fabriqué en 1983. Puis il réalisa un film portant un titre délicieux – *J'demande pas la lune, juste quelques étoiles* – et qu'il me tardait à présent de découvrir.

Dans le parc, les enfants s'amusaient, couraient dans tous les sens et quoi de plus normal, le musée avait été fait pour eux. Ils se trouvaient dans l'exact opposé d'un Disneyland préfabriqué. Je vins à la rencontre de Robert Coudray qui, à coups rageurs de truelle, mettait la main à la pâte pour achever une sorte de cabane qui ressemblait au palais d'un despote aussi fou qu'inoffensif. Le parc était en continuel chantier, les projets s'ajoutaient à d'autres projets, on avait l'impression que rien ne l'arrêterait. C'était un homme de mon âge, chaleureux, bavard, toujours au taquet. On se promit de se revoir au printemps, quand il aurait peut-être un peu de temps. Homme discret, il ne courait pas après la réclame. Grâce au bouche-à-oreille, son musée, appelons-le comme ça, accueillait chaque année davantage de monde et il commençait à craindre d'être débordé par son succès.

Je n'étais pas au bout de mes surprises. Deux kilomètres plus loin, dans un lieu-dit qui portait le nom charmant de Bob Huet, se trouvait l'écomusée des vieux métiers de Lizio. Là non plus, ce n'était pas un musée à proprement parler mais plutôt une sorte de bric-à-brac incongru, une brocante gigantesque où rien n'était à vendre, un capharnaüm de peut-être deux cent mille objets, outils, babioles de toutes sortes exposées dans un vaste hangar et là aussi, c'était génial. Monsieur Guillard était un collectionneur de collections. « C'est pathologique ! », s'est-il excusé. Dans un ordre plus ou moins aléatoire, on trouvait pêle-mêle – prenez votre respiration – des vélos de tout gabarit et de toutes époques, des enseignes de magasins, des jouets d'antan, des plaques d'automobiles et de motos, des calandres de carrosserie, des panneaux de signalisation, des trains électriques, des soldats de plomb et des coureurs cyclistes miniatures en aluminium, d'anciennes cartes murales pour l'école, un vieux boulier, des encriers, des bidons d'huile de toutes les marques, un bonhomme Michelin, des mannequins habillés de costumes traditionnels, une collection sans doute unique au monde de fèves de galettes des rois, des pots au lait, d'antiques photos de mariage, des images pieuses, des boîtes de Banania, de cachous et de galettes de Pont-Aven, des balances et des cafetières, des horloges et des réveils qui ne marchaient plus depuis des décennies, des boîtes de camembert, des carafes de bistrots, des cendriers du temps où l'on pouvait écraser sa clope sur le comptoir sans se sentir pestiféré, des publicités de bistrot, un assortiment de fers à repasser, des cadenas par dizaines, des clés par centaines, des outils et des ustensiles d'un autre temps, une bonne palanquée de statues de la Sainte Vierge, quelques vieilles caisses enregistreuses, un minitel, des casques et des douilles d'obus datant de la Première Guerre mondiale, deux fusils de la même époque, une pointeuse d'usine, bien sûr des grosses boîtes de bouillon-cube, une marie-jeanne, une Renault 4 CV ainsi qu'une Citroën Traction-avant, un solex et quelques vélomoteurs, des voitures miniatures avec lesquelles on jouait encore dans les années soixante, des pots de chambre, deux urinaux, des fioles d'apothicaire, une machine à écrire de marque Royal des années cinquante, des télés, des radios, des ordinateurs de la première génération aussi, des ventilateurs, des poupées par dizaines et, clou du spectacle, la truelle dont s'était servi le général de Gaulle pour poser la première pierre du monument de la Résistance à Saint-Marcel.

Mais j'en oublie, bien sûr, deux cent mille objets, vous dis-je, et cet inventaire à la Prévert est loin d'être exhaustif. Toutes ces choses étaient rassemblées selon les métiers et le contexte auxquels elles étaient apparentées. Ainsi étaient reconstitués une salle de classe du début du siècle dernier, un garage automobile des années soixante, un intérieur paysan du Morbihan, une forge, un atelier de menuiserie, une pharmacie ou un bistrot d'antan. Ça sentait la nostalgie à plein nez, ça dégageait le parfum de notre enfance et Alain Guillard, le maître des lieux qui nous accompagnait, ne manquait pas d'ajouter en cicérone appointé quelques anecdotes à la visite. Lui aussi, on pouvait le prendre pour un fou furieux, un maniaque ou un syllogomane pour parler savant, à moins qu'il ne fût tout simplement qu'un maniaque, un syllogomane ou un fou furieux.

J'étais sorti de ces deux musées un peu comme on émerge d'un rêve vertigineux où il est question de machines à remonter le temps et de schizophrénie rampante, et il était temps, justement, grand temps de retrouver une réalité normale après les délires mécaniques du poète ferrailleur et les frénétiques accumulations du syllogomane. En tout, et sans le regretter une seule seconde, j'avais passé six heures de ma vie à Lizio, petite commune de

600 âmes, et j'en sortais tout groggy. Quoi de mieux, me dis-je en aparté, pour replonger dans le vrai monde qu'une bonne vieille église de derrière les fagots. Je poussai jusqu'à Guéhenno, un petit bourg sans prétention, qui ne se trouvait qu'à une dizaine de kilomètres à peine. L'enclos paroissial abritait l'un des sept calvaires monumentaux qui avaient été édifiés en Bretagne lors de ce flamboyant XVIe siècle, les six autres se trouvant en pays léonard. À vrai dire, je ne fus pas très impressionné. On va peut-être me taxer de chauvinisme mais en toute objectivité, celui de Plougastel est plus riche, celui de Guimiliau plus noble et celui de Pleyben plus imposant, d'autant plus qu'à Guéhenno, le calvaire a été mis à sac par les Révolutionnaires de 1794 et reconstruit à la va comme je te pousse par le curé du coin. Les personnages ont tous une gueule à s'emmerder comme des rats morts à moins qu'ils ne dorment debout, assommés par toutes ces histoires à dormir debout.

La Toussaint approchait et le cimetière entourant l'église se prenait pour un arc-en-ciel horizontal. Derrière l'église, se trouvait un autre cimetière, ou plutôt un alignement de croix blanches en bon état plantées sur des petits tertres de sable. Aucune de ces croix ne portait un nom, une date ou une quelconque indication. Il y en avait une bonne trentaine. Ça m'intriguait car on ne voyait pas ça tous les jours. Au bout d'une allée, une femme nettoyait une tombe. Je me suis approché pour lui demander la signification de ces croix anonymes, ce à quoi elle m'a répondu qu'il s'agissait, mais elle n'en était pas certaine, enfin presque parce qu'elle avait entendu dire, des sépultures de bébés morts. Sa mère lui avait en effet parlé d'une petite sœur décédée dès ses premiers jours et la pauvresse était enterrée là, sous une de ces croix, elle ne savait pas laquelle, oui Monsieur, c'était bien triste mais enfin que voulez-vous, c'était comme ça. Elle haussa les épaules avant de retourner lustrer le granit de son défunt mari. Je lui souhaitai une bonne fin de journée. Elle répéta oui, Monsieur, c'est bien triste mais c'est comme ça, on n'y peut rien... Je quittai l'enclos sur cette fataliste sentence qui collait comme de la glu au ciel un peu grisâtre qui ombrait les dalles mortuaires. Sur le gravier des allées, mes semelles faisaient un bruit désagréable, un peu comme si elles écrasaient des biscottes.

Je pensai que c'en était fini de ma journée, que j'en avais vu assez. Un reste de curiosité me fit grimper sur le site du Mont, dominé par la chapelle Saint-Michel mais je ne pris même pas la peine de sortir de la camionnette. L'écran rectangulaire du pare-brise me suffisait amplement. À l'horizon, des collines, et sur ces collines, des éoliennes. Devant moi, l'échiquier agricole des champs ocre roux et des prairies verdâtres. Plumelec, rien à dire. Son critérium cycliste était célèbre auprès des aficionados de la petite reine et le bourg eut l'honneur de recevoir plusieurs fois une arrivée d'étape du Tour de France mais il ne donnait pas spécialement envie d'y passer trois semaines de vacances. Fatigué, j'étais maintenant à la recherche d'un coin pour me poser. Pourtant je suivis une pancarte indiquant le village de Callac, dépendant de Plumelec, où les guides mentionnaient les ruines d'un château que je n'avais pas trouvé, faute de l'avoir cherché, ainsi qu'une chapelle dédiée à Saint-Joseph et nichée dans un cadre aussi bucolique que paisible. Il n'était pas loin de 19 heures et la chapelle était encore ouverte. J'étais pourtant le seul à me balader dans les parages. Mieux que ça, un système électronique allumait automatiquement la lumière dès qu'on y pénétrait et enclenchait en même temps une petite musique doucereuse et profane. Disons qu'on s'y sentait aussitôt le bienvenu, ce qui était, j'imagine, le but du jeu. Ici était enterré l'abbé Ernest Binard, recteur de Callac et maître d'œuvre dans les années quarante et cinquante de la grotte et du Chemin de croix qui se trouvaient respectivement un peu plus bas, dans une ancienne carrière de schiste, et un peu plus haut, sur une colline escarpée. N'y allons pas par quatre chemins, la grotte autant que le Chemin de croix – quatorze stations et une soixantaine de personnages grandeur nature – étaient d'un kitch si pathétique qu'ils finissaient par devenir attendrissants et me rappelaient douloureusement les calvaires de Louisfert ou de Ponchâteau. Cependant, la Sainte-Vierge planquée dans une réplique de la grotte de Lourdes avait ses partisans à voir le nombre de bougies encore allumées et de plaques de remerciement scellées contre la falaise de schiste. Certaines disaient merci pour une guérison, un examen, merci pour le bac 2007, merci pour le concours d'entrée à Saint-Cyr mais la plupart disaient merci tout court et j'imagine que la Sainte Vierge répondait de sa voix céleste : « De rien, je vous en prie, c'est tout naturel ».

Le jour commençait à décliner lorsque j'arrivai à Trédion, connu pour son château néogothique qui se reflétait dans l'étang, château rebâti sur les ruines d'un manoir médiéval qui avait accueilli en son temps François Ier accompagné de son épouse Claude de France, fille de la duchesse Anne, et d'une escorte de dix mille hommes, rapporte la chronique, et ça, quoi qu'on en dise, ça vous clouait le bec pour le reste de la soirée.

Éclaircies tardives
Vingtième jour
Trédion – Vannes

J'avais vraiment passé une excellente nuit sur ce parking à l'entrée du camping fermé de Trédion, face à un petit plan d'eau aménagé pour les promeneurs et les pêcheurs du dimanche. Huit heures d'un sommeil de plomb, bien au chaud sous ma couette, sans l'ombre d'un mauvais rêve. Sans pouvoir vraiment me l'expliquer, j'avais remarqué que je dormais beaucoup mieux dans le van que dans mon lit habituel. Les perturbateurs endocriniens me taquinaient sans doute moins les neurones et la chape environnante de silence y était sûrement pour quelque chose. Le réveil fut néanmoins un peu frisquet, la température atteignant difficilement les 5°. Allez faire une toilette, fut-elle de chat, dans ces conditions ! Et pour chier – oui Madame, pour chier – il me fallut trouver un bosquet à l'abri de tous les regards bien que j'eusse la quasi-certitude d'être le seul être humain à cinq lieues à la ronde. Qu'on veuille bien m'excuser cet épisode un tantinet scatologique mais comme par un fait exprès, c'est toujours au moment précis où l'on se sent enfin peinard pour poser impunément sa pêche en sifflotant derrière un taillis les premières mesures du *Dies Irae* de Giuseppe Verdi, le visage tranché par un sourire béat et les fesses caressées par une brise consolatrice, que surgit inopinément dans la lueur de l'aube une vieille dame venue promener son sale petit clebs qui comme de bien entendu se met à aboyer de toutes ses dents en flairant le délit. On doit alors se reculotter dans l'urgence et dans la frustration et c'est ainsi que naissent les constipations chroniques. Ce même genre d'incident peut m'arriver lors d'une séance d'écriture. Rigolez, chère Madame, rigolez, je sais de quoi je parle ! Bref, la journée commença de manière plutôt désagréable.

L'indispensable guide de Le Scouëzec évoquait dans les bois des landes de Lanvaux deux curieux menhirs sculptés, représentant d'étranges faces mi-humaines mi-animales d'où le surnom qu'on leur avait prêté – Jean Babouin et Jeanne Babouine. Quelques taches de lumière osaient pointer leur nez à travers les branches et invitaient à la promenade matinale. Je garai la camionnette sur un petit parking à l'orée d'une forêt devant un écriteau qui en effet indiquait qu'il y avait des mégalithes dans le secteur. Mais il y avait surtout plusieurs écriteaux qui prévenaient qu'on entrait dans une propriété privée, que le camping, les feux de camp, la cueillette des champignons étaient interdits, que la chasse était réglementée, le tout dûment appuyé par plusieurs panneaux de signalisation aussi aimables que des portes de couvent qui alertaient partout d'un mystérieux danger. On avait comme l'impression de pénétrer en territoire ennemi, derrière la ligne de front. Deux sentes en patte d'oie s'ouvraient devant moi. J'ai pris celle de gauche parce que ça correspondait davantage à mes inclinations politiques et j'ai crapahuté une bonne vingtaine de minutes sans voir l'ombre d'un mégalithe. Qu'importe ! Le seul fait d'entendre mes godillots écraser au petit matin ce tapis de feuilles mortes dans un bruit qui n'était pas sans rappeler le balai d'un batteur de jazz tapant sur sa caisse claire les premières mesures de *My funny Valentine*, me mettait tout en joie. Ayant plus ou moins la trouille de me perdre en forêt, je fis cependant demi-tour. Bien décidé à ne pas revenir bredouille de mon expédition, je tentai une percée dans un maquis de fougères en suivant un chemin bien aléatoire mais Babouin et Babouine demeurèrent introuvables. Peut-être se jouaient-ils de moi ? Je n'allais pas en faire une maladie, après tout, des menhirs on en trouvait tant que tant dans la région jusqu'à l'indigestion, mais c'était un peu rageant d'autant plus que j'avais la certitude que dès que je parlerai de cette déconvenue, quelqu'un me rirait aussitôt au nez en me disant Ducon, tu es passé à deux pas, tu as de la crotte dans les yeux ou quoi ?

Et c'est exactement ce qui arriva vingt minutes plus tard alors que je baguenaudai dans les rues d'Elven, au pied d'une énorme église qui me parut disproportionnée au regard de la modestie de la commune. On appelle ça un heureux hasard. Je tombai nez à nez sur Annie, la responsable de la médiathèque de cette même ville, que je connaissais pour l'avoir maintes fois croisée au gré des salons littéraires que je hantais depuis des années et il était toujours bon pour un auteur de se mettre les bibliothécaires dans la poche. Elle commença par m'engueuler au prétexte que j'aurais pu l'avertir de ma venue, suffisait de passer un coup de fil le jour même, elle se serait fait un plaisir de m'accueillir à la maison, elle m'aurait fait du chou farci, c'était sa spécialité, ou alors du poisson si je préférais, j'étais vraiment un abruti de première ou quoi ? Timide, toi ? Laisse-moi rigoler, et puis pour ce qui est de Babouin et de Babouine, c'est à droite qu'il fallait prendre la patte d'oie, pas à gauche, ça semblait évident, non ? Bref, on a poursuivi notre scène de ménage chez Guite, un petit bistrot face à l'église qui sentait bon le café chaud. Le bistrot, pas l'église.

Annie adorait sa ville. Bien que située à 15 minutes de Vannes, Elven n'avait rien à voir avec une cité-dortoir. C'était une commune autonome, un tas de gens s'impliquaient dans la vie locale, le centre social était particulièrement actif, un festival de jazz était organisé tous les ans en janvier ainsi que des rencontres de théâtre à chaque printemps. Sa médiathèque recevait 2 000 lecteurs, « rends-toi compte, 2 000 lecteurs sur 6 000 habitants ! », ce qui faisait un total de 50 000 prêts à l'année « et qu'est-ce que tu dis de ça ? » Comme la plupart des bibliothécaires que j'ai pu rencontrer, Annie adorait son boulot et leur boulot le leur rendait bien. Pour moi, elles étaient aussi utiles à la Nation et à la collectivité qu'un sapeur-pompier ou une infirmière anesthésiste. La médiathèque d'Elven allait bientôt être baptisée Médiathèque Jean-François Coatmeur, l'inauguration était prévue pour décembre et j'avais intérêt à être présent ce jour-là, insista-telle en me regardant droit dans les yeux tout en touillant la petite cuillère dans sa tasse. J'ai baissé les miens. Elle savait les liens qui m'unissaient à Coatmeur, un écrivain mi-douarneniste, mi-brestois qui avait pondu une bonne vingtaine de bons romans noirs, aussi noirs que les tréfonds de l'âme humaine, quand on creuse et qu'on y racle le fond. Mais c'était surtout un type infiniment humaniste que je respectais profondément et qui m'avait aidé à mes balbutiants débuts dans le monde de l'édition. La dernière fois que j'étais passé le voir dans son quartier du Guelmeur à Brest, c'était par une belle journée de septembre mais déjà, il était allongé sur un lit médicalisé qu'on avait installé dans son bureau. C'était la première fois que je pénétrais dans cet antre. Il y avait là un grand bazar, les étagères pliaient sous le poids des manuscrits et des bouquins, les murs croulaient sous les articles de journaux, les photos, les souvenirs punaisés à l'emporte-pièce et j'étais rassuré de voir ce joyeux bazar tout autour de lui. Par la fenêtre, on devinait un bout de rade, sa rade. Deux semaines plus tard, on défilait derrière son cercueil en l'église Notre-Dame du Guelmeur.

On s'est quittés, Annie et moi, en se promettant « à bientôt », en décembre sans doute, puis j'ai repris mon infatigable bâton de pèlerin. L'imposante forteresse de Largoët, à deux kilomètres au sud d'Elven, n'ouvrait ses portes qu'à 14 heures et je n'allais pas poireauter au pied du rempart pendant trois heures. Ce ne fut pourtant pas faute d'avoir usé de toutes les subtilités de mes charmes devant la personne – une hôtesse, une secrétaire, une femme de ménage ? – qui entra à ce moment-là par une porte dérobée mais non, c'était non. Une fois de plus, je me trouvais Gros-Jean comme devant mais ça faisait partie des règles du jeu. Tant pis. Même punition devant l'église de Saint-Nolff et la séduisante chapelle Sainte-Anne qui la jouxtait. J'ignorais qui était ce Nolff, patron de la paroisse, mais c'était en tout cas une idée originale de prénom pour un chien ou un gosse. L'agglomération faisait déjà partie de la périphérie de Vannes, avec tout ce que cela entraîne de pression immobilière et démographique. Ceci dit en passant, les habitants n'étaient pas idiots. Ils s'étaient longtemps choisis pour maire Joël Labbé, un militant écologiste de la première heure, sénateur un peu atypique à qui l'on devait une loi visant à mieux contrôler l'utilisation des produits phytosanitaires, pesticides, fongicides, désherbants, etc., en d'autres mots à freiner l'empoisonnement programmé du pays et des populations.

Je retournai sur la côte en traversant Vannes au pas de charge, par le quartier des casernes. Vannes, c'était aussi la cité du fameux troisième régiment d'infanterie de marine, le régiment des durs de durs qui s'était récemment illustré (comme on dit) sur plusieurs théâtres (comme on dit encore) d'opérations. Le Tchad, la Libye, le Kosovo, l'Afghanistan... Je connaissais assez bien la ville et sachant que je devais y retourner le soir même, il était hors de question de perdre du temps. Il me tardait de découvrir une partie du Golfe qui m'était inconnue, du côté de Séné, une presqu'île séparée de celle de Rhuys par un bras de mer. Les habitants de Séné s'appellent les Sinagots, du même nom que leur bateau à fond plat. Ils eurent longtemps une très mauvaise réputation, notamment auprès des bourgeois de Vannes, et cette mauvaise réputation était largement méritée. C'était en effet de fieffés voleurs de poules, contrebandiers, querelleurs, bagarreurs, braconniers, des êtres farouches et impies, en fait c'était tout simplement de pauvres gens qui, dans les marais, survivaient dans une misère crasse et qui se débrouillaient comme ils pouvaient pour nourrir leurs gosses qui forcément étaient légion. Aujourd'hui, Séné était devenu l'endroit le plus convoité du secteur. La moindre bicoque valait les yeux de la tête et chaque mètre carré de terrain vous coûtait un bras. Par bonheur, une réserve naturelle protégeait une grande partie de la zone des ambitions des promoteurs immobiliers et c'est bien sûr dans ces parages que je garai *Babette*, la camionnette (oui, entre-temps, et après avoir mûrement réfléchi, j'avais décidé de lui donner un nom de baptême). Les marais étaient assez difficiles d'accès, ce qui était une bonne chose pour les hérons et les aigrettes qui pouvaient picorer la vase en paix.

Le golfe du Morbihan est comme un puzzle de plus de trois cents pièces qui aurait été jeté à la mer par un sale garnement capricieux, sans doute le fils illégitime d'un satyre pervers et d'une fée nymphomane qui se seraient livrés dans les marais à de dégoûtantes copulations. Le pauvre gamin était maintenant bien incapable d'assembler lesdites pièces pour reconstituer le puzzle. Résultat, c'était un grand bazar disparate d'îles et de presqu'îles, de marécages et de dunes informes, de rivières qui n'osaient pas dire leur nom et de rochers mythomanes qui se prenaient pour des pyramides. Quand la marée descendait au plus bas et que l'estran se vautrait nu en étalant sa vase luisante et visqueuse, c'était encore pire. Ça puait le goémon rance, le poisson pourri et la sueur des mollusques. Et c'est tout ça, tout ce fatras, ce bordel terrestre et aquatique, qui était absolument fabuleux. Le chaos avait accouché d'une parfaite harmonie. C'est ici et non devant la grotte de la Sainte-Vierge à Callac que les fidèles auraient dû sceller leur plaque de marbre pour dire merci.

Le tour de la presqu'île de Villeneuve méritait bien une balade d'une quarantaine de minutes, ce que je fis en ôtant le pull. Le thermomètre, lui aussi caractériel, atteignait sans vergogne en cette fin octobre les 18°. J'aurais dû enfiler un short, me coiffer de mon panama, ajuster sur mon nez des lunettes de soleil et sortir mes boules de pétanque comme le faisaient ces camping-caristes sur le parking mais je n'avais aucun de ces attributs. Ne me restait qu'à me résoudre à la marche à pied. C'était également un endroit épatant, un de plus, qui hélas se terminait au bout de la pointe par un écriteau signalant que l'île Béchit était une propriété privée et que le site était sous vidéosurveillance. À bon entendeur, salut, je pris mes cliques et mes claques et partis me faire voir ailleurs, du côté de Port-Anna, par exemple, le dernier port de pêche actif du Golfe, situé juste en face de la presqu'île de Conleau où j'allais dormir le soir même. D'ailleurs, tout le secteur demeurait plutôt actif. Il n'y avait que peu de volets clos, les véhicules étaient immatriculés 56, un tas de gens en vacances scolaires se promenaient sur la côte ou dans les rues, on risquait d'écraser des enfants ou des vieillards à chaque carrefour, signes manifestes qu'il y avait une vie autour du Golfe. Il y avait même à Séné une petite librairie-café – Marée Pages – où je fis une petite halte. Outre le fait que le choix des bouquins me sembla fort judicieux, surtout s'agissant de mes propres livres, et que la libraire sembla sincèrement ravie de me rencontrer, son café était un véritable nectar. Que les Sinagots n'aillent pas se plaindre, ils avaient ici tout pour être heureux, si ce n'est la taxe foncière en retour de bâton.

Qu'y avait-il à voir à Vannes que je n'avais encore jamais vu ? Presque tous les ans au mois de juin, je me rendais sous les chapiteaux dressés dans les jardins de l'évêché pour accueillir un grand salon de livre où je passais l'essentiel de mon temps à mater les jambes des femmes qui faisaient la queue devant le stand de Marc Lévy ou celui de Guillaume Musso, et le soir, on finissait la soirée entre « auteurs régionaux », comme on dit avec un certain dédain, autour d'une bonne bouteille de vin avant de rejoindre l'hôtel en zigzagant, bref la ville ne m'était pas inconnue. J'avais même connu bibliquement une Vannetaise (dont je garde un précieux souvenir) et il me semblait que quelques lointains cousins avaient fait souche dans la cité. Le port ressemblait à un parking de coques en plastique, les remparts n'étaient rien d'autre que des remparts, les vieilles rues des vieilles rues, le centre historique était en effet historique et les maisons à colombages du XVIe étaient transfigurées par de magnifiques enseignes de téléphonie portable ou de lingerie fine. Les culottes avaient tendance à remonter, ces derniers temps, parfois jusqu'au nombril. Je ne sais pas si c'était de bon augure. Rien de très flamboyant donc, sauf peut-être ce saule pleureur face à la tour du Connétable, dont les branches descendaient s'abreuver dans le petit ruisseau nommé La Marle qui délimitait les jardins des remparts. Franchement, j'adorais cet arbre aussi chevelu qu'un beatnik négligé, presque incongru dans ce parc trop bien dessiné.

Tout le monde le sait, Vannes est la préfecture du Morbihan, l'ancienne capitale des Vénètes, un temps capitale du duché de Bretagne, la résidence des évêques et c'est une ville plutôt riche, pleine d'embonpoint et sans histoire, du moins en apparence, abstraction faite des dealers aux pieds des immeubles et des bagnoles incendiées dans les cités de la banlieue. Une ville de province en somme, personne n'aime le mot, mais pour Vannes, ça colle plutôt bien. On aurait bien imaginé Chabrol nous torcher un polar sulfureux dans un tel cadre, une belle embrouille politico-financière entrecoupée de quelques scènes de cul bien épicées. Je demandai à Gilles Turlan, l'ami patron de la petite librairie Lenn ha Dilenn (belle appellation qui signifie en français « Lire et choisir ») située derrière la cathédrale, s'il pouvait éclairer ma lanterne. Avec la noble discrétion qui fait tout son charme, il se contenta de tendre le menton pour m'indiquer une direction à travers sa vitrine. Le musée des beaux-arts portait également un joli nom – La Cohue – et se trouvait à une centaine mètres. Le type de l'accueil ne me fit payer que 2,80 € au motif que l'exposition permanente n'était pas encore totalement en place. Au rez-de-chaussée se trouvaient quelques œuvres intéressantes de Charles Cottet, d'Henri Moret ou de Jules Noël, des peintres qui avaient beaucoup travaillé la matière bretonne, puis l'étage était uniquement consacré au travail de Geneviève Asse, une fille du pays, née à Vannes même, qui avait récemment légué ses collections à la ville.

Pour être franc, j'étais bien incapable d'émettre une opinion personnelle, je ne voyais que des grandes toiles recouvertes de plusieurs nuances de bleu, parfois striées d'une ligne horizontale ou verticale. C'était de l'abstraction pure. Je voulais bien admettre qu'elle cherchait à retrouver à travers cette gamme de bleus les couleurs et la lumière du Golfe, je voulais bien admettre aussi que c'était une artiste de renommée internationale dont les toiles étaient exposées dans les galeries les plus prestigieuses du monde mais je restai… comment dire, je restai dubitatif pour ne pas dire que je me sentais un peu couillon. Toujours est-il que Geneviève Asse avait eu un parcours assez impressionnant. Installée à Paris dès l'âge de 9 ans auprès de sa mère, elle s'intéressa très tôt aux artistes contemporains de son époque, Sonia et Robert Delaunay entre autres, et s'inscrivit plus tard aux Arts décoratifs. Durant l'Occupation, elle s'engagea dans la Résistance avant de devenir ambulancière à la Libération dans les armées régulières. C'est ainsi qu'elle participa à l'évacuation des déportés du camp de Theresienstadt. Décorée de la croix de guerre, elle reprit le pinceau, exposa à Milan, Genève, Paris, New York…, fréquenta des pointures de l'art contemporain tels Nicolas de Staël ou Olivier Debré, devint une artiste de renommée internationale. Enfin, c'est à l'Île-aux-Moines qu'elle décida de poser son sac.

Me restait à voir ou plutôt à revoir une fois de plus la cathédrale où se trouvait le tombeau de Saint-Vincent Ferrier de Valencia, un célèbre prédicateur espagnol venu prêcher dans les parages au moment de la guerre de Cent Ans, ce qui expliquait la présence de ce quatuor de touristes Espagnols s'aspergeant de signes de croix à tous les bénitiers. Vincent Ferrier fut canonisé en 1455. Dans une chapelle latérale, un reliquaire abritait la clavicule ou le tibia du bienheureux Pierre-René Rogue, guillotiné sous la Révolution pour avoir refusé de prêter serment à la Constitution. J'en avais un peu ma claque des saints et des martyrs, des vitraux édifiants et des autels oppressants, de toute cette quincaillerie baroque, j'avais besoin d'air et j'étais invité le soir à dîner chez Nadine et Nono, raison pour laquelle, pour ne pas arriver les mains vides comme l'exige l'usage, je me mis en quête d'un chocolatier de renom qui avait pignon sur rue au cœur de la ville. Nadine avait été longtemps prof de lettres et Nono, quand il ne dessinait pas ses petits crobards pour la presse quotidienne, avait passé une bonne partie de sa vie à enseigner la philosophie. La bibliothèque de leur salon avait de quoi vous donner des frissons. Restait à savoir s'ils étaient aussi bons cuisiniers que lecteurs.

De la grisaille avant le soleil
Vingt-et-unième jour
Vannes – Auray

Nono m'avait demandé d'être prêt à huit heures du matin, c'est-à-dire dès la levée du jour, ce qui restait dans mes possibilités. Le dernier rhum avalé la veille avant d'aller au lit n'avait pas laissé trop de séquelles et j'avais passé dans la chambre d'amis du premier étage une nuit fort sereine. Son canot, une simple coque à moteur qui lui permettait de lancer de temps en temps une ligne et d'aller se balader sur les îles du Golfe, était amarré dans une anse de la presqu'île de Conleau, qui est un peu le Cap Cod des Vannetais. C'était un petit coin d'eau et de verdure plutôt bien aménagé avec hôtel de luxe, boulodrome, piscine de mer et sentiers côtiers. Les pins maritimes dispensaient un peu d'ombre et les terrasses des bistrots offraient une vue directe sur le chenal qui donnait accès au Golfe.

Il faisait assez frisquet en ce petit matin et Nono avait bien fait de me conseiller de prendre une laine. Le ciel était d'un gris pâle et la mer d'un gris souris. Son petit rafiot lançait des « popopop » rassurants pour un type comme moi qui n'avait jamais été très à l'aise sur la flotte. On est passé devant la cale de Port-Anna où étaient amarrés deux ou trois sinagots récemment restaurés. Ces embarcations à fond plat permettaient aux contrebandiers et aux braconniers de Séné, dont nous avons dit hier le plus grand mal, de se planquer dans les anses les plus retirées pour échapper à la vigilance des gabelous. Les choses avaient depuis bien changé. Ce territoire miséreux de marécages et d'îlots hostiles était maintenant la cour de récréation des plus fortunés. Devant nous se profilait l'île de Boëdic, ancienne propriété d'un ténor du parquet parisien, au bout de laquelle se dressaient une petite chapelle et un étrange rocher sculpté par un prisonnier de guerre allemand qu'on appelait « le moine ». Tout autour de nous émergeait un chapelet d'îlots comme des croûtons de pain dans une assiettée de soupe.

Le Golfe n'était mer que depuis avant-hier. Il y a 7 000 ans à peine, nos ancêtres traversaient les parages sans se mouiller un seul orteil et les deux plus grandes îles étaient bien sûr reliées entre elles par la terre ferme. Et puis il se passa en ces temps fort anciens une étrange histoire que je vais à présent vous conter. Un jeune noble de l'île d'Arz – appelons-le Pierre-Alexandre – tomba éperdument amoureux de la fille d'un pauvre pêcheur de l'île aux Moines – appelons-la Ginette – qui ne cessait de l'ensorceler par le doux timbre de son chant. Pour les parents de Pierre-Alexandre, il était bien évidemment hors de question d'envisager une telle union, par conséquent ils enfermèrent leur fils dans un couvent. Mais chaque nuit, Ginette venait chanter sa douce mélopée au pied des murs de l'abbaye, ce qui avait le don de mettre les moines en transe et l'abbé prieur en rage. Les prières, les aspersions d'eau bénite, les exorcismes furent vains, la fille n'en démordait pas, elle revenait chaque nuit pousser sa sérénade tandis que Pierre-Alexandre, le jeune noble, se morfondait dans sa cellule tout en mordillant son polochon. L'abbé prit un soir le taureau par les cornes et appela à la rescousse son Créateur qui creusa sans attendre entre l'île aux Moines et l'île d'Arz un chenal aussitôt envahi par les flots. Les îles étaient maintenant séparées à jamais et le couvent pouvait enfin dormir en paix. Et qu'est-il donc advenu de Ginette, la jeune ensorceleuse, la maudite sirène ? me demandez-vous. Hélas, hélas, nous dit la légende, elle se jeta à la mer, de chagrin dit-on, et on n'en entendit plus jamais parler d'elle, pas plus qu'on ne donna de détail sur l'état du polochon de Pierre-Alexandre.

Il avait été convenu que Nono me débarquerait sur l'île d'Arz puis à moi de me débrouiller. Je pouvais prendre la navette en fin de journée pour rejoindre le continent. Il y a quelques années, nous nous étions farcis ensemble, pour les besoins d'un reportage, le tour de l'île aux Moines, la voisine et rivale d'Arz, ce qui représentait une bonne vingtaine de kilomètres à pied mais cette fois-ci, Nono qui avait un agenda de ministre était désolé de ne pouvoir m'accompagner. Quand il m'a déposé au pied du quai de Béluré, j'ai eu pendant deux secondes le sentiment qu'il m'abandonnait sur une île déserte sans même me donner le code wifi.

Pour ceux qui veulent faire à pied le tour de l'île d'Arz (on ne prononce pas le z), et je fais partie de ceux-là, il faut compter seize kilomètres, moins que l'île aux Moines, donc. 250 habitants vivent à demeure sur ce bout de terre, chiffre à multiplier par dix en été, comme d'habitude. J'ai pris d'abord un café à l'hôtel de Béluré où la serveuse m'a aimablement donné une carte de l'île en me souhaitant une bonne balade et avant de me lancer à la conquête de l'île, j'ai jeté un œil sur le tarif des chambres au cas où l'envie me prendrait un de ces quatre de passer un petit week-end en amoureux, hein ? Qu'en penses-tu, mon trésor ? Ma foi, c'était abordable.

Ces trois ou quatre heures de randonnée matinale furent à proprement parler délicieuses. J'affirme ceci en vous regardant droit dans les yeux, Arz est une île magnifique, « un petit paradis » comme se plaisent à le répéter les pancartes qui demandent toutefois aux visiteurs de respecter leur caillou, de tenir leur chien en laisse et de remporter leurs déchets sur le continent, crottes comprises. Tel un petit lutin, je gambadai d'un pas vif, avalant à pleins poumons un air iodé à point. Une heure plus tard, le soleil fit une entrée remarquée sur le Golfe et j'ôtai mon pull. Des colonies de bernaches venues de la lointaine toundra sibérienne viennent ici chaque hiver se réchauffer le derrière et ça jacassait à plein bec dans toutes les anses que je croisais. Ça jacassait, ça caquetait ou ça zinzinulait, peu importe, elles étaient des centaines, des milliers et semblaient s'amuser ici comme des gamins en colonies de vacances. Mais à part ce magnifique moulin à marée de Berno posé sur une digue comme une maison de plastique sur une case de Monopoly (restauré par une association locale), à part ces fascinantes anciennes salines aujourd'hui envahies de salicornes aux couleurs pourpres, à part ces vieilles demeures d'officiers de marine planquées derrière des hauts murs et ces croquignolettes petites maisons de pêcheurs, à part l'énigmatique manoir de Kernouël, résidence du premier maire d'Arz assassiné par les Chouans, à part l'antique dolmen du Lious posté fièrement au milieu de son enclos sacré, à part la délicate et touchante beauté des horizons et des coins de verdure, à part cette surprenante douceur de l'air qui autorisait la plantation d'une vigne expérimentale, à part les délicieuses plages de la Falaise ou de Rudevent, à part ce charmant petit cimetière tacheté de chrysanthèmes en cette veille de Toussaint et les maquettes de navires pendus à la charpente de cette modeste église de la Nativité, qui avait-il à voir sur l'île ? Rien, strictement rien.

Arrivé au bourg, je posai mon sac au Café de la Marine. Les Ildartais, ainsi qu'ils se nomment, en étaient à l'apéro et commentaient les nouvelles de la presse régionale comme s'il s'agissait d'une autre planète. Le reste du monde leur paraissait si loin, Charles Aznavour était un Martien. L'île d'Arz faisait partie de ces parenthèses à peine lisibles qui émaillaient le grand livre de l'univers.

J'avais vraiment apprécié la beauté et la tranquillité de cette île et l'île me le rendit bien. Un soleil quasiment estival, commandé sans nul doute à mon unique intention par l'office de tourisme qui avait été prévenu de ma visite, s'écrasait contre la façade du restaurant de la Fontaine où je pris place en tee-shirt pour commander une bière ainsi qu'une tarte poireaux-saumon. Il était bientôt temps pour moi d'attraper la navette du retour (dix minutes de traversée, 7,80 €) et de reprendre ma route, presque à regret. Cette île méritait que j'y demeure au moins une nuit, que je puisse y voir le crépuscule et y goûter les premières lueurs du jour mais c'était ainsi, il fallait accepter le cahier des charges que je m'étais assigné. Ce qu'on ne voit pas, ce qu'on a raté, ce qu'on a failli voir et ce qu'on a à peine entraperçu, l'île de Gavrinis, par exemple, tout ceci faisait également partie du voyage, frustrant par essence. Il me fallait à nouveau traverser Vannes ou du moins en éviter le centre par sa périphérie, passer le bourg d'Arradon et continuer à glaner ce que je pouvais glaner jusqu'à la fin du jour mais je savais par avance que rien n'égalerait ce que j'avais vu à l'île d'Arz.

J'ai mis le bout du nez dehors le temps d'une courte pause à Larmor-Baden, face à l'île Berder, ancienne propriété de la duchesse d'Uzès avant de devenir celle d'une congrégation religieuse puis d'être récemment cédée à un groupe financier qui y projetait la construction d'un hôtel quatre étoiles. Puis je me suis garé un peu plus loin au Bono, dans une rue menant jusqu'au pont suspendu qui surplombait le port. Le grand navigateur Bernard Moitessier, le « vagabond des mers du sud » comme il se définissait lui-même, y était enterré. Je ne m'intéressais que de très loin au monde de la voile et aux grands exploits océaniques mais il faut se souvenir que Moitessier, annoncé vainqueur au terme d'une course autour du monde en solitaire en 1968, renonça au dernier moment à franchir la ligne d'arrivée, fit demi-tour et mit le cap vers la Polynésie où il passa une bonne partie du reste de sa vie à militer contre les essais nucléaires dans le Pacifique. Ce loup de mer méritait bien sa sépulture, une simple pierre d'ardoise plantée droit dans le sol, autour de laquelle étaient déposés en vrac par ses admirateurs divers objets aussi hétéroclites que des coquillages et des galets, des poulies et des cordages, et même un harmonica.

En parlant de cimetière, je savais que se trouvait non loin d'ici un « Jardin de Mémoire » où je m'étais arrêté par hasard il y a quelques années au cours d'une de mes virées. Les gens faisaient un trou dans la terre, y versaient les cendres de leur défunt et plantaient un arbre par-dessus. J'avais vu des familles pique-niquer à l'ombre d'un érable ou d'un olivier en pleine croissance, j'avais vu des gamins courir à travers le parc et des couples s'enlacer et j'avais trouvé cela plutôt émouvant, en tout cas moins morbide que ces tombes grises alignées comme à la parade dans nos habituels cimetières, si fleuris fussent-ils en cette saison. N'étant toujours pas décidé sur ma destinée posthume, ni à quelle sauce je voulais être incinéré, enterré ou dépecé comme Bertrand du Guesclin, livré aux asticots du caveau familial de Locmalo ou bien éparpillé en cendres depuis les hauteurs du Tuchenn Gador, je m'étais dit que c'était finalement un endroit assez paisible pour y passer, sous un pin parasol, un petit bout d'éternité, bien entouré d'un bon millier de co-défunts. Le terrain dégoulinait lentement vers la rivière du Bono, je m'y voyais déjà, prêt pour le grand roupillon. Les arbres étaient plantés sans ordre précis, un peu à la va-comme-je-te-pousse, le cas de le dire. J'imaginais cette ancienne amoureuse, Delphine G. dont j'ai déjà évoqué les charmes en passant par le Croisic, vêtue de sa belle robe noire et de ses dessous les plus coquins, s'asseoir sur l'herbe pour déguster un verre de sauvignon bien frais en versant, si ce n'était pas trop demander, une petite larme sur mes cendres qui gisaient six pieds sous terre, tout en se mordillant les lèvres, rongée par le remords de m'avoir lâchement largué la nuit du 21 septembre 1977 pour aller se jeter aussi sec dans le lit d'un quelconque abruti. Jusqu'au jour où j'ai appris qu'un règlement européen, sans que j'en sache la raison, interdisait ce genre de lieu cinéraire depuis 2007. Ce Jardin de Mémoire de Pluneret restait donc unique en son genre et il n'y avait plus une seule place de libre. Tant pis, il me faudrait chercher autre chose. Sainte-Anne d'Auray, par exemple ?

Le 7 mars 1625, sous le règne de Louis XIII, un nommé Yves Nicolazic, modeste mais courageux paysan illettré du village de Ker Anna en Pluneret découvre en labourant son champ de Bocenno une statue vieille de neuf cents ans censée représenter sainte Anne, la mère de la Vierge Marie. Cette découverte n'est pas un hasard, même si en règle générale les apparitions se font devant de jeunes bergères plutôt que de vieux paysans, aussi modestes mais courageux soient-ils. Depuis quelques mois, sainte Anne lui est apparue en vision à plusieurs reprises. Il en a parlé autour de lui et tout le monde lui a ri au nez en lui conseillant de diminuer sa consommation d'eau-de-vie. Cette fois-ci, c'est sainte Anne en personne qui, par l'intermédiaire d'un flambeau que Nicolazic tient entre les mains, le guide jusqu'à la Sainte trouvaille et comme il est accompagné par des témoins, il a désormais suffisamment d'arguments pour rabattre le caquet de tous ces mécréants. Anne exige qu'une église soit bâtie en son honneur en lieu et place d'une chapelle qui s'élevait déjà ici même au Xe siècle. Aussitôt dit, aussitôt fait, on se met illico au boulot pour édifier un balèze de sanctuaire. Le succès est immédiat.

Comme chacun sait, Anne, la mère de la Sainte Vierge, autrement dit la mamie de Jésus, naquit en Bretagne, du côté de Douarnenez. Elle épousa un gars du coin dont l'histoire n'a pas retenu le nom et, une fois veuve, s'expatria en Palestine où elle prit en secondes noces un autochtone qui lui fit un enfant qu'elle prénomma Marie, donc. Puis, las des frasques de son petit-fils et allergique au climat trop sec des rives du Jourdain, elle revint au pays pour jouir d'une retraite paisible. Certains lui attribueraient même la recette du kouign amann, ce qui reste à prouver. Toujours est-il qu'Anne de Bretagne avait été proclamée patronne des Bretons – *Mamm goz ar Vretoned* –, qu'une kyrielle de cantiques avaient été écrits à sa gloire et que le pardon du 25 août attirait chaque année plus de 50 000 personnes, dont Louise Calloc'h, feu ma grand-mère paternelle, qui ne l'aurait manqué sous aucun prétexte. C'était aujourd'hui le deuxième lieu de pèlerinage en France, après Lourdes, bien sûr. Le 20 septembre 1996, Jean-Paul II se rendit à Sainte-Anne d'Auray. C'était la première fois qu'un pape venait en Bretagne alors forcément, ça attira la foule. 150 000 pèlerins au bas mot sans compter toute une flopée de journalistes venus des quatre coins du monde.

Il semblerait toutefois qu'il y ait eu confusion entre Anne (que la Bible semble ignorer) et Ana (ou Dana), une des déesses du panthéon celte, et carrément mère des dieux de l'antique mythologie armoricaine. Ana est celle qui nous aide à passer de l'autre côté du fleuve, de la rive de l'ignorance à celle de la connaissance, et nous donne la clé du savoir par lequel on entre dans le monde mystérieux de l'écriture comme les statues de nos chapelles la représentent, aussi bienveillante qu'exigeante, un livre grand ouvert sous les yeux de sa fille. La Vierge savait-elle lire ? La Bible ne nous éclaire pas beaucoup sur le sujet. Lisait-elle autre chose que la Bible ? Les livres profanes ou les contes impies qui parlent d'amour ? Qui parlent d'amour, de voyages et de rêves. Toujours est-il qu'Ana est devenue Anne et les Bretons en ont fait leur reine, leur duchesse, leur patronne, leur sœur, leur maîtresse *qui châtie et pardonne*, comme dit le cantique. *Et qu'on prie à genoux*. Raison qui expliquerait que la statue ait été trouvée au hameau de Keranna où vivait Nicolazic. Mais on chipote, on chipote… Sainte Anne est née devant la baie de Douarnenez, point barre, et honni soit qui mal y pense.

La basilique que l'on voit aujourd'hui ainsi que les bâtiments annexes dont la fontaine monumentale et la fameuse *Scala Sancta* datent du milieu des années 1860 et sans vouloir blesser personne, force est d'admettre en toute bonne foi que c'est très moche, que c'est même vraiment très moche. Et aussi un peu déprimant. Quand j'étais enfant et que j'accompagnais ma grand-mère, tout ce décorum m'impressionnait vraiment. J'en prenais plein les mirettes. Je croyais en Dieu comme je croyais au Père Noël et de toute façon, la question ne se posait même pas. J'avalais tout ce que me racontait ma grand-mère comme pain béni et parole d'évangile – pourquoi m'aurait-elle menti ? Hein… pourquoi ? – et cette impressionnante statue qui dominait le sanctuaire comme une fusée sur sa rampe de lancement, on dira ce qu'on voudra, mais ça avait quand même une sacrée gueule. On revenait à la maison par le car de Pontivy. Je tenais serré contre ma frêle poitrine une petite fiole en plastique offerte par ma grand-mère qui représentait la Vierge Marie et qui était, tenez-vous bien, remplie à ras bord d'eau bénite. Je peux vous certifier qu'avec un tel cadeau, aucun gosse de la planète n'était aussi heureux que je l'étais à ce moment-là.

Je suis entré dans la basilique et j'en ai fait le tour, essayant de grappiller quelques miettes de nostalgie mais peine perdue, toutes ces bannières, ces confessionnaux, ces écrans vidéo, toute cette quincaillerie ne m'apportait pas le moindre soupçon de grâce, ou tout au moins de consolation. Je respectais ma grand-mère mais Dieu était mort le jour même où j'avais cessé d'y croire. Les prix des cierges et des veilleuses s'étalaient dans une fourchette allant de un à dix euros, un euro pour le chauffe-plat et dix pour la grosse bougie arborant le portrait de Jean-Paul II. Pingre et procédurier comme je peux parfois l'être lorsque la moutarde me monte au nez, j'ai fait dans ma tête un petit calcul mental d'une mesquinerie sans nom. Au bas mot, 3 000 € (trois mille euros !) étaient en ce moment même en train de partir en fumée sur les candélabres et ce n'était qu'un simple jour de semaine, hors saison qui plus est.

La *Scala Sancta* – « le saint escalier » – que Louise Calloc'h gravissait à genoux en prenant bien soin de réciter à chaque marche un *Je-Vous-salue-Marie* était aujourd'hui squatté par les ados de Sainte-Anne-d'Auray qui, ne l'oublions pas, est une commune comme les autres ou presque, avec des écoles, une mairie, des lotissements, une boucherie-charcuterie et peut-être même une équipe de foot. C'était visiblement un super endroit pour se retrouver le soir après les cours, se griller une petite cibiche en mode hypercool et faire un peu de gringue aux filles qui vérifiaient leur rouge à lèvres dans l'application « miroir » de leur portable. Je ne savais pas ce qu'ils pensaient de leur présence en ces lieux, s'ils envisageaient de consulter un avocat afin d'engager des procédures judiciaires contre leurs parents qui les avaient contraints de grandir dans un tel patelin ou s'ils considéraient simplement toute cette pompe architecturale comme une sorte de Disneyland pour vieilles rombières et curés décatis. Je n'avais aucune intention de les enquiquiner avec des questions déplacées mais quand même, voir ces deux jeunes tourtereaux se tirer de visqueux palots sur les mêmes marches où ma grand-mère s'esquintait les genoux jusqu'au sang me fichait un sacré coup au moral.

D'ailleurs, tout me démoralisait. Ainsi le mémorial de la Première Guerre mondiale censé porter les noms des 240 000 Bretons morts au champ d'honneur. Ce chiffre était un mensonge (tous les historiens s'accordent aujourd'hui pour évaluer le nombre de pertes autour de 140 000, ce qui est déjà énorme), mais gonfler les chiffres, ça arrangeait un peu tout le monde. En premier lieu, les nationalistes bretons qui s'insurgeaient contre le prix du sang versé injustement à la République et qui voyaient là la preuve de l'oppression jacobine, mais aussi ladite République qui se flattait du sacrifice des soldats bretons au service de la Patrie, preuve de leur attachement à la France. *Potius Mori Quam Foedari* – « Plutôt la mort que la souillure » – proclamait la sentence gravée sur le granit rose de Ploumanac'h. Mais les braves troufions de Verdun, du Chemin des Dames ou de Craonne n'ont jamais eu vraiment le choix. Ils ont pour la plupart écopé de la double peine : la mort et la souillure.

À la sortie de la ville se trouvait la nécropole nationale où étaient alignées comme à la parade des centaines de tombes de soldats tués sur les fronts de la guerre de 1870/71 et des deux guerres mondiales. L'endroit était d'une rigoureuse sobriété. Un carré était réservé aux soldats belges mais il y avait aussi des musulmans d'Afrique, des Russes, quelques Anglais et même un Chinois qui reposaient là, loin du tumulte, loin de chez eux, sous une croix blanche balayée par un vent froid venu de l'est. J'avais vu des endroits plus gais et des jours plus ensoleillés. Terminé pour aujourd'hui.

Dégradation automnale

Vingt-deuxième jour
Auray – Plouharnel

En 1776, Benjamin Franklin débarqua au port de Saint-Goustan pour solliciter l'aide militaire et financière de la France dans la lutte qui opposait les jeunes colonies américaines à la toute-puissante Grande-Bretagne. L'objectif avoué et dûment gravé dans la Déclaration d'Indépendance était de créer une nouvelle nation reposant sur des principes « de liberté, de justice et de droit au bonheur ». Deux cent quarante ans plus tard, Donald Trump était élu président des États-Unis d'Amérique. Oui, je sais, c'est un peu difficile à admettre, ou tout au moins à comprendre, mais ne comptez pas sur moi pour vous expliquer comment les Américains ont-ils pu partir de ce point A pour arriver à ce point B. Les voies de la Démocratie sont semble-t-il impénétrables. Quoi qu'il en soit, le quai s'appelait quai Benjamin Franklin, le lycée idem, ainsi que le bistrot qui faisait face à la rivière et sur la terrasse duquel je m'étais assis hier en fin de journée pour commander une bière et trinquer, tout solitaire que je fus, à la liberté, à la justice et au droit au bonheur.

Comme je l'ai dit plus haut, la visite de Sainte-Anne d'Auray m'avait laissé un goût amer dans la gorge, un arrière-goût d'encens et de sang. J'avais l'âme chagrine et une bouillie pâteuse s'était collée à mon palais. J'avais réellement eu besoin de cette bonne bière, sur cette terrasse du port de Saint-Goustan, pour me rincer le gosier. Après quoi, je pouvais assister à la tombée du jour sur la rivière d'Auray, me permettre de faire quelques emplettes dans les magasins de cette agréable ville et regagner ma maison roulante par l'étroite ruelle Saint-Sauveur qui montait vers un petit parking où je m'étais garé, non loin du cimetière. Ma foi, la nuit s'était passée sans embûches sous deux couches de couette et nul fantôme, qu'il appartienne à la confrérie du sabre ou à celle du goupillon, n'était venu perturber mon sommeil.

Je fus debout dès potron-minet et une fois mon thé avalé, mes dents brossées et le bout de mon nez débarbouillé avec les moyens du bord, je fis pipi derrière un taillis et quittai la ville au moment où une foule de gens se rendait au bureau, au lycée, aux courses, chez le coiffeur, le dentiste ou le magnétiseur, que sais-je encore. Ils semblaient tous baisser la tête vers leur destination avec l'air obstiné d'un Sisyphe remontant sa lourde pierre sans renâcler. C'était pour moi un peu étrange. Je ne me sentais pas vraiment en vacances mais je ne pouvais décemment pas me considérer au travail, j'en connais une qui m'aurait rigolé au nez. Disons que j'étais une sorte de voyageur à la solde d'une organisation clandestine aux ramifications secrètes, un espion déguisé en représentant de commerce travaillant en *free lance*, un aventurier qui ne s'aventurait que dans des terres connues. Sans plaisanter, l'aube commençait à devenir vraiment frisquette et j'en concluais un peu tristement que ce soir serait peut-être ma dernière nuit dans le van.

À la sortie d'Auray sur la route de Carnac, disons à deux ou trois kilomètres, se trouvait le joli village de Kerléano, lieu de naissance de Georges Cadoudal dont d'ailleurs l'élégante demeure avait été conservée et restaurée. Au centre s'élevait, sur une petite butte, son mausolée, monument en rotonde tout aussi élégant, inspiré de l'architecture italienne de la Renaissance, bâti en 1830 après bien des vicissitudes aussi bien financières que politiques. La guerre civile avait fait rage dans le secteur. En juillet 1795, près d'un millier d'émigrés et de chouans avaient été fusillés par les troupes de Hoche au lendemain du débarquement de Quiberon – une « chapelle expiatoire » avait été construite sur un « champ des martyrs » du côté de Sainte-Anne – et forcément, personne n'avait intérêt à rouvrir la plaie, qui plus est à financer un monument qui risquait de semer la discorde. Le roi Charles X y mit un peu de sa poche mais après la Révolution de 1830, les légitimistes n'avaient plus bonne presse. Donc, à la famille de se débrouiller si elle tenait tant que ça à achever la construction du mausolée et rendre au bonhomme l'hommage qu'il était censé recevoir.

Cadoudal, commandant en chef des armées catholiques et royales de Bretagne, était considéré comme l'un des généraux les plus intransigeants et les plus téméraires de la chouannerie. Ardent royaliste, il fut de 1793 à sa mort de tous les combats. Contre la Convention, contre le Directoire ou contre le Consulat. Bien que Bonaparte lui ait à plusieurs reprises proposé de collaborer avec le nouveau régime, il fut accusé de complot et guillotiné le 25 juin 1804 en criant « pour Dieu et mon Roi » face à l'échafaud. Le slogan était très couru à l'époque. Son corps fut livré aux étudiants de l'école de médecine pour la dissection puis son squelette servit à des leçons d'ostéologie, ce qui parait-il amusa beaucoup l'Empereur. À titre posthume, Louis XVIII l'éleva à la dignité de Maréchal de France. Le mausolée accueillit ses « restes » en 1852 et depuis 1989, il était propriété de la ville d'Auray.

L'endroit était un peu curieux mais reposant, aménagé en un agréable parc où, malgré l'heure encore matinale, quelques anciens chouans venaient faire pisser leur chien avant de s'asseoir sur l'un des bancs pour se raconter entre copains les hauts faits d'armes de leur guerre contre les Bleus.

Pour en finir avec le golfe du Morbihan, il me fallait faire un petit saut jusqu'à la pointe de Kerpenhir, sise en la paroisse de Locmariaquer. La pointe se trouvait juste en face de Port-Navalo, tête orientale de la presqu'île de Rhuys, et les deux presqu'îles se refermaient comme des pinces de crabe sur la mer intérieure. Entre elles, un étroit goulet permettait à l'océan de pénétrer le continent. Une statue de la Vierge avait été érigée à l'extrémité de la pointe, face aux îles de Houat et de Hoëdic qu'il me tardait à présent de découvrir. Bien que le ciel fût voilé d'un gris métallique entêtant, la luminosité était parfaite. Une vieille dame promenait son chien, un pêcheur lançait sa ligne depuis les rochers et, ne sachant trop quoi faire de mes deux guibolles, je fis un brin de balade le long de la côte.

Locmariaquer est mondialement connu pour son ensemble mégalithique mais je n'étais pas venu sur les lieux depuis des décennies, et peut-être même depuis l'enfance où l'on pouvait encore jouer aux cow-boys et aux Indiens en grimpant sur les cairns et les dolmens tout en poussant des cris sauvages de pithécanthropes sans se faire rabrouer par les gardiens. Oui, on avait encore un peu de mal à faire la distinction entre le Néolithique et le Far West, c'était encore un peu confus dans nos petites têtes. Aujourd'hui, le site était fort heureusement clos et le sésame coûtait 6 €. Bien sûr, tout cela avait été aménagé dans le plus grand respect archéologique et de nature à accueillir et instruire le visiteur dans les meilleures conditions, par conséquent c'était forcément un peu moins rustique qu'avant. Étant sur place dès l'ouverture, j'avais le privilège d'être le premier et l'unique client. L'herbe était humide, les pierres aussi et quelles pierres, nom d'une pipe, quels cailloux ! Sur un champ à peine plus étendu qu'un terrain de foot, on se trouvait face à une véritable leçon d'archéologie. Un mastoc de menhir de 21 mètres de haut, couché et brisé en quatre morceaux, gisait sur l'herbe comme un géant vaincu par la foudre. Le tumulus d'Er Grah, jadis une impressionnante pyramide, était en piteux état pour avoir longtemps servi de carrière, puis carrément de parking. Le clou du spectacle, c'était la Table des Marchands, un cairn surplombant un énorme dolmen à couloir aux pierres savamment gravées. L'ensemble datait du Néolithique, soit environ six millénaires.

Quand Flaubert est passé par là au milieu du XIXe siècle, le dolmen était à nu et d'ailleurs d'anciennes cartes postales nous le montrent ainsi. Il remarqua les dessins gravés ainsi qu'un tronc pour les pauvres. Ce qui est étonnant quand il évoque le grand menhir brisé, c'est qu'il utilise encore le mot breton originel : *Peulvan*. Pour ceux qui ne seraient pas au jus, le néologisme *menhir* est formé de *men*, « la pierre » et de *hir*, « haut ». Il en va de même pour *dolmen* (*daol*, « la table » et *men*, « la pierre »). C'est ainsi que des mots bretons sont devenus universels et d'ailleurs, Flaubert remarque déjà qu'à partir de Carnac, « *on ne parle presque plus français* ». Quelle langue parlait les hommes qui ont dressé ces pierres ? Ce n'était pas des Celtes comme on l'a longtemps cru, encore moins d'improbables populations venues de l'Atlantide, ou même d'autres planètes, comme l'ont suggéré des hypothèses un rien fumeuses, en tout cas, j'aimerais bien qu'on nous explique enfin comment ces hommes de la préhistoire se sont débrouillés pour tailler dans la roche un menhir de 350 tonnes et le déménager à dix kilomètres de son lieu d'extraction pour le planter dans ce champ de Locmariaquer.

La Trinité-sur-Mer ne m'intéressait pas, mais alors pas du tout. Certes, Jean-Marie Le Pen – « homme politique français », comme dit pudiquement Wikipédia – y était né en 1928 (quelle longévité, bravo !) mais ce n'est pas pour cette raison que je boycottai la paroisse, et les Trinitains n'y étaient pour rien, les pauvres. Enfin… les pauvres, je me comprends. Les trimarans et les catamarans amarrés au port n'invitaient guère au voyage, le front de mer n'avait rien de très bandant, les prix affichés aux vitrines des agences immobilières me semblaient surréalistes et je me souvenais d'un salon du livre en pleine période estivale où je n'avais pas signé un seul bouquin. Entendez bien, pas un seul. Que dalle ! À croire que personne ne leur avait appris à lire. Rancunier, je filai donc vers Carnac, là aussi un lieu universellement connu où je n'avais pas mis les pieds depuis des lustres. Les premiers alignements pointaient leur nez à la sortie de La Trinité. Des dolmens, des menhirs, des cromlec'hs ou des *peulvans*, il y en avait partout dans la région, comme si une pluie de météorites s'était écrasée à la suite d'une sorte de big bang interstellaire. J'ai garé le van sur un terre-plein près d'un centre équestre où batifolaient une quinzaine de gosses sur des poneys shootés au Lexomil et j'ai suivi une pancarte qui indiquait le géant du Manio, un maousse de 6,50 mètres de haut mais qui devait sans doute s'élever à plus de 20 mètres avant qu'il ne soit frappé lui aussi par la foudre. Je collai le front contre sa masse pendant une bonne trentaine de secondes, espérant chaparder un peu de son énergie, comme le faisaient jadis les jeunes épouses qui souhaitaient avoir un enfant. Certains croyaient dur comme fer à la puissance des courants telluriques dont ces grandes pierres phalliques étaient en quelque sorte les entremetteurs avec le monde terrestre. Après tout, ça ne coûtait rien d'essayer, non que je veuille à nouveau être papa, merci bien, j'avais déjà assez donné, mais j'arrivais à un âge critique où je devais mettre toutes les chances de mon côté.

À ce jour, aucun scientifique n'est en mesure d'expliquer rationnellement ce phénomène. Certes, personne ne doute que ces tas de cailloux ont été érigés pour abriter la sépulture des puissants de l'époque – ceux de Kercado et de Saint-Michel (30 000 mètres cubes de terre et de pierres) que j'avais visité dans la matinée en étaient de parfaits exemples – mais pour ce qui est des alignements, c'est toujours mystère et boule de gomme. Six mille menhirs plantés à Carnac entre 4900 et 2200 avant Jésus-Christ, comme s'ils n'avaient rien eu de plus important à faire. Dans son récit de son voyage, Flaubert consacre cinq pages pour élucubrer les diverses explications au phénomène, parfois poétiques, fantasques et pompeuses pour la plupart. Il écrit : « *On ouvre, devant, des yeux naïfs et, tout en trouvant que c'est peu commun, on s'avoue cependant que ce n'est pas beau. Nous comprîmes donc parfaitement l'ironie de ces granits qui, depuis les Druides, rient dans leurs barbes de lichens verts à voir tous ces imbéciles qui viennent les visiter* ».

Les druides n'avaient rien à voir là-dedans, comme quoi cette interprétation est bien antérieure à Astérix et Obélix, mais les « imbéciles » étaient toujours là, se prenant en selfie devant les pierres ou cherchant à les escalader malgré les panneaux d' « interdiction formelle ». J'ai fait quelques pas autour des grillages qui cernaient les champs d'alignements. Ce n'était pas laid, comme le prétendait Flaubert avec cette moue de bourgeois parisien qui, au fil des pages, ne le quittait guère, c'était juste étrange, inexplicable, dérangeant presque. Sous un ciel uniformément gris, de paisibles moutons noirs paissaient dans la lande au milieu de l'un des secrets les mieux gardés et les plus sacrés de l'histoire de l'humanité.

Carnac était un bourg actif avec des boulangeries, un bouquiniste, une maison de la presse et une belle église dédiée à saint Cornely, patron des bêtes à cornes qui, comme chacun sait, avait pétrifié d'un coup de goupillon une armée de six mille soldats qui s'étaient lancés à sa poursuite, ceci expliquant une fois pour toutes la présence de ces alignements, point final. Sur la route de la plage se dressaient les grands hôtels et les établissements de thalassothérapie et au bout se trouvait donc la plage où Flaubert et son ami Maxime Du Camp faisaient des pâtés de sable pour passer le temps. C'est également l'endroit que je choisissais pour ma pause méridienne.

La ville abritait également un Musée de la préhistoire que je tenais à visiter et bien m'en prit car c'était vraiment un lieu passionnant, fondé au départ par un Écossais féru d'archéologie nommé James Miln qui légua ses collections à la ville. Celui-ci avait embauché un jeune gars du pays, pour l'aider dans ses recherches, un certain Zacharie Le Rouzic qui deviendra, à la mort de l'Écossais, le premier conservateur du musée. Bien que peu instruit, le petit Zacharie va apprendre sur le tas, s'initier à la photographie et devenir un archéologue reconnu. Le musée possédait plusieurs salles sur deux étages et l'entrée coûtait 9 €, ce qui me semblait un peu élevé, non pour moi qui faisait passer tout ça dans mes frais généraux déductibles des impôts, mais peut-être pour des familles plus modestes qui devaient faire un choix cornélien entre le musée ou la pizzeria. En général, c'était le pizzaïolo qui s'en sortait gagnant.

On y trouvait les habituelles collections de poteries, de silex et de bijoux découverts au fond des tumulus, dont cette fameuse parure en callaïs, une pierre précieuse importée de la péninsule ibérique et avec laquelle les hommes du Néolithique taillaient des perles pour en faire des pendeloques et les pendre au cou de leurs amoureuses. Ce qui prouvait deux choses : d'une part, la coquetterie et le goût des accessoires étaient une passion très ancienne et d'autre part, le design des bijoux n'avait pas vraiment évolué depuis six mille ans. Cette parure de perles en variscite d'un tendre vert émeraude découverte dans cette tombe de l'île de Hoëdic n'aurait absolument pas dépareillé sur les gorges nues de nos actuelles compagnes. La mienne, au demeurant, en portait de semblables, qu'elle achetait trois francs six sous au petit magasin de frivolités du coin de la rue. J'ai demandé à l'accueil si par hasard il s'en vendait des reproductions et en effet, oui. Ça marchait d'ailleurs si fort que le stock était épuisé. La dame était désolée.

Au deuxième étage, une exposition était consacrée à Marthe et Saint-Just Péquart, un couple d'archéologues lorrains, à l'origine de plusieurs découvertes capitales dans la région. De 1915 à 1934, ils avaient inlassablement fouillé les parages, exhumé des squelettes et mis au jour ces fameuses parures et bijoux. Considéré comme l'un des pères de l'archéologie moderne, Saint-Just Péquart connut une fin de vie moins glorieuse. Il s'engagea dans la milice en 1943, en apportant notamment son soutien financier, et fut fusillé à Montpellier le 11 septembre 1944 en dépit de l'ordre exprès donné par de Gaulle de cesser immédiatement les exécutions sommaires.

L'heure tournait et je devais penser au retour. Sur la route, la petite chapelle Saint-Colomban – encore une fois du XVIe siècle – située à l'ouest du bourg, possédait la particularité de receler un arbre à prières, disons une composition de branchages où chacun pouvait inscrire ses doléances, ses espérances ou ses chagrins sur un petit bout de papier plié à la façon d'un origami. C'était assez mignon. Un écriteau avertissait que les prières manuscrites étaient brûlées en un même brasier le jour du pardon de la Saint-Colomban. Il est dit que ce moine venu d'Irlande au VIe siècle guérissait de la démence. Il suffisait de plonger la tête de l'idiot du village dans les eaux de la fontaine, ce qui était censé faire grosso modo l'effet d'un électrochoc, et l'idiot en question s'en sortait avec en plus une pneumonie carabinée.

Que me restait-il à voir dans les parages ? L'abbaye bénédictine Saint-Michel de Kergonan à Plouharnel ressemblait lourdement au manoir de Poudlard dans les films de Harry Potter et ne donnait absolument aucune envie d'y mettre les pieds, fut-ce le temps d'une petite prière, et pas seulement parce que le curé d'Uruffe y avait fini ses jours. Cet incorrigible chaud lapin qu'on appela le prêtre fornicateur avait été condamné à la perpétuité pour avoir assassiné sauvagement Régine Fays, sa maîtresse de 19 ans, ainsi que l'enfant de huit mois qu'elle portait en son ventre, non sans leur avoir préalablement accordé l'absolution dans un grand élan de piété. Un peu embarrassée, l'Église organisa à ses frais des cérémonies expiatoires dont on ne sait quels en furent les effets. Après vingt-deux années de détention, le curé d'Uruffe se retira en cette abbaye de Kergonan où il mourut en 2010 dans la paix du Seigneur. Je fis quand même quelques pas sur la grande allée jusqu'à une imposante église des années soixante encastrée dans le reste des bâtiments. C'était lourd, très laid, sans âme, j'allais dire sans Dieu, vraiment déprimant. Suis aussi vite sorti. Le vent balayait les feuilles mortes, le vent balayait tout ce qui traînait, les crimes et les pardons, le vent se fichait de tout.

CINQUIÈME ÉPISODE

Un peu de pluie, beaucoup de nuages

Vingt-troisième jour
Quiberon – Hoëdic

Il y a bien longtemps, j'avais écrit ces quelques notes que je retranscris ici mot à mot en prenant toutefois bien soin d'ôter les passages trop salaces :

« Que faire à Belle-Île ? Marcher, manger, se frotter contre les rochers, dessiner, flemmarder, prendre des photos que tout le monde prend, regarder, se délecter, voir, sentir, jouir, boire, fumer (avec modération !), prendre l'apéro en terrasse, se protéger de la pluie sous les pins, s'allonger sur le sable en pleine lumière, tremper les pieds dans l'eau froide, écouter le bruit du ressac et celui du vent, pique-niquer sur la grève de Ster-Ouen, contempler, méditer, oublier, s'oublier, pisser dans la lande, avaler des moules-frites, se saouler un peu, regarder les vitrines des magasins, fixer la ligne d'horizon de l'océan, parler de la mort en visitant le cimetière de Sauzon, pénétrer dans une église sans intérêt, visiter le fort de Sarah Bernhardt et s'émouvoir devant sa chambre, ne pas visiter la Citadelle de Vauban, grignoter une pomme et lancer le trognon dans un tas de goémon, jeter des galets à la mer, ramasser dans un sachet un peu du sable de Port-Donnant, réfléchir à la couleur et à la lumière, inventer des animaux à partir du profil des rochers, fantasmer, rêver, dormir dans la chambre n° 13 de l'hôtel des Acadiens (Le Palais), faire pareil dans la n° 10 de

l'hôtel du Phare (Sauzon), écouter la pluie frapper le Velux, se chauffer au soleil, frissonner sous le vent, frémir devant les falaises vertigineuses, grimper des raidillons, arpenter le chemin côtier, frémir devant la beauté du monde, rire, râler, voguer sur le pont d'un bateau, avaler du sel et du vent, prendre un petit-déjeuner en terrasse en regardant le port, se moquer des autres touristes, fredonner la chanson de Voulzy, Belle-Île-en-Mer, Marie-Galante, *faire de l'auto-stop, marcher encore, s'amuser en observant des golfeurs, se dire que tout bien réfléchi, ça ne vaut pas Ouessant, loin de là, mais qu'on reviendra peut-être, une autre fois... Et revenir sur le continent le jour de la Toussaint pour pester contre ces bourgeois repus qui envahissent Quiberon. »*

Voilà pour Belle-Île, quelques notes écrites vite fait dans la foulée d'un week-end prolongé. Les photos ne me suffisent pas et de toute façon, je ne les regarde guère, il me faut des mots. Nul besoin de phrases structurées, de coquetteries littéraires, non, juste des mots à la queue leu leu, mais non sans queue ni tête. Comme le collectionneur de collections de Lizio, j'accumule les carnets de notes et les cartes postales, je garde les reçus des hôtels et des restaurants où je suis passé, les billets d'avion ou de train, les entrées de musées et je planque le tout dans des boîtes à chaussures, aussi précieusement que s'il s'agissait d'un journal intime. Mon exécuteur testamentaire aura bien du souci à se faire.

Donc, pas d'escale à Belle-Île pour cette odyssée et j'en demande par avance pardon auprès de ses habitants qui méritent cependant tous nos encouragements. Pas facile en effet de vivre sur une île qui subit une pression immobilière galopante et doit de surcroît se coltiner l'éternelle rengaine de Laurent Voulzy. En revanche, j'ignorais tout de Hoëdic et de Houat, les deux petites îles qui dégoulinaient du Morbihan comme deux larmes sous une paupière, les deux îles sœurs, comme on les nommait parfois en oubliant qu'elles ne pouvaient pas se blairer. Nous étions arrivés la veille à Quiberon, peu de temps avant la tombée de la nuit, ce qui nous avait permis de longer la côte sauvage sur la façade occidentale de la presqu'île. Ça valait le coup d'œil. Sans être en furie, disons que l'océan semblait légèrement irrité. Après quoi, nous nous mîmes en quête de notre hôtel.

Je dis « nous » car en la circonstance, je ne partais pas seul. J'avais proposé à Pénélope de profiter de sa semaine de vacances pour m'accompagner dans la suite de mes errances, en amoureux, si je puis dire. Et elle non plus ne connaissait rien de ces deux îles. À Quiberon se succédaient les magasins de souvenirs, mais des souvenirs à Quiberon, je n'en avais guère sinon dans mes jeunes années de musicien de rue où je faisais la manche aux terrasses des cafés. On s'était dit qu'il y avait sans doute du pognon à se faire l'été. Les gens ne nous écoutaient pas, ils vidaient leurs fonds de poche afin qu'on déguerpisse au plus vite, c'est du moins l'idée que j'en avais gardée. La saison était maintenant finie. Pas tout à fait, cependant. À Port-Maria, des familles avec enfants profitaient de la fin du jour. Sur la promenade de la Grande Plage, de vieux couples se tenant par la main avançaient à pas paisibles en regardant le navire de Belle-Île rentrer au port. Les caniches en laisse étaient eux aussi de sortie, aboyaient bêtement à l'appel de la sirène. Les ardoises des restaurants proposaient encore le moules-frites à 13 € mais au fond, on sentait bien qu'ils n'y croyaient plus. « On ferme », semblaient-ils tous nous dire en bâillant. La belle et bien achalandée Librairie de Port-Maria allait bientôt baisser son rideau, idem pour les agences immobilières. Seul le portier du casino, engoncé dans un impeccable costume, semblait planté là *ad vitam æternam*, aussi imperturbable que le général Hoche juché fièrement sur son socle de la place éponyme, fougueux héros de la Révolution, mort comme une rock star à vingt-neuf ans, après avoir ordonné froidement l'exécution de 748 « ennemis de la République ». Passons. Malgré la fraîcheur de l'air, les terrasses n'avaient pas baissé pavillon. On commanda un verre de bon vin à l'apéro, blanc pour madame, rouge pour monsieur, qui nous fut servi dans des verres élégants sur lesquels était gravé le profil de la presqu'île et ça, c'est la grande classe. Le barman ne nous fit pas compter de supplément pour le superbe rougeoiement du ciel qui s'enflammait devant nous, au-delà des îles, et nous le remerciâmes pour cette délicatesse.

Nous avions passé une excellente nuit à Quiberon dans un petit hôtel sans prétention situé face à la criée et la providence nous gratifia d'une place gratuite de parking non loin de l'embarcadère. Encore heureux car il tombait de telles cordes qu'un malheureux parapluie pour deux devenait carrément grotesque. Lestés de nos sacs et de nos valises, nous avions l'air de deux pauvres hères chassés du jardin d'Éden. Le bateau de la compagnie Océane qui desservait les îles, le *Melvan*, appareilla à 9 h 25. La pluie cessa progressivement à mesure que nous prenions le large. Le ciel s'éclaircissait devant nous tandis que deux majestueux arcs-en-ciel dressaient une haie d'honneur de toute beauté sur la presqu'île. Au bout de trois quarts d'heure, le navire accosta à Houat pour faire descendre la majorité des passagers puis mit le cap sur Hoëdic. Contrairement à Belle-Île ou à Houat qui se dressaient sur l'océan tels de hauts plateaux bordés de falaises, l'île de Hoëdic ressemblait à un tas de sable abandonné au milieu des flots, comme oublié à l'achèvement d'un chantier. Hoëdic était une sorte d'atoll. La dizaine de passagers restant débarqua sur un quai glissant, prolongé par une petite route bitumée qui montait vers le village, à quelque deux cents mètres.

Comment une île peut-elle d'emblée nous séduire en moins de dix minutes ? Car il semble que c'est ainsi que les choses se passèrent. À peine avions-nous posé le pied sur Hoëdic que nous sentîmes dans l'air un je-ne-sais-quoi de douceur, de simplicité et de modestie, à l'image de cette petite église toute de blanc vêtue, postée sur un tertre qui semblait être le point culminant de l'île. Elle était entourée de son cimetière et chapeautée par un thon en guise de girouette, à moins que ce ne fût un bar. Les maisons étaient petites, recroquevillées les unes contre les autres, pour la plupart blanches de façade également. Il y avait à l'entrée du bourg trois terrains de pétanque et un bistrot nommé La Trinquette qui faisait également office de maison de la presse et c'est tout naturellement que nous y sommes entrés pour prendre un thé bien que l'heure fût plus propice à l'apéritif. Jeanne officiait derrière ce comptoir depuis des décennies et quand elle n'était pas à son commerce, elle s'activait à l'église pour y préparer les fleurs et les décorations de la Toussaint. La Trinquette possédait une collection de coupes et de trophées savamment disposés au-dessus du rayon presse ainsi qu'une armée de figurines de petits cochons exposées derrière le comptoir au-dessus des bouteilles d'apéro. Une inscription proclamait que « *blonde, brune ou rousse, mieux vaut l'avoir à la bière pression qu'en robe de chambre à la maison* ». C'était un bistrot sans chichi, un bistrot pour les gens d'ici, les vieux pêcheurs en retraite qui lisaient le journal en dégustant un rosé bien frais, ou les plus jeunes, pour la plupart venus du continent, qui retrouvaient leur île le temps de ce week-end prolongé. En fait, La Trinquette était un vrai service public. Un hôtel, deux autres bistrots et restos, une petite supérette ainsi qu'une boulangerie-tabac (sic !) complétaient le dispositif commercial de l'île.

Inutile de dresser un tableau trop idyllique, Hoëdic connaissait les mêmes problèmes que les autres îles du Ponant. Elle comptait bon an, mal an 140 habitants en permanence et le chiffre montait parfois jusqu'à 3 000 en pleine saison estivale. 80 % des maisons étaient des résidences secondaires, la plupart appartenant à des Parisiens ou des Nantais, et la pression immobilière faisait monter les prix jusqu'à les rendre inaccessibles pour la plupart des îliens. Une maison isolée au bout de l'île avait récemment trouvé un acquéreur capable de signer les doigts dans le nez un chèque de 800 000 €. Les jeunes étaient donc contraints de s'exiler « en France » – c'était le mot qu'ils avaient choisi pour désigner le continent – pour les études, pour le travail, pour pouvoir vivre tout simplement et revenaient pour les vacances, ou plus tard pour la retraite s'ils avaient la chance d'hériter d'une maison de famille. Du boulot, il n'y en avait guère. La pêche pour quatre professionnels, quelques emplois communaux de service, notamment pour l'aide à domicile, et bien sûr les jobs liés au commerce et au tourisme. La petite école située face à l'hôtel accueillait sept ou huit gamins qui en ce jour de vacances s'amusaient autour du toboggan. Pour le collège, il leur fallait rejoindre Houat.

Plus grave était peut-être le sentiment pour les îliens d'être dépossédés de leur île. La mairie avait publié un arrêt municipal pour interdire le port du maillot de bain et les tenues trop dévêtues hors des plages, ce qui peut prêter à sourire, bien sûr, mais on peut comprendre qu'ils en avaient assez de voir de grosses bedaines et des nibards pendouillant s'exhiber sans pudeur dans les rues du village, les commerces et jusque dans l'église, chose qu'ils ne se permettraient bien évidemment jamais chez eux. Hoëdic n'était ni le Cap d'Agde ni Saint-Tropez et ne tenait nullement à le devenir. Les gens que nous avons rencontrés parlaient parfois du mépris et de l'irrespect de certains touristes et ça les gavait.

On a déposé nos sacs à l'hôtel des Cardinaux et on s'est acheté à la supérette de quoi se faire un casse-croûte. Bien que le ciel fût glorieusement bleu, le vent était plutôt frisquet et c'est à l'abri des remparts du vieux fort militaire qu'on s'est installés pour grignoter une tomate, quelques chips, un morceau de fromage et une banane chacun. On se sentait bien, vraiment bien, avec cette impression que l'île nous était servie sur un plateau d'argent. Les faisans qu'on croisait çà et là n'avaient nulle crainte des chasseurs. Non loin, deux chevaux, sans doute les derniers de l'île, broutaient l'herbe rase d'un pré. Jadis, c'était sur l'île de Melvan, partagée entre les deux îles, que les fermiers de Houat et de Hoëdic faisaient alternativement paître leurs bêtes. En 1826, le naturaliste Bachelot de la Pylaie décrivit ces chevaux comme « *petits, laids et barbus. Ils finissaient aveugles*, ajouta-t-il, *allant jusqu'à se précipiter des falaises* ».

En observant la carte, Pénélope fit la remarque que Hoëdic avait la forme d'une chauve-souris. Le tour de l'île faisait huit kilomètres à tout casser, de quoi se dégourdir les pattes pendant deux petites heures mais il n'était plus question de randonnée, plutôt de promenade sentimentale, main dans la main, de pauses béates sur la plage de Trech Yoc'h en contemplant l'horizon en silence. On traînait et on y prenait un plaisir sournois. On était tout simplement en vacances. Au sud de l'île, au-delà d'un éboulis de roches noires, s'étendait un océan qui semblait ne pas avoir de fin et qui d'ailleurs n'en avait pas puisque d'ici, on pouvait rejoindre tous les ports et tous les estuaires du monde. Les mers, les lacs et les océans occupaient 70 % de la surface terrestre du globe et les misérables Terriens que nous étions s'entassaient sur les maigres îlots qui restaient, comme des pingouins effarouchés sur des morceaux de banquise à la dérive. Les continents n'étaient que des îles, l'Afrique était une île, tout autant que l'Amérique et que Hoëdic à ceci près que cette dernière était quasiment la seule à en avoir conscience et à le revendiquer, à telle enseigne que les géographes avaient inventé le concept « d'îléité ». Bien que consacrant sa thèse à l'Océanie, Joël Bonnemaison introduisit son article ainsi : « *L'insularité, c'est l'isolement. L'îléité, c'est la rupture ; un lien rompu avec le reste du monde et donc un espace hors de l'espace, un lieu hors du temps, un lieu nu, un lieu absolu. Il y a des degrés dans «l'îléité» mais une île est d'autant plus île que la rupture est forte ou ressentie comme telle. C'est ce qui fait rêver. Mais ceux qui vivent dans l'île sont rarement ceux qui rêvent* » (*Vivre dans l'*île, *une approche de l'îléité océanienne*, *L'espace géographique*, t. 19-20, Orstom, Paris, 1990).

Tout portait donc à croire que Hoëdic était une île du Pacifique perdue entre Mururoa et les Marquises, et Robinson Crusoé se planquait dans une petite maison – dont je me garderai bien de divulguer l'adresse de peur qu'on vienne l'enquiquiner. Car nous l'avions bel et bien rencontré, par hasard, à la tombée de la nuit. J'avais rendez-vous avec une habitante de l'île pour les besoins d'un article promis à la revue pour laquelle je travaillais et, ne sachant exactement son adresse, nous avons frappé à la porte de la seule maison éclairée des parages. En réalité, nous n'avions pas frappé, la porte était grande ouverte malgré le froid qui commençait à piquer et le vent qui faisait comme chez lui. Un type un peu bourru a surgi dans l'embrasure pour nous demander assez vertement ce qu'on voulait avant de nous indiquer d'un coup de menton l'adresse de la personne que nous cherchions. « Véro est pas encore rentrée », nous a-t-il dit, ce qui n'avait rien d'étonnant, vu que chacun sur l'île devait connaître parfaitement les allers et venues des uns et des autres. Nous nous sommes excusés. « Y'a pas de mal ! », a-t-il ajouté. On sentait qu'il nous jaugeait, non par mépris, mais avec un rien de méfiance. C'était légitime. J'imagine qu'ici, ils en avaient un peu assez d'être regardés comme des bêtes curieuses par des ethnologues du dimanche de notre espèce en quête de frissons exotiques. Sans doute a-t-il conclu après deux clins d'œil qu'on avait de bonnes têtes puisqu'il nous laissa le choix entre un café et une bière.

— En vacances ?

— Oui et non, ai-je répondu. En fait, c'est plus compliqué que ça.

— Je vois. Journaliste ?

— Euh… pas vraiment non plus.

On a choisi la bière. Des verres ? Non, pas la peine. On s'est assis autour de la table de la cuisine qui était en fait la seule pièce du rez-de-chaussée. C'était une maison très modeste, aménagée du strict nécessaire : un grand lit, un évier, une radio, des étagères pliant sous le poids des bouquins, une table et quatre chaises. Sur la toile cirée, un cendrier et trois pommes dans un saladier. Au-dessus de la cheminée, la photo d'un bateau de pêche. La porte resta ouverte et tout portait à croire qu'il ne devait jamais la fermer de la journée sinon au moment d'aller au lit. On a trinqué. Robinson – appelons-le ainsi même si ça fait très caricatural – était un gars du pays et comme d'autres, il avait roulé sa bosse sur une bonne partie des mers du monde avant de revenir au bercail de manière définitive parce que cette île, c'était son île, son petit coin de paradis, même si le paradis, nous confia-t-il, n'était pas toujours une sinécure. Il s'est roulé une cigarette et nous a tendu son paquet de tabac qu'on a décliné. On est passés au tutoiement sans même s'en rendre compte. À la lueur de la lampe pendue au-dessus de la table ronde et autour de laquelle tournoyaient deux papillons de nuit, nous avons discuté le bout de gras un petit quart d'heure, le temps d'avaler cette bière, cela le plus simplement du monde et c'est dans cette cuisine qu'on a appris bien plus de choses à propos de l'île de Hoëdic que dans tous les guides mais ne comptez pas sur moi pour tout vous déballer, les îles ont des secrets qu'il vaut parfois mieux ne pas dévoiler et chacun sait que toute vérité n'est pas bonne à dire.

L'île de Hoëdic avait également la particularité de posséder sur son sol un groupe de musiciens et de chanteurs du cru, les Meulmeuls, du nom de ce poisson de basse souche réputé pour sa laideur et qu'on pêche à la marée descendante pour s'en servir avant tout d'appât. L'orchestre était composé d'un guitariste qui composait également les chansons, d'un saxo, de trois choristes, d'un batteur qui était une batteuse et d'un bassiste épisodique car le malheureux vivait en France. C'était eux que je devais rencontrer dans leur minuscule local de répétition situé au pied d'un ancien sémaphore. À la bonne franquette, les chansons racontaient leur île et leur vie d'insulaires. Ils étaient pêcheurs, aides à domicile ou employés communaux. Certains d'entre eux étaient également pompiers volontaires. Ils avaient enregistré un CD avec les moyens du bord et se produisaient partout où on les appelait, bien sûr au pardon de Saint-Goustan du 27 novembre, qui est un peu le 14-Juillet de Hoëdic, mais aussi tous les ans aux *Insulaires*, un festival itinérant qui d'un été à l'autre choisissait de s'installer sur une des îles du Ponant. En fait, m'ont-ils confié, il y a trois sortes de gens sur l'île : les touristes, les habitués et les îliens de souche, le tout étant de faire cohabiter tout ce petit monde le mieux possible. Nous étions la veille de la Toussaint et seuls demeuraient sur l'île ces deux derniers groupes. Nous faisions toutefois partis du premier car qui donc étions-nous, sinon des touristes de passage qui ne reviendraient pas de sitôt ?

À l'hôtel des Cardinaux, le seul de l'île mais également l'unique bâtiment qui possédait un toit en tuiles rouges, ce qui lui donnait un petit air singulier, notre chambre était orientée au sud et offrait une vue splendide sur l'océan. Je l'ai déjà dit, les Cardinaux, c'est le nom du phare situé au large et c'est aussi le nom d'une cinglante défaite de la Marine française face aux Anglais lors de je ne sais plus trop quelle guerre. Par contre, je crois me souvenir du plat du jour, un délicieux poisson de mer cuisiné avec des tagliatelles de courgettes et des petits légumes, le tout baignant dans une sauce très parfumée. La clientèle des Cardinaux était à l'opposé de celle du bistrot La Trinquette, plus policée, plus aisée aussi, plus continentale en un mot, raison pour laquelle une fois le dessert avalé et nos lèvres essuyées, nous sommes repartis chez Jeanne. Le bistrot était déjà bien plein. L'ambiance commençait à chauffer gentiment. On s'est assis sur la seule banquette de libre. La soirée pouvait démarrer.

Averse et fraîcheur
Vingt-quatrième jour
Hoëdic – Houat

Pénélope est ce qu'on appelle une *frigodème*, autrement dit une folle furieuse. Je ne connaissais pas le terme avant qu'on me l'apprenne dans une autre circonstance et d'ailleurs, le correcteur automatique qui le souligne en rouge ne semble pas non plus le reconnaître. J'ignore quelle est l'étymologie du mot mais une frigodème est une personne qui peut se baigner dans l'océan par tout temps, ou presque. L'exemple le plus fréquent nous est donné par ces inconscients qui s'offrent un plongeon collectif dans une eau à 9 degrés pour fêter la nouvelle année. Certes nous n'étions que le 1er novembre, jour de tous les saints, et bien que le ciel fût un rien grisonnant, il y avait dans l'air un brin de douceur océane. Une fois le petit-déjeuner avalé, nous sommes partis à la conquête de l'île qui n'était plus du tout le tas de sable que j'avais décrit hier à notre arrivée. À l'ouest, vers la pointe du Vieux Château, le relief était plus abrupt, les falaises plus appuyées. On devinait très nettement les profils de Houat et de Belle-Île. Sur le continent tombaient des hachures de pluie.

Pénélope remarqua alors une petite crique à l'abri des vents et des regards et, ni une ni deux, se débarrassa en quelques secondes de ses oripeaux d'automne, à savoir sac à dos, écharpe, bonnet, foulard, chaussures, chaussettes, deuxième paire de chaussettes, blouson, pull, pantalon, tee-shirt, deuxième tee-shirt, soutien-gorge, bracelets, colliers, bagues, lunettes qu'elle me tendit dans les bras un par un, comme si je n'étais qu'un vulgaire planton préposé aux vestiaires, et s'avança sans hésiter dans les flots. Elle était folle. Ça, je le savais déjà depuis un bon bout de temps, folle à lier, mais à la voir ainsi s'ébattre entre les vagues, aussi agile qu'un dauphin, aussi fantasque qu'une sirène, j'en conclus que la folie, ma foi, pouvait parfois avoir son charme. Elle est sortie au bout d'une dizaine de minutes, ce qui représentait en soi un véritable exploit, et bien évidemment aussi grelottante qu'un chaton jeté à la mer par de vilains garnements un rien sadiques. Nous n'avions pas de serviette, la baignade n'avait pas été prévue au programme. N'écoutant que mon courage, j'ai ôté mon manteau pour la couvrir et tenté de l'essuyer autant que faire se pouvait avec mon foulard. Elle s'est rhabillée presque aussi vite qu'elle s'était déshabillée avant de m'avouer que oui, en effet, l'eau n'était pas très chaude et pour tout dire un petit peu froide, mais que j'étais vraiment un abruti de ne pas l'avoir accompagnée, c'était tellement excitant. J'ai serré les dents.

Ses ablutions ainsi faites, nous sommes revenus vers le bourg au moment où sonnaient les cloches. La messe était prévue à 11 heures et nous avions décidé d'un commun accord de nous y rendre, d'une part parce que c'était la Toussaint, et qu'en ce jour, j'accompagnais habituellement ma mère à notre petite église paroissiale de Locmalo, ne serait-ce que pour dépoussiérer ma conscience, d'autre part parce que c'était Hoëdic et que l'église bien nommée Notre-Dame la Blanche nous avait particulièrement émus lors de notre visite de la veille. C'était aussi une façon de participer à la vie de l'île, d'essayer de s'y imprégner davantage avant d'aller se jeter un petit blanc à La Trinquette. L'église était pleine de vivants en ce jour des morts. C'était un bel endroit. Les murs intérieurs revêtus d'un joli blanc écru. Suspendus à la voûte en ex-voto, des maquettes de navires semblaient planer au-dessus des fidèles comme des drones bienveillants. Sur notre gauche, saint Michel terrassait un dragon avec l'air désabusé de l'ouvrier qui travaille machinalement depuis des années dans un abattoir de dragons. Nous reconnûmes quelques gueules aperçues la veille au bistrot et j'en soupçonnais même certains de se farcir en ce jour béni une gueule de bois carabinée. Ils auraient échangé dix ans de purgatoire contre un Efferalgan. Le curé a démarré la messe ;

le rituel n'avait pas changé d'un iota depuis que j'étais môme, à l'exception notable du *Notre-Père* dont les autorités vaticanes avaient récemment changé une ligne. À la place du sulfureux *« et ne nous soumets pas à la tentation »*, qui était, il est vrai, un rien sadique, un peu comme si on passait sous les narines d'un gamin privé de dessert un délicieux éclair au chocolat, on disait maintenant *« et ne nous laisse pas entrer en tentation »*. C'était la première fois que j'entendais cette nouvelle version mais ça ne changeait rien au problème. Les cathos étaient décidément incorrigibles. À mon humble avis, c'était justement cette bonne vieille tentation qui faisait le sel de la vie. C'est bien connu, le Malin tendait le fruit défendu à Adam et Ève et depuis dix mille ans, le patron du bistrot du coin refaisait le même geste en débouchant bruyamment une bouteille de muscadet.

Pour s'être impunément livrés à la contrebande et avoir plus ou moins fricoté avec les Anglais pendant les guerres de la Révolution et de l'Empire, les îles de Houat et de Hoëdic perdirent au début du XIXe leur autonomie pour dépendre administrativement de Belle-Île. Privés de maire, les îliens durent s'incliner devant la toute-puissance des curés qui, faisant office de juges, de policiers, de confesseurs et même de banquiers, imposèrent sur ces petits royaumes une sorte de minuscule et non moins réelle théocratie. Ainsi, il était expressément défendu aux femmes de moins de trente ans de se rendre sur le continent sans l'autorisation expresse du recteur, de même qu'il était interdit d'importer du vin sans sa permission et encore moins d'en vendre à crédit. Ceci dit, à Hoëdic, les habitants avaient rédigé une étonnante charte dès 1822, une sorte de constitution interne à leur île qui était basée sur de réels principes de solidarité. « *Il* (le règlement) *fixe à chacun ses droits et ses devoirs et ne permet pas que l'on entreprenne sur les droits des autres ; il protège les faibles contre les forts et rend à tous une égale justice, il prévient les dissensions qui ne mettent que trop souvent le trouble et le désordre parmi les hommes qui ne connaissent point de règles ; il encourage les bons et intimide les méchants.* » À bon entendeur…

De l'église à La Trinquette, il n'y avait qu'un pas que nous franchîmes allégrement. Au deuxième jour, les gens nous saluaient, faisaient la bise à Pénélope, nous appelaient par nos prénoms. Sans doute nous avaient-ils repérés à l'église ou quelqu'un avait-il aperçu Pénélope batifoler comme une naïade sur la grève de la pointe du Vieux Château. Ça ne voulait pas dire que nous étions des leurs mais au moins, c'était une façon de nous signaler la bienvenue. Et une fois les verres de blanc avalés, chacun se retourna vers le repas dominical en famille, le bistrot et les commerces fermèrent leurs portes et l'île sembla se replier sur elle-même. Il nous fut impossible de trouver un seul restaurant. Ne nous restait que la possibilité d'un maigre pique-nique dans le seul petit bois que recelait l'île. L'après-midi s'étira mollement sous un ciel grisonnant. Emmitouflés dans nos habits car l'air commença à se rafraîchir, nous nous octroyâmes une petite sieste sur la plage devant le port de la Croix avant de nous aventurer sans grande conviction dans une dernière promenade en attendant le bateau. Revenus au bourg, nous nous assîmes sur un banc devant le mur de l'enclos de l'église, d'où l'on pouvait voir l'embarcadère et une grande partie de la côte nord. Pénélope s'y allongea, posa sa tête sur mes cuisses en guise d'oreiller. J'ouvris le livre qui m'accompagnait depuis le départ de mon escapade et lui fit la lecture à haute voix du Chant II de l'*Odyssée* qui finissait par ce vers :

« Et le vaisseau cingla toute la nuit jusque dans l'aube. »

Soleil voilé et fraîcheur

Vingt-cinquième jour
Houat - Quiberon

« Le soleil s'éleva au-dessus des très belles eaux vers la voûte d'airain pour éclairer les Immortels et les mortels sur la terre des blés. »
(Homère, *Odyssée*, Chant III)

L'arrivée sur Houat au port Saint-Gildas, niché entre deux falaises abruptes, avait été tout autre. On avait cette fois-ci l'impression de monter à l'abordage d'une citadelle. Ici aussi, je posais les pieds pour la première fois. Une pluie fine s'était mise à tomber alors que nous étions à bord et déjà, la lumière s'était effacée derrière un épais voile de brume. L'Ezenn, hôtel que nous avions réservé, se trouvait à la sortie du bourg, au-dessus de la plage de Treac'h er Goured, réputée être l'une des plus belles de Bretagne mais nous n'avions pas eu, cette fois-ci, la chance de jouir d'une chambre avec vue sur mer. Cependant, c'était là aussi un chouette petit endroit pour passer la nuit, tout en douceur, sans autre désagrément que le hululement d'une chouette effraie.

L'île de Houat est plus grande, un peu plus peuplée (environ 250 habitants) et j'allais dire plus « civilisée » que Hoëdic, dans le sens où les maisons ressemblent davantage à celles du continent duquel on se sent plus proche. Qu'on ne se méprenne pas sur ce que je viens d'écrire, je n'ai aucune envie de recevoir des cailloux en pleine figure la prochaine fois que j'irai à Hoëdic, mais il est vrai que la différence entre les deux îles sautait aux yeux. En breton, *houad* signifie « canard » ou « cane », et donc *houidi,* « caneton », bien que cette étymologie soit pour certains discutable. Alors que Hoëdic avait gardé un caractère plus rustre, plus « authentique » – et je m'excuse une fois de plus d'utiliser ce terme –, Houat avait une apparence plus policée, plus lisse, ce qui ne veut pas dire que nous n'étions pas tombés sous le charme. Elles étaient différentes, c'est tout. Sœurs et rivales à la fois. Observant Pénélope marcher devant moi le long de la grève, je me suis demandé à laquelle des deux correspondrait-elle le plus si elle était une île. La réponse me semblait évidente.

Le Père Soleil était revenu et avec lui une lumière pleine, généreuse, limpide. On avait conscience de notre chance. En matinée, après avoir fait quelques courses à l'épicerie et pris un café au bar du Siata (nom que les envahisseurs romains avaient donné à l'île), nous avions comme il se doit visité l'église, dédiée bien évidemment à ce brave saint Gildas, lui aussi grand pourfendeur de dragons en tous genres, ainsi que le cimetière qui l'entourait. On retrouvait souvent les mêmes patronymes inscrits sur les tombes : Le Gurun, Le Fur, Le Scoharnec, un peu comme à Hoëdic où tout le monde ou presque s'appelait Blanchet et comme chacun sait, tous les Blanchet étaient des descendants directs de saint Gildas.

Ce n'est hélas qu'à mon retour que j'ai appris à travers mes recherches qu'ici était enterrée depuis 1996 Élisabeth Prévost, celle qui fut l'amie et la maîtresse de Blaise Cendrars avant la Seconde Guerre mondiale, et tout ce qui concernait l'auteur de *La Prose du Transsibérien* m'interpellait au premier chef. Il avait cinquante ans, elle en avait vingt-sept. *Ce fut un coup de foudre*, écrivit sa biographe. Cendrars qui la surnommait « Madame mon copain » disait d'Élisabeth qu'elle picolait sec et Cendrars adorait les femmes qui buvaient. Il en fit une héroïne de l'un de ses romans, *L'Homme foudroyé.* Grande aventurière devenue journaliste, cette fille de bonne famille, née dans les Ardennes, à Charleville-Mézières, comme Rimbaud s'il vous plaît, barouda de Mongolie jusqu'en Patagonie, des Açores à la poursuite des baleines ou d'Irlande où elle pêcha le saumon, écuma l'Afrique pour y chasser l'éléphant, traverser le Sahara avec une caravane touareg ou chercher une mine d'or au Congo, ramena des reportages d'Indochine pour le journal *Combat*. Elle fut l'amie de Joseph Kessel, de Jean Cocteau, de Jean Vilar et de Jeanne Moreau. Après un dernier tour du monde à bord d'un cargo, Élisabeth Prévost se retira pour une raison que j'ignore encore sur cette île du Ponant.

Mais comme je n'avais auparavant jamais entendu parler de cette femme, j'étais bien sûr passé totalement à côté de sa tombe. Or, c'était intéressant de se demander pourquoi un personnage de cette trempe avait choisi de finir ses jours sur cette petite île bretonne où elle n'avait visiblement aucun lien familial. Il est vrai que ces morceaux de terres isolées au milieu de l'océan ont souvent servi de refuge à ceux qui étaient fatigués par leurs trop longs voyages, à ceux qui avaient bravé les océans ou les plus hauts sommets et qui se retrouvaient au final le bec dans l'eau, comme tout un chacun. Ulysse n'avait qu'un seul désir, revenir à Ithaque. Sarah Bernhardt souhaitait être enterrée à Belle-Île où elle vécut de longues années (en réalité, sa tombe se trouve au Père Lachaise) et Chateaubriand fut inhumé sur l'île du Grand Bé. Les îles, toujours les îles. Comme derniers refuges. Ou encore, à l'opposé, comme colonie pénitentiaire pour les réprouvés, les condamnés aux travaux forcés, les forçats, les indésirables. L'île du Diable en Guyane, par exemple, ou les îles Lipari sous l'Italie fasciste, et plus près de nous un « centre de redressement » à Belle-Île, surnommé « le bagne des enfants », qui ne ferma ses portes qu'en 1977. À la suite d'une mutinerie dans les années 1930, les jeunes détenus s'évadèrent. Une prime de vingt francs fut promise aux îliens pour chaque garçon capturé. Jacques Prévert en fit un déchirant poème :

« Bandit ! Voyou ! Voleur ! Chenapan !
C'est la meute des honnêtes gens
Qui fait la chasse à l'enfant. »

Trois grandes plages bordent l'est de l'île comme un liséré d'or et elles sont superbes, vraiment. Le sable y est tendre, aussi jaune qu'un beurre frais de baratte. La flèche rocheuse d'En Tal s'étire comme un bras tendu vers le continent et tout paraît si simple. Quelques familles s'y promènent, font courir leurs chiens ou leurs gosses qui braillent ou aboient comme s'ils étaient chez eux, mais la plage de Treac'h er Goured est si longue qu'il y aurait de la place pour y étaler les serviettes d'un million de touristes. Cette fois-ci, Pénélope avait pensé à apporter son maillot. Je trempai la moitié d'un orteil avant de renoncer. Elle, par contre, se baigna sans hésiter pendant un bon quart d'heure puis, un roman policier sous les yeux, s'allongea sur le sable en attendant que le soleil fasse sa besogne. Nous étions paresseux aujourd'hui, soumis de bon gré à ce que l'on appelle l'envie de ne rien faire, ou plutôt l'envie que les choses se déroulent d'elles-mêmes, sans qu'on ait à intervenir. Ainsi, il nous suffisait de suivre sans l'aide de la moindre carte un chemin pour tomber face aux ruines d'un vieux fort de l'époque de Vauban où nous attendait une exposition un peu inattendue de photographies qui relataient la vie des gardiens de phare. Il nous suffisait de prendre ce sentier sur la droite pour se trouver en haut d'une falaise, face à un arbre mort, au tronc blanchi et desséché par un air saturé de sel. C'était ici le royaume de la lande, des ajoncs et des fougères qui s'étalaient à perte de vue. C'était le royaume des lapins et des lys de mer. Nous savions que l'île avait d'autres secrets à nous faire découvrir plus loin vers l'ouest, un autre fort, des vestiges de batteries, quelques criques, d'autres pointes mais c'était à charge de revanche. Le bateau ne nous attendrait pas une minute de plus.

Le soleil entama sa descente au-delà de Belle-Île et le ciel déclina sa palette des grands crépuscules. Quiberon se rapprochait déjà. La silhouette néogothique du château Turpault se profila à la manière d'une ombre chinoise, mystérieuse et envoûtante.

SIXIÈME ÉPISODE

Régime d'averses
Vingt-sixième jour
Plouharnel - Riantec

Le musée de la Chouannerie n'ouvrait ses portes qu'à 14 heures, j'avais donc largement le temps de m'offrir une petite balade dans les parages et de humer l'air de ce printemps qui n'osait pas encore dire son nom. Une écharpe et un bonnet n'étaient pas de trop. Je poussai le van jusqu'à l'isthme de Penthièvre, un goulot d'étranglement à peine assez large pour laisser passer une route et une voie de chemin de fer, et me garai non loin d'un modeste écriteau rappelant la bataille du 21 juillet 1795 entre les troupes républicaines du général Hoche et l'armée catholique et royale composée de 4 000 émigrés venus d'Angleterre qui avaient débarqué avec la ferme intention de remettre un roi sur le trône de France. Le fort de Penthièvre, un temps rebaptisé Fort Sans-Culotte, fut pris d'assaut par les royalistes avant que Hoche ne reprenne le contrôle de la situation. Chouans et royalistes étaient piégés dans la nasse.

Le fort était interdit au public car désormais utilisé comme camp d'entraînement pour les commandos de marine d'un régiment de Vannes. Ne restait qu'un étroit passage dûment délimité pour accéder à la crypte des fusillés. L'endroit, à la lisière de l'océan, était sublime, son histoire puait la mort. Le 13 juillet 1944, un peu plus d'un mois après le débarquement de Normandie, cinquante-neuf résistants furent torturés et assassinés par des soldats géorgiens qui combattaient sous uniforme de la Wehrmacht. Les victimes avaient été jetées dans un tunnel creusé dans la falaise et découverts un an plus tard. Des prisonniers allemands se chargèrent de procéder à l'opération de dégagement. Ce lugubre boyau de pierres, profond d'une vingtaine de mètres et au bout duquel était juste plantée une croix blanche, était maintenant accessible bien qu'il faille se baisser pour avancer.

Sur ma gauche se profilait la côte sauvage balayée par un vent plutôt violent qui semblait parfaitement convenir aux surfeurs tandis qu'à ma droite, sur une vingtaine de kilomètres, s'étendait s'il vous plaît le plus grand massif dunaire d'Europe. Je décidai de marcher à travers les dunes du Bégo, parmi les vestiges du Mur de l'Atlantique, quelques blockhaus, une tour de tir et trois ou quatre pièces d'artillerie qui rouillaient parmi les pins depuis plus de soixante ans, en guise de pièces à conviction. Des tags assez réussis recouvraient les murs de béton armé. « *Quand le fascisme sera mort et détruit,* avait écrit l'un des fusillés de Penthièvre dans une dernière lettre à son fils, *le monde entier pourra vivre librement et sans guerre* ». Trois-quarts de siècle plus tard, alors que de nouveaux gouvernants paradaient de par le monde sans crainte d'afficher leur arrogante médiocrité et leur cupide désir d'hégémonie, on recommençait à se poser des questions et on serrait les fesses. Un autre tag proclamait un peu plus loin sur un antique blockhaus que le monde était fou tandis qu'à l'écart, une jeune femme assise en tailleur sur un tertre dunaire se livrait à une séance de yoga face au soleil. J'avais comme d'habitude un peu de mal à rendosser mon costume de voyageur.

De l'eau avait coulé sous le pont de Rohan depuis l'abandon provisoire de mon périple, en ce début novembre, sur ce navire blanc qui nous ramenait de l'île de Houat. Durant ces presque six mois, j'avais hiberné dans ma tanière pour me consacrer à l'écriture d'un roman de trois cents pages dont je n'étais pas trop mécontent. Il s'agissait d'une sorte de *road trip* qui évoquait la rencontre improbable entre un musicien dépressif et une professionnelle de la route qui faisait des pèlerinages par procuration contre espèces sonnantes et trébuchantes. L'idée m'était venue sur la route, quelque part au sud de cette étrange Bretagne, alors que je visitais sans malice une abbaye, et s'était peu à peu échafaudée au cours de ces pérégrinations. À peine avais-je défait ma valise que j'avais branché l'ordinateur. Je n'avais toujours pas trouvé de titre mais le manuscrit avait été accepté par un éditeur parisien, ce qui me procura une grande joie et un immense soulagement car je n'avais pas écrit de roman de pure fiction depuis plus de dix ans. Ainsi, l'hiver était passé sans que je m'en aperçoive vraiment, faute d'avoir mis le nez dehors. Peu de temps avant ce nouveau départ, Doucig, depuis dix-huit ans ma compagne d'écriture et de solitude, était partie rejoindre le paradis des chats via la clinique vétérinaire. Son agonie n'avait que trop duré. Je n'aurais plus à râler contre ses poils qui traînaient partout et ses griffes qui lacéraient mon canapé, je n'aurais plus à solliciter des amis ou des voisins pour prendre soin d'elle lors de mes absences mais je savais déjà que ses ronronnements allaient terriblement me manquer. Sa position préférée, c'était allongée sur la table de la cuisine, tout contre l'ordinateur lorsque j'étais à la tâche. Je pensais à elle alors qu'une averse tombait pendant que je prenais mon casse-croûte dans le van sur le parking du musée des Guerres de l'Ouest confiné dans un ancien blockhaus-hôpital à l'entrée de la presqu'île de Quiberon, tout près d'un tertre édifié par Hoche dans le but de surveiller les opérations militaires. Sur la façade était déployé le fameux écusson royaliste du cœur rouge planté d'une croix.

Soyons clairs, j'aurais allègrement pu me passer de cette visite et garder mes sept euros pour m'offrir une crêpe complète ou le dernier Emmanuel Carrère tout récemment paru en poche. Déjà, les œuvres complètes de Philippe de Villiers mises en vente à l'accueil ne me disaient rien qui vaille, pas plus que les bouquins du sulfureux Reynald Sécher qui n'avait que les mots « génocide » et « mémoricide » à la bouche quand bien même d'intègres historiens de renom réfutaient ces termes de manière incontestable. Certes, on ne pouvait pas nier les abominations de la part des armées républicaines (117 000 tués dont 70 à 80 % de femmes et d'enfants, ce qui fait froid dans le dos). Il s'agissait d'une impitoyable guerre civile et le Comité de Salut Public exigea en effet d'« exterminer les brigands » et d'« anéantir les rebelles », mais il n'y eut jamais de projet d'extermination programmée du peuple vendéen. Mettre sur un pied d'égalité dans une même tragédie Vendéens, Juifs ou Arméniens relevait d'une démarche qui frôlait le révisionnisme. Comparer les Révolutionnaires de 1793 aux sbires d'Hitler, de Staline ou de Pol Pot, ainsi que le proclamait sans sourciller un intervenant affublé d'un nom à particule aussi long qu'un jour sans pain dans une vidéo proposée au public, était bien évidemment un non-sens. Visiblement peu au fait de cette polémique, la jeune fille de l'accueil me regardait de tous ses gros yeux si bien que je ne pouvais pas lui en vouloir. Je n'avais rien appris de nouveau dans ce musée, rien vu sinon des mannequins affublés d'uniformes ou de costumes traditionnels, des maquettes un rien grand-guignolesques, une guillotine factice d'un goût douteux et quelques portraits de chefs vendéens parmi lesquels bien sûr notre vieil ami Cadoudal. Le ciel soit loué, nous étions toujours en République. Dieu et mon roi jouaient leur partition en duo, quelque part au fond d'un couloir de l'histoire. Passant devant la chapelle Sainte-Barbe qui avait également servi de poste d'observation pour le général Hoche, je jetai un coup d'œil à l'horizon qui s'obscurcissait d'un air menaçant. Je pris la route vers l'ouest. Babette la camionnette paraissait aussi contente qu'un vieux cheval qu'on sort enfin de son écurie pour lui faire prendre l'air et brouter la bonne herbe verte du pré du voisin. Elle reprenait du service, se rendait à nouveau utile, ronronnait d'aise, elle aussi, toute dévouée à son maître qui n'avait aucune intention immédiate de la répudier bien que sa carrosserie laissât à désirer et que le clignotant gauche fonctionnait une fois sur trois. Affichant non sans fierté ses 300 000 et quelques kilomètres au compteur, elle avait brillamment passé les épreuves du contrôle technique et était maintenant parée pour de nouvelles aventures.

Les alignements d'Erdeven à Kerzharo, non loin de l'entrée du bourg, de même que le dolmen pachydermique de Curcuno, sont moins connus que ceux de Carnac mais ils sont tout autant fascinants et c'est tant mieux car ici, on peut circuler librement entre les pierres, les toucher, les caresser des mains et des joues, les embrasser même, palper leur grain, respirer leur odeur et se donner l'illusion de se faire embobiner par leurs flux telluriques. Certes, j'aurais été bien embêté si quelqu'un m'avait surpris en train de peloter l'un de ces géants de granit qui se cachait dans les bois ou s'imposait au milieu de la lande, bien qu'à ma connaissance, aucune loi de la République n'interdise ce genre de pratiques mais nul voyeur ne pointa le bout de ses jumelles dans les parages, du moins était-ce à espérer, on avait déjà vu des réputations mises à bas suite à la publication sur les réseaux sociaux de *sex-tapes* bien moins sulfureuses. Et pourtant, que ce fut bon. Je me sentais comme un bébé contre le sein de sa mère, à la fois protégé, aimé et nourri, et donc invulnérable. Sans nul doute, la pierre néolithique infusait en moi les secrets de l'éternelle jeunesse et m'octroyait au bas mot dix ans de vie en plus, si toutefois je prenais soin de pratiquer une activité physique régulière et d'avaler au minimum cinq fruits et légumes par jour ainsi que le recommandait l'OMS. Un peu confus, j'ai épousseté les morceaux de lichen qui s'étaient collés à mon blouson et j'ai repris ma marche jusqu'au bourg qui n'avait pas grand-chose à proposer sinon une chapelle servant de lieu d'exposition pour des artistes locaux et un cimetière qui abritait entre autres une dizaine de tombes monumentales de familles de gens du voyage et de forains, les Michelet, les Chira, les Bollini… qui, pour une raison que j'ignore encore, avaient choisi ce petit cimetière pour la dernière kermesse. Certes, ces monuments funéraires qu'on pouvait qualifier de kitchissimes étaient un rien mégalos, voire un peu m'as-tu-vu aux côtés des conventionnelles pierres tombales des paroissiens natifs d'ici, mais ils étaient touchants, malgré tout. On aurait dit que la fête foraine se poursuivait en ces lieux.

Cinq petits kilomètres me séparaient d'Étel, petit port du Morbihan au bord de la ria du même nom dont les quatre lettres sont bien connues de tous les cruciverbistes. Au loin, on distinguait la fameuse barre, ce tourbillon marin où les courants se croisent et s'affolent, tourbillon de triste mémoire pour avoir été en 1958 le théâtre d'un drame affreux. Le docteur Bombard voulait tester l'efficacité de ses radeaux de survie. Le radeau chavira. Le canot de sauvetage venu aussitôt à sa rescousse chavira également. Neuf morts. Je me garai sur le port et fis un tour dans le bourg en remontant la rue de la Libération jusqu'à la modeste église vêtue de sa belle parure blanche qui éclatait au soleil. Les gens baguenaudaient d'un magasin à l'autre et l'ambiance était plutôt plaisante. On avait tous soif de soleil. Étel fut jusqu'aux années soixante un important port de pêche (thon, sardine, maquereau…), le quatrième de France en tonnage, et embauchait plus de 1 500 inscrits maritimes. C'était aussi un grand centre de conserveries de poisson ainsi que de constructions navales. Des agrandissements d'anciennes photos étaient collés sur les murs de l'antique glacière pour nous rappeler ce passé sans doute plus glorieux pour les patrons de pêche et d'industrie que pour les matelots et les sardinières. Mais ici comme ailleurs, les marins avaient raccroché leur ciré et les ouvrières des conserveries s'étaient recyclées en crêpières ou en caissières de supermarché.

Aux dernières nouvelles, la glacière allait bientôt faire l'objet d'une réhabilitation dans le cadre de la mission de sauvegarde du patrimoine lancé par notre ami Stéphane Bern.

J'avais décidé de faire le tour de cette ria d'Étel, qu'on appelle aussi la petite mer, une vaste mare de 35 km de long qui s'engouffrait insidieusement dans les terres en se ravitaillant deux fois par jour de l'eau salée des marées montantes. Saint-Cado était l'île la plus fréquentée de la ria, et la petite demeure du gardien des parcs ostréicoles, construite au ras des flots sur un îlot nommé Nichtarguér, la maison la plus photographiée de Bretagne, peut-être à égalité avec celle de Plougrescant, sur la côte nord. On ne pouvait pas la rater. Et d'ailleurs, on ne pouvait pas ne pas la photographier. De crainte de passer pour un d'original, voire un snob, je fis comme tout le monde. On accédait à la petite île par une chaussée immergée longue d'une cinquantaine de mètres qui, comme chacun sait, fut construite par le Diable en échange de l'âme du premier être vivant qui la franchirait selon un marché conclu avec le moine Cado. Tout le monde connaît cette histoire rabâchée aux quatre coins de la planète mais au nom du Ciel, pourquoi est-ce toujours un pauvre chat qu'on envoie au casse-pipe ? Pourquoi pas un crocodile, un lama, un cochon d'Inde ou même un juge d'instruction ? Pourquoi toujours le chat ? Le pauvre minou. Il paraît que saint Cado en rit encore. Pour ma part, je n'aurais jamais vendu l'âme de ma Doucig au Diable, eut-il promis en échange de me faire gratuitement le ravalement de ma maison ou de changer ma chaudière à gaz pour un modèle moins énergivore. Quoique.

Cado (ou Cadou, Cadoc, Kadvoz, etc.) était un Gallois, fils du roi Gwynllyw et de son épouse Gladys, mais il préféra la vie monastique à la couronne qui lui était promise. À la suite des invasions saxonnes, il suivit les migrations de son peuple pour installer son ermitage sur les rives de la ria puis, après avoir chassé tous les serpents alentour, entreprit l'évangélisation du secteur avant de repartir dans son pays où il fonda une abbaye au nom imprononçable avant de se faire trucider en martyr par ces maudits saxons. Les hypocondriaques seront ravis de savoir que saint Cado, en outre patron des lutteurs, guérit les otites, les tumeurs, les rhumatismes, les ulcères, les furoncles, l'eczéma ainsi que toute maladie de peau.

La chapelle de style roman aux murs intérieurs blancs était plutôt accueillante. Un vitrail – « *don des Sources Plancoët, eau minérale de Bretagne* » – représentait les parents de Cado, Gladys et Gundlee (ou Gwynllyw), en costume royal. Inscrits sur les murs, on pouvait lire sa biographie résumée ainsi en quelques mots :

« Anglois de nation, prince de Glamorgan, puis abbé, vient, débarque et réside céans. Les jugements de Dieu sans cesse méditant, c'est ainsi, pèlerins, qu'il a vécu céans.

Aux pirates pervers en ce lieu l'assaillant, il dit : « Je suis sans biens, solitaire, céans ». « Oratoire, mon œuvre, adieu, dit-il, pleurant, Belz, t'oublierai-je ? Non ». Il cyngla de céans. »

À mon tour, je cinglai de céans vers le parking pour continuer ma route. Je connaissais un peu le secteur pour y avoir trempé les pieds dans quelque anse secrète et passé une nuit ou deux bercé par le croassement des grenouilles. Gilles Servat, qui habitait la région depuis des lustres, m'avait fait découvrir, au cours d'un reportage au bout de la presqu'île de Locoal, le chemin de Cadoudal, encore lui, dans une forêt nommée la Forest. *Forest*, en breton, qui signifie une forêt plantée et aménagée par l'homme, et donc opposé au terme *coat* correspondant à un espace boisé naturel, ainsi qu'il me l'avait appris. La cache dite de Cadoudal était une sorte d'allée couverte surélevée, profonde d'un bon mètre et longue de cinq ou six mètres. Cache d'armes ? Sans doute. De prêtres réfractaires aussi, bien sûr. La petite mer d'Étel étant une planque idéale, le chef chouan avait dû plus d'une fois traîner ses guêtres dans ce labyrinthe de bocage et de marais. Locoal avait longtemps été une paroisse indépendante s'étalant sur les deux rives reliées par les allers-retours incessants des canots. Ayant eu l'audace d'abriter Cadoudal sur ses terres, Napoléon décida de la rattacher à la commune voisine de Mendon, d'où le nom de Locoal-Mendon, par ailleurs bastion d'un des *bagadoù* les plus réputés de la région.

Je me perdais sans m'égarer, tombais sur des culs-de-sac qui plongeaient dans un marécage, faisais demi-tour en risquant l'embourbement, croisais d'étranges stèles préchrétiennes, ainsi cette quenouille Sainte-Brigitte plantée au milieu de la vase, et me perdais encore *sous ce ciel de cuivre et d'eau*, pour reprendre un joli titre de Servat, au royaume des cygnes, des oies sauvages et des ibis sacrés que je quittais maintenant avec regret. Oui, ç'aurait été un bel endroit pour y planter sa tente au moins pour une nuit, s'offrir un cigare à la tombée du jour en écoutant le chant des grenouilles, la mélopée des ajoncs bercés par le vent et la plainte de la marée descendante mais j'avais un rendez-vous avec mon enfance que je ne voulais manquer à aucun prix.

Ma tante Amélie et mon oncle Fortuné louaient tous les ans, une semaine ou deux pendant l'été, une minuscule bicoque appartenant à des maraîchers besogneux qui vendaient leurs productions légumières sur les marchés de Lorient ou d'Hennebont. Ici, la terre était sableuse et convenait à merveille à l'épanouissement des carottes, des choux et des oignons. Moi, ma sœur, mes cousines et leurs parents, on se tassait va savoir comment entre les quatre murs brinquebalants de cette maison de vacances qui se situait au village de Magouero, en la commune de Plouhinec à deux pas des dunes et de l'océan. Par la grâce de l'armée qui y fait régulièrement des tirs d'exercice, ce massif dunaire a été miraculeusement protégé et l'est toujours. Ainsi, entre Gâvres et Plouharnel, une longue plage pour ainsi dire vierge s'étale sur plus de dix kilomètres de long. Ici, nul camping au bord du rivage, nulle paillote et encore moins de lotissements ou rangées de villas avec vue imprenable. La mer, les vagues, les galets, le sable, les dunes, quelques chardons maigrichons poussant entre les cailloux, de temps en temps une mare et c'était à peu près tout, autant dire quelque chose se rapprochant du jardin d'Éden. J'ignore s'il est une zone littorale aussi bien préservée en France sur une telle surface mais force est de remercier notre bonne Armée nationale. Quand il y avait des tirs, nous étions prévenus et l'accès à la plage nous était bien sûr interdit. Ça ne durait jamais trop longtemps. Une journée ou deux. Le reste du temps, l'océan nous appartenait, rien qu'à nous seuls, et c'est sans doute ici que j'ai appris à nager. C'est aussi derrière la vieille grange où étaient entreposés les cageots de légumes qu'à quinze ans, j'embrassais pour la première fois sur les lèvres une fille de mon âge dont je ne me rappelle même plus le prénom, jeune ingrat que j'étais. En revanche, je me souviens parfaitement du goût de chewing-gum mentholé de sa bouche et des morceaux de ferraille de son appareil dentaire. C'est qu'elle m'avait fait mal, la sale petite garce !

Je repasse devant la petite maison et c'est vrai qu'elle est vraiment riquiqui à tel point que je me demande comment on a pu survivre à six dans un tel habitacle. On s'en fichait, on vivait dehors la plupart du temps. Une salle de bains ? Pour quoi faire ? La mer était à portée de mains. La bicoque était maintenant dans un sale état, ne semblait pas avoir été occupée depuis toutes ces années. Les volets et la porte ne tenaient debout que par l'opération du Saint-Esprit et le vent s'engouffrait à travers les vitres brisées. Oublions. Deux kilomètres tout au plus nous séparent de la plage, immense et déserte, à travers les dunes du mât Fenoux bien que je n'aie pas souvenance qu'on employât ce terme à l'époque. On disait la plage et c'est tout. À ma droite, les tours blanches de la banlieue de Lorient. En face, Groix qui dessine son profil d'île mystérieuse peuplée à coup sûr de cannibales et d'animaux maléfiques. Quelques promeneurs emmitouflés dans leurs écharpes marchent sur le sable. Des familles, des couples d'amoureux, quelques solitaires de ma trempe. Un surfeur qui ne craint pas le vent s'enroule entre les vagues. C'est d'une beauté à la fois inouïe et discrète.

Les dunes et la plage se prolongent jusqu'au bout de l'étroite presqu'île de Gâvres reliée par un long tombolo qui enserre une lagune peu profonde qu'on appelle ici la petite mer de Gâvres et se referme sur Port-Louis, séparé par un détroit de moins de cent mètres. Ici encore, des blockhaus, des forts à la Vauban et des terrains militaires mais on finit par s'y habituer, par ne plus les voir. Ils font partie du décor au même titre que les vaches ou les maisons. Quelques bistrots, commerces et restaurants au port et dans le bourg. Et un étonnant café-librairie, Le Comptoir Gâvrais tenu par une jeune femme, Marion, qui vient de prendre la succession de ses parents, ce qui est un pari audacieux dans un village de moins de sept cents habitants, même si le chiffre dépasse les cinq mille en été. Pour s'en tirer, elle fait dépôt de pain, propose quelques souvenirs bretons et des produits locaux mais surtout, on y trouve un excellent choix de bouquins et ça mérite d'être dit. J'achetai un sachet de thé parfumé pour ma bien-aimée ainsi qu'un gâteau breton en guise de dessert pour les Cario chez qui j'étais invité à passer la soirée et le fait qu'Hélène Cario soit une excellente cuisinière n'était pas la seule raison qui expliquait pourquoi je m'étais invité chez eux. Ils habitaient sur ma trajectoire et c'eut été une hérésie de rater cette épaule d'agneau accompagnée de petits légumes finement découpés ainsi que cette bouteille de médoc aux allures de revenez-y.

Averses et orages
Vingt-septième jour
Riantec – Fort-Bloqué

« Lorient. - Nullité complète ; rues basses et alignées », dixit Flaubert.

Moi non plus, je n'avais pas que des bons souvenirs à Lorient mais la vie, c'est la vie et ce n'est pas parce que je m'étais payé jadis ici une mémorable déconvenue amoureuse que cette bonne ville méritait d'être à nouveau rayée de la carte. C'est ainsi. Certains événements désagréables entachent des lieux à tout jamais, les souillent autant qu'une plaie purulente. Certes, la cicatrice s'était refermée mais quinze ans plus tard, je ne pouvais m'empêcher de frissonner en passant sous certains réverbères, de me retourner lorsque je croisais une femme que je craignais être un fantôme. « *Mon Dieu qu'elles sont jolies* », dit la chanson *Les Filles de Lorient* qui « *vont se promener le soir le long de la cale Ory* » bien qu'en cette matinée grisâtre, déambulant le long de cette fameuse rue de la cale Ory, je dois avouer que la beauté des Lorientaises ne me sauta pas immédiatement aux yeux.

Daniel Cario m'avait gentiment proposé de me servir de guide dans cette ville que je connaissais sans vraiment la connaître, cette ville où je n'avais fait que passer, une fois de plus. J'avais toutes les raisons de haïr cet homme. Passe encore qu'il soit la plupart du temps souriant, disponible et accueillant, mais il arrivait à écrire avec une rapidité et une aisance déconcertantes. Le temps que je parvienne laborieusement au bout d'un paragraphe de quinze lignes, il avait allègrement rédigé tout un chapitre et s'apprêtait à passer au suivant, toujours sur le même rythme. Un boulimique, un obsédé, un stakhanoviste ! disait Hélène, sa femme, en levant les yeux au ciel. C'est ainsi qu'il avait publié une trentaine de livres en moins de vingt ans. Des polars, des thrillers, des livres pour enfants et des romans qu'on dit de terroir. Hier soir m'était venue l'idée de glisser sournoisement dans son ordinateur une clé USB infestée de virus mortels afin qu'on le fasse taire une fois pour toutes et puis finalement, je m'étais dégonflé de peur de passer pour un mesquin, un jaloux, ce que j'étais en réalité. Parmi ses récentes productions, j'avais particulièrement aimé ce petit bouquin qu'il avait écrit sur Lorient, sa ville d'adoption, pour le compte des éditions Magellan & Cie, et qu'il m'avait offert. Il y racontait bien plus que la ville, il y racontait *sa* ville.

De chez lui, à Riantec, on avait pris la voiture jusqu'au port de Pen-Mané où pour 1,50 € seulement, une navette nous avait embarqués jusqu'au quai des Indes en un petit quart d'heure. Il y avait maintenant une dizaine d'années que la Marine nationale avait ouvert au public l'Enclos du port, aussi une belle promenade nous était offerte le long des quais, à la confluence du Scorff et du Blavet, là où, en 1664, Colbert décida du site des premiers chantiers navals de la Compagnie des Indes orientales dont le siège se trouvait juste en face, en la citadelle de Port-Louis qui abrite aujourd'hui un passionnant petit musée. De ces chantiers naquit un quartier d'ouvriers qui peu à peu devint une ville qu'on baptisa L'Orient et qu'on orthographia un peu plus tard Lorient, peuplée aujourd'hui d'un peu plus de 57 000 âmes. On le sait, la ville fut presque entièrement rasée lors de la Seconde Guerre mondiale et comme Brest ou Saint-Nazaire, fut reconstruite avec les moyens du bord.

La promenade suivait l'aimable quai du Péristyle et passait devant les immeubles blancs habités par le personnel de la Marine nationale puis devant le siège ultra-design de Lorient-Agglomération avant de monter vers une petite colline appelée la montagne du Faouëdic et surplombée d'un moulin à vent ainsi que de la Tour de la Découverte, en fait une tour de guet qui permettait avant tout aux douaniers de surveiller les trafics de contrebande. Plus loin, se trouvait l'hôtel Gabriel, un bel édifice classique du XVIIIe, détruit en 1943 et rebâti selon les mêmes plans. Après avoir longtemps servi de QG pour la Marine, il abritait maintenant des services culturels municipaux. La pluie nous surprit alors que nous flânions dans le jardin « à la française ». Il était temps de se trouver un bistrot.

J'aimais cette ville, ses rues rectilignes, son quadrillage urbain, ses immeubles typiques de la reconstruction d'après-guerre, ses grandes places tracées à l'équerre, son monument aux morts d'un style carrément stalinien, ses pubs à la mode irlandaise et son stade du Moustoir en plein centre-ville qui avait connu tant d'heures de gloire même si depuis trop de saisons, les « Merlus » du FC Lorient se morfondaient en Ligue 2. J'aimais cette ville au point d'oublier les raisons qui me l'avaient fait détester. J'aimais la redécouvrir aux côtés d'un ami qui me montrait à présent le collège où il avait exercé et le lycée Dupuy de Lôme où il avait brillamment fait ses humanités, lui, l'enfant misérable de la lointaine campagne du Faouët qui n'avait connu l'existence de la brosse à dents qu'une fois arrivé en pension, et qui était aujourd'hui l'une des plumes les plus prolifiques du monde de l'édition. Sa bibliographie était aussi longue qu'un ticket de caisse de chez Leclerc quand on ne fait les courses qu'une fois par quinzaine. Tout en arpentant les faubourgs de la ville à travers des rues borgnes aux façades épinglées de tags plus ou moins heureux pour se rendre, mine de rien, jusqu'au port de pêche – et Daniel était un redoutable marcheur – nous évoquions chemin faisant nos soucis d'auteur. Issus tous les deux d'un milieu modeste où les livres ne faisaient aucunement partie du décor, nous nous demandions encore comment on en était arrivés à passer le plus clair de notre temps à aligner des lignes et des lignes, à conjuguer des verbes sous tous les temps et inventer des histoires à dormir debout. Nous n'avions pas vraiment trouvé de réponse mais était-ce forcément nécessaire ? Enfants de la campagne, nous aurions logiquement dû consacrer nos journées de retraités paisibles à l'entretien du potager ou à des travaux de bricolage. Nos compagnes – comme par un fait exprès toutes les deux originaires de Douarnenez – n'auraient pas été mécontentes de voir l'évier qui fuitait depuis six mois enfin réparé, au lieu de quoi elles nous voyaient nerveusement faire les cent pas entre l'ordinateur et la fenêtre dans l'espoir de dégoter un adjectif qui soit un peu plus percutant. Femme d'écrivain, femme de chagrin, dit à peu de chose près le proverbe.

Jamais de ma vie je n'avais eu la curiosité d'aller jusqu'à Keroman, pourtant le premier port de pêche en valeur de tout le pays, coincé entre le sinistre bâtiment de la Glacière, sorte d'immense blockhaus percé de quelques œilletons, et la tout aussi sinistre base sous-marine construite par les Allemands. À cette heure de la journée, le port était particulièrement calme. La plupart des unités devaient être en mer et les employés de la criée se contentaient de passer un coup de jet sur le ciment du sol. C'est à peine si ça sentait le poisson. En tout cas, on respirait à pleines narines les relents de gazole et la sueur des hommes. Entre deux énormes dômes de béton, également construits pendant la guerre, des chalutiers en réparation pointaient en cale sèche leur proue bedonnante. Autour de la base sous-marine, la seule structure qui ait finalement résisté aux bombardements alors que quasiment toute la ville avait été par ailleurs détruite, les choses évoluaient. Le lierre grimpait le long des hauts pignons des bunkers, le béton s'effritait ici et là mais tenait bon. Hitler avait prédit que son Troisième Reich durerait mille ans. À observer l'état des bâtiments, on n'était pas loin de lui donner raison. Il aurait été trop coûteux et techniquement trop difficile de détruire ces trois énormes bunkers dont la construction avait nécessité plus d'un million de mètres cubes de béton et le travail de 15 000 hommes. La cathédrale barbare accueillait maintenant un pôle nautique. Tous les grands noms de la voile s'y donnaient rendez-vous à l'ombre de la statue d'Éric Tabarly.

Chassés par la pluie qui refaisait des siennes, on est partis se réfugier Chez Marie, un sympathique petit resto de l'avenue de La Perrière, celle qui descendait vers le port de pêche. Marie proposait un délicieux menu à 13,50 €, avec entrée, plat et dessert, café et vin compris. Ça ne se refusait pas.

On s'est embrassés devant chez lui sur le coup de quinze heures et j'ai repris ma traversée en solitaire, laissant Port-Louis de côté, ce qui était un peu dommage mais il y a peu de temps, j'avais fait une lecture avec Soïg Sibéril, guitariste génial et néanmoins ami, dans un café-librairie qui répond au doux nom de La Dame Blanche, une crémerie à ne manquer sous aucun prétexte, ne serait-ce que pour l'accueil des patronnes. Avec ma belle, nous en avions profité pour visiter le lendemain matin la citadelle abritant le musée la Compagnie des Indes orientales qui vaut bien qu'on y consacre une heure ou deux. Fondée par Colbert en 1664 pour contrecarrer les ambitions anglaises et hollandaises, la Compagnie des Indes orientales avait le monopole du commerce sur tous les rivages de l'océan Indien. Des comptoirs furent créés (les fameux Pondichéry et Chandernagor entre autres), des missionnaires furent sollicités pour prêcher la bonne parole au-delà des océans et des vaisseaux chargés de cotonnades indiennes – de fins textiles colorés, très réputés à l'époque – vidaient leur cargaison sur les quais de Lorient. On y pratiqua également la traite des Noirs. Plus tard, la compagnie fut privatisée et divisée en actions. Des millions de titres furent émis, en bien plus grand nombre que la valeur réelle de la compagnie. John Law, un aventurier nommé ministre des Finances par le régent Philippe d'Orléans, faisait miroiter des richesses coloniales inépuisables. L'eldorado se découpait en papier-monnaie. La suite est connue. Bulle spéculative, banqueroute et ruine des petits actionnaires tandis que quelques initiés s'en mirent plein les fouilles mais tout ça appartient à l'histoire ancienne, n'est-ce pas ? John Law fut contraint de prendre la fuite à Venise où il passa la fin de sa vie à miser ses derniers louis à la roulette du casino.

Je n'avais aucune intention de refaire la visite en solitaire, les heures passaient et mon programme de la journée était loin d'être achevé. À quelques encablures de Lanester, le nouveau pont du Bonhomme franchissait le Blavet. De l'ancien ne restaient que les deux piles, chacune surmontée d'une statue représentant un homme sur une rive et une femme sur l'autre, celle-ci tendant une tabatière à son compagnon. En 1977, les statues avaient été volées puis retrouvées. De crainte d'un nouveau vol, on en fit des copies et les originaux sont aujourd'hui visibles à la mairie d'Hennebont.

Avant de remonter vers le nord, je voulais voir dans le secteur le cimetière des bateaux de Kerhervy, situé sur la commune de Lanester, dans un méandre du Blavet. Ces bateaux avaient été planqués ici au début de la Seconde Guerre mondiale pour ne pas les abandonner à l'ennemi puis ils avaient été oubliés dans la vase. On en comptait une quinzaine qui n'exhibaient que leur squelette de bois et d'acier. Comme les oiseaux, ou comme les éléphants, ils s'étaient cachés pour mourir, avaient agonisé dans un trou d'eau à peine saumâtre. Une douce mélancolie pesait sur ces vieux thoniers et ces chalutiers d'un autre temps qui pourtant avaient dû en voir de belles. Je fis quelques pas le long de la rive. C'était un peu étrange. Allez savoir pourquoi on s'extasie béatement devant un troupeau d'épaves marines alors qu'une casse de bagnoles ne suscite aucun sentiment poétique particulier, sauf peut-être pour les cascadeurs et les chauffards. Dans les parages, un théâtre de verdure avait été aménagé à la façon d'un fort de la cavalerie du temps du Far-West et il est vrai que les lieux devaient prêter à de biens jolis spectacles. C'était aussi un coin idéal pour ces deux amoureux qui, face à la rivière, se bécotaient jusqu'à plus soif sans ressentir le besoin de sortir de leur voiture.

Je laissai Lanester sur ma gauche avec un peu de regret. C'était une ville que je connaissais un peu car je m'y rendais de temps en temps pour accompagner ma mère chez son ophtalmologiste, à 50 kilomètres de chez elle, entre nous soit dit. Lanester était une cité ouvrière qui avait grandi à l'ombre de Lorient et de son arsenal, dont elle n'était séparée que par le Scorff. Une grande partie de la ville avait aussi été détruite. Les noms de baptême des rues affichaient nettement la couleur politique de la cité : avenue Lénine, rue Léon-Blum, avenue Stalingrad, bibliothèque Elsa Triolet, Foyer Aragon, rue Marat, avenue Colonel Fabien. Avec plus de 22 000 habitants, Lanester restait un des grands bastions de la gauche et l'une des rares communes à avoir élu comme maires plusieurs ouvriers de l'arsenal.

À quelques encablures et toujours sur le Blavet, Hennebont donnait l'image d'une cité de type plus traditionnel. La basilique Notre-Dame-de-Paradis était en restauration et, visiblement désœuvrée, la dame de l'office de tourisme ne semblait n'attendre que moi et mon code postal. Je fis quelques pas sur ce qu'il restait des remparts du haut desquels on pouvait jeter des tonneaux remplis d'huile bouillante sur l'assiégeant qui tentait de grimper aux échelles , ce qui devait être particulièrement jouissif. En 1342, lors de la guerre de Succession, Jeanne de Flandre, l'épouse de Jean de Montfort alors prisonnier du roi de France, tint héroïquement la défense du siège d'Hennebont devant les armées de Charles de Blois, l'allié félon des Français. Alors qu'elle était prête à se rendre, la ville fut délivrée par une escadre anglaise venue en renfort qui bouta l'ennemi hors de la ville et Jeanne de Flandre fut aussitôt surnommée Jeanne la Flamme. C'était un peu notre Jeanne d'Arc à nous, toutes proportions gardées, bien sûr. La guerre de Succession de Bretagne est un épisode de notre histoire assez compliqué et pour tout dire, j'ai un peu la flemme de l'expliquer ici en long et en large d'autant plus que je ne suis pas certain d'en être capable sans barber le lecteur.

Un des grands souvenirs que je garde de cette journée fut la visite du musée des Forges, à quatre kilomètres d'Hennebont, sur la commune d'Inzinzac-Lochrist. Un écomusée fondé par Gisèle Le Rouzic en lieu et place des bâtiments occupés jadis par les laboratoires de chimie et qui retrace l'histoire de cette aventure industrielle qui dura de 1860 à 1966. Les Forges employèrent au plus fort de la production jusqu'à 3 000 ouvriers et ouvrières, à partir de l'âge de douze ans. On y travaillait douze heures par jour dans la chaleur étouffante de l'été et dans la froideur cinglante de l'hiver, on trimait dans le bruit infernal et la poussière rongeait les poumons. On y fondait le fer blanc, on y laminait la tôle pour fabriquer de la carrosserie d'automobiles pour les usines Citroën, des boîtes à gâteaux pour les biscuiteries de l'ouest, des emballages de conserve, bien sûr, pour les remplir de sardines, de petits pois ou de haricots verts et des boîtes de cirage puisque les Forges furent un temps la propriété de la Compagnie des cirages français. La lave en fusion sortait des fours et dévorait le poitrail des hommes. Certains témoins dont les propos sont retracés au musée parlaient sans ambages de bagne, de martyre, d'esclavage. La tuberculose, l'alcoolisme et les nombreux accidents du travail complétaient cet affligeant tableau.

Je me souviens de Gisèle Le Rouzic, la créatrice du musée, décédée en 2015. C'était une femme élégante, érudite et passionnée, fille d'un ouvrier des forges, épouse de Jean Giovanelli, longtemps député-maire d'Inzinzac-Lochrist et grande figure socialiste. Elle fit une généreuse carrière de prof de Lettres et publia plusieurs romans et ouvrages consacrés aux forges dont *La Montagne des Forges d'Hennebont* en 1984 dont je tire l'extrait suivant :

« La Montagne des Forges d'Hennebont occupait le dos et les flancs puissants du dragon, et son échine transperçait la ligne de crête du village en suivant sans problème la brisure des toits rouillés et des châteaux d'eau.

L'un des flancs de la bête s'accotait au lit de la rivière et laissait voir par sa large déchirure des entrailles fumantes pleines d'arêtes de métal et d'huileuses machines, tandis que de son ventre pétaient de sourds grondements, cliquetaient des tenailles de démons et sifflaient par intermittence les bouches des korrigans de la forge ».

La Montagne, c'est le nom qu'on donne à la colline de Kerglaw qui domine la vallée et où étaient construits les logements ouvriers aujourd'hui disparus. C'est aussi le nom de la fameuse équipe locale de foot, l'US Montagnarde, qui évolue en Nationale 3 et s'en est plutôt bien tirée, notamment en Coupe de France où elle a atteint une saison les huitièmes de finale. Le club avait été créé pendant le Front populaire par les ouvriers des Forges au moment où le patron, pour une raison que j'ignore, voulait interdire les activités sportives à ses employés, sans doute de peur que le football transcende la fierté ouvrière et fermente les luttes sociales. Quand les Forges ont fermé leurs portes après maintes et maintes négociations, reculades, manifestations, espoirs et renonciations, c'est tout un pays qui est entré en agonie. En 1966, date de la dernière coulée, on considérait que dix mille personnes dépendaient directement ou indirectement des forges. La bête avait été terrassée.

Vraiment, la visite de ce petit musée (4,60 €) avait été passionnante. Depuis 1981, le Musée des métallurgistes des forges d'Hennebont, de son vrai nom, proposait sur trois étages une vision assez complète de l'histoire du site. Vidéos, photos, outils, maquettes et une fois de plus, je m'apercevais qu'il y avait encore tant et tant de choses à découvrir dans mon propre pays. Je me suis promené sous la pluie le long de la rivière. Le ciel n'était guère encourageant, quelques gouttes de pluie plicploquaient dans les mares des ornières et les vieilles installations des forges, aujourd'hui en partie occupées par de nouvelles entreprises, avaient un aspect un peu désolé. Je zigzaguais dans les rues d'Inzinzac à la recherche d'une ritournelle zozotante. Pour ceux qui veulent tout savoir, sachez que Nono, dont les parents étaient instituteurs publics dans la commune, y a vu le jour. Warren Barguil, le champion cycliste, également.

Le vent se levait. Une tempête était annoncée pour la nuit. Je pris la décision de revenir sur la côte où j'aurais plus de facilités à trouver un camping. Le temps qu'Emmanuel Macron fasse à la radio un solennel discours à la Nation suite à la crise dite « des Gilets jaunes » où il était solennellement question de solidarité, de fraternité et de je ne sais plus quoi, j'avais atteint la côte.

Encore des averses
Vingt-huitième jour
Fort-Bloqué – Groix – Fort-Bloqué

Après avoir visité Arz, Hoëdic et Houat me vint l'envie de reprendre le bateau. Je n'avais pas mis les pieds sur Groix depuis le siècle dernier. Jeune musicien, j'avais joué un soir avec mes comparses au Ty Beudeff, le bistrot emblématique de l'île, mais tout cela semblait si loin que je ne m'en souvenais guère. Plus tard, j'avais décidé avec ma compagne d'alors d'y passer un réveillon. Nous appartenions à la caste de ces misérables divorcés qui n'ont le droit de profiter de Noël avec les enfants qu'une fois sur deux et comme la maison nous paraissait bien vide, lors de ces années blanches, nous nous échappions le plus loin possible. Pour ces cas de figure, les îles sont de bons refuges. Au restaurant, nous avions partagé la table avec un couple de notre connaissance rencontré par hasard et qui se trouvait, pour des raisons semblables, dans le même état de désolation. La soirée fut parfaite, amicale et modérément arrosée. La nuit fut atroce. Une gastro-entérite nous cloua pendant deux jours dans notre chambre d'hôtel et la tempête nous découragea de mettre ne serait-ce que le bout du nez dehors.

Cette fois-ci, j'étais seul, c'était le printemps et, vu ce temps pourri, je n'avais d'autres ambitions que de passer entre les gouttes. La nuit précédente, j'avais garé mon van dans un camping de Fort-Bloqué, un autre lieu de mon enfance, plus par commodité que par esprit de pèlerinage. Fort-Bloqué, construit au milieu du XVIIIe siècle, dans le cadre du dispositif de défense contre les incursions de ces maudits Anglais jaloux de notre belle et prospère Compagnie des Indes, n'était accessible qu'à marée basse. Dans les années soixante, tonton Désiré et tante Dédette s'y étaient construits une petite maison de vacances où j'aimais bien passer quelques jours d'été. Pensez, ils avaient quatre filles, toutes plus âgées que moi, et j'étais bien évidemment accueilli comme un petit prince. Maintenant que j'y pense, ce sont elles, mes cousines, qui m'avaient fait découvrir les Beatles, les Rolling Stones, Bob Dylan et peut-être aussi les corn-flakes et les Royale mentholées. Les ai-je au moins remerciées ? Rien n'est moins sûr. Le village n'était au final qu'un grand lotissement balnéaire plutôt morne avec des noms de rues qui ne se mouillaient pas (allées des tamaris, des albatros, des frégates, des courlis…) et quelques bistrots et restos en front de mer. Chassé par cette horrible pluie, je me réfugiais dans l'un d'eux pour m'offrir une bière. Les rares clients regardaient la pluie dégouliner sur la baie vitrée, la même pluie qui toute la nuit tambourina sur le toit de la carrosserie pendant que le vent faisait tanguer mon van stationné sur la butte d'un camping d'où je pouvais contempler à loisir une mer en furie s'écraser contre les rochers, tout en dégustant un délicieux cassoulet en boîte. Je dormis pourtant du juste sommeil de l'innocent.

Le bateau pour Groix décollait à neuf heures de l'embarcadère de Lorient. La traversée d'une cinquantaine de minutes coûtait 17,50 € l'aller et autant pour le retour que j'avais prévu en fin d'après-midi. Bien sûr, j'aurais bien aimé passer au moins une nuit sur l'île et si possible sans gastro mais je m'étais engagé pour un salon du livre qui se tenait tout le week-end à Ploemeur, en périphérie de Lorient.

Aussi bizarre que cela puisse paraître et comme par un fait exprès, le ciel se dégagea dès lors que l'on vit s'approcher les côtes groisillones et rien que de prononcer ce mot-là qui gouleyait entre les lèvres me mettait en appétit. Plus de deux milles Groisillons, donc, vivaient en permanence sur ce gros caillou qui émergeait de l'océan comme la plupart des îles d'une manière un peu incongrue. Ils avaient été presque 6 000 habitants à la veille de la Première Guerre mondiale mais depuis, la population ne cessait de diminuer pour des raisons qu'il est facile de deviner, ne serait-ce qu'en jetant un simple coup d'œil sur le prix des résidences aux vitrines des agences immobilières. Quelle idée, oui, quelle idée de vouloir s'entêter à vivre ici, été comme hiver, au milieu de la mer, « *e kreiz ar mor* », comme le chantait le poète local, Yann-Ber Calloc'h, dit le barde Bleimor, dont je n'allais pas tarder à découvrir la tombe érigée grâce à une souscription publique. Une croix celtique ornée d'entrelacs dominait une lourde pierre de granit ornée, elle, d'une feuille de laurier pour rappeler qu'il était mort au champ d'honneur en avril 1917. « *La France, pour laver son âme, a besoin d'un bain de sang* », écrivit-il sans faire trembler sa plume avant de partir au front la fleur au fusil. Calloc'h était à la fois un ardent catholique (« *ma race est l'Évangile* ») et un farouche opposant à la République et à la démocratie, synonyme de décadence, de « *putasserie* », écrivait-il. Bien que défendant l'idée d'un séparatisme breton, il devint pendant la guerre un nationaliste enragé sous l'influence de Charles Maurras, le chef de l'Action française, et nous chanta l'éternelle rengaine de la petite et de la grande patrie. La guerre, disait-il, était un châtiment mérité et les Bretons, par leur sacrifice, allaient révéler leur vaillance au combat et leur fidélité à la France. Calloc'h était un mystique névrosé qui, tout au long de sa courte vie, fut marqué par le rêve brisé de ne pas avoir été ordonné prêtre. Ses sœurs étaient épileptiques, on avait des doutes sur les gênes de la famille et à cette époque, l'Église ne transigeait pas sur le code déontologique et ne recrutait que des prêtres censés être réputés sains de corps et d'esprit. Un drame pour Yann-Ber qui chanta sa tristesse et ses désillusions à travers des poèmes d'une sensibilité à fleur de peau et d'une indéniable qualité à tel point qu'il est considéré comme l'inventeur de la littérature vannetaise. Un siècle plus tard, je ne pouvais m'empêcher de trembler de tous mes membres à chaque fois que Yann-Fañch Kemener, qui venait récemment de disparaître à son tour, entonnait avec la grâce et la précision qu'on lui connaissait *Me zo ganet e kreiz ar mor*.

Débuter la visite d'une île par son cimetière peut paraître un peu curieux mais comme j'étais par hasard passé devant en remontant de Port Tudy vers le bourg, autant en profiter pour une petite halte. L'émouvant monument des péris en mer en disait long sur l'histoire de l'île. Une mère et son jeune fils étaient agenouillés devant une grande pierre levée où étaient scellées des ex-voto et les plaques commémoratives des disparus en mer. Disparus dans les abysses, au fond du grand trou, gonflés par le sel, dépecés par les requins, rongés par l'oubli. Marins-pêcheurs pour la plupart, ils s'appelaient Victor Tonnerre, Armand Penhoët, Edmond Guégan… Disparus tout simplement, comme disparaissent parfois les clés de l'automobile ou les vieilles photos de famille. L'océan leur servait de tombeau et leurs veuves pleuraient à chaque fois qu'elles apercevaient une voile sur l'horizon. *Qui voit Groix voit sa « croix »*, dit le dicton dans sa version fataliste, ou sa « joie » pour peu qu'on soit comme moi un simple promeneur. Les rimes étaient un peu trop faciles pour être crédibles.

Je profitai d'une éclaircie pour prendre un petit café à la terrasse d'un café-librairie nommé L'Écume. Encore un, à croire que les Bretons n'avaient rien de mieux à faire que de boire et de lire, ce qui était loin d'être faux. À ce propos, on rappellera que si les Bretons se retrouvent souvent au sommet du hit-parade question alcoolisme, ils le sont tout autant pour la lecture. Chauvinisme mis à part, c'est en Bretagne en effet qu'on vend, en pourcentage par rapport à la population, le plus de livres ; c'est aussi en Bretagne que les médiathèques sont les plus fréquentées et la Bretagne est la deuxième région après l'Île-de-France en ce qui concerne le nombre d'éditeurs et de bouquins publiés. Et d'ailleurs, il y avait même un éditeur de ma connaissance à Groix, Yannick Auffray, que je croisais ce matin-là presque par hasard. Sa maison s'appelait tout simplement Groix éditions & diffusion.

Le bourg était agréable, vivant, dynamique. Les commerces étaient ouverts et accueillants, quelques vitrines ne reculaient pas devant la fantaisie. Les volets des maisons étaient peints de couleurs souvent vives et parfois audacieuses. Ici, on n'avait peur ni du rose bonbon, ni du jaune éclatant. Sur la place de l'église, un manège à l'ancienne attendait ses jeunes clients et les vélos des touristes disputaient aux voitures des locaux l'étroitesse des rues. Alors oui, je me suis tout de suite senti bien sur l'île de Groix.

Le soleil qui perçait les nuages me donna envie de crapahuter et ce n'est pas ce petit vent mesquin qui allait contrarier mes projets d'autant plus que je n'avais pas le temps de m'avaler cul sec les vingt-sept kilomètres du tour de l'île. Je mis le cap plein sud, direction la pointe et le trou de l'Enfer, forcément tous deux bien nommés, et bien sûr que le paysage était à couper le souffle mais y a-t-il défi plus difficile pour un auteur que de décrire la beauté du monde telle qu'elle se présentait devant moi en cette matinée d'avril, aguicheuse et indécente. Je gambadai à travers les sentiers d'une lande aussi inaccessible par ses mystères que la femme aimée qu'on croit pourtant connaître sous prétexte d'avoir posé les lèvres sur chaque arpent de sa peau. J'aurais voulu être géologue, botaniste, ornithologue, naturaliste, j'aurais voulu être l'anatomiste de cette île pour pouvoir me risquer dans le labyrinthe de la Création et appréhender les arcanes de la Connaissance mais il faut croire que j'étais bien trop paresseux, bien trop pleutre, raison pour laquelle je me suis réfugié dans l'écriture, raison aussi pour laquelle les poètes, croyant s'en tirer à bon compte avec un haïku à quatre sous, nous font du gringue à travers leur recueil pour nous donner l'illusion de nous mener à l'essentiel mais ils ne nous mènent qu'au pied du mur, ces poètes. Contemplant bouche bée l'horizon, les falaises, les dunes, les escarpements, la vaste lande, cette crique étroite, le vol d'une sterne, le jaune éclatant des ajoncs, le grain d'un rocher, j'aurais été bien incapable d'écrire la moindre ligne censée se prétendre lisible. Ici, j'étais redevenu analphabète, bête tout court, aussi innocent qu'au premier jour, aussi illettré que ce lièvre qui sautillait gauchement vers le fourré le plus proche. Les poètes ne sont que des menteurs, des imposteurs. Si à votre corps défendant vous en croisez un dans la rue, changez immédiatement de trottoir. Vous êtes prévenus.

J'ai suivi par l'est le chemin côtier, ne cessant de grimper puis de redescendre, et de grimper encore. La zone, d'un intérêt géologique majeur, avait été classée réserve naturelle et baptisée François Le Bail, du nom de ce prêtre érudit qui enseignait les sciences de la Terre à Quimper. La nature était libre ici de faire ce qu'elle voulait. Elle était belle, elle était nue, elle était folle. Et que m'importait cette averse qui maintenant me giflait les yeux. Passé la crique des Saisies, je fis une pause à Locmaria, le port du sud, me contentant d'une banane et de quelques gâteaux secs en guise de déjeuner, avant de visiter la petite église de Notre-Dame de Placemanec. Un tableau un peu naïf relatait l'épisode du naufrage de la chaloupe des Douanes, le 4 décembre 1825. L'île était la proie d'une épidémie de typhoïde et un médecin fut dépêché sur les lieux afin de venir en aide aux malheureux. Pour son retour à Port-Louis, la chaloupe des Douanes fut mise à sa disposition avec à bord cinq hommes d'équipage ainsi que trois passagers dont deux femmes. Surprise en pleine nuit par une soudaine tempête, la chaloupe se fracassa contre une barre d'écueils. Le gouvernail était démonté, les voiles déchirées, l'embarcation prenait l'eau, l'obscurité était totale et ne restait qu'un seul aviron, nous rapporte le docteur Lestrohan, médecin des épidémies de l'arrondissement de Lorient. La chaloupe finit par s'échouer au milieu de nulle part sur un banc de sable recouvert à chaque marée et les naufragés attendirent que la marée montât en priant Notre-Dame de Placemanec qui fit de toute évidence le job avec brio puisqu'il n'y eut aucune victime. Pendues à la voûte de l'église, quelques maquettes remerciaient le Ciel de cet heureux dénouement.

Le chemin côtier continuait jusqu'au phare de la Pointe des Chats avant de remonter vers le nord. La côte était rocheuse mais çà et là, de tendres petites criques me faisaient de l'œil, comme cette plage des Sables rouges ainsi nommée pour ses grenats. Plus loin s'étendait la curieuse et unique plage convexe des Grands Sables. En cette matinée, j'avais marché trois heures en solitaire et sué plus qu'un honnête homme ne le mérite, en conséquence de quoi cette bière pression et cette crêpe complète à la terrasse du Thon Bleu furent les bienvenus. La crêpe était *kraz* à souhait, autrement dit pour les non-initiés fine et craquante, juste comme je les aime. Après quoi, je repris ma route jusqu'à Port-Lay, puis plus loin jusqu'au réservoir de Port Melin que je contournai par les terres, revint au bourg pour prendre mon café à L'Ancre de Marine, un vrai bistrot groisillon, et consacra le reste de ma journée à la visite de l'écomusée – « *différent, branché et vivant* », proclamait la plaquette – qui pour 5 € proposait un intéressant tour de l'île. C'est ainsi que j'appris qu'une tombe viking fut découverte en 1906 sous un tumulus, que les Groisillons étaient surnommés les Grecs, rapport à leur accent impossible, que l'île fut un carrefour de contrebande pour les Anglais et les Hollandais, éternels concurrents maritimes et commerciaux, que l'île se divisait entre deux tribus irréconciliables, les Piwisi à l'ouest et les Primiture à l'est sans qu'on connaisse vraiment l'origine de ces noms, sinon que les uns étaient plus rustres que les autres et vice versa, que depuis la nuit des temps la misère était endémique, la consanguinité courante, les épidémies récurrentes et la superstition tenace. C'était un beau petit musée où le plancher de l'étage craquait délicieusement à chacun de mes pas, où avait été reconstitué un bistrot d'antan et où la dame de l'accueil n'avait que faire de mon code postal bien que je fusse peut-être le seul visiteur de la journée.

Ty Beudeff, le bistrot de ma jeunesse, n'ouvrait ses portes qu'à 18 heures quand le bateau repartait à 17 h 30 et c'était pour moi un regret mais je quittais Groix dans l'espoir d'y revenir au plus vite avec ma belle, chose que je me promettais systématiquement lorsqu'un lieu me plaisait, un peu comme on tient à relire un livre qui nous a marqué. Groix était un livre flottant au milieu de la mer. *E kreiz ar mor.* Ses pages étaient salées, ses héros parlaient grec et je commençais à mieux comprendre cette chanson de Gilles Servat qui avait bien connu l'île et dont le dernier couplet s'achevait ainsi :

« Au loin voir le clocher du bourg
Et vouloir rester pour toujours
Regarder Groix et puis partir
Avec le cœur qui se déchire
Porté par ce maudit navire. »

Douceur par endroits
Vingt-neuvième jour
Pont-Scorff – Locmalo

Avant de se remettre en route, deux mots sur le salon du livre de voyage de Ploemeur organisé ce week-end par les patrons de Sillage, une bien belle librairie indépendante où il fait bon fouiller, farfouiller ou même fouinasser parmi les bouquins. Erwan et son équipe avaient mis les petits plats dans les grands en invitant quelques pointures de l'aventure tels Axel Kahn, le généticien marcheur, ou encore Bernard Ollivier, surtout connu pour avoir crapahuté le long de la Route de la Soie d'Istanbul à Xi'an en Chine et d'avoir relaté son périple de 12 000 kilomètres à pied dans un livre en trois tomes titré *La longue marche*. À 81 ans, malgré quelques soucis de santé qui lui empoisonnaient un peu l'existence, Bernard Ollivier avait gardé une impressionnante énergie. De plus, l'homme était d'une gentillesse précieuse, à croire que la marche n'entretenait pas que les corps. C'était un sage, sans doute. Les autres invités, les « locaux » pour ainsi dire, je les connaissais bien, on faisait partie de la même tribu. Bernard Berrou était un auteur du pays bigouden, un peu dandy baroudeur et surtout grand styliste. Patrick Huchet qui habitait Fort-Bloqué – tiens donc ! – était un historien truculent et un bavard invétéré, incollable sur le pèlerinage de Compostelle aussi bien que sur les histoires secrètes de la chouannerie. Bernard Rio, de Lanvaudan, journaliste recyclé en écrivain-conférencier était une encyclopédie sur pattes sur tout ce qui concernait le patrimoine et les chemins de randonnée. Anne Quéméré était une sorte de foldingue qui passait l'essentiel de sa vie d'un océan à l'autre sur des embarcations flottantes aussi diverses que saugrenues (kayak, kiteboat, canoë...) et collectionnait les records de traversées. C'était de bons potes, à qui importait peu la gloire mais qui ne rechignaient jamais à trinquer entre honnêtes gens lorsque l'exigeait le protocole élémentaire de l'amitié. J'avais passé auprès d'eux un bien riche week-end d'autant plus que le Stade Rennais avait ce soir-là infligé une sévère raclée au PSG en finale de la Coupe de France. Les pieds en éventail sur le lit de ma chambre d'hôtel tel un hippopotame dans son bain de boue, je n'avais pas perdu une miette de l'humiliation parisienne. On se console comme on peut. Au matin, j'en parlais à Irène Frain avec qui je prenais le petit-déjeuner, mais comme il était à craindre, elle ne s'intéressait au football que modérément, très modérément, raison pour laquelle notre conversation matinale vira assez vite du côté de la Sibérie vers laquelle nous avions une commune attirance. Irène et moi étions originaires du même pays, là-haut, au cœur du Morbihan, elle de Cléguérec, moi de Guémené, ce qui forcément crée des liens. C'était ainsi que se passaient en règle générale les salons du livre. Ce qui nous importait, c'était de sortir de temps en temps de notre caverne pour discuter le bout de gras avec des femmes et des hommes qui, s'épongeant le front devant leur ordinateur des heures durant, partageaient bon an, mal an les mêmes angoisses, les mêmes solitudes et parfois les mêmes petits bonheurs secrets. Bien sûr, il y avait dans cette foire d'empoigne comme dans tout microcosme des gens peu intéressants que la modestie n'étouffait pourtant pas ainsi que quelques authentiques sales cons, pourquoi le taire, mais est-ce bien utile d'en parler ici ?

Ce dimanche en fin d'après-midi, je quittai les lieux et passai de l'autre côté de la voie express, la fameuse N 165 qui, un peu comme le périphérique à Paris, matérialise une frontière aussi bien culturelle que géographique. D'un côté le littoral et de l'autre les terres, d'un côté l'Armor et de l'autre l'Argoat. Les uns méprisant parfois les autres. Les autres dominants parfois les uns. Je changeai de civilisation. La dame du camping de Pont-Scorff me demanda de quelle façon j'avais atterri ici, si c'était par Internet, par ouï-dire ou grâce à l'office de tourisme, ce à quoi je répondis que j'avais tout simplement suivi la direction d'une pancarte où le mot camping était inscrit. Vous êtes seul ? me demanda-t-elle comme si c'était une tare congénitale. Quel dommage ! ajouta-t-elle après avoir entendu mon soupir. Trouvez-moi quelqu'un, alors ! Je vais faire une annonce, répondit-elle du tac au tac. Elle avait de l'humour, c'était toujours ça de pris. Après les fureurs capricieuses de l'océan et les caquetages d'un salon du livre, qu'il était bon de poser son bivouac dans un havre vert transformé en véritable juke-box par une nuée d'oiseaux de toutes sortes qui poussaient la chansonnette parmi les buissons et jusqu'au sommet des arbres. La nuit me fut délicieuse.

Kilomètre après kilomètre, je m'approchai de mon pays et je n'ignorais pas qu'il est souvent bien plus difficile de parler de sa prairie que du pré du voisin, de sa propre mère plutôt que d'une lointaine cousine, c'est pourquoi j'avais tout intérêt à prendre les *pays* avec des pincettes pour éviter d'attiser les susceptibilités locales. Pont-Scorff était sans doute un joli village mais je n'y fis aucune halte. L'église de Calan et ses arcades méritaient cependant un petit coup d'œil et quelques photos. Lanvaudan était réputé à juste titre pour ses chaumières joliment retapées mais mon van traversa le bourg aussi discrètement qu'une bille en verre sur une toile cirée. Idem pour Plouay qui à mes yeux n'offrait que l'intérêt de me rappeler le grand critérium cycliste que mon grand-père n'aurait raté à aucun prix. Jean Gainche, un gars de Guémené, l'avait remporté haut la main en 1962 et cette victoire restera à jamais gravée dans la mémoire du pays Pourleth. Çà et là, il y avait des chapelles, comme ici celle du Vrai-Secours, et la route en lacets serpentait à travers un aimable bocage ondulant et boisé. Le remembrement ne paraissait pas avoir fait trop de dégâts dans le secteur. Il y avait des talus touffus, il y avait des haies plus droites qu'un caporal au garde-à-vous, il y avait des chemins creux et des ruisseaux qui bouillonnaient à feu doux.

Passé Plouay, je mis le clignotant, celui qui marchait une fois sur trois, à droite pour emprunter la vallée du Scorff par une départementale que je classerais volontiers dans le *top ten* des plus belles routes de Bretagne. Le Scorff, c'était ma rivière originelle, mon éternelle et rassurante rivière, ma source d'eau bénite, ma voie lactée, et pourquoi ne point parler de fleuve, si modeste soit-il (78,6 km), puisqu'il s'offre à la rade de Lorient avant de finir sa course dans l'Atlantique. Rien que d'en prononcer le nom vous mettait l'eau à la bouche et les poètes s'arrachaient les cheveux pour trouver une rime équivalente. Certes, il y avait l'adjectif « amorphe » mais ça ne collait pas du tout, c'était même le contraire. Alors que Carl Orff nous éclatait les tympans avec sa Carmina Burana, le Scorff fredonnait sa *gwerz* cristalline qui caressait nos oreilles d'un souffle tiède et les pêcheurs qui sont poètes à leur façon taquinaient sans faire de bruit la truite fario et le goujon. Maintenant, le fleuve traversait la forêt de Pontcallec, dense et mystérieuse. Je fis une halte au moulin de Koad Krenn, passai le pont et avançai de quelques pas. La roue du moulin tournait encore, pour faire joli sans doute, mais les volets étaient clos et la propriété placée sous vidéosurveillance. Depuis quand n'y avait-on pas moulu du blé ? Et qui avait été le dernier meunier en exercice ? La dernière meunière ?

« Jolie meunière, chantait jadis mon père à chaque gueuleton de famille, *Jolie meunière, décidez-vous ! Ou pour Jean-Pierre ou pour Jean-Lou ».*

Les cheveux verts de la jolie meunière étaient emportés par le courant et nul ne savait si elle s'était enfin décidée mais que ce soit avec Jean-Lou ou avec Jean-Pierre, il y avait tout à parier qu'elle était descendue à la ville chercher du taf. Elle vivait aujourd'hui dans un lotissement de Plouay, était caissière au Centre Leclerc et passait le reste de son temps libre à faire les courses et le taxi pour ses ados de rejetons qui se rendaient soit au foot, soit à la piscine, soit à des cours particuliers de maths tandis que la roue du joli moulin ne cessait de tourner dans le vide.

Une bonne sœur coiffée d'une cornette blanche et armée d'un sourire à toute épreuve me demanda un peu à la manière des vendeuses de fringues si j'avais besoin d'un renseignement. Je tendis mon doigt de l'autre côté de l'étang aujourd'hui asséché pour lui apprendre que ma grand-mère Mélanie Le Borgne, épouse Kerjan, était née au village de Kermonac'h en 1909, oui ma sœur, parfaitement, et que je revenais sur les lieux à la recherche de mes origines. J'étais en quelque sorte en pèlerinage, la légitimité de ma démarche ne laissait donc aucun doute. Nous papotions gentiment sur le parking du château, aujourd'hui propriété de la congrégation des Dominicaines du Saint-Esprit. Pour tout dire, c'était une femme adorable, curieuse, passionnée qui de toute évidence n'avait prononcé aucun vœu de silence. Autour de moi, je ne voyais que des Toyota, des Dacia, des Suzuki… Le temps des bonnes sœurs en 2 CV était définitivement révolu. Tout foutait le camp. La visite du château n'était pas ouverte au public, en revanche je pouvais me rendre à la chapelle, me dit-elle, afin de prier pour le salut de ma grand-mère et bien sûr me promener dans le parc autant que je le souhaitais. Jusqu'en 2012, l'institution Notre-Dame de la Joie avait accueilli des enfants en difficulté et des orphelins venus des quatre coins du monde. Aujourd'hui, le château des Pontcallec était une résidence pour sœurs retraitées – « à mobilité réduite » précisa-t-elle – ainsi qu'un centre de noviciat, ce qui expliquait la présence de ces jeunes religieuses dans les parages. Jeunes et jolies, peut-être. De l'autre côté de la route se trouvait en pleine forêt le collège-lycée Saint-Thomas d'Aquin, un pensionnat qui accueillait bon an mal an une centaine de jeunes filles triées sur le volet et les éduquait selon les préceptes pédagogiques du père Berto, le fondateur, qui s'était donné pour mission de « former les intelligences, tremper les caractères et fortifier les cœurs ». Ce programme éducatif me fit quelque peu frémir, en conséquence de quoi je préférai autant ne pas donner mon avis sur la question. Seule la filière L était proposée. On y étudiait les textes de l'Antiquité et les grands auteurs classiques. Les résultats de réussite au bac étaient de 100 % mais à quoi rêvaient-elles, ces jeunes filles en uniforme, isolées au beau milieu de la forêt, loin des turpitudes du monde et de ces funestes tentations ?

Le château en lui-même, reconstruit en 1882, n'avait pas grand intérêt. Mes arrière-grands-parents côté maternel avaient été les métayers du duc de Lorge, comte de Cossé-Brissac, qui régnait sans partage sur une bonne partie des terres du canton. Ils avaient d'ailleurs failli être congédiés comme des malpropres au motif que mon arrière-grand-père avait été vu en train de boire un verre dans un bistrot de Berné aux côtés d'un socialiste ou d'un communiste ou même d'un anarchiste, bref un rouge. Sa femme dut entreprendre son chemin de Canossa et promettre devant Dieu et Monsieur le duc qu'un tel blasphème ne se reproduirait plus. La Révolution de 1789 n'était manifestement pas passée par Pontcallec. Mais comme dans les contes de fées, il y a une morale car le dernier héritier de la dynastie avait, dit-on, gaspillé la fortune familiale dans les casinos et les bordels parisiens avant de se retrouver dans une dèche abyssale. J'espérais dans un esprit bassement revanchard que la chtouille lui fit se gratter les couilles jusqu'à ce que mort s'ensuive. C'est ainsi que le château fut racheté par la congrégation en 1955. Le parc, ceint d'un haut mur de pierres d'au moins trois kilomètres de long, était magnifiquement entretenu, les camélias et les rhododendrons avaient revêtu leurs habits du dimanche, on pouvait juste regretter que l'étang eût été asséché pour je ne sais quel motif.

Dans la chapelle, quatre bonnes sœurs marmonnaient leur prière entre leurs lèvres pincées et ce n'était certes pas le moment de les enquiquiner. Un peu plus loin, je montais vers une butte à l'emplacement de l'ancien château où se trouvait un petit cimetière. Les religieuses, enterrées à même le sol sous un parterre de pelouse, n'avaient eu droit qu'à une simple croix blanche de ciment grossier tandis que les prêtres reposaient sous une lourde dalle de granit ouvragé, ce qui avait au moins le mérite de clarifier les choses.

Chrysogone-Clément de Guer, marquis de Pontcallec, appartenait à cette petite noblesse bretonne farouchement opposée au duc d'Orléans qui assura un temps la régence du royaume après la mort de Louis XIV en attendant la majorité de son successeur. Bien que la célèbre *gwerz Maro Pontkalek* reprise dans le *Barzaz Breiz* par Hersart de la Villemarqué le présente comme un jeune homme de vingt-deux ans « *si beau, si gai, si plein de cœur* », le marquis était en réalité une brute épaisse de quarante et un ans qui tirait l'essentiel de ses revenus de la contrebande du tabac. Une fois de plus, c'est un impôt nouveau qui mit le feu aux poudres. Philippe d'Orléans, toujours en quête de liquidités, impose de nouvelles taxes sur les vins et les eaux-de-vie. Une poignée de nobles bretons remettent alors en question l'acte d'Union de la Bretagne au royaume de France ainsi que la légitimité du régent. Sous le nom de conspiration de Cellamare, un complot confus est ourdi, avec l'appui des Espagnols et de quelques opposants aristocratiques au régime qui vont se défiler dès que l'affaire sentira le roussi. Les Espagnols replient bagages, c'est un fiasco. Parmi la cinquantaine de conjurés, quatre sont arrêtés – Pontcallec, du Couëdic, Montlouis, Talhouët – jugés sans pouvoir se défendre et décapités le 16 mars 1720, place du Bouffay à Nantes, devant une foule atterrée. *Maro da zaou vloa war-n-ugent/ vel ar verzerienhag ar zent,* « Il est mort à vingt-deux ans/ comme meurent les martyrs et les saints », conclut la *gwerz*. En ce début du XVIIIe siècle, la misère était grande dans le royaume et particulièrement en Bretagne où partout grondait le mécontentement. La mort des conjurés, en réalité des boucs émissaires, fut pour le Régent un excellent prétexte pour faire un exemple afin de mater toute velléité de révolte. Une légende était née et Jean-Pierre Marielle, dans le film *Que la fête commence* de Bertrand Tavernier, revêt magistralement le costume du marquis. La lignée des Pontcallec s'éteignit en 1797 et le domaine entra sous la possession des ducs de Lorge, qui devinrent les bons maîtres de mes arrière-grands-parents. Voilà l'histoire.

Me restait à sortir une pièce d'un euro de ma poche pour allumer un cierge dans la petite chapelle de Sainte-Anne-des-Bois qui par la grâce du Saint-Esprit était ouverte en permanence et adresser une prière à ma grand-mère qui croyait dur comme fer au Ciel et à ses saints. Je l'aimais bien cette chapelle qui, pourtant, n'avait aucune valeur architecturale mais elle me rappelait des promenades dominicales en famille. La comtesse de Cossé-Brissac l'avait fait construire en 1865 pour remercier Sainte-Anne de lui avoir donné une fille. À une encablure se trouvait le bourg de Kernascléden, terreau des familles Kerjan et Le Borgne, mes grands-parents maternels, laboureurs de père en fils et paysannes de mère en fille depuis des générations. Ils s'étaient mariés le mardi 8 novembre 1927 par un jour de pluie en cette imposante église, disproportionnée au regard d'une si modeste paroisse (404 habitants au dernier recensement). On ne pouvait pas ne pas la voir mais on ne la regardait pourtant jamais. Il y avait en face de nous un trésor architectural unique, on ne subissait que son ombre gigantesque qui en fin d'après-midi recouvrait toute la place pour mieux affirmer sa toute-puissance. Des gargouilles penchées à la balustrade nous toisaient méchamment. L'une d'elles, située au-dessus du porche des hommes, représentait une sorte de monstre au sexe dressé vers le ventre d'une invisible proie, raison pour laquelle les femmes se gardaient bien de lever la tête. Au-delà, des dizaines de pinacles et de clochetons montaient vers le ciel. L'église avait été bâtie grâce aux largesses de nos puissants maîtres, le vicomte de Rohan ainsi que le duc Jean V et son épouse Jeanne de France, à une époque où la Bretagne indépendante connaissait une prospérité relative alors que Français et Anglais se livraient à une guerre quasiment fratricide. Les travaux débutèrent en 1420 et s'achevèrent en 1464. Pour situer un peu le contexte, disons que pendant que tailleurs de pierre et charpentiers édifiaient Kernascléden, on instruisait en d'autres lieux le procès de Jeanne d'Arc. Enfant, je me suis tapé ici des messes interminables et des sermons inaudibles. Pour passer le temps, je levais les yeux vers la voûte de pierre qu'un artiste anonyme du XVe siècle avait peinte pour nous enseigner la vie du Christ. J'ai tremblé, Dieu seul sait combien j'ai tremblé quand le prêtre ouvrait vers moi la petite grille du confessionnal pour entendre le récit de mes péchés. Sur la fresque de l'Enfer, les corps suppliciés, embrochés, mutilés, fouettés, empalés, ébouillantés dans un chaudron et dévorés par des diablotins lubriques rappelaient à tout mortel le sort qui le guettait s'il ne se tenait pas à carreaux. Plus tard, j'ai marié ici de jeunes cousines et enterré de vieux cousins. Et j'ai passé des étés chez ma tante Mélanie et mon oncle Joseph, maréchal-ferrant de son état, qui tenaient forge, boutique et débit de boissons sur la place de l'église. J'entends encore les tintements de son marteau sur l'enclume. Le parfum du vin rouge et celui de la corne brûlée des sabots des chevaux à ferrer ne cessent d'enivrer mes souvenirs. L'été, des touristes venus de partout, parfois même de l'étranger, prenaient l'église en photo sous toutes les coutures. Ma tante vendait des cartes postales à tire-larigot. Nous, les gosses, on s'en fichait pas mal des dentelles de pierre et du gothique flamboyant, on jouait au foot sur le terrain voisin et les contreforts du chevet nous servaient de buts. Parfois, à la suite d'un tir mal ajusté, le ballon allait s'écraser contre le vitrail. Fallait décamper vite fait avant que le bedeau ne se radine. En échange de quelques pièces, je donnais de temps en temps un coup de main au bistrot, décapsulais des bières, versais sans faux col des verres de rouge aux ivrognes de la paroisse et c'est ici, sur ce comptoir (j'ai déjà raconté cette histoire dans un précédent livre), que j'ai écrit mon premier poème à l'âge de quinze ans, au dos d'un petit carnet publicitaire vantant les mérites des vins « *Royal Menhir, un véritable plaisir* ».

Un demi-siècle plus tard, je revenais sur les lieux de mon crime. Le bistrot avait changé du tout au tout, bien sûr, une vache n'y aurait pas retrouvé son veau, et je constatai avec effroi qu'ils avaient nettoyé la façade de mon église. Ils l'avaient lessivée et brossée à tel point qu'elle était maintenant devenue toute pâlotte. Les lichens qui depuis cinq siècles enrobaient la pierre de leur ocre tendre avaient disparu et la pierre semblait nue, telle au premier jour, donc palpable et infiniment fragile. Ils avaient déshabillé le temple sacré de mon baptême, l'avaient épluché comme une banane. Les vitraux de conception audacieuse étaient également presque neufs mais je ne pouvais pas en dire du mal car c'est mon copain maître verrier, Antoine Le Bihan, qui les avait réalisés en 2012. La nostalgie commençait à me sortir par les trous de nez, il était temps que je déguerpisse.

Au Faouët, je n'avais guère eu de chance en ce morne lundi. La chapelle Saint-Fiacre du XVIe siècle connue pour son jubé unique et flamboyant était fermée comme une porte de prison sur un détenu condamné à la perpétuité bien qu'un écriteau précisât qu'elle était ouverte tous les jours au public jusqu'à midi. Tant pis. Idem pour la chapelle Sainte-Barbe, un autre joyau du XVIe siècle bâti sur les flancs abrupts de la vallée de l'Ellé, et qui était pour l'heure en travaux. Encore une fois, tant pis. Au bourg, je me cognais le nez contre la porte close du musée situé dans l'ancien couvent des Ursulines qui pourtant, grâce à une précieuse collection de peintures et un bel agencement, méritait le déplacement. Tant pis, soupirai-je une fois de plus. Me restaient les halles et leur étonnante charpente, toujours du XVIe, désertes et ouvertes à tous vents, l'une des trois antiques bâtisses de ce genre en Bretagne avec Questembert, que nous avions récemment visité, ainsi que celle de Plouescat, dans le Léon, que nous ne manquerions pas d'aller bientôt saluer. Un ersatz de soleil fit une apparition timide mais suffisante pour que j'aille m'offrir un café en terrasse le temps de parcourir les pages « sports » du journal qui revenaient sur l'éclatante victoire du Stade Rennais sur ces pauvres types du PSG avant de retourner sur les hauteurs de Sainte-Barbe pour ma pause déjeuner.

C'est ici qu'à la fin du XVe siècle, un seigneur des alentours faillit périr par la foudre au cours d'une partie de chasse. Quelques mansuétudes divines ordonnant que l'heure de son rappel n'avait encore point sonné, le sieur de Toulboado décida, afin d'entériner le miracle, de construire en ce lieu accidenté, sur les flancs abrupts de la vallée encaissée de la rivière Ellé qui frayait son chemin au fond des bois, une chapelle dédiée à Sainte-Barbe qui, comme chacun sait, protège de la foudre mieux qu'un paratonnerre. Elle est devenue par ce fait patronne des pompiers mais aussi des mineurs, des artilleurs, des canonniers et, exclusivité bretonne, des marins. Barbe n'avait pas volé sa palme du martyre. Son père, un riche et brutal païen nommé Dioscore, l'enferma dans une tour pour protéger sa virginité et surtout l'éloigner du christianisme qui au IIIe siècle ne cessait de s'étendre dans ces lointaines contrées d'Asie mineure. Baptisée en cachette, Barbe réussit à s'enfuir. Fou de rage, son père mit le feu à la tour. Dénoncée, elle fut soumise à d'horribles tourments mais refusa d'abjurer sa foi. On la traîna nue à la queue d'un cheval, on la fouetta de mille verges, on lui arracha avec une tenaille la pointe des seins mais comme le Christ en personne venait chaque nuit lui panser ses plaies, son corps se retrouvait indemne au matin, absout de tout stigmate. Las, Dioscore trancha la tête de sa propre fille d'un seul coup d'épée mais la foudre le terrassa la seconde suivante d'où, chacun l'aura compris, la vocation de notre bonne amie Barbe.

Il y a quelques années, j'avais dormi à cet endroit qui, en 2003, défraya la chronique suite à une *rave party* qui tourna vinaigre.

Les forces de l'ordre étaient intervenues et l'on comptabilisa, dit-on, une centaine de blessés. C'était affligeant pour les uns comme pour les autres et pour le lieu, bien sûr, qui ne méritait pas un tel affront car, sans vouloir jouer les redresseurs de torts, je reste persuadé qu'il existe ici et là des territoires sacrés que nul ne devrait souiller, ni les teuffeurs, ni les CRS, mais il en fut hélas ainsi. Et puis la bruine se chargea d'effacer les traces de sang et les relents de lacrymogène, comme d'habitude.

La nuit me fut relativement douce. Vers trois heures, je fus réveillé par les feux d'une voiture mais il ne devait s'agir que d'un couple d'amoureux venus se rouler un pétard et quelques palots. Une fois l'affaire réglée, ils décampèrent sans faire davantage de grabuge et me laissèrent à mes songes. Il était encore très tôt quand ce matin-là, par un été pourri, un de plus, j'émergeai en baillant du fourgon, pas celui-là, celui d'avant. La petite taverne située plus haut étant encore close, j'étais le seul être humain dans les parages, disputant ce privilège à un valeureux officier de la garde napoléonienne qui dormait dans la paix des braves sous une tombe placée un peu pompeusement au centre d'un enclos ceint d'un muret de pierres. Je m'habillai sommairement, me fis chauffer sur le pouce un café instantané et descendis vers la chapelle en contrebas. Un brouillard s'élevait de la rivière, auréolant cette ahurissante bâtisse de granit d'une enveloppe mystique. On aurait dit que ce tas de pierre avait été naguère jeté dans le ravin comme une vieille carcasse inutile et qu'il avait réussi de lui-même à se régénérer, tel un phœnix, ou telle une plante sauvage, à se reconstruire par sa propre sève et s'épanouir au centuple. Autour de la chapelle, la bruine restait suspendue. Oui, je n'exagère pas quand je dis que l'instant était mystique et, alors que je descendais à travers bois vers la fontaine par un petit sentier de pierres, j'ai pensé, car je l'ai vraiment pensé, que si la vocation devait me surprendre comme elle avait surpris jadis un Charles de Foucault en plein désert du Haut-Atlas marocain, ça ne saurait être qu'ici. Mais rien de la sorte n'arriva. À la fontaine, j'ai jeté une pièce de deux euros au fond de l'eau et je me suis agenouillé pour m'y débarbouiller le visage mais nulle voix hélas ne me héla, nulle vision ne se révéla à travers les ondes frissonnantes sinon le reflet de la statue de notre pauvre sainte Barbe qu'un vandale avait décapité il y a de cela une trentaine d'années.

La communauté de communes du pays du Roi Morvan se situe à l'extrême nord-ouest du département du Morbihan et englobe grosso modo une vingtaine de paroisses du Pays Pourleth et de la Cornouaille morbihannaise, à cheval entre les anciens territoires des Vénètes et des Osismes. Le président en est (au moment où j'écris ce récit) Michel Morvant qui fut mon camarade de classe au lycée et qui, sans conteste, est resté un farouche défenseur de son pays. C'est l'une des régions les moins peuplées de Bretagne et qui ne cesse de perdre des habitants (une dizaine de milliers depuis 1968) malgré l'installation depuis une trentaine d'années de nombreuses familles britanniques dont le sort est maintenant lié à celui du Brexit. Comme partout ailleurs sur la planète, et comme le font les rivières, les hommes ont ruisselé vers l'océan. Ils ont dévalé de leurs collines, leurs landes et leurs bocages pour dégouliner vers les périphéries urbaines et s'approcher au plus près de la mer, ou plus prosaïquement des zones industrielles jouxtant le littoral. Ce pays est aussi l'une des plus pauvres, le revenu moyen est de deux à trois fois inférieur à celui des communes littorales. Le travail y est rare, il n'y a pas d'agence intérim ni même d'agence Pôle Emploi et aucun lycée public. L'industrie agroalimentaire est en crise, le tourisme en pointillé, l'agriculture tient le coup, vaille que vaille, on note même l'installation de jeunes paysans bios. Depuis 2017, le territoire est classé ZRR (Zone de revitalisation rurale). Je l'admets, c'est un tableau bien sombre que je dresse ici. Après avoir manqué de curés, on commence à manquer de médecins. Prévoir au minimum une demi-journée pour consulter un spécialiste, que ce soit à Lorient ou Saint-Brieuc, autant dire à Pétaouchnok. La population vieillit mais les jardins sont bien entretenus, les haies sont taillées avec un soin d'orfèvre et les potagers sont des cornes d'abondance. Carottes, navets, choux, pommes de terre. Nul ne meurt ici de faim. Ni de froid, d'ailleurs, à voir les tas de bois savamment échafaudés contre le hangar. Aujourd'hui, je ne viens pas ici avec le regard attendri du fils du pays qui s'est enfui comme un voleur à la ville il y a de cela des décennies et qui se souvient de temps en temps qu'il a une mère mais avec celui d'un observateur froid et, autant que faire se peut, impartial.

Le roi Morvan (ou Morman), le premier souverain de la Bretagne indépendante, surnommé Morvan Lez-Breizh, lui aussi célébré par le *Barzaz Breiz*, aurait peine à reconnaître aujourd'hui son royaume. Refusant de prêter hommage et de verser tribut aux Carolingiens, il avait infligé dans les parages une sévère défaite aux armées de Louis le débonnaire, roi des Francs, un peu à la manière de Rennes face au PSG en finale de la Coupe, si je peux me permettre d'insister un peu lourdement, mais peu après cette éphémère victoire, en l'an de grâce 818, Morvan fut tué au combat, forcément glorieusement. Sa dépouille, dit la légende, reposerait dans la région, du côté de Langonnet ou de Priziac. Est-ce un hasard si Morvan reste aujourd'hui l'un des patronymes les plus courants en Bretagne ? Ne nous resterait-il donc que les noms antiques que nous ont légués nos pères et peut-être les noms des villages, des champs, des rues que d'aucuns voudraient aujourd'hui nous confisquer au profit d'appellations plus modernes, plus civilisées, en un mot, plus françaises ?

La route entre Lanvénégen et Guiscriff que je découvrais sans doute pour la première fois et qui épousait le flanc d'une colline boisée était de toute beauté. Nous arrivions sur les contreforts des Montagnes Noires, le relief s'élevait progressivement et pourtant la terre ici semblait plus basse qu'ailleurs, plus misérable. Ce n'est donc pas étonnant d'apprendre que cette région fut la principale zone d'émigration vers l'Amérique dès la fin du XIXe siècle. Je croisais des corps de fermes abandonnées, des ruines, des vestiges de moulins et des vestiges de rien du tout. C'est de Roudouallec, un peu plus au nord-ouest, à la limite du Finistère, qu'était parti en 1881 Nicolas Le Grand, considéré comme le premier migrant, pour se faire embaucher dans une usine en Pennsylvanie où il gagnait 450 francs par mois, une somme énorme comparée au revenu d'un ouvrier agricole breton. Comme il était illettré, il n'envoyait jamais de nouvelles. Les gens du village pensaient qu'il avait été dévoré tout cru par les Peaux-Rouges. Mais sa femme reçut un premier mandat – cent pièces de cent sous –, puis un deuxième et ainsi de suite. Le mouvement était lancé. Vers les États-Unis, le Canada mais aussi le Chili ou l'Argentine. On évalue à 100 000 le nombre d'émigrants bretons outre-Atlantique. Lesté d'un solide pécule, Nicolas Le Grand revint au pays quelques années plus tard et s'acheta un café au bourg de Roudouallec.

À Gourin, sur la place principale, se dresse auprès du monument aux morts une réplique de la statue de la Liberté de New York offerte par la compagnie Air France qui d'ailleurs avait ouvert une agence de voyages à Roudouallec jusqu'aux années quatre-vingt. La statue est blanche et bien sûr, elle est belle. Comme elle est faite de composite, ils ne la sortent qu'aux beaux jours, de peur qu'elle ne se détériore. Le reste du temps, elle hiberne dans un atelier municipal. Aux dernières nouvelles, un financement participatif a été lancé pour permettre l'achat d'une nouvelle statue, plus résistante aux intempéries. Au château de Tronjoly, à la sortie du bourg, une exposition était consacrée à l'émigration mais elle aussi n'ouvrait qu'en juillet et août. Un peu déçu, je dus me contenter d'une exposition d'artisanat local et d'une collection de costumes traditionnels. Gourin est une ville un rien tristounette et pour tout dire pas très rigolote que je traverse sans trop appesantir mon regard lorsque je me rends en famille. On a un peu de mal à imaginer que c'est pourtant ici que se déroule tous les ans une *Gay Pride*, organisée par le Starman, la seule discothèque LGBT de la région, et que c'est une fête plutôt sympathique et bon enfant. Les vieux paysans du coin trinquent à la buvette avec quelques *drag-queens* enrubannées de trucs en plume, les chars flamboyants sont remorqués par des McCormick de 250 CV qui habituellement labourent les champs de blé après moisson et la statue de la Liberté danse disco sur un vieux tube de Dalida. Je vous l'avais dit, tout fout le camp.

Sans transition, aucune, je me suis rendu à l'abbaye de Langonnet distante d'une quinzaine de kilomètres. Je voulais voir ou plutôt revoir le musée des Arts africains que j'avais visité il a de nombreuses années sans avoir gardé de souvenirs précis. Pendant des décennies, des bataillons de prêtres et parmi eux beaucoup de Bretons, avaient été envoyés en mission dans les lointaines colonies pour prêcher la bonne parole à ceux qu'ils appelaient les Négrillons, leur apprendre quelques rudiments de français ou de calcul et surtout donner bonne conscience aux militaires et aux colons qui avaient d'autres priorités que celles de répandre les bienfaits de notre civilisation. Histoire connue. Et ces prêtres – envers lesquels il n'est ici nulle question de douter de l'engagement sincère et désintéressé de la plupart d'entre eux – ramenèrent dans leurs bagages des souvenirs, appelons-ça comme ça, qu'ils avaient accumulés au cours de leurs missions et réunis dans ce petit musée. Les sempiternels masques africains, quelques pagaies, un tam-tam et deux ou trois bricoles dans le genre grigri, enfin je ne sais plus et ne pouvais en savoir davantage puisque le musée était fermé en semaine. Chou blanc une fois de plus. Ce n'était décidément pas ma journée. Je m'étais cogné le nez contre les portes des chapelles Saint-Fiacre et Sainte-Barbe, contre celles du musée du Faouët et de l'exposition sur l'émigration et maintenant celle-ci, à croire qu'ils s'étaient donné le mot. Toutes ces déconvenues sentaient le complot. Ou la malédiction.

L'abbé portier en était désolé mais la communauté était en pleine ébullition. Ils allaient fêter dimanche prochain le jubilé de Sœur Thérèse-Marie qui accusait tout juste cent ans dont quatre-vingt de vie religieuse, oui Monsieur, quatre-vingts années au service de notre bon Seigneur. Cependant, j'avais bien sûr le droit de visiter les lieux. L'abbaye accueillait maintenant des vieux prêtres à la retraite dans un cadre qui avait le mérite d'être plus accueillant, justement, que nos Ehpad aux effluves cliniques, car ce temple cistercien n'était pas vilain. Le parc était magnifiquement agencé, le cloître était sobre et silencieux et l'église ne présentait guère d'intérêt si ce n'est les reliques de saint Maurice pieusement exposées sous une châsse de verre (vertèbres, tibia, fragments de crâne…). Par contre, la salle capitulaire, seule partie miraculeusement rescapée du XIIIe siècle, était un véritable joyau gothique. Tout mécréant que je suis, et je vous prierais de ne pas ricaner bêtement, j'ai toujours ressenti à chaque fois que je pénétrais dans ce lieu, une sorte de puissance mystique, comment dire, une dimension sacrée qui m'imprégnait insidieusement l'âme et la parfumait d'un encens rédempteur. Oui, j'ai bien dit *rédempteur.* Outre les caractéristiques architecturales de premier ordre (chapiteaux, piliers, voûtes en croisées d'ogives, vitraux…), il y avait ici une atmosphère apaisée et diaboliquement apaisante. On se trouvait dans un caisson, un caisson de toute beauté, mais un caisson quand même. Et ce silence, Dieu du Ciel, ce sacré putain de silence… Comme un cantique inachevé.

Tout tremblotant, je me suis assis sur un prie-Dieu du premier rang, la bouche ouverte sans qu'aucune prière n'y jaillisse sinon celle, intérieure, que je ne dévoilerai bien sûr pas ici. Quand je suis sorti de là, j'avais cent ans, que dis-je, j'avais huit cents ans, j'étais un moine cistercien, très humble serviteur du Christ et de la Vierge Marie, un vieux moine tout décrépit qui, sous sa capuche et sa robe de bure, faisait les cent pas autour du cloître en attendant que le Seigneur dans son infinie miséricorde veuille bien lui offrir la libération suprême et la vie éternelle mais de préférence après le souper.

Difficile après cette visite de changer de religion comme on change de chemise, et pourtant, un quart d'heure plus tard et une dizaine de kilomètres plus loin, sur la commune de Plouray, dans un lieu nommé Kerficelle, ça ne s'invente pas, je pénétrais, aussi bizarre que cela puisse paraître dans ce recoin de Bretagne, dans un temple bouddhiste. C'était ma journée mystique, mon pèlerinage aux sources, ma tournée des chapelles à défaut d'être celle des grands ducs. Il y a quelques années et pour un motif que j'ignore, un couple de paysans sans enfants s'était converti à la fin de leur vie au bouddhisme, ou plus précisément avait accepté de se conformer aux règles de vie prônées par Bouddha puisqu'il n'est nul besoin de conversion, de baptême ou de soumission pour entrer dans cette église sans dogme. Sans dogme mais avec quand même quelques conseils appuyés. À leur mort, ils léguèrent leur ferme et leurs terres à une communauté. Là aussi, c'était un endroit que je connaissais plutôt bien pour le fréquenter régulièrement, au retour d'un repas de famille particulièrement éprouvant, par exemple, histoire de me payer à moindres frais une séance de méditation express avant de reprendre la route. Aujourd'hui, j'y revenais, encore tout embaumé de l'encens de Langonnet et tout poussiéreux de cet hargneux catholicisme. Après tout, Leonard Cohen était également bouddhiste sans qu'il ait eu à renier sa religion juive, je ne vois pas en quoi je ne pouvais faire œuvre à mon tour d'œcuménisme. Il me suffisait d'ôter mes chaussures avant de pénétrer dans le temple, de contourner le moulin à prière par la gauche comme l'exige la règle et le tour était joué.

C'est bien évidemment un endroit passablement kitch qui tient du parc d'attractions et n'est pas sans rappeler quelques vignettes de *Tintin au Tibet*. Question décorum, les bouddhistes n'ont rien à envier au baroque flamboyant des catholiques qui en connaissent également un rayon question tape-à-l'œil, à la différence que les personnages représentés par les statues sont plus grassouillets, plus joyeux aussi, moins mortifiants, et même un peu plus sexy concernant les déesses, ce qui n'empêche pas les vieilles dames du coin de se fendre d'un signe de croix conforme à la tradition romaine à chaque fois qu'elles visitent le lieu. Par habitude, sans doute, ou par réflexe.

Je fis un tour dans le parc, risquai une chaussette dans le stupa, tournai le gros moulin prière jusqu'à ce que la clochette retentisse, jetai un œil vers les maisons en haut de la colline, prévues pour recevoir les retraitants avant de pénétrer dans le temple qui ressemblait à une salle omnisports à ceci près que ça sentait davantage l'encens que les pieds. Au fond, un étalage de toute la quincaillerie bouddhiste habituelle : gongs, statuettes, bols de riz pour les offrandes, candélabres… Au sol, des tapis individuels impeccablement alignés pour les habitués des cérémonies. Un moine au crâne rasé, vêtu de sa longue robe pourpre et haut de plus de deux mètres me souhaita la bienvenue en une franche poignée de main qui me brisa la moitié des phalanges de la main droite. Nous papotâmes quelque peu, non de religion, encore heureux car j'avais eu aujourd'hui ma dose et je n'avais plus la moindre envie de me soucier s'il y avait un sens à la vie, une vie après la mort ou même un sens à la mort. Joker ! Je passai mon tour. Il était bavarois d'origine et tibétain de cœur. De fait, nous échangeâmes entre honnêtes hommes de nos voyages réciproques et ce fut parfait ainsi.

Comme il se doit, la visite s'achevait par une petite boutique régentée par une nonne un rien pète-sec que son crâne, également rasé, n'adoucissait pas. Pour ne pas jouer les pingres, je lui achetai une carte postale, quelques bâtonnets d'encens et un petit recueil de Sagesse écrit par le Dalaï Lama qui était venu en personne bénir les lieux en août 2008. Je le sais parce que j'y étais, oui Madame, parfaitement, accompagné de ma frangine, vous n'aurez qu'à lui demander. Au hasard du bouquin, je lus cette sentence : « *Aucun être humain ne peut survivre sans amour et sans tendresse* ». Certes, j'étais bien d'accord avec Sa Sainteté mais bon, ce n'était pas non plus le scoop du siècle. Plus loin, je notai celle-ci, qui faisait penser à un sujet de dissertation au bac de philo : « *Le bonheur authentique ne peut en aucun cas dépendre de nos désirs* ». C'était à mon avis plus discutable mais je n'avais plus la force d'entamer un débat avec notre ami le moine bavaro-tibétain et encore moins avec la nonne de l'accueil.

Toujours prête et disponible, Babette m'attendait sur le parking. Je lui ai donné une petite tape sur la carrosserie comme je l'aurais fait sur la croupe de ma fidèle jument. On s'entendait bien, tous les deux. On savait qu'on pouvait compter l'un sur l'autre. À ma mine un rien désabusée, elle a tout de suite compris ce dont j'avais besoin en toute urgence alors elle a démarré sans attendre une seconde de plus. En bas de la descente, au bord de la départementale, dans un hameau nommé Kerguzul, il y avait un bistrot devant lequel je passais depuis plus de quarante ans sans m'être jamais arrêté une seule fois. Tous ces temples et ses églises visitées dans la journée m'avaient asséché l'âme et le gosier. Je ressentais une soif intense, pas une soif d'amour, ni de connaissance, ni même de spiritualité et encore moins de thé à la menthe sauvage, mais une soif normale, une soif d'homme en somme, une soif de bière fraîche, en guise de bonheur authentique. Oui, au risque de m'opposer à la toute-puissante sagesse du Dalaï Lama, je désirais une bière, nom de Dieu et que ça saute. Ce n'était pas la mer à boire et c'était le moment ou jamais.

Grizou, soixante-douze ans, tenait ce petit bistrot depuis qu'elle était jeune fille, raison pour laquelle l'établissement s'appelait Chez Grizou. Une fois mariée, elle avait pris la succession de ses parents, dans les années cinquante. Le couple gérait en même temps la ferme de l'autre côté de la départementale. « Ce n'était pas le travail qui manquait, vous pouvez me croire ! » Son mari était décédé, elle avait pris sa retraite il y a quelques années mais vous savez ce que c'est, une pension de femme de paysan, ça ne va pas chercher loin, m'a-t-elle dit. Les maigres recettes du café lui permettaient tout juste de joindre les deux bouts et puis ça l'occupait, elle voyait du monde. Pas la foule comme dans le temps, mais les ouvriers de chez Doux s'arrêtaient après le boulot boire un verre entre collègues. Les bouddhistes ? Pensez-vous, mon pauvre monsieur ! ceux-là n'apportent rien à la commune, ils restent entre eux, ne mangent que du riz ou je ne sais quoi et puis l'alcool, chez eux, pas question. Même pas une bière, même pas un petit coup de rouge de temps en temps, rien. Vous parlez d'une religion !

J'étais le seul client jusqu'à ce qu'un type d'une quarantaine d'années gare son vélomoteur devant le bistrot sans couper le moteur. Il entra avec fracas, lança un salut la compagnie et, sans ôter son casque, avala d'un trait le verre de pastis que Grizou avait déjà posé sur le comptoir dès qu'elle avait entendu les pétarades de la mob. Il retira son casque au deuxième pastis, émit quelques grognements au sujet de la météo, se délesta de quelques pièces, remit son casque et remonta illico presto sur son engin. La scène avait duré moins de deux minutes mais il fallut beaucoup plus de temps pour que le bruit de son pot d'échappement s'estompe decrescendo jusqu'à disparaître au détour d'un virage. Puis le silence retomba. Rien à voir avec le silence précieux de la salle capitulaire de Langonnet ou sirupeux du stupa du centre bouddhique, non, c'était un juste le silence froid des jours qui passent et s'étirent mollement, haché par le tic-tac énervant d'une horloge électronique et par mes déglutissements accompagnant chaque gorgée de bière.

Mine de rien, je m'approchai de chez moi, je veux dire de chez ma mère, et je commençai à serrer les fesses mais avant, je fis un détour qui me semblait cette fois-ci vraiment *incontournable* vers Locuon, petite paroisse faisant partie de la commune de Ploërdut. Je ne pouvais résolument pas faire l'impasse sur cette chapelle nichée en contrebas du bourg, au fond d'une carrière vers laquelle on descendait par un escalier monumental. Cette carrière de granite avait été exploitée depuis l'époque gallo-romaine et c'était également un haut lieu de culte antique, en témoignait cette statue de la déesse-mère scellée au pied de l'escalier. La chapelle, édifiée comme il se doit au XVIe siècle, avait à son corps défendant protégé la carrière pendant de longs siècles, tant et si bien que le site, unique en Europe, avait été miraculeusement préservé. Je connaissais bien l'endroit, de même que la petite église paroissiale entourée de son cimetière. J'avais plus d'une fois arpenté le fond de la vallée, je m'y arrêtais dès que je pouvais, de préférence seul. C'était une vasque de verdure, un bénitier naturel, c'était la vulve de la Terre-Mère. J'avais l'impression, et d'ailleurs plus qu'une impression, j'avais l'intime conviction de me trouver ici même au cœur de la Bretagne, non en son centre géographique mais comment dire ? à l'endroit précis de sa conception, au point de convergence de toutes les semences qui avaient fait de cette terre armoricaine ce qu'elle est aujourd'hui. Ici battait le pouls de mon pays. La statue pâlotte de Marie incrustée dans la falaise et le buste de la déesse-mère se regardaient en chiens de faïences. La dernière avait été sauvagement décapitée, son sein gauche avait été martelé mais elle était toujours présente au pied de l'escalier, aussi vivante que vous et moi, aussi sacrée que la Vierge. Je m'approchai d'elle, pinçai entre le pouce et l'index le téton de son sein droit resté valide pour tirer du granite quelques gouttes de son lait nourricier. Après quoi, je remontai les marches et, me retournant une dernière fois, embrassai d'un seul regard deux millénaires de notre histoire. Il me fallait à présent rejoindre ma déesse-mère à moi, autant dire ma maman, et là, je vous prie de me croire que c'est une tout autre épreuve qui m'attendait.

Calme et sec

Trentième jour
Locmalo - Locminé

Elle était ma première amourette et je venais d'apprendre la semaine précédente son décès par un ami commun. Ses obsèques avaient été, paraît-il, annoncées dans le journal. C'était une fille du pays, nous fréquentions le même lycée, elle en première, moi en terminale, et nous nous bécotions fougueusement entre midi et deux derrière le gymnase. Notre histoire survécut à peine à l'année scolaire. Elle s'acheva en effet au début de l'été, quelques jours après avoir obtenu mon bac. Dans le juke-box du Café des Sports à Rostrenen, on entendait Maxime Le Forestier chanter *San Francisco* et Leonard Cohen *So long, Marianne.* J'étais bien sûr persuadé que je n'allais jamais me remettre d'une telle séparation et que sans elle, la vie ne valait plus la peine d'être vécue. Seul un long chemin de pierres grises et froides, bordé de ronces et d'orties, allait désormais tracer ma destinée. Après quoi nos vies prirent des itinéraires différents. Quoi de plus normal, on s'oublia très vite. Je l'avais revue il y a une dizaine d'années dans un centre commercial de Carhaix où je faisais une signature quelques jours avant Noël. J'étais plutôt flatté qu'elle eût pris la peine de venir me rejoindre. Nous prîmes un café au distributeur que nous allâmes boire à l'extérieur le temps de fumer une cigarette. Je ne sais plus trop ce que nous nous sommes racontés ce jour-là. Les enfants, le boulot, les choses à la fois banales et fondamentales de la vie et peut-être avons-nous reparlé de Leonard Cohen avec un brin de nostalgie, mais rien qui puisse porter à conséquence, preuve en est qu'aucun de nous deux n'a demandé à l'autre son numéro de portable. Plus de quarante années avaient passé, tout cela était si loin et était-ce bien utile de lui rappeler cette fatale lettre de rupture qu'elle m'avait fait parvenir par le biais d'une copine après l'épreuve de physique-chimie et qui m'avait fendu le cœur en deux au moins pendant trois semaines. Je lui offris mon dernier livre avec une dédicace en souvenir du bon vieux temps, forcément, et, posant mes mains sur ses épaules, lui fit deux bises en la priant de prendre soin d'elle.

Bizarrement, l'annonce de sa disparition me fit non pas l'effet d'un choc mais plutôt celui d'un malaise diffus, presque dérangeant. Depuis quand nos anciennes fiancées se permettaient-elles de mourir sans prévenir ? J'avais rouvert chez moi une boîte à vieilleries et avais aussitôt retrouvé deux anciens polaroids alors qu'elle n'avait que seize, dix-sept ans et moi guère plus. Les photos avaient été prises un week-end de l'Ascension sur la côte nord, du côté de Lannion. Nous avions planté notre canadienne en haut d'une falaise dominant le port de Locquémeau et la nuit désormais allait nous appartenir en bien propre, au même titre que les étoiles, le bruit de l'océan et le souffle du vent qui de toute façon finit toujours par tout balayer. Le cimetière de Séglien se trouvait à six kilomètres de celui de Locmalo. C'est ici qu'elle avait fini ses jours. Je ne savais même pas quel mal l'avait emporté. Je ne savais que son nom et bien que j'arpentasse plusieurs fois les allées, aucune tombe ne le portait. Sans doute sa famille n'avait pas encore eu le temps de contacter un marbrier. Je grelottais. Il ne faisait que 4° ce matin au réveil. Je n'avais plus rien à faire ici, sinon souffler du bout des lèvres un baiser vers une invisible cible.

La campagne se prenait parfois pour un tableau de Gauguin dont on devinait toute la palette. Le jaune flamboyant des carrés de colza s'entremêlait avec le vert anglais des prairies et le vert bouteille des bosquets s'imposait face aux ocres roux des champs en labour. Je passai le hameau de Saint-Laurent, fit le tour de la chapelle du XVIe siècle sans sortir de la voiture avant de rejoindre Silfiac, petite commune connue pour son engagement dans le développement durable, avec la construction d'un éco-lotissement et la réouverture d'un café-épicerie bio soutenu par la mairie.

Un peu plus au nord, à l'orée de la forêt de Quénécan et à la limite des Côtes d'Armor, se trouvait le bourg de Sainte-Brigitte. On entrait dans le pays Kost ar C'hoad, du nom de la célèbre gavotte à huit temps. Ce n'était pas un pays perdu, c'était juste un pays un peu lointain, un peu à l'écart, une enclave oubliée par les décideurs. Il restait quelques commerces mais tout semblait fermé, sauf cette charmante petite église que je visitai sur la pointe des pieds. Du seuil de sa porte, une vieille dame vêtue d'un peignoir bleu ciel fixa la plaque d'immatriculation de mon van avec un brin de suspicion. « *Tout voyageur est un intrus* », écrivait Michel Déon.

À trois kilomètres de Sainte-Brigitte se trouvait, dans une longue descente à travers la forêt, le site des Forges des Salles qui, à l'heure où je passai, était fermé à la visite, ce qui en soi n'était pas très grave puisque c'était une sortie familiale assez habituelle. On y exploita le fer et le bois de la région jusqu'en 1877. Le site avait été parfaitement restauré par une association et ouvert au public. Classique, la rangée de maisons ouvrières faisait face au château du maître des forges. Il y avait une chapelle, une épicerie et même une école tenue par les Sœurs du Saint-Esprit qui fonctionna jusqu'en 1968.

Je m'approchai maintenant de l'abbaye de Bon Repos et du lac de Guerlédan que je connaissais également assez bien pour en avoir fait le tour à pied pendant deux jours (environ 45 km) avec un copain qui, comme tout Brestois qui se respecte, ignorait quasiment tout du Centre-Bretagne. C'est bien connu, pour un habitant de la cité du Ponant, les grandes steppes d'Asie centrale commencent juste après la zone commerciale d'Ikea à la sortie de la ville. C'était une belle randonnée, assez physique, qui malgré le calme apparent des rives, cachait de sacrés raidillons. Je laissais cette fois-ci le lac de côté en me promettant d'y retourner bientôt à partir du rivage nord, celui des Côtes d'Armor. Finalement, la région, à cheval sur deux départements, ne s'en sortait pas trop mal. Il y avait de quoi passer des week-ends agréables et instructifs. Mémoire ouvrière aux forges, mémoire religieuse à l'abbaye, promenade le long du canal, baignade, pédalos, ski nautique et même escalade. Pour fêter ses 90 ans, ma mère nous avait tous invités sur l'un de ces bateaux-restaurants qui sillonnaient le lac en long et en large le temps qu'on s'avale le menu à 39 €. Ma foi, ce fut un grand moment.

Sans vouloir prêcher pour ma paroisse, il faut bien admettre que toute cette partie du nord-ouest du Morbihan est une bien belle région, trop peu connue, très peu courue. Hélas ou tant mieux. Hélas, parce que les perspectives de développement demeurent trop modestes tant sur le point touristique qu'économique, et tant mieux parce qu'au final, on est peinards, à l'abri des hordes. Je m'aperçois maintenant que je n'ai même pas écrit une seule ligne sur Locmalo, berceau de la famille, et de Guémené-sur-Scorff, le chef-lieu de canton qui le jouxte. C'est bien sûr un oubli volontaire de ma part, une sorte d'acte manqué. Disons que c'est un péché par omission. Que dire en quelques mots, sans risquer de les trahir et de me compromettre ? Soyons prudents, n'allons pas au-delà des conseils de l'office de tourisme, le reste nous appartient en bien propre. 1. L'andouille, qui est à Guémené ce que le kouign amann est à Douarnenez ; 2. Les Bains de la Reine, sorte de hammam médiéval magnifiquement reconstitué à l'intérieur d'un vieux hangar ; 3. Les chapelles de Crénénan et de Saint-Eugène ainsi que les sablières de Kerlénat ; 4. Les vestiges du château des Rohan, encore et toujours les Rohan. Je sais, c'est un bien maigre florilège que je dresse ici mais je l'ai dit et je le redis, il est plus aisé de dire du mal du voisin que du bien de sa famille.

Nous étions au cœur du pays des Rohan, justement, la famille la plus illustre et la plus puissante de la noblesse bretonne, et Pontivy, comme Guémené, était l'un de leurs fiefs parmi tant d'autres. Les armoiries des Rohan pullulaient aux quatre coins de la province et jusqu'au vieux pont habité que je voyais chaque jour depuis ma fenêtre landernéenne. Pontivy fut aussi un temps le fief de Napoléon, premier du nom, qui décida sans jamais y avoir mis les pieds de la rebaptiser Napoléonville, d'en faire une cité modèle en plein pays chouan et de l'aménager selon un plan strictement quadrillé autour d'une place d'armes. Toutes les assises du régime impérial étaient présentes, à savoir la caserne, le lycée, la sous-préfecture, le palais de justice et la banque de France. Voilà qui vous donnait d'emblée la vision d'un empire digne de ce nom. Son neveu, Louis-Napoléon Bonaparte, troisième du nom, y passa une nuit en compagnie de l'impératrice Eugénie, c'est du moins ce que soutenait le gars de l'office de tourisme. Tiens, pour une fois, c'était un jeune homme et non une fée qui me tendait les prospectus. Beau garçon, ma foi, et très poli. Deuxième particularité, l'office était installé dans une péniche amarrée le long du Blavet et ça, c'était une bien belle idée.

Un joli soleil chatouillait tendrement la ville. Je tournicotai autour des douves du château des Rohan qui, pour l'anecdote, fut en 1940 pendant un bref laps de temps le quartier général des nationalistes bretons. Ceux-ci croyaient dur comme fer que l'envahisseur allemand allait accorder l'indépendance à la Bretagne et se préparaient dare-dare et sans aucun souci de compromission à la création d'une toute nouvelle République bretonne. Bien que les Nazis leur ricanèrent au nez, une bonne partie de ces nationalistes prirent le parti de la collaboration, jusqu'à singer l'uniforme allemand en remplaçant la croix gammée par le Triskell. Et c'est à cause de cette poignée d'apprentis nazillons (quelques centaines, pas plus) que pendant des décennies, tout ce qui touchait de près ou de loin à la culture et à l'identité bretonne fut aussitôt soupçonné d'arrière-pensées fascisantes, ce qui par ailleurs arrangeait bien les affaires des ardents partisans de la République une et indivisible. La promenade le long du Blavet qui rejoignait ici le canal de Nantes à Brest fut agréable. Pontivy est une ville d'eau et l'île des Récollets, située à la confluence, en est le centre.

Il y avait là tout un enchevêtrement d'écluses et de déversoirs, un moulin restauré et d'antiques lavoirs ainsi qu'un chemin de halage idéal pour s'offrir un petit décrassage matinal. J'arrivai à me frayer un chemin entre les joggers jusqu'à la passerelle métallique que je traversai pour rejoindre un sentier longeant l'hôpital. Pourtant, je n'aimais pas trop traîner dans les parages. Mon père y était décédé un dimanche d'hiver après une trop longue agonie. Me restait à rejoindre la vieille ville par la rue du Fil et la place du Martray qui avaient conservé quelques vieilles maisons à pan de bois avant de rejoindre le quartier napoléonien et ses rues portant le nom de victoires aussi sanglantes qu'impériales (Rivoli, Austerlitz, Marengo, Arcole...) un peu comme les grands boulevards parisiens. Sur une petite place, non loin de la basilique, une colonne inaugurée en 1894 par le président de la République, Félix Faure en personne, était dédiée à la mémoire des volontaires de la Fédération bretonne-angevine qui s'engagèrent activement pour la Révolution. Le monument avait été plastiqué en 1938 par le groupe autonomiste *Gwenn-ha-du* qui n'avait pas supporté la devise « *Ni Breton, ni Angevin mais Français* », inscrite sur la colonne, puis on l'avait remis debout. Depuis, des farouches défenseurs de la République « une et indivisible » s'y donnaient régulièrement rendez-vous.

Mon territoire familial s'arrêtait dans sa partie orientale à Guern, paroisse de naissance de ma mère, et plus précisément à la chapelle Notre-Dame de Quelven, un véritable joyau qui accueillait tous les ans le 15 août le troisième pardon de Bretagne en termes de fréquentation, après celui de Sainte-Anne d'Auray, bien sûr, et celui du Folgoët, en pays léonard. Jadis, un ange pyrophore descendait du haut clocher pour allumer un grand feu de joie – un *tantad* – censé purifier le cœur des hommes, et c'était pour l'enfant que j'étais le clou du spectacle, mais aux dernières nouvelles, pour d'obscures raisons de sécurité, l'ange n'allumait plus aucun incendie, pas la moindre flammèche. On le faisait descendre puis remonter plusieurs fois et voilà tout. Comme me l'a appris Bernard Rio, les vendeurs de barbe à papa et les buvettes alentour avaient été également priés de fermer boutique sous l'injonction d'un nouveau recteur soucieux de ne pas mélanger le profane et le sacré, autant dire les torchons et les serviettes. La fête était finie, le pardon se résumait désormais à une suite insipide de messes et de vêpres aussi ennuyeuses les unes que les autres. On ne trinquait plus, on priait. On ne levait plus le coude, on baissait la tête. Tout foutait le camp, ma pauvre dame, et l'unique auberge était fermée jusqu'à nouvel ordre. C'était dommage car Quelven était un bien joli village qui avait connu son heure de gloire et la chapelle, de la taille d'une basilique, était vraiment impressionnante. XVIe siècle, bien sûr, mais vous l'auriez deviné. D'ailleurs c'était une région où les chapelles poussaient à tous les coins de champ à tel point que, ne sachant plus quoi en faire et comment les entretenir, elles servaient l'été de lieux d'exposition pour des artistes contemporains. *L'Art dans les chapelles*, tel était le nom de l'opération. Une ancienne petite amie férue de ce genre de créations résolument modernistes réussissait parfois à m'y traîner de gré ou de force. Je reculais le menton en tâchant de garder un air intelligent devant un amas disparate de cageots et de filets de pêche avant de suggérer d'aller déguster dans une auberge du coin une crêpe caramel au beurre salé dont elle me dirait des nouvelles. Inutile d'ajouter que les gens du pays regardaient ces œuvres le plus souvent absconses avec une certaine circonspection et quand je dis ça, je suis poli.

Babette dégringolait mollement vers la vallée du Blavet sans chercher à passer la cinquième vitesse. Sur les hauteurs de Bieuzy, non loin du site de Castennec, un belvédère nous permit d'admirer la boucle parfaite que dessinait le fleuve à cet endroit. Une petite chapelle dédiée à Saint-Gildas était blottie contre une falaise à pic. Jadis, au temps de l'occupation romaine, une cité se trouvait ici, nommée Sulim, dont il ne reste rien. C'était aussi un lieu de culte consacré à la déesse Sul pour qui on faisait brûler sur les hauteurs un feu perpétuel. Gildas, le saint homme, mit un terme à ces idolâtries barbares, cependant il semble que les habitants de la région continuèrent à vénérer une antique statue évoquant sans la moindre équivoque Vénus, la déesse du charme, de l'amour et de la fécondité, appelée également « la femme de fer » bien qu'elle fût de pierre. *« Les filles qui avaient envie de se marier faisaient leurs offrandes d'une manière indécente pour obtenir leurs souhaits »*, prétendait un vieux manuscrit aujourd'hui disparu, sans qu'on précise hélas à quoi correspondaient ces indécences. Peut-être se livraient-elles, comme l'a si joliment écrit Flaubert, *« aux passe-temps solitaires des mélancolies amoureuses »*. En 1661, sous l'ordre de l'évêque de Vannes excédé par la persistance de ces rites païens, la Vénus de pierre fut jetée manu militari dans le Blavet. Mais l'année suivante fut entachée de calamités météorologiques. Les pluies diluviennes dévastèrent les récoltes. Pour les paysans, il s'agissait sans nul doute de la colère de Vénus qu'ils avaient hissé au rang de sainte et rebaptisé Notre-Dame de la Couarde du nom du lieu-dit de son emplacement original au sommet de la butte. On la retira de la rivière, non sans mal, à la force de plusieurs paires de bœufs. Rebelote, l'évêque ordonna cette fois-ci sa destruction mais les ouvriers chargés de la besogne rechignèrent, sans doute par superstition ou par peur des représailles, à la massacrer, c'est à peine s'ils lui esquintèrent un bras et un bout de sein avant de la jeter à nouveau dans le fleuve.

À Saint-Nicolas-des-Eaux, une magnifique statue métallique contemporaine, signée Christophe Milcent, faite de rubans d'acier entrelacés, était dressée au bord du fleuve. L'artiste s'était bien sûr inspiré de la Dame de fer. Là aussi, c'était un bel endroit où il ne me fut pas désagréable de m'asseoir à une terrasse en attendant qu'une jolie Vénus aux cheveux roux et au blue-jean troué au niveau des genoux ne vienne me servir une crêpe à l'andouille de Guémené, bien sûr, ainsi qu'une autre au caramel, au sel de Guérande si possible, en guise de dessert. Après quoi, je repris ma route vers l'est non sans m'offrir une pause à la chapelle Saint-Nicodème en Pluméliau qui elle aussi valait son pesant d'or et de mystères puis après avoir fait quelques courses à Baud, une petite ville qui n'avait visiblement pas grand-chose à raconter, je me garai à l'entrée d'un hameau joliment nommé Quinipily.

À la mort de son père, Pierre de Lannion, seigneur de Quinipily, de retour de campagne militaire au service de sa majesté Louis XIV, reprend les clés de la Seigneurie. Intrigué par cette statue de Vénus tant respectée par les paysans, il s'en fait l'acquéreur pour la somme de deux louis d'or, ainsi qu'une grande et profonde vasque de pierre présente au hameau de la Couarde et, au grand dam des paysans de Castennec, ramène le tout dans les jardins de sa propriété de Quinipily pour en faire un bel ensemble qui n'aura de cesse d'épater les amis lorsqu'ils seront invités à prendre le thé. Nous sommes en 1696 et plus de quatre siècles plus tard, la statue n'a pas bougé de son majestueux piédestal dominant cette auge d'une capacité de 3 200 litres (*seize barriques*, selon Flaubert) alors que le château de Pierre de Lannion a disparu corps et biens pour laisser place à un charmant petit manoir. Depuis, la Vénus de Quinipily n'a cessé d'attirer une foule de curieux et non des moindres. Prosper Mérimée est passé par là, ainsi que le chevalier de Fréminville, archéologue émérite et travesti notoire, sans oublier bien sûr nos deux amis Gustave et Maxime qui s'y connaissent question gonzesses et trouvent très moche la Vénus. « *Ses cuisses sont grasses, sa croupe charnue, ses genoux fléchis et sa grosse tête enfoncée dans les épaules* ».

C'est Nadège, la gardienne des lieux, qui me reçoit ce jour-là. Mise au parfum par une amie commune, elle attendait ma visite alors pour moi, pensez, c'est gratuit. Je monte à travers une allée.

À ma gauche, le manoir. Devant moi, à l'orée d'un bois, la statue juchée sur une sorte d'arc de triomphe. Les spécialistes s'accordent aujourd'hui pour douter avec raison de son authenticité. La Vénus originale était arrivée dans un trop piteux état suite aux misères qu'on lui avait fait subir et le comte de Lannion aurait demandé à des sculpteurs locaux de s'inspirer de l'original pour en faire une copie. On l'a appelée Vénus par paresse ou par commodité mais à observer l'étole qui protège sa vertu, il peut tout aussi bien s'agir de Cybèle ou bien d'Isis, la déesse égyptienne, dont le culte serait parvenu jusqu'ici par l'intermédiaire de légionnaires en garnison. Quoi qu'il en soit, la Dame de fer garde jalousement son précieux mystère. Certes, elle n'est pas très belle, il faut bien reconnaître que Flaubert n'a pas tout à fait tort. Callipyge, comme on l'a dit, n'exagérons rien, ses fesses reposent assez lourdement sur un socle carré. Elle fait un peu la gueule, elle regarde droit devant elle un horizon qui s'étend généreusement vers le grand damier des vertes prairies alentour et des carrés lumineux de colza. Elle est trop haut placée, il me faudrait un escabeau pour pouvoir tâter ses cuisses granitiques tatouées de lichen. Elle m'intimide, on dirait plus une mère supérieure, une surveillante générale ou une *executive woman* qu'une déesse de l'amour, même si elle est à moitié nue. Et qui sait ? Peut-être a-t-elle gardé ses pouvoirs d'« *idole fortifiante, excitante, guérissante* », pour citer à nouveau Flaubert, et puis qui sait encore, peut-être m'aurait-elle ouvert les portes de la jeunesse éternelle, si d'aventure, j'avais eu l'audace de le lui implorer ?

Les alentours ont été savamment aménagés de manière à recevoir le visiteur dans de bonnes conditions. La fontaine Saint-Michel a été restaurée mais la source qui alimentait la vasque s'est tarie. Derrière le monument se trouve un cercle de sept pierres à prétentions plus ou moins druidiques. Je rejoins Nadège tout occupée à prendre soin de ses géraniums et de ses dipladénias, une plante joliment fleurie dont elle m'apprend le nom à l'instant. Elle me dit qu'elle les rentre à l'intérieur la nuit, au moins jusqu'aux saints de glace qui vont arriver bientôt, dans la prochaine quinzaine. Dans son jardin, on papote gentiment de tout et de rien, au soleil, comme si j'étais venu rendre visite à une tata. C'est agréable, c'est tranquille. Elle me propose un verre d'eau. Avant de la quitter, je lui fais la bise en échange de quoi elle m'offre le petit livre écrit par Charles Floquet concernant la Vénus de Quinipily (Keltia Graphic éditions) d'où j'ai tiré la plupart des informations citées plus haut.

SEPTIÈME ÉPISODE

Averses et éclaircies
Trente-et-unième jour
Bignan – Paimpont

« L'aspect du département de l'Ille-et-Vilaine est monotone et triste ; c'est une succession de coteaux, de landes, de marais, de forêts, sans aucun relief pittoresque… »

Jules Verne, 1868

J'avais planté ma camionnette pour la nuit au bout du parking du domaine de Kerguéhennec, à l'orée d'un bois touffu, et j'avais dormi d'un bienheureux sommeil malgré un froid un peu piquant et le rugissement des bêtes sauvages qui rôdaient aux alentours. Des hardes de sangliers sûrement, des loups assoiffés de sang sans aucun doute, et peut-être un ou deux ours prompts à fracturer la carrosserie pour voler les restes de mon cassoulet de la veille. Preuve en était que j'étais le seul être humain à avoir osé se risquer au milieu de cette impitoyable jungle. Au petit matin, ce ne furent pourtant que d'inoffensifs piafs qui m'extirpèrent de mon cauchemar. J'ouvris un œil, tirai un rideau et la première vision fut celle de ces deux jeunes joggeuses aux formes plutôt avantageuses qui frôlèrent mon van avant de s'engouffrer dans le bois comme deux biches affolées. Ma foi, la journée ne commençait pas si mal.

Les salles d'exposition du château de Kerguéhennec, propriété du Conseil départemental du Morbihan, étaient fermées le lundi mais l'accès au parc (45 hectares) était libre à la visite. Je connaissais déjà le site. C'était un beau domaine d'une ordonnance très classique. Il y a quelques années, l'amie déjà évoquée à travers ces pages, grande amatrice d'art contemporain et soucieuse de m'initier à ces nouvelles formes de création, m'y avait entraîné en me tirant par l'oreille et soyons honnêtes, ce ne fut pas aussi douloureux que je l'avais redouté. On y voyait des trucs bizarres, pas toujours lisibles pour le béotien que j'étais en la matière. Certaines pièces restaient à demeure dans ce parc enchanteur à travers lequel je marchai à pas vifs en ce petit matin friquet. Un chemin longeait l'étang jusqu'au moulin du Roc (1786), suivait une rivière nommée la Claie puis serpentait à travers bois. Je notai sur mon carnet le nom de quelques-uns de ces arbres vénérables. Érables de Cappadoce, séquoias, sapins de Grèce... Les rhododendrons étaient en fleurs, un pêcheur tendait ses lignes, un écureuil pointa le bout de son nez avant de disparaître dans les branchages d'un chêne pédonculé et les deux jolies joggeuses, aussi fraîches que si elles sortaient à l'instant de chez l'esthéticienne, me doublèrent à nouveau. J'avais marché une bonne heure dans ce parc, c'était la moindre des choses.

Entre nous soit dit, je n'avais pas trop d'affection pour cette frange intérieure du Morbihan oriental que je parcourais aujourd'hui. Les résultats aux élections penchaient de plus en plus vers la droite extrême, ce qui était absolument décourageant. Dans les communes que je traversais, au moins un électeur sur trois accordait son suffrage à Marine Le Pen et à ses sbires du Rassemblement national. Certes, c'était leur droit le plus strict mais c'était difficile à comprendre. On sait que la chouannerie avait fait des siennes dans le pays, que le royaliste Pierre Guillemot, surnommé le roi de Bignan, tint tête aux armées républicaines, mais tout cela appartenait à l'histoire ancienne. Guillemot, qui avait ordonné l'arrachage de l'arbre de la Liberté de Grandchamp, avait été fusillé en 1805 et la querelle religieuse s'était depuis apaisée. Les Bleus d'un côté, les Blancs de l'autre, c'était du passé. Normalement. Aujourd'hui, les bourgs étaient propres, les jardins coquettement entretenus, on aurait pu marcher pieds nus sur les trottoirs sans se salir. Nulle trace de dénuement, de misère, de délinquance ou d'actes d'incivisme. Pas de bagnoles cramées et aucun signe visible d'émigration en masse. Je ne voyais que des gazons fraîchement coupés, des potagers tirés au cordeau, des volets tout juste repeints d'un joli bleu lavande et aucun dealer basané à l'horizon. Je m'arrêtai prendre un café dans un bistrot de Saint-Allouestre, sur la route de Rohan. Allouestre, rien de nouveau, aurais-je été tenté de lancer à la patronne pour la dérider un peu, mais avait-elle le cœur à plaisanter en ce morne lundi matin ? Je repris ma route. Radenac était le pays de Robic, comme nous l'apprenait fièrement un panneau à l'entrée du bourg, photos à l'appui. Jean Robic, surnommé tantôt « le nain jaune », tantôt « Biquet », ou encore « casque de cuir », avait gagné le tour de France dit « de la Libération » en 1947. Catholique convaincu, il avait fait don de son maillot jaune à la basilique de Sainte-Anne d'Auray puis s'était endormi au volant de sa décapotable quelques années plus tard après, dit-on, une soirée bien arrosée. Un nom de plus à ajouter au grand martyrologe breton. Ici, c'était pareil. Tout avait l'apparence d'une commune prospère et paisible avec ses géraniums aux fenêtres et son plan d'eau pour les promenades dominicales. Dans les campagnes environnantes, le maïs poussait dru et les éoliennes tournaient rond. Le taux de chômage n'était pas plus alarmant qu'ailleurs et si les jeunes du coin se roulaient un petit pétard de temps en temps, on ne pouvait pas vraiment parler de zone de non-droit. Le Rassemblement national y avait pourtant obtenu 42 % des voix aux dernières élections européennes. Oui, c'était difficile à comprendre et je ne comprenais pas. Je n'étais sans doute pas le seul, ce qui ne consolait guère. À moins, comme le suggérait tout simplement mon vieil ami, l'illustre politologue Iffig Lagadec, qu'on avait juste affaire à un troupeau d'abrutis qui avaient de la merde dans les yeux et du purin dans les veines à chaque fois qu'ils rentraient dans un isoloir. Ceci dit, il y avait sans doute dans ces villages un tas de gens fréquentables avec qui j'aurais volontiers pris l'apéro en trinquant à la fraternité entre les peuples, c'était du moins à espérer.

Il était grand temps pour moi de déguerpir au plus vite. Je fis une pause à Rohan, berceau éponyme de l'illustre famille, au bord de l'Oust qui ici se confondait avec le canal de Nantes à Brest. Le port avait connu son heure de gloire jusque dans les années soixante. Les bâtiments toujours debout d'une grande minoterie ainsi que l'élégante villa du meunier rappelaient une ancienne prospérité. Quelques péniches de loisir étaient amarrées au quai devant une armada de camping-cars garés sur le parking d'en face. Plus loin, au lieu-dit du Point du jour, se dressait dans un virage l'élégante chapelle Notre-Dame-de-Bonne-Encontre. Fermée.

L'abbaye de Timadeuc, sise à un jet de pierre de Rohan, ne date que de 1841. Une vingtaine de trappistes y résident à demeure et consacrent une partie de leur temps à la fabrication de pâtes de fruits et de fromages en vente sous la marque Monastic à la boutique de l'accueil tenue ce matin par frère Georges. On y vend aussi les curetonneries habituelles et des livres religieux en pagaille mais pas seulement. On trouvera, par exemple, la dernière enquête de Marie Lester, œuvre de l'ami Jean Failler, ainsi que quelques ouvrages de Christian Bobin, sans oublier, bien sûr, tous les beaux livres se rapportant à la région. Pour ceux qui veulent faire un « séjour de silence et de prière », l'abbaye accueille également des retraitants dans une hôtellerie située face à l'église. Frère Georges m'informe qu'il est impossible de visiter les lieux, à moins que je veuille assister à l'office de sexte, la prière de midi dix. En lui expliquant le pourquoi de ma démarche, il se résout dans une infinie miséricorde à m'accorder l'autorisation de jeter un œil, mais juste un œil. Rien d'exceptionnel. L'église et les bâtiments sont relativement récents et de facture un rien austère et tristounette. J'imagine que les parties les plus intéressantes du monastère se trouvent de l'autre côté des panneaux marqués « réservé aux moines » illustrés par le dessin stylisé d'un trappiste et que je n'ose outrepasser. Quelques bâtiments agricoles également. L'heure de sexte approche et je croise quelques moines, en robe de bure et capuche sur la tête, se pressant vers l'église. Une seconde fois, je prends mon air le plus désolé qui soit pour décliner l'invitation de frère Georges à partager la prière en prétextant des impératifs d'agenda. Non, cette fois-ci, je n'irai pas à la sexte, ni à la tierce, ni à la none, pas plus qu'aux laudes et aux vêpres et encore moins aux vigiles et aux complies. Et pour me dédouaner de cette désertion, j'achetai, bon prince, à frère Georges une carte postale à cinquante centimes et un petit pot de miel « made in Timadeuc », Morbihan, que j'offrirai dès mon retour à Pénélope qui aura tout intérêt à dire merci en battant des cils et en baissant légèrement la tête pour masquer la rougeur qui sans nul doute enflammera ses joues à la réception d'un tel présent.

Emmanuel Debray fut jusqu'en 1977 le dernier marinier du canal. Sur sa péniche, il avait parcouru plus de 400 000 kilomètres et franchi plus de 100 000 écluses. Il avait transporté des tonnes et des tonnes de sable, de blé ou de bois avant de rejoindre sa dernière péniche, celle aux bouts carrés, autrement dit son cercueil. Ainsi me l'avait appris un panneau d'information planté au bord du canal. Le village des Forges, aux portes de la forêt de Lanouée, était un ancien site industriel qui lui aussi avait connu son heure de gloire mais les bâtiments avaient été détruits. Ne restaient que la magnifique demeure du maître des forges et un haut-fourneau que je n'ai pas pu voir. Je fis ma pause casse-croûte à l'ombre de l'humble petite église des forgerons avant de reprendre ma route sans savoir à ce moment-là que je me trouvais exactement au centre géographique de la Bretagne, au cœur même du sujet, si j'ose dire. Une sérieuse averse surgit alors que je traversai la forêt privée de Lanouée, le deuxième massif forestier de Bretagne. Propriétaire du site, une entreprise canadienne avait récemment obtenu les permis de défrichement pour y ériger une bonne quinzaine d'éoliennes de 186 mètres de haut. Les socles de béton étaient déjà posés. C'était sans compter ces emmerdeurs de défenseurs de l'environnement qui avaient fini par obtenir gain de cause devant le tribunal administratif de Rennes. Aux dernières nouvelles, la forêt venait d'être rachetée par la Caisse des dépôts et consignations et l'on parlait de reboisement. Justement, il devenait urgent d'en parler.

Le soleil refit son apparition lorsque je garai le van à Josselin sur le parking de la mairie. Josselin, seulement 2 500 habitants, je m'attendais à une population plus nombreuse étant donné la réputation de cette « Petite cité de caractère » qui ne tenait peut-être qu'à celle de Josselin de Rohan, illustre héritier de l'illustre famille dont on n'a déjà que trop parlé, et qui fut un temps président du Conseil régional de Bretagne. La basilique Notre-Dame-du-Roncier avait été ainsi baptisée au motif qu'une statue de la Vierge fut découverte parmi les ronces, une statue miraculeuse, forcément miraculeuse. Les Révolutionnaires, encore eux, brûlèrent la statue considérée comme objet de superstition. On récupéra néanmoins un petit bout de bois tout calciné qui aujourd'hui, conservé dans un reliquaire, fait toujours l'objet d'une pieuse vénération. Dans une chapelle rayonnante se trouvaient côte à côte sur une lourde dalle de schiste les gisants de marbre d'Olivier de Clisson et de sa seconde épouse, Marguerite de Rohan, coiffée d'un chapeau absolument ridicule. Olivier de Clisson était un redoutable homme d'affaires, prospérait dans le commerce du sel, du bois, du vin et de la mer, et possédait au XIVe siècle l'une des plus grandes fortunes de France qui lui permettait de prêter de l'argent sous intérêts aux papes, aux rois et aux grands seigneurs. De plus, il avait une influence considérable dans le monde politique puisqu'il était devenu connétable à la suite de Bertrand du Guesclin (grosso modo le ministre des Armées) au service de Charles VI, roi de France, donc ennemi des ducs de Bretagne, moyennant quoi il faillit se faire assassiner par deux fois. Après cette brillante carrière où il joua au gré des opportunités tantôt dans le camp français, tantôt dans le camp breton, il mourut en 1407 à Josselin, dans le château mastoc qu'il avait fait construire sur les rives de l'Oust et qu'on pouvait visiter contre la somme de 9,70 €. Je passai devant mais ne m'y arrêtai pas. La collection de poupées d'Antoinette de Rohan, la femme de, ne m'excitait guère et on l'aura compris, je n'avais aucune amitié particulière pour Olivier de Clisson ou pour Marguerite de Rohan. Pour le reste, la capitale du Porhoët était une petite ville très agréable qui avait su conserver une cinquante de maisons à pans de bois joliment restaurées. Des touristes anglais arpentaient le centre-ville en suçant des glaces et comme il se doit, l'hôtesse d'accueil de l'office de tourisme était adorable.

Entre Josselin et Ploërmel se dresse la colonne du Combat des Trente, épisode essentiel de la guerre de Succession de Bretagne que je n'ai toujours aucune envie de raconter dans le détail. En deux mots, les partisans de Charles de Blois, alliés des Français, s'opposent à ceux de Jean de Montfort, soutenu par les Anglais, dans le contexte plus général de la guerre de Cent Ans. Après une bonne dizaine d'années de guerre qui met le duché à feu et à sang, les deux protagonistes ont soudain une idée géniale. Chaque camp trouvera trente chevaliers aguerris et tous ensemble se mettront sur la gueule dans une lande, bref une sorte de duel collectif qui décidera une fois pour toutes du sort de la bataille. Un combat viril mais correct, une joute d'hommes qui n'ont pas peur de se battre. Aussitôt l'affaire décidée, les soixante guerriers français, anglais et bretons se ruent les uns sur les autres dans une épique mêlée. Les lames des épées font des étincelles, le sang gicle de partout, la lande est rouge, Beaumanoir a soif, Geoffroy du Bois lui conseille de boire son sang, dit la légende, bref un match épatant qui s'achève par la victoire des Blésistes, les partisans de Charles de Blois. Ne reste qu'à enterrer les morts et à célébrer la troisième mi-temps, entre hommes, à force coups de ripailles et de bombances.

Excellente idée en effet d'organiser un combat de ce genre pour décider de la victoire plutôt que de déplacer des armées entières par tous les temps et d'enquiquiner les populations civiles. Ils auraient dû y penser en 1792, en 1805, en 1870, en 1914 et en 1939 (liste non exhaustive), ça aurait épargné bien des tracas à cette pauvre humanité. Trente mecs d'un côté, trente mecs de l'autre, celui qui a le moins de morts emporte la coupe, fut-elle remplie de sang. Certes, l'industrie de l'armement en pâtirait, de nombreux emplois seraient menacés ainsi que des promesses de juteux dividendes pour les actionnaires de ces dites industries mais bon, que de temps gagné. Ne rêvons pas, ce fameux combat des Trente ne décida nullement du sort de la guerre qui allait se poursuivre pendant encore une bonne décennie. Quant à la colonne érigée sous la bénédiction de l'évêque de Vannes pendant la restauration monarchique du règne de Louis XVIII, elle est nulle et son message est clairement royaliste. C'était bien la peine.

Ainsi, j'arrivais à Ploërmel avec de sérieux préjugés. Ville catho, ville de droite, en un mot ville de merde. Une œuvre d'art avait fait parler d'elle il y a quelques années. Le maire avait commandé à un artiste géorgien une statue monumentale de Jean-Paul II qui trônait à l'entrée de la ville. C'était moche mais alors très très moche, croyez-moi, à tel point qu'ils avaient été obligés de graver sur le socle « *N'ayez pas peur* ». Au nom de la loi de la séparation de l'Église et de l'État (1905), des partisans de la laïcité avaient réussi à la faire déplacer dans l'enceinte privée du collège du Sacré-Cœur que j'eus le bonheur de ne pas visiter. Autre statue qui, à mon avis, doit faire causer dans les chaumières, surtout par les temps qui courent, celle de Jean-Marie de La Mennais, le fondateur de l'école des Frères de Ploërmel, par ailleurs frère de Félicité que l'on a déjà rencontré lors de notre périple. On voit le bon père en soutane entourant d'un regard d'une bienveillance presque suspecte trois jeunes et beaux enfants qu'il tient par les épaules. Je n'en dis pas plus de peur d'être accusé de voir le mal partout. Bref, j'avais une mauvaise opinion de cette ville où les bâtiments religieux semblaient vouloir prendre tous les draps. Pour ne pas faillir à la tradition, je visitais quand même l'église Saint-Armel où se trouvaient les gisants de Jean II et de Jean III, ducs de Bretagne, ainsi qu'un couple de noble lignée dont je n'ai pas noté le nom. Une jeune guide entraînait dans son sillage à travers les allées un groupe du troisième âge, ou plutôt d'aînés, ou alors d'anciens, de seniors, de personnes âgées, on ne sait plus comment correctement les appeler, bref un groupe de vieux pendant qu'un homme seul, assis au fond de l'église essayait de prier en paix, ce qui n'était pas gagné. Au bout d'un moment, il laissa tomber avec un air dépité. Son église était devenue un musée et sa foi était presque à mettre au placard.

Qui avait-il d'autre à voir à Ploërmel à part quelques vieilles maisons à pan de bois comme celle des Marmousets, rue Beaumanoir, portée par d'étranges cariatides et décorée de statues pas très catholiques (l'un nous tirait la langue et l'autre exhibait carrément sa bite, ce qui était quand même plus rigolo que les deux statues précédemment évoquées) ? J'étais prêt à regagner mon van pour y bouder en paix lorsqu'un panneau indiquant une horloge astronomique m'interpella. Un certain Gabriel Morin, frère bernardin en religion et professeur de physique dans le civil, avait eu l'idée incroyable et géniale de monter en cinq ans seulement une gigantesque horloge déclinée en une dizaine de cadrans qui indiquaient à la seconde près les minutes, les heures, les jours, les semaines, les mois, les saisons, les signes du zodiaque, les positions de la lune, les années, le positionnement des planètes, le temps réel et le temps moyen, l'heure exacte qu'il était à Johannesburg ou à San Francisco et pour finir les siècles pour lesquelles la petite aiguille noire mettait mille ans à faire un tour complet. C'était prodigieux. Un incompréhensible enchevêtrement de rouages, de balanciers, de poulies, de spirales et de mécanismes de toutes sortes fonctionnait ainsi depuis 164 ans. Et le pire, ou plutôt le mieux, c'est que frère Bernardin n'avait à l'origine conçu cette machinerie que pour ses élèves, dans un but purement pédagogique. Même la pluie ne réussit pas à me faire déloger des lieux. Fasciné, je tournai autour du kiosque qui protégeait l'horloge et cherchai vainement à comprendre. Nous étions dans la cour centrale de la maison mère des Frères de l'instruction chrétienne fondée par Jean-Marie de La Mennais en personne et je regrettais déjà toutes les mauvaises arrière-pensées que j'avais eues à l'encontre de ces bons prêtres. Bien au contraire, qu'ils soient bénis, me dis-je, qu'ils soient béatifiés. Il était bien facile pour moi de me gausser de ces religieux qui, mine de rien, avaient vraiment œuvré pour l'éducation et l'instruction des gamins dans un monde de paysans illettrés où celles-ci étaient loin d'être la priorité. Beaucoup d'entre eux devaient une fière chandelle à La Mennais. C'est donc sur cette repentance que je quittais la ville en prenant la direction de la forêt de Paimpont, autrement dit la fameuse forêt de Brocéliande. La polémique restait vive. Alors que certaines voix prétendaient que Brocéliande n'était qu'une construction littéraire tout droit sortie de l'imagination de vieux celtomanes en mal d'ésotérisme, d'autres voix, dont celle de Claudine Glot, soutenaient, preuves écrites à l'appui, qu'en 1467 fut publiée une *Charte des usements et coustumes de la forêt de Brécilien*. Il semble par ailleurs que ce soit le poète anglo-normand Robert Wace qui, le premier, en 1155, a utilisé le nom de *Brocéliande* avant que Chrétien de Troyes n'en fasse le décor de son roman *Le chevalier au lion*. Quoi qu'il en soit, la forêt existante correspond aux lambeaux du vaste massif forestier qui recouvrait jadis la grande Armorique.

Tréhorenteuc est en population (119 habitants) la plus petite commune du Morbihan et pourtant l'une des plus connues par les mystères et les légendes qu'elle est censée receler. Devant l'église se dresse la statue d'un homme vêtu d'une soutane et juché sur une pierre levée comme un menhir. Décidément, on ne croisait que des curetons dans ce foutu pays, à croire qu'ils se reproduisaient entre eux. On peut affirmer que l'abbé Gillard est à l'origine de l'essor du tourisme dans le secteur, on peut même avancer sans risque que c'est lui, le pionnier, voire l'inventeur de Brocéliande. Fiché comme un original un peu louche, sa hiérarchie, pour s'en débarrasser, l'envoie pendant l'occupation prêcher dans ce petit bled considéré alors comme « le pot de chambre de l'évêché », ce qui était fort aimable pour les paysans du coin. Une forme de mise au placard, en somme. Qu'à cela ne tienne, Gillard devient leur prêtre, leur secrétaire de mairie ainsi que le directeur d'un office de tourisme qui n'existait pas encore. Il y restera vingt ans. Fasciné par les récits arthuriens, l'ésotérisme, l'astrologie et toute cette brocante, il va tenter d'établir dans son église une sorte de syncrétisme entre la religion catholique et le symbolisme celtique, et attirer dans son sillage toute une bande de jeunes gens et de jeunes filles en quête non du Graal mais de nouvelles sensations, pourrait-on dire. Il est dit que son presbytère était une vraie auberge de jeunesse.

J'entrai donc dans la petite église Sainte-Onenne qu'il avait lui-même restaurée à sa façon. Sous le porche était inscrite cette énigmatique sentence : « *LA PORTE EST EN DEDANS* ». Au fond de l'église, une grande fresque représentait un majestueux cerf blanc portant une croix au garrot et entouré de quatre lions rugissants. Un vitrail nous montrait les chevaliers de la Table Ronde en plein gueuleton bien qu'il n'y ait au menu que du pain et du vin. La table était surmontée du saint Graal tenu par deux anges en lévitation. Un autre vitrail nous apprenait comment sainte Onenne avait défendu son honneur face à un noble chevalier un peu trop entreprenant. Elle fut enterrée ici même, « vierge » nous précisait la dalle. Devant l'hôtel, une mosaïque dessinait un grand calice titré : *LA PUISSANCE DU SANG DIVIN.* Cette fascination du sang commençait à me donner la nausée. Beaumanoir buvait le sien pour étancher sa soif, Lancelot et sa clique partaient en croisade pour récupérer celui du Christ, les martyres pleuraient des larmes de sang et dans les batailles, ça giclait de partout et ça abreuvait les sillons. De toute évidence, l'hémoglobine les faisait bander. Je fus cependant soulagé qu'on nous épargnât de justesse les menstruations de sainte Onenne et les saignements de nez du roi Arthur.

Soyons francs, tout ce folklore celto-chrétien n'avait pas réussi à me convaincre, pas plus qu'il n'avait convaincu les supérieurs hiérarchiques de Gillard qui d'ailleurs avaient fini par enfermer cet hurluberlu dans une maison de retraite. Pour ma part, je ne pouvais pas ne pas penser à *Sacré Graal*, le film burlesque des Monty Pyton sorti en 1975 qui nous avait fait beaucoup rire. Je quittai l'église après m'être une dernière fois rincé l'œil sur le généreux décolleté de la fée Morgane qui, à la neuvième station du Chemin de croix, vint au secours du Christ tombé pour la troisième fois. Mais Dieu du Ciel, que venait-elle donc faire à Jérusalem, au premier siècle de notre ère ?

La forêt de Paimpont est en grande partie propriété privée et les propriétaires tiennent à ce que ça se sache, à voir le nombre de panneaux d'interdiction, de barrières et de barbelés qui en interdisent l'accès. Où qu'on aille, on ne cesse de tomber sur des culs-de-sac. J'avais par le passé marché jusqu'au Val sans Retour, en étais revenu corps et biens et n'avais donc aucune envie de me refarcir la balade. Arrivé à Paimpont en fin de soirée, j'avisai le camping municipal qui semblait confortable, propre et aéré. Malgré cette vilaine petite pluie transperçante, je décidai le soir même, après un frugal dîner, de faire à pied le tour du lac, six kilomètres à tout casser le long d'un chemin presque trop bien aménagé pour bénéficier du label « sentier de légendes ». J'espérais au moins rencontrer le long des berges la fée Morgane vêtue de sa robe rouge qui laissait apparaître la nudité de sa gorge et de ses épaules et supposer une paire de seins prometteurs, telle que je l'avais découverte à la neuvième station du Chemin de croix du Christ ; qu'elle m'accorde un vœu, peut-être deux, qu'elle me propose un bain de jouvence et me donne la clé de l'éternelle jeunesse mais je n'ai croisé à travers les brumes enveloppant les bois qu'un escogriffe malpoli qui n'a même pas daigné répondre à mon salut.

J'avais envie d'une bière, juste une petite bière fabriquée à partir de malt, d'eau et de houblon. Une Lancelot, par exemple, ou alors une Morgane. Les brasseurs bretons avaient eux aussi flairé le bon filon en matière de communication. Mais à Paimpont, tout était clos. Le bar de la Table Ronde était fermé, de même que la pizzeria Merlin ainsi que le café du roi Arthur. Idem pour la crêperie Excalibur, le restaurant de la Dame du Lac, le kebab Chez Viviane ou la brasserie du Val sans retour. Oui, je sais, j'invente un peu, à peine, mais il me fallait boire le calice jusqu'à la lie. J'en ai conclu que Brocéliande n'était qu'une aimable petite escroquerie, un gentil piège à couillons. Et puis bon, que ceci reste entre nous, mais en toute franchise et sans esprit partisan, la forêt de Paimpont, tout Brocéliande qu'elle prétend être, ça ne vaut pas un clou à côté de celle de Huelgoat. Ça ne lui arrive même pas à la cheville. Et j'en aurai la preuve le lendemain.

Un temps plutôt moyen

Trente-deuxième jour

Paimpont - Bain-de-Bretagne

Au réveil, je consulte la carte de la forêt que m'a aimablement offerte Mélusine hier à l'office de tourisme de Tréhorenteuc, sans doute la plus petite commune du monde à s'être dotée d'une telle structure. L'ensemble fait à peu près huit mille hectares et le tour complet une centaine de kilomètres. Au sud-ouest, le camp militaire de Saint-Cyr Coëtquidan en avale un bon cinquième. Pour le reste, sont proposées des petites promenades familiales d'une heure ou deux. La boucle de Barenton, par exemple, sise au hameau de la Folle Pensée, ainsi nommée pour avoir été le lieu où les druides soignaient les malades mentaux. L'eau de la fontaine de Barenton avait, dit-on, des vertus anxiolytiques et Merlin lui-même en sirotait de temps à autre une petite rasade pour apaiser ses névroses. Rien d'étonnant quand on sait que l'enchanteur était le fruit d'une illicite copulation entre un diablotin lubrique et une religieuse abusée. Certes, il avait hérité de sa mère la foi et la crainte de Dieu mais son père l'avait également initié aux sciences sataniques. Le gardien du Bien et du Mal, en quelque sorte. C'est dans les parages qu'il croisa la fée Viviane et en tomba aveuglément amoureux jusqu'à lui livrer sur un plateau tous ses funestes secrets. Maline, elle s'en servit pour enfermer son amant dans une invisible prison de courants d'air, autrement dit une geôle d'amour d'où nul ne peut s'échapper. Une belle allumeuse, en somme. Depuis, Merlin erre comme une âme en peine dans le labyrinthe de la forêt.

Le chemin était sympathique, la fontaine bien que « sacrée, prophétique, curative et propitiatoire », était un peu décevante. C'était juste un tas de pierres entourant un trou d'eau perdu au milieu des bois. J'étais le seul être humain dans les parages et ne ressentis nulle vibration. Un rien dépité, je fis demi-tour en me promettant d'ouvrir dès mon retour le dictionnaire pour savoir ce que signifiait le mot « propitiatoire ».

Le château de Comper qui abrite aux bons soins de nos amis Claudine et Hervé Glot le Centre de l'imaginaire arthurien était hélas fermé en ce mardi mais j'avais eu l'opportunité de le visiter au cours d'une virée précédente, toujours dans le cadre d'un reportage. C'était un beau château dont la façade se reflétait sur l'étang au fond duquel se cachait le palais de cristal édifié par Merlin pour les beaux yeux de Viviane. Lancelot du Lac, le preux chevalier, y avait passé son enfance. Forteresse stratégique, le château fut tour à tour assiégé, pillé, ravagé, incendié, démantelé puis reconstruit au XIXe siècle dans un style Renaissance et un esprit plus pacifique. Il abritait aujourd'hui un étonnant petit musée géré par le couple Glot ainsi qu'une librairie où se trouvait un tas d'ouvrages concernant la forêt de Brocéliande et la mythologie s'y rapportant. On oscillait entre l'histoire et la légende. Si la première est écrite comme chacun sait par les vainqueurs, espérons que la seconde appartienne aux vaincus comme lot de consolation.

À quelques kilomètres se trouvait le tombeau de Merlin, une ancienne allée couverte dynamitée en 1892 par des chasseurs de trésors et dont il ne restait que trois malheureux cailloux mal dégrossis. Pourtant, le site continuait à être fréquenté. Certains déposaient des fleurs des champs sur les pierres, d'autres laissaient des messages écrits sur des feuilles de papier. Celui-ci, par exemple, demandait expressément – je n'invente rien – le retour au bercail d'un mari volage. Visiblement, l'enchanteur faisait toujours recette. La fontaine de jouvence, vasque sacrée de la nymphe Juventa, se trouvait un peu plus loin, au fond d'un charmant vallon. Elle semblait avoir été pieusement restaurée. Qui s'y abreuvait ou s'y baignait retrouvait sa jeunesse éternelle. Sait-on jamais, ça ne coûtait rien d'essayer et c'était gratuit. Je me suis accroupis pour plonger mes mains dans l'eau fraîche, en laper quelques gouttes et m'en débarbouiller le visage mais pour autant, mes cheveux ne cessèrent point de blanchir, mes dents de se gâter et ma peau de se friper. Brocéliande était une belle arnaque et à la place d'une jolie naïade au torse nu se baignant dans l'eau de la claire fontaine, ce fut un bénévole de l'association des Amis de Brocéliande qui m'apparut au détour d'un bosquet. Ainsi, je partageai aimablement le bout de gras avec ce retraité qui passait une grande partie de son temps libre à s'assurer de la bonne signalisation des chemins. Les petits signes peints sur les arbres et les rochers en rouge et blanc pour les GR, en jaune pour les petites randonnées, c'était lui et ses acolytes. C'était lui le bon berger des marcheurs et des errants, c'était lui le Petit Poucet semant ses cailloux blancs sur les sentiers battus.

Paimpont, c'était aussi et avant tout les arbres, et ceux-ci étaient bien réels. Le chêne à Guillotin, planté au milieu d'un hameau de jolies longères, faisait de l'ombre depuis plus de mille ans selon la légende et cinq siècles d'après les estimations au carbone 14. Sa circonférence était de 9,80 mètres. Celui des Hindrés était tout aussi âgé. Classés arbres remarquables, ils me semblaient surtout vénérables. Ils semblaient indestructibles. Depuis l'âge du Fer, bûcherons, charbonniers et sabotiers exploitaient la forêt. C'est ainsi que peu à peu le grand massif forestier armoricain se réduisit à peau de chagrin. Aujourd'hui, aussi curieux et navrant que cela puisse paraître, la Bretagne, berceau de l'enchanteur Merlin et du druide Panoramix, est la région la moins boisée de France. La forêt n'occupe plus que 10 % de son territoire alors que la moyenne nationale est à 25 %. Ici, une grande partie du charbon de bois était destinée aux hauts fourneaux des forges de Paimpont qui en avalaient bon an, mal an plus de 7 000 cordes par an.

Tout le monde connaît cette chanson popularisée par le groupe Tri Yann et qui date du XIXe siècle, à l'apogée industrielle de la région. En quelques mots, les filles des forges de Paimpont vont à confesse pour demander pardon au curé du canton, digue ding don don, car elles ont couru les bals et les jolis garçons, digue ding don don. En guise de pénitence, le curé demande à cette jeune fille de l'embrasser, ce qui semble être une sérieuse entorse à la déontologie ecclésiastique. La fille refuse au motif qu'elle ne roule des pelles qu'aux jolis garçons qu'ont du poil au menton, digue ding don don. Voilà. La réputation des jeunes filles des forges était scellée à tout jamais. Situé en contrebas d'un bel étang dominé par le château des maîtres, les vestiges du village et des bâtiments des Forges avaient été plutôt bien conservés et restaurés bien que l'activité ait cessé en 1884 du fait de la concurrence de la sidérurgie britannique. Ce matin-là, j'arrivai trop tôt pour pouvoir visiter le site. C'était dommage, le cadre me semblait plutôt accueillant et le soleil faisait une belle apparition. La chapelle Saint-Eloy, patron des forgerons, était elle aussi close, de même que le restaurant des Forges, situé un peu plus en amont. C'est donc sur cette note un peu frustrante que je fis mes adieux à la forêt de Brocéliande en me disant que j'y retournerai peut-être un jour, aux bras d'une fée ou d'une fille des forges que je trousserai joyeusement contre le chêne à Guillotin, digue ding don daine, ou devant la fontaine de Barenton, digue ding don don.

J'ai repris plein sud, en faisant une nouvelle embardée dans le Morbihan, jetant au passage un œil à l'entrée de la prestigieuse école militaire de Saint-Cyr Coëtquidan qui abritait le musée du souvenir, « *un lieu de mémoire unique* », selon le prospectus, « *un patrimoine inestimable ouvert à tous* », mais pour une raison qui m'échappe encore, je ne pris pas la peine de m'y arrêter, ce qui était sans aucun doute fort dommageable pour ma culture militaire. J'allais rater une chouette collection d'uniformes et d'armes en tous genres ainsi que la célèbre vareuse du général de Gaulle ou la non moins fameuse bicyclette du capitaine Marchand. Autour de cette école, installée en 1945 en plein cœur de la lande bretonne sur 5 400 hectares, s'était peu à peu construit le grand quartier de Bellevue dépendant de la commune de Guer où se trouvait même un grand collège-lycée baptisé, cela allait de soi, Brocéliande. Je descendis néanmoins une minute de la camionnette pour acheter une baguette à la boulangerie avant de me mettre en quête d'un coin plus pacifique pour préparer mon pique-nique.

À Porcaro, par exemple, petite commune du Morbihan connue pour accueillir chaque été le grand pardon des motards, et entre nous soit dit le deuxième pardon breton en termes de fréquentation après celui de Saint-Anne d'Auray. Au bas mot, 30 000 brûleurs de gomme se pressent le 15 août à la messe de 10 h 30 pour recevoir la bénédiction de la Madone de Porcaro. En 1977, ils n'étaient que trente-huit à rouler des mécaniques. L'abbé Prévoteau, lui-même sportif et motard, fut à l'origine de ce grand rassemblement à la fois festif et spirituel. Après tout, on bénit bien les chevaux au pardon de Penvénan et les bêtes à cornes à celui de Saint-Herbot. Alors pourquoi pas les Harley-Davidson ou les Yamaha ? Je parie que le jour viendra, si ce n'est déjà fait, où sera organisé en grande pompe un pardon des camping-cars, des trottinettes électriques et des planches de surf. Aujourd'hui, le bourg de sept cents âmes était d'un calme bénédictin. À côté de l'église se dressait l'oratoire des motards, une construction moderne de forme triangulaire. À l'intérieur, sagement rangés sur des étagères, des ex-voto par dizaines, des plaques de marbre ou de granit comme dans les cimetières, des statuettes, des motos miniatures et des photos encadrées qui montraient le visage souriant de jeunes gens bientôt écrasés contre un platane à la sortie d'un virage. La prière des moto-touristes était affichée sous le grand crucifix : « *Jésus toi le grand voyageur, sois avec nous sur les routes et protège-nous tous* ».

Deux kilomètres après le bourg se trouvait, auprès d'une ancienne gare et non loin d'une grotte de Lourdes de plus, un camping qui paraissait désaffecté. Personne dans les parages, pas même un vélomoteur. C'était l'endroit idéal pour faire une pause au soleil, voire se permettre une petite sieste.

Je n'ai pas grand souvenir de Redon et encore moins de La Gacilly où je n'avais même pas pris la peine de m'arrêter. Non que j'eusse quoi que ce soit à reprocher à ces deux villes mais j'étais peut-être tout simplement mal luné, ouin-ouin dirait l'autre, comme ça m'arrive parfois au cours du voyage, dans l'un de ces moments de flottement où l'on se demande si ça vaut le coup d'aller plus loin, si ça vaut le coup de vivre une telle vie d'errance, si ça vaut le coup tout court. Je mettais ces égarements sur le compte de la fatigue et, peut-être, d'une certaine saturation. Les eaux de la fontaine de jouvence ne m'avaient pas fait plus d'effet que celles du robinet de ma salle de bains et j'avoue que mettre un CD d'Alain Bashung alors que je suivais la D 873 n'était pas non plus très malin de ma part. Dieu ait son âme mais ce type génial avait parfois le don de vous foutre le moral à terre en trois couplets. À Redon, je n'ai pris aucune photo et me suis contenté de deux ou trois notes succinctes sur mon carnet. La promenade le long de la rivière n'était pourtant pas désagréable, la visite de l'abbatiale Saint-Sauveur non plus. La mairie se la pétait un peu avec son air de manoir néogothique et apprendre que les habitants avaient jadis choisi comme maire Alain Madelin, ex-militant actif du groupe d'extrême-droite Occident dans les années soixante-dix, ne soulevait guère mon enthousiasme. J'avais garé le van du côté de la gare et je déambulais un peu mollement à travers les rues commerçantes, m'asseyais à la terrasse d'un bistrot pour avaler un café, tâtais le pavé de la semelle de mes souliers. La cité se trouvait à la confluence de la Vilaine et du canal, et avait le cul posé entre trois chaises à la jonction des trois départements 56, 29 et 35. C'était la ville de Nominoë, le premier des rois de Bretagne, *Dux in Brittaniam,* héros de l'indépendance bretonne après sa victoire en l'an 845 sur les Francs non loin d'ici, à Ballon, autant dire le père de la Nation, n'ayons pas peur des mots, bien qu'il ne fût qu'un aristocrate réputé pour sa cruauté et ses atermoiements politiques. Les historiens du XIXe siècle se chargèrent de le béatifier et les nationalistes bretons entamèrent dans la foulée son procès en canonisation. L'année précédente, en 2018, un mémorial à sa gloire fut inauguré en grande pompe à Bains-sur-Oust sur le présumé site de la bataille de Ballon mais je ne m'y arrêtai pas pour la simple et bonne raison que je ne m'étais pas renseigné avant. Tant pis, le règlement interne de ma petite entreprise m'interdisait expressément de faire demi-tour.

En revanche, je voulais voir depuis longtemps les alignements mégalithiques de Saint-Just que d'aucuns surnommaient « le deuxième Carnac ». Ce ne fut pas évident de tomber dessus d'autant que je privilégiai comme à mon habitude les petites routes tortueuses éloignées des grands axes. Les pancartes indiquant le site étaient rares à moins que je n'eusse pas les yeux en face des trous. Finalement, les alignements se trouvaient quelque part sur ma gauche. Le soleil était revenu, et la chaleur avec. Je choisis de me mettre en short pour la première fois de l'année et tant qu'à faire, me coiffai de mon canotier. Autant Carnac était infesté de touristes braillards et parfois irrespectueux, autant j'avais ici l'impression de jouir des lieux à ma seule guise. Aucun grillage ne m'interdisait d'approcher les pierres, ni même de les toucher et je pouvais à loisir coller mon front contre le schiste rugueux comme je l'avais fait le matin même contre les arbres de Paimpont. Certes, je n'étais pas seul, j'avais croisé au cours de ma balade depuis les landes de Cojoux jusqu'à l'étang du Val quelques curieux de mon espèce mais ils étaient discrets et, comme moi, semblaient envoûtés par cette étrange magie qui enrubannait les lieux. Les alignements se situaient sur une ligne de crêtes qui offraient un vaste horizon sur la campagne environnante et suivaient un axe est-ouest. Il y avait là sans ordre logique, du moins en apparence, des menhirs, des dolmens, des tumulus, des cairns, des tombes et d'énigmatiques cercles de pierres. Pas tous dans un bon état, loin de là. Ici comme ailleurs, les pierres avaient servi de carrière aux maçons du coin, mais beaucoup de ces monuments avaient été savamment restaurés. On aurait dit un jeu de société aux règles incompréhensibles pour les non-initiés, une sorte de scrabble destiné aux analphabètes. L'ensemble avait été parfaitement mis en valeur par une signalétique originale, précise et subtile. Puis le sentier nous menait au bord d'une falaise avant de dégringoler vers l'étang. Ce que je fis avant de me coltiner la remontée et de refaire le chemin en sens inverse. Le tout m'avait pris presque deux heures. C'était magnifique, je me sentais heureux, apaisé, satisfait d'avoir vu ça une fois dans ma vie, heureux du soleil qui commençait à brûler ma peau et de la sueur qui dégoulinait dans mon dos. Revenu au van, je changeai immédiatement de tee-shirt et de CD.

Je traversai la Vilaine à Pont-de-Roche, non loin de Langon, avant de faire une petite halte au Grand-Fougeray pour jeter un œil sur la tour du Guesclin, seul donjon rescapé d'un château médiéval occupé un temps par encore ces salopards d'Anglais que notre valeureux et rusé connétable occit en quelques coups d'espadon bien placés entre les tempes. Quelques familles prenaient le soleil au milieu du parc. Des gamins jouaient au foot sur l'herbe. La journée s'étirait, il me fallait penser à trouver un endroit où dormir. À une quinzaine de kilomètres, la ville de Bain-de-Bretagne possédait un agréable camping avec une piscine dont on me délogea aussitôt au motif que j'y avais plongé sans le bonnet de bain qui revêtait un caractère obligatoire d'après les nouvelles directives du Secrétariat d'État chargé du Commerce, de l'Artisanat, de la Consommation et de l'Économie sociale et solidaire, ainsi que s'en excusa, par ailleurs fort gentiment, la gérante. Elle était tout encline à m'en prêter un, de bonnet, mais bon, le mal était fait. Ce camping était situé sur les rives d'un vaste plan d'eau et par conséquent s'appelait le Camping du Lac. Assis sur une chaise pliante devant mon van dans une position pourtant assez éloignée de celle d'un moine bouddhiste au sommet d'une montagne, je consacrai une bonne partie de ma soirée à observer béatement le soleil s'y noyer tout en éclusant un verre de ce délicieux vin de Loire acheté le jour même au Super U de Redon.

Temps sec et assez ensoleillé

Trente-troisième jour
Bain-de-Bretagne - Fougères

Le patron de la maison de la presse m'apprit d'emblée que les cartes postales de Bain-de-Bretagne, ça n'existait pas. Pas assez touristique, me dit-il avec un brin de fatalisme dans la voix, trop loin de la mer, trop près de Rennes. J'eus envie de lui répondre que oui, en effet, quel intérêt de venir s'installer à Bain-de-Bretagne pour ceux qui viennent d'ailleurs ou de s'évertuer à y demeurer pour ceux qui y sont nés ? Il y a des patelins, comme ça, dont ne saisit pas vraiment l'utilité. Ni vraiment ruraux, ni vraiment urbains, ils continuent leur petit bonhomme de chemin loin des turpitudes géopolitiques. Personne n'a eu l'idée de construire ici une centrale nucléaire ni même un aéroport international, aucun crime suffisamment sordide pour occuper la une des journaux n'y a été commis ces dernières années, résultat, Bain-de-Bretagne souffrait visiblement d'un déficit de notoriété. Certes, nous apprend Wikipédia, le célèbre général Thomas Jean Chassereaux y est né en 1763 ainsi qu'en 1837, le non moins célèbre chanoine Amédée Guillotin de Corson. Certes, il y a dans la pampa environnante un joli château du XVIIIe siècle et aussi un moulin qui a fait l'objet d'une inscription aux Monuments historiques mais sont-ce des raisons suffisantes pour annoncer à sa femme en rentrant un soir du boulot : « Chérie, tu vas me croire ou pas, j'ai enfin trouvé un terrain qui va nous convenir à merveille ! Où ça ? Je te donne en mille. Dans un nouveau lotissement qui va s'ouvrir à la sortie de Bain-de-Bretagne, à deux minutes d'Intermarché ! »

C'était en effet un endroit idéal pour élever des enfants et adopter un labrador. Il y avait une médiathèque et des équipements sportifs tout neufs répondant aux normes européennes de sécurité, on était à deux minutes de la voie express et à un quart d'heure d'un grand centre commercial, raison pour laquelle

Bain-de-Bretagne pouvait se targuer d'avoir une courbe de population qui ne cessait de grimper depuis les années soixante-dix, au même titre que les autres communes de la grande couronne de la capitale régionale qui s'imposait sur tout le département comme Paris s'impose sur l'Hexagone. Les géographes parlent de macrocéphalie. Toujours est-il qu'aucun photographe n'avait eu l'idée ou peut-être l'inspiration d'éditer une carte postale de Bain-de-Bretagne, ce qui me chiffonnait et je vais de ce pas vous expliquer pourquoi.

Depuis maintenant une trentaine d'années, je tiens une sorte de carnet de voyage en continu. Chaque fois que je me rends quelque part à titre récréatif ou professionnel et que je dors au moins une nuit dans un lieu qui n'est pas ma maison ou celle de ma fiancée, disons chaque fois que je pars en errance, je m'impose cette absurde discipline qui consiste à :

1. Choisir une carte postale sans aucune originalité, bien au contraire, et de préférence avec le nom de la ville inscrit dessus.
2. Écrire grosso modo ce qui s'est passé dans la journée (visite des musées, menu des restaurants, tarifs des campings…).
3. Renoncer méthodiquement à toute prétention littéraire.

À ce jour, j'ai donc noirci le dos de plus de 900 cartes postales, oui Madame, neuf cents cartes postales d'Ouessant à Vladivostok, de Plouguerneau à New York, de Prague où est né Franz Kafka à Guémené-sur-Scorff où vit ma mère. Cette collection n'a bien sûr aucun intérêt, ni géographique ni éditorial, sinon retrouver la trace de mon chemin de vie en semant mes souvenirs comme autant de cailloux jetés par un Petit Poucet curieux de tout ou par un grand benêt un peu maniaque égaré à travers le monde. Mais une chose était maintenant certaine : dans cette collection hétéroclite et farfelue, il n'y aurait pas de cartes postales de Bain-de-Bretagne et c'était d'ores et déjà un des grands regrets de ma vie.

Bon, d'accord, je me moque un peu et je demande par avance pardon aux 7 000 habitants de cette ville qui s'appellent… qui s'appellent… je vous le donne en mille : les Bainais. Ça ne s'invente pas. C'est bien connu, les Bas-Bretons dont je fais partie, méprisent superbement les Brétilliens (habitants de l'Ille-et-Vilaine pour ceux qui ne savent pas) qui d'ailleurs le leur rendent bien. Qu'y a-t-il à voir dans ce département sinon un vieux parlement à Rennes, une ville prétendue close à Saint-Malo et, à Combourg, le château d'une antique gloire littéraire que plus personne ne lit ? Hein ? Dites-moi, qu'y a-t-il d'autre ? La campagne semblait au premier abord laborieuse, paisible et prospère mais chacun sait que les paysans se cachent pour se pendre. Remontant vers le nord en empruntant des petites vicinales rapiécées comme des vieux pantalons, je traversai des paroisses sans bistrots, des communes sans boulangeries. Les écoles qui restaient n'en menaient pas large. C'est un peu dans cet état d'esprit particulièrement mesquin que je ratissai ce territoire jusqu'à ce qu'un vieux tas de pierres ne me cloue définitivement le bec pour le restant de la journée.

Construit en pleine campagne en une seule nuit par une équipe de fées spécialisées dans les travaux publics, ce monument était absolument extraordinaire. Jamais de ma vie, je n'avais vu un tel colosse si ce n'est l'ensemble mégalithique de Stonehedge. Depuis une carrière située à quatre kilomètres, les fées avaient transporté dans leur tablier magique les énormes pierres de schiste rouge pesant jusqu'à quarante tonnes et assemblé ce dolmen de presque vingt mètres de long, six de large et quatre de haut. À l'origine, comme c'était le cas de la plupart des allées couvertes, le monument était enseveli sous un grand cairn de pierres sèches. Bien sûr, il eut à subir les outrages du temps, les profanations des pilleurs et les délires d'interprétation des romantiques du XIXe siècle, mais il avait gardé une puissance rustique et sauvage qui, dès la première vision, vous sautait aux yeux, vous nouait la gorge et broyait vos certitudes en mille morceaux. Une fois de plus, j'avais eu le bonheur insensé de me retrouver seul pour voir ce prodige. La Roche-aux-Fées était un monstre mythique assoupi depuis plus de cinq mille ans mais son cœur battait encore, je le sais pour avoir posé mes mains sur chacune des pierres, écorché mes lèvres contre le grain rugueux du schiste et collé mon oreille sur le grand portique. À présent, je comprenais les femmes qui venaient s'y coller le ventre en espérerant la venue d'un enfant, comme je partageais l'espoir de ces amoureux qui devaient s'accorder sur le nombre de pierres pour savoir si leur union allait être durable et leur destin heureux. Non, sans exagérer, vraiment, j'étais ému jusqu'aux larmes. Entouré de chênes vénérables plusieurs fois centenaires, ce temple néolithique était d'une beauté bouleversante et je ne savais plus quel dieu adorer, quelle déesse vénérer, à quelle religion me convertir désormais. J'aurais volontiers baisé les mains, les pieds, les seins, les aisselles et les genoux de chacune des fées qui avaient réalisé un tel prodige, j'aurais signé n'importe quel pacte qu'elles auraient exigé en échange d'un seul regard de leur part, nom d'un chien, je suis sorti de là complètement sonné, le cœur battant, comme frappé du syndrome de Stendhal.

Danièle était une bénévole de l'association qui gérait le site. Elle était également conseillère municipale à Essé, la commune propriétaire des lieux. Aujourd'hui, c'est elle qui tenait l'accueil et la petite boutique qui proposait des ouvrages sur le mégalithisme ainsi que quelques produits dérivés et enfin, Dieu soit loué, des cartes postales. Elle attendait d'une minute à l'autre un car de touristes américains qui dans la même journée se payaient également les plages du débarquement, le Mont-Saint-Michel, les alignements de Carnac avant de dîner à La Baule où était prévue une séance de golf dès le lendemain matin. C'est elle, Danièle, qui m'apprit que les premiers rayons de soleil du solstice d'hiver pénétraient exactement dans l'axe du portique et que c'était un instant magique si d'aventure le soleil arrivait ce jour-là à percer. Bien évidemment, le site attirait régulièrement toute une faune d'astrologues, de magnétiseurs du dimanche, de druides patentés, d'acupuncteurs véreux et de naturopathes plus ou moins assermentés. Des couples tenaient à y célébrer leurs noces païennes. Des bébés se faisaient baptiser par d'étranges rituels. Danièle s'en amusait un peu. Les pendules oscillaient à qui mieux mieux et les pierres thérapeutiques se rechargeaient ici comme à une borne électrique et pourquoi pas ? Les attouchements auxquels je m'étais livré l'instant d'avant sous le dolmen avec une lubricité que je ne me soupçonnais pas n'étaient ni plus ni moins aussi farfelus que les gesticulations du premier alchimiste venu, convaincu de trouver ici le secret de la pierre philosophale et puis, bon, parfois, j'en avais assez d'être cartésien, agnostique et raisonnable.

Je voulais revoir le monument une dernière fois, seul, avant que le groupe d'Américains ne l'envahisse. À Florence, Stendhal était sorti tout titubant de la Santa Croce, littéralement assommé par la puissance et la beauté des œuvres d'art, d'où cette notion de syndrome, définie en 1979 par une psychiatre italienne, et qui pouvait dans les cas les plus extrêmes provoquer vertiges et hallucinations. Certes, je n'en étais pas là mais je sentais des picotements au bout des yeux et des flageolements dans les guibolles. Le soleil s'immisçait à travers les interstices des parois. Les blocs se teintaient de couleurs qui flirtaient vers les pourpres et les verts, parfois même le rose, tandis que des filaments d'or et d'argent semblaient vouloir dessiner le long des pierres d'étranges arabesques dont nul n'avait à ce jour réussi à percer le mystère. Seules les fées savaient les déchiffrer mais elles n'étaient point là, ce matin, pour m'initier avant que je ne succombe entre leurs bras.

Après cette visite (libre et gratuite, j'avais oublié de le préciser), il fut forcément difficile de reprendre la route comme si de rien n'avait été mais les villages que je traversai – Essé, Marcillé-

Robert, Visseiche… – me parurent étrangement plus souriants. Je connaissais un peu La Guerche-de-Bretagne pour avoir, il y a quelques années, participé à une causerie littéraire à la médiathèque municipale devant une foule d'une bonne quinzaine de personnes mais mis à part le restaurant où je fus invité par la suite, je n'en avais gardé aucun souvenir tangible. Il est vrai que c'était en hiver et que j'étais arrivé alors qu'il faisait déjà nuit. Ce matin-là, je fus surpris de découvrir une très jolie ville. Je ne sais si elle avait bénéficié du label « Petite cité de caractère » mais elle le méritait haut la main. La place d'Anjou était entourée de maisons à pans de bois parfaitement restaurées et les terrasses étaient installées sous d'antiques arcades que de gros piliers soutenaient depuis trois ou quatre bons siècles. Une chaise m'attendait ainsi qu'une barmaid désœuvrée qui offrait au soleil ses épaules nues et son avant-bras tatoué d'une salamandre. Dans ces conditions, je n'allais pas faire l'économie d'un expresso.

À deux ou trois kilomètres, sur la commune de Rannée, à l'orée de la forêt de La Guerche, se trouve un étrange arbre qui fait l'objet d'une dévotion populaire toujours vivace. On l'appelle le chêne à la Vierge. Le bouquin de l'ami farfouilleur Bernard Rio, *Mystères de Bretagne*, m'avait mis la puce à l'oreille. C'était un vieil arbre décrépit dont il ne restait qu'un tronc calciné et quelques branches rachitiques. Étaient clouées dans l'écorce une multitude de statuettes abritées dans des petites niches ainsi que des chapelets, des médailles, des images pieuses, des crucifix, comme autant de grigris et autres talismans, à tel point qu'on aurait dit un totem voué à un antique culte chamanique. C'était touchant, oui, touchant. L'histoire était comme d'habitude édifiante. Les soldats de la République cherchaient dans les parages un prêtre réfractaire et surprirent en pleine prière une jeune fille agenouillée au pied de cet arbre devant une statue de Marie. Refusant de renier sa foi et de livrer la cachette du prêtre, les Bleus la fusillèrent sans autre forme de procès. Bernard Rio n'y va pas de main morte : « *Légende mortifère et larmoyante, si étrangère au culte antique qu'elle transpire la décrépitude intellectuelle d'un clergé qui ne défendait plus le peuple mais contribuait à l'asservir, qui condamnait les rebelles bretons au rôle de victimes consentantes de la République laïque »*. Bien que semblant toujours faire recette, ce totem avait un aspect naïf et pathétique, et un peu triste aussi. Dans un creux du tronc, un message avait été écrit au dos d'un carton de bière. L'auteur sollicitait la Vierge pour que sa demande de prêt soit accordée et que son offre soit acceptée. Authentique.

M'en voudriez-vous beaucoup si je vous avouais que je fis un bref écart en Mayenne en traversant la ville de Gennes-sur-Seiche pour rejoindre la route de Vitré ? À ma décharge, je ne m'en étais même pas rendu compte. Les collines et les rivières passaient sans passeport d'une province à l'autre et nul poste de douane ne vint contrarier ma bonne marche. Les frontières de la Bretagne étaient bien poreuses dans cette zone, ce qui explique que les Francs n'eurent aucune difficulté à étendre leur influence à l'ouest pour nous imposer sournoisement Michel Sardou, Guillaume Musso et les infos de 20 heures sur TF1. Pas de chance, les deux châteaux que j'envisageais sans grande conviction de visiter étaient fermés le mardi. Celui d'Argentré-du-Plessis, composé de deux corps parallèles, avait, de loin, une assez bonne tête. Celui des Rochers-Sévigné, planqué derrière un haut mur qui entourait toute la propriété, était peut-être plus modeste mais il avait été la résidence de Marie de Rabutin-Chantal, veuve à vingt ans du marquis de Sévigné, un vil personnage, dit-on, tué en duel à propos d'une sombre histoire de cul. La veuve hérita du château où elle fit des séjours réguliers, un peu par obligation puisque sa proximité avec l'intendant Fouquet l'avait fait tomber en disgrâce auprès du roi qui l'éloigna de la cour, ce qui équivalait peu ou prou à une sorte d'excommunication. Comme elle s'y ennuyait un peu, elle passa une grande partie de son temps à rédiger des lettres, la plupart destinées à sa fille idolâtrée. On en a recensé plus de 1 500, réputées pour leur valeur littéraire, et que des générations de pauvres lycéens ont dû potasser pour le bac de français. De temps en temps, « *la divine marquise, impertinente et futile* », selon l'auteur du *Guide Bleu*, précieuse autant que ridicule, sans doute, s'amusait aux travaux agricoles : « *Savez-vous ce que c'est que faner ?* écrit-elle à sa fille le 22 juillet 1671. *Il faut que je vous l'explique : faner est la plus jolie chose du monde, c'est retourner du foin en batifolant dans une prairie. Dès qu'on en sait tant, on sait faner* ». Je me rappelais le visage en sueur de ma grand-mère qui passait des heures et des heures sous un soleil de plomb à retourner les lourdes gerbes de foin et je n'ai pas le souvenir de l'avoir vue « batifoler » mais enfin, chacun voit midi au bout de sa fourche. En 1675, la marquise assiste à la révolte des Bonnets rouges et à la féroce répression qui s'ensuit, orchestrée par le duc de Chaulnes dont elle est très proche. L'extrait qui suit est connu et traduit bien la complaisance de l'aristocratie face aux malheurs du siècle : « *Nos pauvres Bas-Bretons s'attroupent quarante, cinquante par les champs et dès qu'ils voient les soldats, ils se jettent à genoux et disent* mea culpa *: c'est le seul mot de français qu'ils sachent (...). On ne laisse pas de pendre ces pauvres Bas-Bretons* ».

Le château appartient toujours à la famille de Sévigné. Les visites ont lieu du jeudi au dimanche en haute saison. Certes, j'avais sans doute raté la chapelle et le boudoir de la marquise, l'encrier dans lequel elle trempait sa plume, le bidet dans lequel elle trempait ses fesses, le poudrier avec lequel elle se poudrait, mais était-ce vraiment un drame ? J'aurais peut-être davantage de chance sept kilomètres plus loin, au château de Vitré, encore une ville d'importance moyenne qui n'avait toujours pas eu à ce jour l'honneur de ma visite. Peut-être l'avais-je aperçue dans mon enfance à l'arrière de la Simca 1300 de mon père, avant l'ère des autoroutes quand, pour revenir de Paris où nous vivions alors, la nationale traversait chaque ville et chaque village. En tout cas, je n'avais pas le moindre souvenir de la ville. Papa, silencieux et bougon depuis la capitale, laissait soudain éclater sa joie : « ça y est, les enfants, on y est enfin ! La Bretagne, regardez, la Bretagne ! ». Maman disait : « Attention à ta route, Armand, regarde devant toi ! ». Nous, les gosses, on trouvait que c'était une ville comme une autre, que tout se ressemblait et que ce voyage n'en finissait pas. Il fallait à l'époque une dizaine d'heures pour faire le trajet. C'était interminable.

Vitré, donc, place forte aux portes du duché peuplée de presque 18 000 âmes. Comme dit Stéphane Bern à la télé, la ville témoignait d'un riche passé. « *Ventre Saint-Gris, si je n'étais roi de France, je voudrais être bourgeois de Vitré !* »*,* se serait exclamé Henri IV de passage dans le secteur alors qu'il se rendait à Nantes pour y signer l'édit du même nom. Un généreux ciel bleu faisait office de plafond et quelques lycéens et lycéennes, vautrés sur les jardins du parc, faisaient semblant de réviser leurs fiches de français pour le bac. J'ai failli leur demander si les lettres de la marquise de Sévigné étaient encore au programme mais ils étaient trop occupés à se bécoter sur l'herbe. Je commençais la visite de la ville par une agréable promenade qui descendait vers la Vilaine et le pré des Lavandières avant de remonter le long des douves du château où des moutons noirs d'Ouessant faisaient office de tondeuses à gazon. La rue de la Baudraie et la rue d'En-Bas étaient les plus typiques de la ville. Maisons à pans de bois, sols pavés, magasins de fringues, salons de tatouages, pizzerias, kebabs, lingerie fine, téléphonie mobile, souvenirs et cartes postales. Ce n'était pas désagréable. Sur la hauteur se dressait un château mastoc et très bien conservé. « Prenez-en plein les yeux », tel était le slogan touristique de la ville. On allait voir ce qu'on allait voir.

Une fois de plus, j'étais le seul visiteur au musée du château, en conséquence de quoi je pouvais caresser en toute impunité les rondeurs des statues de déesses antiques à moins qu'une caméra ne soit planquée dans un recoin du plafond. C'était un petit musée sans grande prétention bien qu'un peu cher pour ce que ça valait (6 €), situé dans plusieurs tours du château qui, par les étroites fenêtres, offraient de fort jolies perspectives sur la ville. Ici aussi, le plancher crissait délicieusement sous mes semelles. Ventre saint-gris, j'adorais ça, je me sentais comme un rôdeur. Outre les affriolantes statues dont je parlais à l'instant, on y trouvait un joli lit à baldaquin et quelques tableaux intéressants, notamment cette vue de la Vénus de Quinipily, simplement titrée *Fontaine de Basse-Bretagne.* Dans une autre salle, une collection d'orfèvrerie, de ciboires, d'encensoirs, de burettes et d'un chrémeau, vase où était conservé le Saint-Chrême, nous précisait une affichette bien que je n'eusse aucune idée de ce que pouvait bien être le Chrême, sinon quelque chose de peu ragoûtant. Enfin, le long d'un long couloir qui nous conduisait au bureau de Pierre Méhaignerie, le maire de la ville depuis des lustres, une exposition de portraits de femmes. Françoise de Champagne, avec sa tête de langue de pute, avait l'air d'avoir passé la majeure partie de sa vie à emmerder le monde ; Madame la duchesse de Duras ressemblait à une proviseure de lycée catholique dans les années cinquante ; Victorine de Kergu, marquise des Nétumières, nous la jouait ingénue bien qu'on eut de toute évidence affaire à une sacrée coquine. Les autres femmes n'avaient pas de noms. C'étaient des femmes du peuple. L'une déplumait un coq, l'autre disait adieu sur le quai à son matelot de mari, une troisième restait sagement assise sur une chaise, immobile sans rien dire, de peur de se faire enguirlander par le peintre.

Je voulais voir Clisson et j'avais vu Clisson. Je voulais voir Fougères et j'allais voir Fougères pour la première fois de ma carrière bien que le slogan de la ville, de loin le plus tarte de la région – « *T'as pas vu Fougères, t'as rien vu !* » – me donnât envie de contourner la cité séance tenante et d'aller voir ailleurs si j'y étais. De plus, ce fut la croix et la bannière pour trouver le camping municipal. Je me perdais dans les zones commerciales, les rocades et les sens interdits, les quartiers d'immeubles et les terrains vagues, mon clignotant droit marchait quand il en avait envie, c'est-à-dire en moyenne une fois sur trois, ma boîte de vitesses lançait des signes d'agacement à chaque fois que je rétrogradais en seconde et la conductrice d'une BMW noire crut sa dernière heure venue lorsque je lui coupai la priorité pour tourner brusquement à droite après avoir aperçu à la dernière seconde la pancarte indiquant ledit camping. Ma décision était prise, j'allais commander un GPS pour le prochain Noël.

Le camping était on ne peut plus convenable. Le cadre était verdoyant, les emplacements étaient séparés par d'épaisses haies, les sanitaires impeccables et spacieux, on pouvait prendre sa douche sans avoir à se contorsionner dans tous les sens pour se déshabiller et se rhabiller, et le centre de la ville était joignable en un petit quart d'heure à pied. Ce que je fis le soir même, une fois ma collation avalée, en pénétrant dans la cité par la rue Gustave-Flaubert qui était jadis passé par là en coup de vent avant d'emprunter à gauche la rue Victor-Hugo – « *illustre poète* », précisait la plaque – qui, lui, s'y était longuement attardé et pour cause, Juliette Drouet, son amante, sa compagne, son égérie, était une fille du pays. Hugo avait semble-t-il beaucoup apprécié la ville – « *qui devrait être pieusement visitée par les peintres* » – et on connaît de lui plusieurs dessins réalisés sur place. Elle l'appelait Toto, il l'appelait Juju, n'est-ce point adorable ? Elle était amoureuse et soumise. Lui était un amant volage, possessif et jaloux. Elle l'a suivi partout, à Paris, à Bruxelles, à Guernesey, lui a écrit plus de 20 000 lettres, soit une moyenne de deux par jour, a sacrifié pour lui sa carrière de comédienne et sa vie de femme, n'a vécu que dans son ombre. Elle est morte en 1883, deux ans avant l'homme qu'elle n'a cessé d'aimer. Pauvre Juju, elle a dû en chier. On dit d'elle que c'était une très belle femme, ses portraits peints nous le confirment, et les Fougerais s'en sont souvenus en baptisant leur centre culturel de son nom. Pour ne pas faire de jaloux, sans doute, et nc pas blesser l'« illustre poète », le théâtre s'appelle Victor Hugo. Balzac vint également pointer son nez dans les parages au moment où il rédigeait son roman *Les Chouans*. Bref, du beau monde.

Fougères avait bâti au XIXe siècle sa prospérité sur l'industrie de la chaussure. Avant la Première Guerre mondiale, pas moins de 10 000 ouvriers fabriquaient chaussons, sabots et godillots dans une trentaine d'usines réparties autour de la ville. En 1907, les exécrables conditions de travail et les salaires *a minima* poussèrent les chaussonniers à la grève générale. Le conflit dura plusieurs mois. On tint le coup grâce à la solidarité ouvrière et la distribution de « soupes communistes ». En 1907, Jean Jaurès vint à Fougères soutenir le mouvement. Ce fut une semi-victoire. Les salaires avaient été très légèrement réévalués et les syndicats reconnus, ce qui valut à Fougères la réputation de « ville rouge ». Aujourd'hui, on n'y fabrique plus une seule chaussure, pas le moindre chausson. Les usines ont fermé les unes après les autres à partir des années soixante-dix et les activités se sont depuis diversifiées, comme on dit aujourd'hui avec pudeur pour faire passer la pilule.

Honnêtement, je ne m'attendais pas à voir une ville si accueillante. Des amis buvaient tranquillement une bière en terrasse, une femme rentrait tout sourire de sa séance de yoga avec son tapis sous le bras, certaines regagnaient leur domicile à vélo, la permanence des Gilets jaunes était encore ouverte, trois punks à chiens fumaient des roulées sur les marches de l'église Saint-Léonard et un gosse criait toutes les souffrances et les injustices du monde au motif que sa casquette était tombée de sa poussette. Méritait une bonne claque, ce petit con.

Je patrouillais la ville à la recherche de je ne sais quoi sinon la simple quête du plaisir d'arpenter une cité à la tombée du jour.

Sur une place, se dressait la statue d'Armand Tuffin, marquis de la Rouerie, « *défenseur de l'identité bretonne et héros de la guerre d'indépendance de l'Amérique* », proclamait la plaque sur le socle. Plus loin, un beffroi datant de 1397 (le plus vieux de la région mais y en a-t-il d'autres en Bretagne ?), fierté passée de la bourgeoisie fougeraise, faisait tinter son carillon d'un timbre délicieux. La rue menait vers un point de vue qui dominait la ville basse et la forteresse étrangement située en contrebas. On pouvait y accéder en descendant les allées d'un magnifique parc arboré d'une collection de fougères, bien évidemment, importées du monde entier. Il y avait là une quarantaine d'espèces différentes, dont la fameuse Capillaire pédalée, venue, comme chacun sait, du Canada. Le circuit était également littéraire et tenait à ce que ça se sache. Hugo, bien sûr, mais aussi Balzac, les deux ayant laissé de belles traces écrites. L'humaniste Jean Guéhenno, le fils du cordonnier, lui-même modeste ouvrier devenu académicien, était né ici en 1890. On l'avait un peu oublié et j'avoue que je n'avais jamais lu une seule ligne de son *Journal d'un homme de quarante ans*, ce qui est sans doute fort dommage mais il me restait tant à lire et la vie était si courte, mon bon monsieur. « *La chair est triste, hélas ! et j'ai lu tous les livres* », écrivait Mallarmé. À mon humble avis, c'est justement parce que la chair n'est pas triste, Ducon, que je n'ai pas eu le temps de lire tous les livres. Arrivé à la basse-ville, on pouvait longer les douves où cette fois-ci, c'était les chèvres qui se chargeaient du gazon. En face des deux solides tours de l'entrée du château, une crêperie et un bistrot étalaient leur terrasse sur la place de la Duchesse Anne. Même à 4,50 € la bière, c'était tentant.

Faibles risques d'averses à l'est

Trente-quatrième jour
Fougères – Roz-sur-Couesnon

Avant de quitter Fougères, je voulais découvrir l'église Saint-Sulpice, non parce que Juliette Drouet y fut baptisée, encore qu'elle méritât largement cet hommage, mais parce que Mélusine, ma fée fétiche et adorée, la femme-serpent, y était joliment représentée sur un vitrail. Elle tenait un miroir dans une main et se peignait de l'autre. Ses longs cheveux blonds couvraient son torse nu et sa queue de serpent se terminait par une sorte de trèfle à trois feuilles. Elle était terriblement craquante. J'ai dit craquante, n'allez pas me faire dire ce que je n'ai pas dit, en tout cas, son destin fut bien funeste. Lasse de voir sa mère maltraitée, elle tua son père, la légende ne précise pas comment. En punition de quoi elle fut condamnée à se transformer tous les samedis en femme-serpent (ou poisson, ça dépend des sources) et la légende n'explique pas non plus pourquoi ce choix du samedi et pas un autre jour de la semaine, le vendredi, par exemple. Quoi qu'il en soit, on pouvait raisonnablement s'interroger sur le fait qu'une créature tout droit sortie de la mythologie païenne et des antiques superstitions puisse ainsi figurer dans un sanctuaire catholique, apostolique et romain. C'était une bien curieuse église située au pied du château, sur les bords du Nançon, à l'emplacement d'anciens marécages et sous la protection de la statue miraculeuse de Notre-Dame des Marais, spacieuse, richement décorée et un rien brinquebalante. Un autre vitrail nous contait en détail, à la façon d'une page de bande dessinée, le martyre de saint Crépin et de saint Crépinen, arrêtés, fouettés par des verges, torturés, les ongles percés d'alênes, écorchés vifs, jetés dans la rivière avant d'être décapités. En réalité, je ne savais pas exactement ce qu'était une alêne mais à voir la tête des deux pauvres gars, je préférais ne pas le savoir. Plus loin se trouvait dans une châsse en verre le corps de sainte Catherine, une autre martyre suppliciée au IVe siècle. Un écriteau nous apprenait qu'elle mourut dignement à Rome en 363 sous les verges lestées de plomb du fouet de ses bourreaux et qu'elle est aujourd'hui, entre autres, la patronne des femmes célibataires. Sorti de là, j'avais l'impression d'avoir visité le musée des horreurs.

Le château, l'un des plus imposants de France, n'ouvrait ses portes qu'à dix heures. Devant la Tour Mélusine trépignait une bonne cinquantaine de mômes en sortie scolaire bien décidés à pousser leurs institutrices vers un burn-out carabiné avant la fin de la matinée, ce qui me fit réfléchir à deux fois avant de prendre un ticket. De toute façon, je finissais par me lasser des meurtrières, des mâchicoulis et autres oubliettes, des lits à baldaquin, des armures et tout le saint-frusquin médiéval, je décidai donc d'aller faire un tour dans la forêt domaniale histoire de me délier les tendons. La journée s'annonçait agréable et la promenade proposée par le prospectus semblait alléchante.

Au commencement était la forêt qui couvrait la majeure partie de la péninsule armoricaine, disons 70 %, en un vaste massif s'étendant de la presqu'île de Crozon jusqu'aux Marches de Bretagne. Ne subsistaient que des vestiges ici ou là, des taches vertes éparpillées sur la carte IGN comme des fientes de goélands sur le capot d'une bagnole. Quénécan, Le Cranou, Paimpont, Lanouée ou Rennes. Les moines défricheurs étaient passés par là, les sabotiers, les forgerons et les chaudronniers avaient pris leur part du butin et les bulldozers des grands remembrements avaient achevé la besogne. Sans compter le tout-venant qui lui aussi avait besoin de chauffer sa soupe. Et puis, les hautes futaies, ça n'intéressait plus grand monde, sinon les chouans pour ourdir leurs mauvais coups et les druides pour recueillir le gui et sacrifier quelques jeunes vierges. Les gens préféraient la plage et il est fort à parier que si Viviane et Merlin ou encore Tristan et Iseult, étaient toujours de ce monde, ils passeraient dès les beaux jours leur dimanche après-midi vautrés sur les sables blancs de Bénodet ou de Carnac, comme tout le monde. Je m'amusai à songer à tout cela au cours de cette balade forestière qui me coûta une bonne petite heure de pur bonheur. La Pierre Courcoulée était un dolmen de plus qui balisait mon itinéraire.

Le Coglais – ou Pays de Coglès – situé au nord-est de Fougères, à la limite de la Normandie, est l'un de ces petits territoires que personne ne visite et n'a la moindre intention de visiter un jour, sauf à y être contraint pour d'obscures raisons professionnelles ou familiales. C'est un pays propre sur lui, tranquille, qui paraît sans soucis, sans histoire, tout à fait à l'image du subtil slogan de la Communauté de communes – « *Le Coglais, ça me plaît !* » – me faisant remarquer au passage que les offices de la région faisaient preuve d'une grande originalité en matière de slogans. Passons. Pour ma part, ça ne me déplaisait pas mais bon, de là à y habiter à demeure, n'exagérons rien. Cependant, les petites paroisses que je traversai sentaient bon la vieille France même si j'admets que cette formulation ne veut rien dire du tout. La carte signalait un grand parc floral qui ne me mettait pas vraiment en appétit et un château qualifié d'exceptionnel, celui du Rocher-Portail (le *Downtown Abbey* français ?). Aucune envie de payer 9 € pour revoir Madame la comtesse du Portail en train de chevaucher le marquis du Coglais sur un lit à baldaquin, la vue de l'extérieur que j'avais en grignotant mes chips me suffisait amplement, de toute façon, les visites ne commençaient qu'à partir de 14 heures. Je pris une photo des quelques moutons et brebis qui paissaient dans le champ d'en face.

C'est alors que, n'écoutant que mon audace et faisant fi des recommandations qu'on m'avait faites, des avertissements qu'on m'avait donnés et en dépit du plus élémentaire principe de précaution, je franchissais le Rubicon, ou plutôt le Couesnon, et je fis un crochet en Normandie, sans armes, sans haine, sans idée de revanche et dans un esprit de réconciliation qui me faisait honneur. Je voulais à tout prix voir le cimetière militaire américain de Saint-James, situé à deux pas de la frontière. Les cérémonies du 75e anniversaire du Débarquement du 6 juin 1944 se préparaient et un bataillon de tondeuses à gazon s'activait pour mettre le cimetière sur son trente-et-un. La pelouse ressemblait à de la moquette et de grands arbres vénérables, des érables et des chênes, faisaient de leur mieux pour offrir un peu d'ombre aux défunts. Il était difficile de ne pas se remettre en mémoire les premières images du film de Spielberg, *Il faut sauver le soldat Ryan*, quand, des années plus tard, accompagné de sa famille, ledit soldat devenu vieux (Matt Damon) cherchait parmi ces rangées de croix blanches alignées au cordeau la tombe du capitaine Miller (Tom Hanks) à qui il devait la vie sauve. Ici, à Saint-James, étaient enterrés sous une croix chrétienne ou une étoile de David quatre mille quatre cent dix jeunes gars venus de Californie, du Minnesota ou du Texas. Je notai quelques noms au hasard. Stanley L. Turner, West Virginia, James L. Durden, Georgia, Stanley B. Horowitz, New York s'étaient fait trouer la peau pour libérer un pays nommé la Bretagne dont ils n'avaient sans doute que vaguement entendu parler. Certains avaient perdu leur identité. On pouvait lire : *Here rests in honored glory, a comrade in arms, known but to god.* Au pied de quelques croix était parfois déposée une gerbe ou planté un petit drapeau étoilé. Mis à part les jardiniers, il y avait peu de monde. Je croisai un couple d'une quarantaine d'années qui me semblait typiquement US. Rondeurs, tatouages, blondeur. Ils faisaient comme moi, marchaient en silence entre les tombes, s'arrêtaient devant l'une d'entre elles, priant peut-être, parce qu'il n'y avait rien d'autre à faire que prier et se taire tant il était étrange et presque dérangeant de s'afficher en touriste dans un tel cimetière.

Un joli carillon sonna deux coups au clocher de la chapelle. Un type était en train de passer une couche de vernis sur la porte. À l'intérieur, de grandes cartes retraçaient l'histoire du Débarquement et de la libération de l'ouest de l'Europe. La bataille dans le bocage normand avait été particulièrement meurtrière et il fallut attendre la percée d'Avranches pour que les troupes du général Patton pénètrent en Bretagne à partir du 31 juillet 1944. C'est dans ce cimetière qu'on avait rassemblé les tombes de ceux qui étaient tombés à Mortain, à Saint-Malo, à Rennes, à Pontorson… Un écriteau signalait que le cimetière était ouvert toute l'année « *jusqu'*à la tombée du jour ». Derrière la chapelle, une statue de marbre blanc montrait un saint Michel à cheval enfonçant sa lance dans la bouche en feu du dragon. L'archange était presque nu, muscles saillants et regard dur, simplement vêtu d'une cape sur son épaule et coiffé d'un casque de cuir. L'inscription gravée sur le piédestal disait ceci :

« *I have fought a good fight*
I have finished my course
I have kept the faith »

Saint-Michel, chevalier de l'Apocalypse, général en chef de la milice céleste, terrassait les dragons et pesait les âmes au jour du Jugement dernier. Dans la hiérarchie chrétienne, il occupait le haut du pavé. C'était en quelque sorte le ministre de l'Intérieur du gouvernement de l'Au-delà, le préfet de police du Panthéon biblique, raison pour laquelle il fallait prendre le bonhomme au sérieux. Saint Michel n'était pas du genre à plaisanter quand il s'agissait de distinguer le Bien du Mal et de séparer le bon grain de l'ivraie. De Saint-James, j'ai pris la route de Pontorson puis me suis lancé plein gaz en direction du Mont, toujours en Normandie, car le Couesnon, dans sa folie, etc., etc., histoire connue. Grosso modo, je savais parfaitement à quoi m'attendre : des parkings hors de prix, des hordes de touristes chinois ou allemands, une omelette à quarante euros au restaurant de la mère Poulard, « *cuite au feu de bois comme autrefois, poêlée de champignons du moment en persillade* », des vendeurs d'authentiques bols bretons fabriqués à Shenzhen, avant de s'offrir une montée implacable vers le sommet à travers un dédale d'escaliers et de ruelles coupe-gorge infestées d'effluves de crème solaire. Je ne fus point déçu, mes attentes furent à la hauteur de mes espérances.

Depuis quand n'avais-je pas vu le Mont-Saint-Michel ? Vingt ans, trente ans ? Peut-être plus. Un vague souvenir d'enfance, une sortie scolaire, une escapade amoureuse aux bras d'une quelconque rouquine qui m'y aurait entraîné par l'autorité d'un battement de cils ne serait-ce que pour jouir d'une vue inoubliable sur la baie et s'accorder un baiser baveux tout aussi inoubliable sur le parvis de l'abbaye. Même pas. Je savais que j'y étais déjà allé au moins une fois mais j'étais incapable de me souvenir à quelle occasion. Pourtant le site m'apparut aussitôt familier. Je garai donc mon van sur le parking numéro 9, bien décidé à m'y rendre à pied plutôt qu'utiliser leurs promène-couillons et encore moins leurs calèches. Si j'avais été un vrai pèlerin, je m'y serais rendu pieds nus dans la vase, au risque de me faire enliser dans les sables mouvants mais je n'étais que vagabond alors j'ai choisi l'itinéraire de monsieur tout le monde avec toute l'humilité qui me sied depuis mon départ. Sur l'estran, des groupes d'écoliers frigorifiés prenaient une leçon d'observation de la nature.

Gustave Flaubert et Maxime Du Camp sont bien évidemment passés par là l'été 1847. Le Mont servait alors de prison mais aussi d'usine. On y fabriquait des toiles pour la navigation à voile. Les gardes-chiourmes avaient pris la place des moines. Les prisonniers quant à eux croupissaient dans des geôles forcément humides ou pire, dans les fameuses cages de fer du cruel roi Louis XI qui, en vérité, étaient en bois et servaient le plus souvent de mitard. Début XIXe siècle, Napoléon Bonaparte donne l'ordre d'en faire un bagne pour les condamnés aux travaux forcés. Pas facile en effet de s'évader d'une telle forteresse. L'église abbatiale et les bâtiments monacaux sont transformés en ateliers de tissage ou de filature. Flaubert est surpris par le tintamarre des métiers à tisser. Jusqu'en 1863, le Mont-Saint-Michel servira de pénitencier pour les droits communs mais aussi les opposants politiques d'obédience révolutionnaire, les plus célèbres étant Auguste Blanqui, Armand Barbès et François Raspail que les Parisiens qui aiment flâner sur les grands boulevards connaissent bien. Les conditions de détention étaient lamentables. Fouilles incessantes, nourritures infectes, absence d'hygiène et de lumière sinon par une étroite meurtrière, interdiction de communiquer, humidité, cachots envahis de parasites (rats, poux, cafards...) Flaubert, qui visite la prison en touriste repu, n'oubliant pas de donner la petite pièce au garde-chiourme, s'émeut à la vue d'un bagnard aveugle. « *Dieu l'empêche de voir et les hommes lui défendent de parler* ». Au total, plus de 15 000 détenus sont passés par les geôles de la Merveille. Depuis, les anciennes cellules ont été transformées en musées prétendument historiques que je n'avais aucune envie de visiter tellement ça suintait l'arnaque, non seulement concernant le prix (9 €) mais aussi le contenu. Deux armures, quelques instruments de torture particulièrement sophistiqués pour les adeptes du sadomasochisme et des vidéos mille fois vues. Tout le monde le savait, ce qui n'empêchait pas qu'un million et demi de visiteurs venus du monde entier grimpaient tous les ans les escaliers du Mont. Parmi eux, il n'était pas difficile de trouver quelques pigeons. Tout était cher et pas seulement l'omelette de la mère Poulard. La moindre crêpe au Nutella sentait l'attrape-nigaud. Bien sûr, j'étais du troupeau. Je bêlais, je chevrotais, je meuglais dans la montée vers l'abbaye au milieu des brebis, des moutons et des veaux qui braillaient en chinois, en anglais ou en serbo-croate tout en pestant contre tous ces veaux, ces brebis et ces moutons dont je faisais bien sûr partie.

Il m'a fallu arriver en haut, sur l'esplanade qui domine la baie, pour enfin me dire en aparté, le souffle coupé et les jambes flageolantes : ah, oui, quand même... ! Quand même ! Le reste, vous le trouverez dans tous les guides. Le cloître, l'église abbatiale, la salle des hôtes, la crypte des Gros piliers, la chapelle Notre-Dame du Mont-Tombe, la crypte Saint-Martin, le promenoir des moines, aucune envie et nul courage d'en faire la moindre description. C'est magnifique, bien sûr, prodigieux, inouï, tout ce qu'on voudra, mais je préfère laisser la besogne à notre vieux pote Victor Hugo qui, dans une lettre à sa fille Adèle en fait une description bien plus amusante que je ne pourrai jamais le faire. « *J'étais hier au Mont-Saint-Michel. Ici, il faudrait entasser les superlatifs d'admiration, comme les hommes ont entassé les édifices sur les rochers et comme la nature a entassé les rochers sur les édifices. Mais j'aime mieux commencer platement par te dire, mon Adèle, que j'y ai fait un affreux déjeuner. Une vieille aubergiste bistre a trouvé moyen de me faire manger du poisson pourri au milieu de la mer. Et puis, comme on est sur la lisière de la Bretagne et de la Normandie, la malpropreté y est horrible, composée qu'elle est de la crasse normande et de la saleté bretonne qui se superposent à ce précieux point d'intersection. Croisement des races ou des crasses, comme tu voudras* ».

Toujours très galant avec la province, le père Hugo. Pour ma part, j'avais le cul entre deux chaises, comme tout le monde, je suppose. Il était difficile de ne pas rester insensible face à ce délire architectural construit sur plus de mille ans comme il était quasiment impossible de ne pas s'irriter des dégâts et des corruptions provoqués par le tourisme de masse. J'avais envie de m'enfuir à toutes jambes alors qu'il m'était impossible de quitter les lieux. L'horizon me happait, les pierres ancestrales m'aimantaient. Je m'adressais à un guide portant un gros trousseau de clés qui m'aurait renseigné pour accéder à la chapelle de Notre-Dame-sous-Terre, au cœur du rocher, à la genèse de l'abbaye mais les visites n'étaient autorisées que sous certaines conditions et qu'en de très rares occasions. Un rien frustré, je suis sorti de l'abbaye avec ce sentiment un peu amer de n'avoir fait que l'effleurer.

J'étais à peine dehors qu'une brutale envie de glace à la pistache me titilla le palais au moment même où je passai devant un marchand, comme quoi j'étais aussi con que les autres et pas moins grégaire. J'étais prêt à payer le prix qu'il fallait et le commerçant était également tout enclin à l'encaisser. Quand enfin je crus me trouver sur les remparts un coin suffisamment peinard pour jouir en solitaire de la vue sur la baie et de mon cornet vanille-pistache, quatre militaires à peine sortis de l'adolescence mais armés jusqu'aux dents vinrent me planter leur pistolet-mitrailleur sous le nez. D'accord, le plan Vigipirate était toujours en vigueur et les récents événements n'incitaient pas à la sérénité, d'accord ils n'étaient venus se réfugier ici que le temps de se griller une petite cibiche en toute impunité mais pour moi, c'en était trop. J'ai fini ma glace en deux secondes et demie et, frayant mon chemin à travers la « *multitude accablante* », comme dit Brassens, et les présentoirs de cartes postales, j'ai rejoint le van au parking n° 9. Ma carte de crédit fut aussitôt délestée de quatorze euros par une sorte de broyeuse électronique. Je ne rêvais pas, le ticket en faisait foi. J'étais resté disons trois petites heures maximum au Mont-Saint-Michel et j'avais payé quatorze euros, vous avez bien lu, quatorze euros. Enfin, quoi, merde ! À ce tarif, ce n'était plus de l'arnaque, c'était de l'escroquerie. J'ai traversé le Couesnon sans attendre la monnaie de ma pièce et je suis revenu dare-dare en Bretagne.

Une des premières paroisses plantées au milieu des polders s'appelait Roz-sur-Couesnon même si ça faisait belle lurette que le fleuve avait été détourné et canalisé bien plus à l'est, c'est-à-dire vers le Mont, au moment où l'assèchement des marais avait bouleversé toute la topographie environnante. En tout cas, il y avait en bordure de la N 797 un camping nommé Les Couesnons qui me paraissait fort sympathique et qui l'était en réalité. Quelques retraités néerlandais ou allemands vautrés sur des chaises pliantes devant une bière et une grille de mots fléchés attendaient placidement l'heure de la soupe. Je fis comme eux, à ceci près que c'est un verre de vin rouge que je m'octroyai royalement, ce qui était la moindre des choses après l'éprouvante visite que je venais de me farcir. Quelques moineaux téméraires s'approchèrent de mon campement pour essayer de glaner quelques miettes de chips tombées de mon paquet. Lorsque j'étais en vadrouille, je me laissai un peu aller question hygiène de vie, mettant en parenthèse les recommandations élémentaires de l'OMS, de mon cardiologue et de ma bien-aimée. Les chips et les cacahuètes étaient mon lot quotidien, les boîtes de conserve industrielles ma pitance habituelle et le vin rouge accompagné d'un ou deux carrés de chocolat noir, 80 % de cacao minimum, constituait ma suprême récompense. Je ne culpabilisais pas pour autant et tiens, pendant qu'on y était, un petit cigare ne m'aurait pas déplu mais comme nul débit de tabac ne pointait le bout de sa carotte à l'horizon, je me contentai une fois de plus de mon vaporetto qui n'était qu'un ersatz, un pitoyable pis-aller pour fumeur repenti. La vapeur d'eau qui s'échappait de ma bouche était bien fadasse en comparaison avec l'ocre fumée épaisse de mes cigarillos d'antan.

Le camping était situé juste à l'orée d'un immense territoire peu à peu conquis sur l'océan depuis les grands travaux d'assèchement coordonnés par les moines au Moyen Âge. Des digues avaient été levées au XIXe siècle et des polders aménagés. Le paysage était plat, bien sûr, mais il était ici plus question d'horizontalité que de platitude. Les champs étaient dessinés en lanières. La terre mélangée au sable était très claire et l'ensemble dessinait un fabuleux patchwork de cultures diverses, légumes et céréales. Plus loin, sur les herbus de la schorre, broutaient des troupeaux de moutons – les fameux prés salés – alors que se dessinait à l'horizon la silhouette triangulaire du Mont-Saint-Michel. Je marchai à la tombée du jour le long de ces parcelles tirées au cordeau et sur la crête des digues hérissées de haies de hêtres. À cette heure crépusculaire, absolument personne ne s'était risqué dans les parages, ce qui enrubannait ma promenade d'une atmosphère curieuse, presque irréelle. C'était jouissif. Alors que je m'avançai vers la baie, une biche jaillissant soudain d'un champ de blé vert traversa l'étroit chemin de terre sur lequel j'avançai avant de disparaître la seconde suivante derrière un bosquet. Ce fut comme une apparition, aurait écrit Flaubert. Non, c'était juste un petit cadeau que la vie nous réserve de temps en temps, avec un peu trop de parcimonie, hélas, et de plus en plus rarement. On ne voyait presque plus de hérissons écrasés sur le bitume, on avait remarqué depuis un bon moment que nos pare-brise n'étaient plus comme avant constellés d'insectes écrasés, tout le monde le savait désormais, les espèces animales et végétales disparaissaient les unes après les autres à la vitesse grand V alors oui, lorsqu'on avait la chance de croiser une biche au détour d'une promenade à la tombée du jour, oui, on pouvait raisonnablement se dire que tout n'était pas perdu. Pas encore. Pas déjà.

Un soleil en sandwich

Trente-cinquième jour

Roz-sur-Couesnon – Saint-Malo

Ce matin-là, monsieur ou madame météo s'était décarcassé la cervelle pour nous pondre à son bulletin un titre hors du commun et je l'en félicitai vivement. C'est en voiture que je refis le même trajet à travers le damier des polders, puis à pied, un peu plus à l'ouest, autour de l'adorable chapelle Sainte-Anne et de la digue du même nom. J'aimais bien ce pays. Tout n'était que dunes, marais, polders, dunes encore, vasières, herbus et bancs de sable. Tout semblait doux au toucher, presque sensuel. Le vent restait frisquet et les agneaux n'en menaient pas large. Peut-être devinaient-ils déjà qu'ils allaient passer un jour ou l'autre à la casserole avant d'être servis dans un restaurant hors de prix du Mont-Saint-Michel en tant qu'appellation dûment contrôlée, car telle était leur triste destinée et j'imagine qu'ils n'étaient pas dupes. Les villages étaient rares mais joliment entretenus, les chaumières retapées en chambres d'hôtes et les cultures bichonnées comme des jardins de curés. C'était ça, les polders : un potager pour géants. Je suivais maintenant la côte le long de la D 797 jusqu'au Vivier-sur-Mer. La plage longeant la baie semblait infinie. On y pratiquait le char à voile et toutes sortes d'activités nautiques. On y cultivait également la moule de bouchot. Le Vivier affichait non sans fierté à l'entrée du bourg une immense pancarte affirmant haut et fort être le premier port mytiliculteur du pays avec une production de plus de 10 000 tonnes par an. D'ailleurs, une Maison de la Baie abritait sur le port un lieu d'exposition et de valorisation du patrimoine. On y apprenait par exemple que les herbus couvraient 4 000 hectares, que les moules filtraient dix litres d'eau à l'heure pour avaler leur dose de diatonées (petites algues unicellulaires), qu'il y avait au large de la chapelle Sainte-Anne le banc des Hermelles, un ver marin responsable de la plus grande construction animale de toute l'Europe, une sorte de barrière de corail à la mode de chez nous, et que par décret royal signé en 1544, François Ier rattacha les rivages de la mer à la couronne de France, autrement dit le bord de mer allait désormais appartenir de manière inaliénable au domaine public, c'est-à-dire à nous tous, chose que nombre de propriétaires actuels ne semblent toujours pas avoir compris et ce, malgré le rappel de la loi Littoral de 1976. Passons. Incontestablement, je suis sorti de cette Maison de la Baie beaucoup plus instruit que je n'y étais entré.

Nous étions au cœur du plus petit évêché de Bretagne, celui de Dol, fondé en 555 par le roi Judual dont je n'avais jamais entendu parler, et placé sous la bénédiction de Samson, l'un de nos saints fondateurs, venu comme il se doit du Pays de Galles après avoir traversé la Manche sur une auge de granit. Bien sûr, c'est une légende mais pas si fantaisiste qu'on veut bien le croire car, voyez-vous, les embarcations de ces émigrants venus des îles britanniques étaient faites de bois et de cuir, à la façon des *curraghs* irlandais, et lestées de pierre en fond de cale. Et forcément, ces pierres furent les derniers vestiges à subsister de la carcasse du navire, ce qui fait que les populations de l'époque, déjà pas bien finaudes, ont pu en effet imaginer cette hypothèse d'auge de pierre.

Revenons à Samson et à Dol ou plus exactement au Mont-Dol qui se trouve à quatre kilomètres au sud du Vivier. C'est la seule butte (65 mètres) qu'on peut apercevoir à des kilomètres à la ronde, mis à part bien sûr le Mont-Saint-Michel et son petit voisin le rocher de Tombelaine. Au sommet de la butte, se dressent un moulin à vent, une chapelle (Notre-Dame-d'Espérance) ayant servi jadis de télégraphe et une tour de 60 marches surmontée d'une statue de la Vierge et du petit Jésus. D'en haut, on domine au nord les marais blancs, domaine du sable, et au sud les marais noirs, domaine des tourbières. À l'horizon, bien entendu, la baie ainsi que le Mont qui paraît maintenant tout riquiqui.

Cette colline était jadis une île et un lieu de culte antique, druidique aussi bien, en l'honneur du Dieu Soleil, ce qui explique sans doute que saint Michel et Satan se font foutus sur la gueule et que l'archange s'en est tiré une fois de plus haut la main, preuve en est les stries creusées dans ce gros rocher au bord de la falaise où le diable a planté ses griffes pour se retenir à la paroi avant d'être précipité dans le vide. Tout le monde, du moins j'espère, aura deviné que ce combat illustrait de manière édifiante la lutte épique des bons Chrétiens contre ces rustres Païens qui ignoraient tout des Saintes Écritures et qui d'ailleurs ne savaient même pas lire. C'était un bel endroit. Dans un étang qui, dit-on, ne se tarissait jamais, une colonie de grenouille croassait comme à l'appel du rut. Un peu plus bas, se situait le bourg et l'église paroissiale, chouette petite bâtisse du XIIe siècle où avaient été restaurées de très anciennes fresques dont certaines rappelaient celles de l'Enfer de Kernascléden. Un panneau explicatif nous donnait des précisions sur une scène difficilement visible : « *Sous la roue, une jeune femme aux longs cheveux dénoués, à quatre pattes, est chevauchée par un démon qui lui fouaille les reins d'une trique garnie de piquants tandis qu'un petit monstre rampant et ailé lui mord le bras* ». Je me suis demandé un moment s'il s'agissait d'une évocation biblique ou d'un paragraphe pioché dans les œuvres du Marquis de Sade.

Dehors, un café avait ouvert sa terrasse. C'était l'heure de mon petit café matinal, un café normal accompagné d'une mini-galette pur beurre pour un prix raisonnable, 1 €, pas un centime de plus, que je dégustais peinard, sans un seul touriste autour, sans musée pseudo-historique dans les environs, sans Chinois ni Hollandais ni Parisiens, avec en prime le sourire délicieux d'une jolie barmaid aux yeux verts que j'aurais, moi aussi, volontiers « fouaillé » en tout bien tout honneur si j'avais eu la chance d'être le Diable en personne. Oui, le Mont-Dol valait bien le Mont-Saint-Michel.

À deux kilomètres au sud se trouvait la ville de Dol-de-Bretagne, capitale de l'ancien diocèse, aujourd'hui tranquille cité d'un peu plus de 5 000 âmes. « *Une ville à taille humaine qui a tout d'une grande* », proclamait sans rire le slogan municipal. Admettons. Notre bon souverain et père de la Nation, Nominoë fut sacré en 848 dans l'abbaye fondée par Samson. Il affranchit par la même occasion les évêques bretons de la tutelle de Rome et des Francs et Dol devint la métropole religieuse du pays jusqu'en 1790. La cathédrale fut construite vers 1225, alors que Dol se trouvait encore au bord de la mer, et juste en face se trouvait, s'il vous plaît, le CathédralOscope. Ce nom, tartignole à souhait, faisait un peu frémir et je me demandai une fois de plus dans quel traquenard j'allais encore tomber. Mais trop bon, trop con, je payai sans renâcler 6,80 € un ticket qui me donnait le droit d'y jeter un coup d'œil. Contre toute attente, je fus très agréablement surpris. Ne soyons pas vaches, c'était vraiment un très beau lieu d'exposition, sans esbroufe et dans un réel souci de rigueur historique. On y apprenait des tas de choses passionnantes sur les métiers des bâtisseurs de cathédrales, sur les techniques de construction, sur les évolutions architecturales et sur la signification des différents symboles. C'était un musée ludique pour les petits qui pouvaient bâtir leur église avec quelques morceaux de bois et instructif pour les grands qui apprenaient qu'on avait utilisé plus de pierres à la construction de ces cathédrales que pour toutes les pyramides d'Égypte et ça, ça nous en bouchait un coin. Clou du spectacle, un film en 3D retraçait les différentes étapes de la construction de la cathédrale de Dol sur laquelle on avait en même temps une vue unique. Sans mentir, j'ai traîné plus d'une bonne heure à l'intérieur parce qu'en plus, le musée avait l'élégance d'ouvrir jusqu'à 13 heures. Après quoi, la visite de la cathédrale paraissait obligatoire, ne serait-ce que pour se recueillir devant les reliques de Samson et verser son obole dans la tirelire du petit ange qui baissait la tête en guise remerciement à chaque fois qu'une pièce tombait. J'adorais ça. J'aurais voulu le même à la maison.

De Dol, j'empruntai cette magnifique route côtière jusqu'à Cancale, fis une halte à Saint-Benoît-des-Ondes – quel joli nom ! – pour avaler un demi-melon et une barquette d'insipides carottes râpées tout en observant la mer qui dévoilait par couches horizontales et successives une palette de gris confus, de blancs pastel, de bleus turquoise et de bleus marine, et bien sûr de verts émeraude car tel était le nom donné à cette côte.

Je n'ai pas grand-chose à dire sur Cancale, la capitale de l'huître. Six bateaux de pêche étaient amarrés au port de la Houle et sur un front de mer de 500 mètres s'alignaient les uns après les autres des restaurants, des crêperies, des pizzerias, des glaciers, des bistrots et les habituels marchands de bols bretons ou de tricots Saint-James. C'était l'heure du déjeuner et on aurait dit que les gens, des retraités pour la plupart, ne venaient à Cancale que pour s'empiffrer, le plus souvent de fruits de mer qui débordaient des assiettes. Cancale était résolument une des capitales gastronomiques de la région. Olivier Roellinger, le chef étoilé, tenait une table célèbre non loin d'ici, à Saint-Méloir-des-Ondes et une boutique d'épices au centre-ville. Mes carottes râpées ne jouaient pas dans la même cour.

La pointe du Grouin ferme la vasque de la baie du Mont-Saint-Michel. On arrive à deviner au nord les îles Chausey puis, plus à l'est, la pointe de Granville. Le vent soufflait fort. En face, l'île des Landes, tout en longueur, et le phare de La Pierre-de-Herpin. Cet endroit est absolument magnifique et je regrettais déjà de ne plus avoir assez de temps pour en faire le tour à pied. Il y avait un peu de monde, c'est vrai, mais je ne pouvais pas exiger être seul à chaque fois qu'un paysage de la sorte s'ouvrait devant moi. Fallait savoir de temps en temps partager. Pour ceux qui venaient de s'offrir ce midi un plateau pantagruélique d'huîtres, d'araignées, de praires, de langoustines et de coquilles Saint-Jacques, c'était l'heure de la promenade digestive.

Impressionnante route que celle qui longe la côte de la pointe du Grouin jusqu'à Saint-Malo. Des plages, des pointes rocheuses, des criques, des falaises, des dunes, des anses et même, à Rotheneuf, des rochers sculptés par le fantasque abbé Fouéré qui passa une bonne dizaine d'années de sa vie à taquiner le granite de la falaise pour en faire jaillir une œuvre monumentale et dérisoire. Je m'arrêtai devant l'île où se trouvait le fort du Guesclin, encore lui, et qui fut dans les années soixante, à mon grand étonnement, la demeure de Léo Ferré. « *Loin de Paris et loin des cons* », disait-il. Certes, on imagine bien que le chanteur ne se serait pas contenté d'un pavillon de 110 mètres carrés au fond d'une impasse de la banlieue de Saint-Malo, mais bon, là, ça faisait un brin mégalo, non ? Un peu poète planqué dans sa tour d'ivoire, loin du regard du tout-venant. Un anarchiste exilé au paradis océanique. Mais on est tout disposé à lui pardonner ce caprice lorsqu'on apprend que c'est ici, sur ce bout d'île amarré au continent par une étroite langue de sable recouverte à marée haute, que Ferré composa l'une de ses plus belles chansons, *La mémoire et la mer* qui s'achève par ces vers un peu obscurs :

« C'est fini, la mer, c'est fini
Sur la plage, le sable bêle
Comme des moutons d'infini…
Quand la mer bergère m'appelle »

Je sortis de ma caisse pour faire quelques pas sur la plage du Guesclin. Les couples de vieux avançaient lentement sur le sentier en se tenant la main et je trouvai ça touchant. Les jeunes amoureux se prenaient par la taille et ça aussi, c'était plutôt mignon. Les goélands se bécotaient, les bigorneaux s'accouplaient, les chiens se flairaient le derrière et, bien planqués sous le sable, des micro-organismes copulaient en toute impunité. Il était temps, il était grand temps que je rejoigne ma blonde.

HUITIÈME ÉPISODE

Un peu frais, des averses

Trente-sixième jour
Saint-Malo

Il eut été préférable de titrer le bulletin du jour par « gros temps de merde », les choses en auraient gagné en clarté. Une tempête nommée Miguel avait fait des siennes la nuit précédente et il fallait être à moitié frappadingue pour reprendre la route dès le lendemain matin mais le Festival des Étonnants Voyageurs nous attendait. Ou ne nous attendait pas, selon l'angle où l'on se place. Ça faisait maintenant une bonne quinzaine d'années que je m'y rendais et je n'avais loupé que de rares éditions à tel point que le voyage à Saint-Malo devenait un rituel à chaque week-end de la Pentecôte, une sorte de pèlerinage aux livres. D'étonnants voyageurs étaient en effet passés par là et pas des moindres. Nicolas Bouvier, Jacques Lacarrière, Jim Harrison, Luis Sepulveda, Théodore Monod pour n'en citer que quelques-uns sur les doigts d'une main. Du beau monde, vraiment. Je m'étais contenté de les apercevoir derrière une file de gens qui patiemment attendaient une dédicace, un petit mot gentil, une photo-souvenir, une poignée de main, un sourire.

Saint-Malo était l'endroit idéal pour organiser ce genre de festival créé par Michel Le Bris et qui fêtait cette année-là sa vingt-neuvième édition. Les gens râlaient, parfois avec raison. L'entrée était trop chère, la fête trop éclatée, les parkings trop éloignés, les navettes introuvables, le café imbuvable, les queues interminables, les frites immangeables, le temps exécrable et je ne sais quoi. Bien sûr, pour moi qui avais le privilège d'avoir un joli badge d'écrivain gigotant sur mon torse comme un talisman, les choses s'avéraient plus faciles. Et puis, l'expérience aidant, je connaissais les petits coins où se garer sans trop de problèmes et pas trop loin des chapiteaux. Derrière l'église Notre-Dame-des-Grèves, par exemple où il m'était plusieurs fois arrivé de dormir, ce qui était plus sage car ça picolait pas mal derrière les stands. Les premières bouteilles de muscadet étaient débouchées vers les onze heures du matin, le reste suivait à un rythme raisonnable mais, disons… soutenu. Enfin, ça dépendait pour qui.

Le festival collait pile-poil avec ma dernière étape interrompue deux semaines auparavant à la périphérie de Saint-Malo qui méritait bien une sérieuse halte. D'après un sondage de plus qui n'engage que ceux qui les croient, Saint-Malo était le lieu le plus représentatif de Bretagne aux yeux des étrangers, c'est-à-dire, des « pas bretons ». La cité corsaire devançait haut la main la pointe du Raz et Belle-Île. Quimper n'avait plus qu'à se rhabiller. Quant à Brest, rares étaient ceux qui savaient où ça se trouvait. Saint-Malo restait La Mecque du tourisme breton, le numéro 1 des tops 10 qui pullulaient sur les réseaux sociaux. La ville avait été souvent chantée et notamment par Suzanne Marion, alias Suzy Solidor, une fille de Saint-Servan qui avait passé sa jeunesse au pied de la tour Solidor, d'où le pseudo, avant de faire une brillante carrière dans les cabarets et les music-halls parisiens. Sacrée bonne femme que cette Suzy. Ambulancière pendant la Première Guerre mondiale, icône sulfureuse des années folles, homosexuelle revendiquée à une époque où c'était plutôt compliqué, modèle des plus grands peintres de l'époque (« je suis plus à peindre qu'à blâmer », disait-elle avec humour) et audacieuse femme d'affaires dans le milieu du show-biz. En 1934, elle enregistre *Les filles de Saint-Malo* dont voici un petit couplet histoire de nous mettre l'eau à la bouche et les larmes aux yeux.

« Les filles de Saint-Malo
Ont les yeux couleur de l'eau
Qu'elles soient veuves ou pucelles
Où dans les lits clos, sans dire ouf
On chavire aux bras des belles
Comme au temps du grand Surcouf »

Soyons honnêtes, la rime avec Surcouf, fallait quand même la trouver, c'était pas gagné d'avance. Quant à Hugues Aufray, mon chanteur préféré quand j'étais môme, il entonnait *Je reviens* à chaque début de concert et les paroles me restent encore au travers de la mémoire.

« Droit devant, depuis vingt semaines
D'Amsterdam à l'île de Bornéo
J'ai souvent cru que l'orage
Finirait par avoir ma peau
Mais j'ai retrouvé courage
Et le chemin de Saint-Malo… »

La ville en effet s'ouvrait vers le grand large comme une fenêtre ouverte sur le champ des possibles et l'espérance vers tous les bouts du monde. Jacques Cartier, Robert Surcouf et François-René de Chateaubriand avaient ouvert les vannes. Bien sûr, tout ce folklore sentait le réchauffé à plein nez mais les clichés sont parfois rassurants et ça faisait toujours le bonheur des vendeurs de glaces et de cartes postales qui pullulaient intra-muros. À la fin de sa carrière, le grand Surcouf s'était recyclé dans la traite des Noirs, activité bien plus lucrative que de courser les navires anglais, son obésité en faisait foi, et ça, Saint-Malo ne s'en vantait pas trop d'autant plus que cet ignoble trafic était désormais devenu illégal mais pouvait-on faire confiance à une ville qui s'était trouvée la devise la plus tarte qui soit – « *Ni Breton, ni Français, Malouin suis* » – au motif qu'une république indépendante y fut proclamée pendant quelques mois en signe de rébellion contre le roi Henri IV. Saint-Malo était quand même une cité qui avait de la gueule et pas simplement pour son intra-muros. Détruite à 80 % pendant la guerre par des tonnes de bombes et reconstruite non à l'identique mais dans un style « historicisant », la ville close avait par bonheur gardé ses remparts. Au large se dressait l'île Cézembre, dernier bastion des Allemands à la fin de la guerre, là où les Américains avaient expérimenté les premières bombes au napalm. On s'était bien souvent canardé dans les parages et la région avait plus d'une fois payé son tribut à Dame la Guerre depuis le temps où les Coriosolites avaient fait d'Alet (ou Aleth) leur capitale. Quelques vestiges des murailles et d'une antique cathédrale carolingienne subsistaient pour nous raconter en quelques pierres la tragédie de l'histoire. Les Romains, les Saxons, les Francs et les Normands avaient fait du grabuge dans la région. Les habitants de la presqu'île, las d'être la proie des pillards, s'étaient réfugiés plus au nord, sur un site défensif où s'était établi quelques siècles auparavant le moine gallois Malo (Mac'h Law), où ils érigèrent de solides murailles derrière lesquelles était née une nouvelle ville.

Les rues étaient étroites, les immeubles cachaient la lumière, les pierres étaient sorties d'une même carrière et le vent qui jouait les courants d'air faisait trembler les présentoirs à cartes postales et bols en faïence de Quimper. Pour être tout à fait franc, je n'aurais pas voulu vivre à l'intérieur de ce labyrinthe et encore moins sur le sillon où, sur plusieurs kilomètres, était alignée devant la lieue de grève une rangée de villas cossues gardant pour la plupart les volets clos une grande partie de l'année. Bien sûr, du Fort National à la pointe de la Varde, la vue était spectaculaire, surtout lors des grandes marées, quand les vagues se déchaînent contre la jetée et que l'océan semble vouloir dévorer tout cru la ville. Les touristes viennent de loin pour le plaisir de se faire éclabousser leur ciré tout neuf et prendre des selfies tout aussi spectaculaires qui tournent en boucle sur les réseaux sociaux. Mais insidieusement, la ville close et le centre-ville se vidaient de leurs habitants au profit de locations de type Airbnb. La population intra-muros avait été divisée par six ces trente dernières années. Pas moins de 3 000 annonces étaient recensées sur l'agglomération. Les hôteliers faisaient la gueule. Résultat, les Malouins ne se sentaient plus chez eux (problèmes de stationnement, nuisances sonores…) et finissaient par mettre les voiles, eux aussi, ce qui avait pour effet de laisser des logements vacants dont profitaient aussitôt les loueurs. Cercle parfaitement vicieux, ce phénomène était maintenant bien connu, à Venise comme à Barcelone. La ville close risquait à son tour de connaître le même sort que le Mont-Saint-Michel.

Pour l'heure, point de grandes marées. La tempête de la veille avait poursuivi sa course vers l'est et on espérait même quelques éclaircies. Tandis que Pénélope (qui m'avait accompagné) courait les conférences et les rencontres avec les écrivains, je passai la journée derrière ma pile de livres dont la hauteur ne diminuait qu'avec une infinie lenteur mais mes compagnons au stand de l'Union des éditeurs de voyage indépendants étaient des amis, en conséquence de quoi la journée se passa fort agréablement. C'est bien connu, les écrivains se rendent aux salons du livre davantage pour revoir leurs collègues auteurs ou éditeurs que pour y rencontrer leurs lecteurs. Et quand un écrivain rencontre un autre écrivain, de quoi causent-ils ? Ils parlent pognon, comme d'habitude. Le public s'imagine peut-être que dans les coulisses des salons du livre, il n'est question que de Littérature avec un grand L, de combat acharné pour la lecture – notamment chez les jeunes, n'oublions surtout pas les jeunes ! – pour la défense des petits libraires indépendants, pour le respect de la concordance des temps et de l'imparfait du subjonctif… Foutaises ! Je vais vous le dire, moi, de quoi ça cause à la buvette du salon du livre des Étonnants Voyageurs. Ça cause pognon, ça ne cause que de pognon ! Ça chipote sur la diffusion, ça râle contre la distribution, ça pleurniche sur les droits d'auteur, ça chicane, ça ne cesse de geindre, ça se plaint systématiquement des éditeurs, ça n'hésite pas à cracher dans la soupe de ce même salon, trop snob et parisien pour les uns, pas assez breton pour les autres, et surtout ça casse du sucre à qui mieux mieux sur tel ou tel confrère dès qu'il a le dos tourné. Des mesquineries, ma pauvre dame, des jalousies, des frustrations… En vérité je vous le dis, l'univers du livre est une foire d'empoigne auprès duquel le monde du football, par exemple, ressemble à un havre d'harmonie et de fraternité. Oui bon, d'accord, j'exagère un peu mais à peine.

Le soir, toute l'équipe se retrouva pour prendre l'apéritif aux Docks, un bistrot-restaurant du quai Duguay-Trouin qui n'avait visiblement pas lésiné sur la décoration. C'était vraiment très classe, original et de bon goût, je ne plaisante pas, à ceci près qu'une demi-douzaine de grands écrans étaient accrochés aux murs de manière à ce qu'il soit quasiment impossible de ne pas les voir. Ça devenait de pire en pire et c'était partout pareil. De fait, alors que nous devisions belles lettres entre honnêtes gens de bonne compagnie, l'équipe de France de football se faisait mettre une raclée bien méritée par la Turquie. Seule échappatoire, les délicieux dessins que la barmaid s'était fait tatouer un peu partout sur ses bras, son torse et ses jambes à moitié nues. Mbappé et Griezmann n'avaient qu'à se rhabiller.

Averses et fraîcheur
Trente-septième jour
Saint-Malo – La Richardais

Nous avions, si je m'en souviens bien, passé une excellente nuit sur le parking derrière l'église Notre-Dame-des-Grèves, face à l'école maternelle Daniel Gelin ainsi baptisée parce que l'acteur avait passé sa jeunesse à Saint-Malo, et près du collège Chateaubriand, illustre auteur dont nous reparlerons sans tarder. Nous n'étions pas les seuls à avoir eu la lumineuse idée de nous garer ici. La grande question lorsqu'on dort au cœur de la ville, c'est celle du pipi matinal, surtout pour les filles. Je rappelle que mon van n'est pas un camping-car, contrairement aux autres squatteurs du parking, et par conséquent n'offre pas de sanitaires dignes de ce nom. Or, il se trouve que derrière le muret qui délimitait l'enclos se trouvait un modeste buisson contre lequel on pouvait jouir d'une intimité qui restait toutefois très relative mais à la guerre comme à la guerre, tandis que l'une s'accroupissait, l'autre faisait le guet. Ainsi va la vie des vagabonds. Ainsi sont les bancs des mal-assis.

J'avais prévenu Pénélope : la balade matinale sur les remparts de la ville close n'était pas négociable. Tous les ans, je me soumettais à cet exercice qui était loin d'être la chose la plus désagréable au monde. Quel que soit l'endroit où l'on se trouvât, il y avait toujours quelque chose à voir. D'un côté les rues, les façades et les toits des immeubles, de l'autre, les îles, le large et les ferries en partance pour l'Angleterre. Le tour de la ville close méritait bien de perdre une petite heure à pied, ne serait-ce que pour rendre une petite visite à François-René de Chateaubriand. Je n'avais quasiment rien lu du père autoproclamé du romantisme, sinon quelques extraits piochés vite fait dans le *Lagarde & Michard* la veille du bac de français. C'était une lacune, sans doute, et presque une honte pour l'écrivain que je me targuais d'être mais force était de constater que ça me barbait et que ça me barbe encore. Et puis l'homme en lui-même ne me paraissait pas très recommandable. Catholique à la limite de l'intégrisme, royaliste ultra-conservateur, il avait fait de sa mélancolie et de son égocentrisme un juteux petit commerce, c'est du moins ce que je pensais, ignorant que le personnage était bien plus complexe. Il avait clairement compris qu'il vivait à la charnière de deux époques et que la vieille noblesse dont il faisait partie avait pris un sacré coup dans l'aile.

Adolescent, la lecture des bouquins de Jack Kerouac ou de Boris Vian était quand même plus excitante mais hélas, ils n'étaient pas au programme. Chateaubriand, donc, le plus illustre des écrivains bretons, était natif de la cité corsaire. Son père, un vieil aristocrate en déconfiture, traficotait également dans la traite des Noirs. Le 4 septembre 1768, sa mère lui *« infligea »* (sic) la vie par une nuit de tempête si furieuse que ses cris de nouveau-né se perdirent dans le fracas des vagues s'écrasant contre les rochers. Et si c'est pas du romantisme, ça, mon gars, je te demande bien ce que c'est. Une dizaine d'années avant sa mort, dont il ne savait bien évidemment pas l'heure, il décida de s'édifier un tombeau sur l'île du Grand Bé accessible à marée basse depuis la sympathique plage du Bon Secours. Une tombe un peu mastoc surmontée d'une croix grossière tournée vers le large domine la falaise. Pas de nom, pas de dates, mais cette inscription : « *Un grand écrivain français a voulu reposer ici pour n'y entendre que la mer et le vent.* » Un panonceau informe le passant que le grand écrivain en question s'appelle François-René de Chateaubriand et lui demande de respecter sa volonté de silence. En règle générale, le passant respecte. À cette heure-là, la marée était haute et donc il nous était impossible d'aller déposer notre petit brin de bruyère mais je me fis le serment de replonger dès mon retour dans le *Lagarde & Michard* du XIXe siècle, respectueusement conservé sur mes étagères depuis toutes ces années.

En fin d'après-midi, on a eu envie de quitter Saint-Malo et son festival des Étonnants Voyageurs. Trop de monde, trop de livres, trop d'écrivains, trop de lecteurs, trop de bruit. Et trop de pluie : « ça se prétend station balnéaire et c'est même pas fichu d'avoir le soleil » pestait Pénélope alors que je garai le van sur un parking face à la grand plage de Dinard, au pied de la statue d'Alfred Hitchcock qui, contrairement à une légende tenace, n'est jamais venu de sa vie dans cette ville. Pourtant, certaines villas du bord de mer auraient parfaitement convenu comme décor pour l'un de ses films, à commencer par *Psychose*, de même qu'auraient été parfaites en figurantes les vieilles dames pomponnées comme des arbres de Noël qui s'esquintaient la vue devant les machines à sous du casino où nous avions décidé de nous offrir un apéritif. On s'est installés à une table avec vue sur la baie pour se voir servir un verre de vin blanc par une barmaid qui semblait un rien désabusée, peut-être par la pénibilité de son métier, peut-être par toutes ces têtes aux yeux exorbités devant les écrans, ou peut-être tout simplement par la pluie qui, comme l'avait si bien écrit Pierre Loti, « *jet(ait) un suaire sur son imagination* ». Nous-mêmes n'étions point en liesse mais le chardonnay était buvable quoiqu'un peu onéreux et les toilettes, pardon, mais les toilettes du casino de Dinard, c'est quelque chose qu'il faut voir dans sa vie avant de mourir.

On avait l'impression d'arriver à Dinard avec un siècle de retard ou plutôt c'est la station de Dinard qui s'était figée aux alentours des années vingt, dites de la Belle époque. Des aristocrates britanniques avaient repéré les parages dès la seconde moitié du XIXe siècle, et commencèrent à y bâtir des villas cossues, des hôtels, des châteaux ainsi qu'un temple protestant comme il se doit. Beaucoup de ces villas étaient encore debout, certaines à l'instar de la villa des Roches Brunes valorisées en Monuments historiques. Par beau temps, la vue était bien évidemment aussi superbe qu'imprenable et je ne vois pas en quel honneur les riches n'auraient pas eu le droit, eux aussi, à leur havre de paix, leur petit nid d'amour, leur Sam'suffit. Soyons sérieux, ils n'allaient quand même pas s'installer à Peumerit-Quintin, à Guipavas ou à Kergrist-Moëlou.

Ce qui n'était qu'un petit port de misérables pêcheurs et une grève ingrate ne servant qu'à ramasser quelques brassées de goémon allait bientôt devenir une station à la mode plutôt huppée. Les bains de mer étaient réputés pour leurs vertus thérapeutiques et les élégantes se changeaient dans les cabines pour s'affubler de ridicules combinaisons à rayures qui tenaient plus du babygros que du maillot de bain et que mataient sans vergogne Albert Ier, le roi des Belges, ou Winston Churchill venus ici en toute discrétion pour s'enfiler une rasade d'iode avant le whisky du quatre-heures. Toujours dans les années vingt, Pablo Picasso séjourna plusieurs étés avec sa femme Olga à Dinard. C'est de cette époque que date sa célèbre série des baigneuses – *Baigneuses jouant au ballon, Baigneuse ouvrant une cabine, Baigneuses sur la plage…* – et de mauvaises langues prétendent que c'est dans l'une des cabines de la plage de L'écluse que le peintre troussait allègrement Marie-Thérèse Walter, sa jeune maîtresse alors encore mineure. La réputation de la station n'avait cessé d'attirer les curieux qui, à chaque début d'automne et depuis une trentaine d'années, guettaient les stars à l'occasion du Festival du Film britannique, tout récemment rebaptisé *Dinard Film Festival*, ce qui, je vous l'accorde, fait autrement plus classe.

Ce jour-là, personne n'osa risquer un orteil dans l'eau. Bien que nous fûmes samedi, la plage était aussi déserte que dans une rengaine chantée par Brigitte Bardot. Une promenade aménagée longeait le littoral jusqu'à la plage de Saint-Enogat mais les bourrasques de vent et les assauts de la pluie nous contraignirent à faire demi-tour pour nous réfugier dans un restaurant du port qui proposait des moules minuscules et des frites à peine cuites. Haussant les épaules avec fatalisme, je me suis permis de chantonner ce vieil air d'opérette :

« C'est la vie de bohème
La vie sans façon,
La vie que l'on aime
La vie de pata… patachon ! »

De toute évidence, Pénélope n'a pas trouvé ça très drôle.

NEUVIÈME ÉPISODE

Petit exercice d'été anticipé

Trente-huitième jour
Port Saint-Jean – Saint-Aubin du Cormier

Il y a maintenant quelques années, j'avais écrit ce qui suit dans mon journal de bord :

« Il fallait que je parte, que je quitte à tout prix cette maison et ce maudit ordinateur, et ces trois jours de fugue m'ont été, je crois, bénéfiques. Il fallait que je me trouve un endroit qui ne m'évoque personne, pas trop loin, si possible, ce que j'ai fini par dégoter du côté de la côte d'Émeraude et de la Rance. Il fallait que je sois seul pour de bon, en tête à tête avec mon ombre. Il me fallait entrer en convalescence (tiens ! Convalescence : un super titre pour un roman, non ?) Peut-être avais-je aussi besoin de me faire mal, ce qui a été également réussi après mon raid autour du bassin de la Rance, oui, j'ai bien dit mon raid, une grande boucle de 50 km en une seule journée de onze heures effectives de marche. Un record absolu. Un exploit, ne chipotons pas sur les mots. L'idée du départ n'était pas de réaliser une performance mais j'ai mal présumé de la longueur du circuit qui n'en finissait pas de faire des zigzags autour des anses. Bien entendu, je suis aujourd'hui passablement cassé. Des ampoules aux pieds et des courbatures un peu partout mais c'est bien la preuve que je ne suis pas encore à ranger au placard. J'ai passé les dix derniers kilomètres à me

demander quelle serait la priorité à mon arrivée, si toutefois j'arrivais à regagner le camping : une douche ou une bière ? Laquelle des deux était la plus urgente, la plus vitale ? »

À vrai dire, je ne me souviens plus si j'avais choisi la bière ou la douche. J'avais dormi cette nuit-là au Minihic-sur-Rance, dans un petit camping situé sur la rive gauche du fleuve que je regardais en suçotant béatement mon verre de vin rouge et quand la bouteille fut vide, nul doute que je me suis écrasé sur le matelas de mon van comme un vieux châtaignier vaincu par l'ouragan. Suite à l'indélicatesse d'une amoureuse, je traversais une période de ma vie un peu délicate et la randonnée fut une fois de plus la meilleure façon de me soigner ou au moins de me changer les idées. Dans ce cas, les courbatures et les ampoules n'étaient que menues monnaies à payer au tribut de ladite convalescence au titre des dommages collatéraux ou des effets indésirables.

Des millions de mètres cubes d'eau avaient depuis coulé sous le pont Saint-Hubert auprès duquel je me garai en ce beau matin du 17 juin. « *Soleil à la saint Hervé présage un bel été* », dit le proverbe, ce qui nous annonçait des jours meilleurs à venir. La Rance, un nom si moche pour une si belle rivière. D'ailleurs, dans ce département, on était en droit de s'étonner du chic qu'ils avaient pour trouver des noms aussi peu ragoûtants pour baptiser leurs rivières – La Vilaine, la Seiche, la Rance, la Meu… – à croire qu'ils le faisaient exprès. En guise de décrassage, je marchai trois quarts d'heure sur la rive droite à travers bois en passant sous les ponts et les lignes à haute tension. Saint-Suliac ne se trouvant qu'à quelques kilomètres au nord, il eût été dommage de ne pas y faire une petite halte, ne serait-ce que pour se fendre d'une petite prière à Suliac, fils d'un roi gallois, fondateur du monastère au VIe siècle et plutôt taquin, à en croire la légende. Des ânes avaient détruit ses vignes. Qu'à cela ne tienne, le bon Suliac, en guise de châtiment, leur mit la tête à la place de la queue et donc, la queue à la place de la tête, ce qui devait être particulièrement tordant à voir mais hélas, je ne vis nul âne dans les parages. C'était une très vieille église, bien sûr plusieurs fois remaniée mais un portail datait du XIe siècle et les murs de l'enclos du XIIIe. Autour subsistaient plusieurs antiques tombes et à l'intérieur se trouvait le couvercle de pierre du sarcophage où fut inhumé le saint homme. Ce petit village de terre-neuvas était devenu comme un peu partout dans le secteur un lieu de villégiature pour des gens plutôt friqués, pas démesurément riches mais disons, suffisamment aisés pour ne pas tomber à la renverse à chaque fois qu'ils passaient devant les vitrines des agences immobilières. Les rues pavées dégoulinaient élégamment vers la rive et des roses trémières se dressaient toutes fières le long des façades des chaumières tout aussi élégamment rénovées. J'avisai sur les quais une sorte de caravane qui faisait office de bistrot, d'où le nom de l'enseigne La Petite Guinguette, et devant laquelle était installée une terrasse qui ne semblait n'attendre que moi. Derrière le comptoir, sur une petite ardoise, était affichée cette maxime :

« Un con qui marche va plus vite qu'un intellectuel assis »

Tout en sirotant mon expresso dans un gobelet en carton présenté avec son petit bâtonnet en bois, je me suis demandé si un intellectuel de mon espèce capable de se farcir 50 kilomètres en une seule journée marchait plus vite qu'un con resté toute la journée assis sur son cul et j'en ai conclu que oui mais ça ne m'a pas avancé beaucoup. Me restait à mater les passantes et les passants, des couples de retraités, pour la plupart, des Anglais, des Allemands, des Rennais aussi bien. Dans 94,7 % des cas, c'était l'homme qui détenait l'appareil photo et la femme qui avait le guide en main et je me demandais pourquoi, oui, pourquoi ? Et pourquoi la majorité des Anglais optaient pour les baskets alors que les Allemands privilégiaient les sandales avec chaussettes. Et pourquoi certaines femmes portaient des soutiens-gorge et d'autres non ? Et pourquoi les intellectuels sont-ils forcément l'antithèse du con alors que je pourrais citer en exemple de nombreux cas qui prouveraient le contraire ? Et pourquoi avait-on baptisé ce fleuve si beau, si délicat, si secret, d'un nom qui sonnait si mal. En breton, on disait *renk*, ce qui avait quand même davantage de gueule.

N'ayant obtenu aucune réponse à ce florilège de questions existentielles, je quittai Saint-Suliac et mis sans remords ni regrets le cap plein sud. Les petites villes que je traversai le long de la D 73 se ressemblaient toutes à peu de chose près sauf Le Tronchet, peut-être, car il y avait là une autre abbaye du XVIIe siècle, un golf et un hôtel quatre étoiles qui se targuait de faire partie du réseau « Relais Silence », preuve en était que même les moutons de la prairie avaient été remplacés par des statues de moutons qui, elles, ne bêlaient pas. Silence, en effet. Il y avait bien sûr un étang devant lequel on pouvait se garer, faire sa pause-croûte et pourquoi pas profiter de ce fameux silence pour s'offrir une petite sieste sur l'herbe fraîchement coupée.

Le château de Combourg n'ouvrait ses portes qu'à 14 heures. J'avais donc un peu de temps devant moi pour faire le tour de cette « Petite cité de caractère » qui, ma foi, exhibait quelques jolies façades. La demeure appartenait toujours aux descendants de l'illustre écrivain, c'est pourquoi les visites guidées étaient obligatoires et ne commençaient qu'à partir de 14 h 30. Les photos étaient interdites et le ticket d'entrée s'élevait à 8,70 €. En attendant, je fis le tour du parc parfaitement entretenu où notre ami François-René traînait sa mélancolie chronique à l'ombre de ces arbres vénérables (chênes, tilleuls, châtaigniers…) qui lui avaient survécu jusqu'à nos jours. Au bout d'une allée, une jeune prof d'EPS plutôt bien roulée entraînait une classe du collège Chateaubriand à quelques exercices de ballon auxquels n'adhéraient que très modérément les élèves.

En réalité, le jeune François-René n'y avait fait que quelques séjours estivaux excepté deux années pleines (1784-1786) où il avait vécu une partie de son adolescence. C'était un château du Moyen Âge qui ressemblait exactement à l'idée qu'on se fait d'un château médiéval, comme si les jeux de construction pour mômes avaient tous pris Combourg pour modèle, encore qu'il manquait le pont-levis et les douves. Les quatre tours se dressaient majestueuses et trapues aux quatre coins de l'édifice et on pouvait imaginer sans grande difficulté de chouettes batailles ponctuées d'assauts féroces de mercenaires anglais recevant en pleine tronche de grosses marmites d'huile bouillante et c'était bien fait pour leur gueule, ses sagouins n'avaient qu'à rester chez eux. S'il faut en croire ses *Mémoires d'outre-tombe*, Chateaubriand y a vraiment vécu une enfance de merde. L'évocation qu'il en fait dans le livre III est délicieusement sinistre. Son père, François-Auguste, un armateur de Saint-Malo issu de basse noblesse mais enrichi dans le commerce colonial, la pêche à Terre-Neuve et la traite des Noirs comme on l'a déjà dit, régnait sur son domaine en tyran domestique, paranoïaque et menaçant. Le soir, il rôdait dans les couloirs obscurs, vêtu d'un ample manteau blanc et coiffé d'un grand bonnet qui lui donnait l'air d'un « *spectre* » ou, de façon anachronique, d'un haut responsable du Ku klux klan. Terrorisés, François-René et sa sœur Lucile tremblaient de tous leurs membres dès qu'ils sentaient approcher la silhouette du paternel avant qu'il daigne leur souhaiter bonne nuit. « *Le reste de la soirée,* écrit-il, *l'oreille n'était plus frappée que du bruit mesuré de ses pas, des soupirs de ma mère et des murmures du vent* ». Leur mère, parlons-en. Soumise d'entre les soumises, elle passait l'essentiel de son temps dans la petite chapelle à marmonner entre ses lèvres desséchées des prières adressées à Dieu seul sait qui. Dans de telles conditions, Chateaubriand avait le choix entre devenir dingue ou se contenter d'une carrière d'écrivain. Quant à sa sœur bien-aimée, Lucile, elle aussi poète, il est fort probable qu'elle se soit suicidée. « *Dans les fougères armoricaines, elle n'était qu'une solitaire avantagée de beauté, de génie et de malheur* » (livre III).

La guide, une femme qui connaissait le château comme sa poche, entraîna son bataillon de visiteurs d'une pièce à l'autre et par des escaliers étroits jusqu'en haut des remparts qui dominaient la ville de Combourg et ses alentours. La chambre de François-René était située au sommet d'une des tours, à l'autre bout des pièces de vie, et pour y accéder, il devait, de nuit, grimper seul ces sinistres escaliers et longer le chemin de ronde ouvert à tous vents. Son père tenait ainsi à lui forger le caractère, ce en quoi, à considérer son CV ultérieur, il avait entièrement réussi. Pour parachever le côté glauque de la visite, une momie de chat était exposée dans la chambre du jeune homme, rappelant la légende du château de Combourg hanté par une jambe de bois déambulant seule la nuit à travers les couloirs aux côtés d'un chat forcément noir. Or, nous précisa la guide, il était coutume d'emmurer des chats vivants lors de la construction de maisons ou d'édifices, dans le seul but de chasser le diable. Encore une fois, c'étaient les chats les boucs émissaires, les chats, toujours les chats, pauvres minous !

Sa dernière chambre de la rue du Bac à Paris avait été reconstituée avec quelques objets personnels, gravures, statuettes, portraits cloués aux murs dont celui de la fameuse Madame Récamier, sa grande et fidèle copine, son amie-amante qui l'accompagna jusqu'au crépuscule de sa vie. Dans mon *Lagarde & Michard*, juste à côté du célèbre tableau que Girodet a fait de Chateaubriand en beau gosse ténébreux, il y avait une reproduction en couleur de celui de Madame Récamier réalisé par le peintre Gérard en 1805. Ses épaules étaient largement dévoilées et son décolleté était, comment dire… généreux, troublant, vertigineux ? Elle était vraiment belle, excitante à souhait. Son regard coquin ne fixait que moi, sa main qui pendait lascive sur le fauteuil n'attendait que moi, ses petits orteils tout nus que j'aurais volontiers suçoté un par un ne gigotaient que pour moi, à tel point que je passais plus de temps à contempler ce portrait qu'à me torturer sur la prose du *Génie du Christianisme,* œuvre majeure de l'écrivain, insistait l'abbé Dantec, notre prof de lettres, et encore, je n'avais rien vu, je n'avais pas vu le nu que David avait fait d'elle, mettant en valeur un somptueux postérieur pour lequel je me serais damné avec délice et volupté. Voilà, jeunes gens du XXIe siècle, le genre de support sur lequel reposaient nos fantasmes à l'institution Notre-Dame de Campostal à Rostrenen au début des années soixante-dix, bien avant l'arrivée de l'ère numérique et de l'avalanche des images porno : le portrait de Madame Récamier dans un manuel de français, *Lagarde & Michard*, édition 1969. Je vous prierai de ne pas ricaner bêtement.

À l'accueil du château était proposé un large éventail des bouquins de François-René de Chateaubriand dont bien sûr les *Mémoires d'outre-tombe*, œuvre pharaonique qui ne devait être publiée selon les vœux de l'auteur qu'à titre posthume mais dont il fut contraint d'accepter la publication en feuilleton dans un journal pour une simple histoire de pognon car tout vicomte qu'il fut, ses fins de mois devenaient de plus en plus difficiles. Quatre volumes en poche, entre sept et huit cents pages, ce qui fait grosso modo 2 500 pages imprimées en tout petits caractères, de quoi décourager les plus aguerris des lecteurs et les plus téméraires des auteurs, mais bon, chapeau bas l'artiste. Chateaubriand quitta Combourg semble-t-il sans regret pour Rennes puis Paris avant de partir à la découverte des Amériques, de se voir obligé d'émigrer à Londres pendant la Révolution et de mener après la chute de Napoléon une brillante carrière diplomatique. Après quoi, il consacra les dernières années de sa vie à échafauder sa légende car tout le monde s'accorde pour admettre que ses mémoires, monument littéraire incontesté, sont un ramassis d'affabulations tournées bien sûr à son avantage. Son épouse, cent fois trompée par le chantre du christianisme courant la gueuse sans jamais se fatiguer, n'aurait pas dit le contraire. Il se rappela toutefois qu'il était breton en se faisant construire le tombeau un chouïa mégalo que nous avons évoqué lors de notre étape malouine. « *Non content d'être grand, il a voulu paraître grandiose* », écrit Flaubert qui visite le château en disciple convaincu et qui d'ailleurs s'en alla « *fort triste* » de Combourg. La ville lui a rendu un bel hommage par une statue de marbre érigée en bas du bourg. Éternel dandy ténébreux, capable de faire craquer d'un seul regard aussi bien la bergère de la prairie voisine que Madame la comtesse Natalie de Noailles, il ressemble étrangement à Marlon Brando à la fin de sa carrière.

À une quinzaine de kilomètres au sud de Combourg se trouve le site des onze écluses de Hédé sur le canal d'Ille-et-Rance. J'avais envie de voir ça et je ne fus pas déçu. Les écluses se succédaient à peu près tous les cent mètres et gravissaient ainsi la colline, à la manière d'un jeu de construction très compliqué. En face de chacune d'entre elles était bâtie une même maison éclusière portant un joli nom et la mairie avait eu l'excellente idée d'inviter des artistes à rajouter leur grain de folie par des sculptures en forme de clin d'œil et souvent rigolotes. La promenade sur le chemin de halage était bien agréable. Il y avait des fleurs partout, les péniches accostées vous donnaient des envies de voyages nonchalants et mes pensées se permirent à ce moment-là quelques envolées lyriques dignes d'un paragraphe du grand Chateaubriand, j'exagère à peine. Je croisai des têtes à claques d'amoureux avançant à pas lents, main dans la main, je pensai au décolleté de Madame Récamier, je pensais à Pénélope et j'aurais bien voulu qu'elle soit à mes côtés à ce moment-là et qu'on dorme le soir même dans cette péniche rouge, par exemple, construite en 1920 dans un chantier naval de Hollande et curieusement baptisée *Opium,* et qu'on se laisse bercer par le courant jusqu'aux portes de l'Atlantique et que, bel et intrépide timonier, je lui chante des poèmes d'amour dignes des paragraphes les plus osés de François-René mais l'heure, hélas, n'était pas à la bagatelle. Vers

19 heures, je posai mon bivouac au camping municipal de Saint-Aubin-du-Cormier situé tout près du centre, proche d'un étang et non loin des ruines du château. L'emplacement pour une nuit valait pour une raison que j'ignore 7,95 € et pas un sou de plus. La dame de l'accueil, pestant contre ces tarifs à la con établis par elle ne savait quel tordu de la mairie, fut sincèrement désolée de ne pouvoir me rendre le compte exact de ma monnaie. Dans un élan de générosité qui m'honore encore, royal une fois de plus, je fis sans hésiter un don des cinq centimes restants à la commune de Saint-Aubin-du-Cormier.

Comme Saint-Médard-sur-Ille ou Ercé-près-Liffré, Saint-Aubin faisait partie de ces villes de la seconde couronne de la périphérie de Rennes qui se situaient à moins d'une vingtaine de kilomètres des premiers centres commerciaux. Ce n'étaient pas vraiment des cités-dortoirs même si les lotissements rognaient comme ailleurs les espaces agricoles à la vitesse de neuf terrains de football par jour comme on l'a déjà dit et répété mais ce n'étaient pas non plus des bourgs ruraux, plus vraiment des villages et pas encore des villes. Disons qu'ils avaient le cul entre deux chaises. Il y avait des habitants, sans doute, mais on ne voyait pas un chat dans les rues, pas même un ivrogne titubant sur un passage piéton. Pourtant des pancartes à l'entrée des lotissements nous demandaient de « penser(z) à nos enfants » comme si leurs sales mioches étaient le premier de mes soucis. D'ailleurs, je n'en croisai aucun. Ils étaient sans doute affalés devant leur console de jeux, la bouche pleine de chips qu'ils avalaient par poignées, ou devant un site porno qui était autrement plus excitant que cette pétasse de Madame Récamier. On avait du mal à imaginer qu'ici même, le 28 juillet 1488, avait été réglé le sort de la Bretagne après une terrible bataille opposant l'armée française aux troupes du duc François II, obligé de reconnaître par sa défaite l'hommage lige au roi de France et de renoncer par le traité du Verger à la souveraineté du duché. Six mille combattants bretons (dont une bonne partie de mercenaires allemands, espagnols et même basques) restèrent sur le carreau et François II, dit-on, en mourut de chagrin. Sa fille, Anne, n'avait que douze ans quand elle devint duchesse de Bretagne. Deux ans plus tard, Charles VIII, le nouveau roi de France, ne fit du duché et de la duchesse qu'une bouchée.

Je profitai de la tiédeur de la fin du jour pour traîner autour des ruines du château rasé au lendemain de la bataille sous l'ordre de Charles VIII. Ne subsistaient que quelques chicots un peu sinistres et les vestiges de la façade d'un donjon, celle qui était tournée vers la France, histoire de rappeler à ces péquenots de Bretons que c'est de ce côté-là que les choses sérieuses allaient désormais se passer. Puis je fis le tour de l'étang et poursuivis ma promenade dans le bois voisin de Rumignon qui se dressait le long d'une crête granitique. On se serait cru sur le dos d'un dragon tant les rocs ressemblaient à des écailles mais les dragons, j'en voyais un peu partout depuis ma visite au Mont-Saint-Michel, peut-être était-il temps d'aller se coucher.

Des averses parfois orageuses
Trente-neuvième jour
Saint-Aubin-du-Cormier – Rennes

Le lendemain, impossible de retrouver le site de la fameuse bataille. Pas faute pourtant d'avoir farfouillé une bonne demi-heure autour de la lande de la Rencontre ni de tournicoter en long et en large dans la forêt de Saint-Aubin à la recherche d'une quelconque stèle commémorative devant laquelle m'agenouiller en pleurant toutes les larmes de mon corps la perte de l'indépendance de la Bretagne et celle de la virginité de la duchesse Anne par la même occasion. Au final, je suis tombé sur la caserne du onzième régiment d'artillerie de marine que je n'avais nulle envie, en aurais-je eu le droit, de visiter.

Je m'approchai de Rennes par le nord-est, traversai Gosné et Liffré sans aucune intention de m'y arrêter, fis cependant une halte à Saint-Sulpice-la-Forêt pour jeter un œil sur les ruines plutôt bien conservées d'une abbaye de plus, joliment nommée Notre-Dame-du-Nid-au-Merle. Encore une abbaye, soupirai-je, à croire que le pays n'avait été peuplé que de moniales et de moines, que seuls résonnaient dans la vieille Armorique psaumes, chants liturgiques et pets de nonnes. Les voûtes tenaient bon et quelques jolis chapiteaux romans avaient échappé à la fureur révolutionnaire. Bien qu'on se trouvât à un jet de pierre de la métropole, Saint-Sulpice n'était pas un village comme les autres. Il avait gardé son côté campagnard avec sa toute mignonne église entourée de son cimetière qui avait été obligé de s'agrandir un peu plus loin, ne serait-ce que pour accueillir les nouveaux. De fait, il y avait deux sortes de tombes : celles des nés-natifs et celles des périurbains et dans le cas de ces derniers, ça ne s'améliorait guère. Les tombes étaient résolument de plus en plus moches, prétentieuses et de mauvais goût, si toutefois on eut pu donner un quelconque goût à la mort. Les marbriers faisaient la loi, imposaient des monuments balourds et redondants et, sans avoir eu le temps de dire ouf, les morts se retrouvaient coincés pour l'éternité au-dessous d'un gros bloc de granit qui ressemblait toutes proportions gardées au mausolée de Lénine sur la place Rouge de Moscou. C'était pitié.

Avec ses trois mille hectares, la forêt de Rennes est la plus grande forêt domaniale de Bretagne, mais elle reste cependant bien modeste. Je crois avoir déjà dit, mais j'insiste tant le sujet me tient à cœur, que la Bretagne est la région la moins boisée de France. 10 % à peine, alors que la moyenne nationale est de 25 %. Tradition rurale et puissance agricole obligent, l'agriculture et l'élevage se disputent la plus grande part du gâteau. Épaulée par l'Union européenne, le Conseil régional a donc lancé en 2015 une campagne de subventions pour un reboisement d'urgence, avec comme objectif la plantation de 5 000 hectares d'arbres. À ce jour, 900 hectares ont été plantés. Mais la majeure partie de ces forêts sont des domaines privés exploités par 120 000 propriétaires différents. Le bois représente une source de revenus non-négligeable et les clients, en premier lieu les Chinois, se poussent au portillon. Résultat, les tronçonneuses s'en donnent à cœur joie. Certes, nous disent lesdits propriétaires subventionnés, on replante, oui, Monsieur, on replante, on travaille pour les générations futures, nous, Monsieur. Parfait, parfait, mais vous replantez quoi, si je peux me permettre ? Des espèces à croissance rapide, exploitables à court terme, des épicéas alignés comme les soldats du 11e Rima le jour du 14-Juillet, des pins Douglas qui sont à la dendrologie ce qu'un Mac Do est à la gastronomie. Du balai les chênes et les châtaigniers, aux oubliettes les bouleaux et les saules ! Trop longs à grandir, on n'a pas le temps, on veut du retour sur investissement et tout de suite, pas dans cent sept ans. Et que ça saute !

Voilà où l'on en est. Et les générations futures n'ont qu'à la fermer. Leurs pancartes « Pensez à nos enfants », c'est à l'orée de la forêt qu'ils devraient les planter et pas seulement à l'entrée de leurs lotissements à la noix. Grâce à Dieu et au bon sens de quelques autorités compétentes, la forêt de Rennes ressemblait encore à une forêt et non à une plantation. Je fis une halte sur une clairière qui s'appelait tout bonnement la Mi-Forêt. Des gamins encadrés par de jeunes animateurs s'exerçaient aux joies de l'accrobranche sur de vrais arbres et semblaient y prendre goût. Une auberge du même nom, abandonnée depuis des lustres, tombait maintenant en décrépitude et c'était bien dommage. Les gens préféraient désormais la musique des centres commerciaux au silence des forêts. Dans les parages se trouvait un hameau nommé la Croix du Loup pendu. Tout portait à croire que la bête, écœurée par la tournure qu'avaient pris les événements, s'était suicidée.

Après quoi, j'ai cafouillé une bonne demi-heure dans la périphérie de Rennes entre Noyal-sur-Vilaine, Thorigné-Fouillard et Cesson-Sévigné et que je sois damné si je ne retiens pas le nom de ces charmantes communes. Je tiens à rappeler que je n'avais toujours pas de GPS. Il y avait des déviations partout, je me perdais dans des zones industrielles ou commerciales, tournicotais autour de ronds-points qui me laissaient le choix entre « toutes directions » ou bien « autres directions » et je ne sais par quel miracle je suis arrivé sain et sauf à midi pile rue Honoré-de-Balzac où mon oncle François et ma tante Anne-Marie m'attendaient pour le déjeuner.

Rennes, nous y voilà. Un peu plus de 216 000 âmes intramuros et un peu moins de 720 000 pour ce qui concerne les cent dix communes de l'aire urbaine, ce qui fait qu'en Ille-et-Vilaine, sept habitants sur dix vivent dans ce périmètre, ce qu'on appelle en terme géographique « un effet de métropolisation ». C'est bien connu, les Finistériens méprisent Rennes qu'ils considèrent comme faisant partie de la lointaine banlieue parisienne. Et les Rennais nous le rendent bien, ce mépris, depuis que le TGV les propulse au pied de la tour Montparnasse en à peine une heure et demie. Pour ma part, j'essayais de me garder des a priori. Je connaissais la ville, bien sûr, mais c'était toujours avec une humilité teintée de méfiance que je m'y rendais. Elle m'avait laissé de bien mauvais souvenirs depuis que ma dissertation au concours de l'agrégation d'histoire s'était soldée par un pitoyable 4/20 qui m'est resté en travers de la gorge. Je leur avais pourtant écrit un monument de dix-sept pages sur le thème « État et totalitarisme » avec tout un tas de citations pas piquées des hannetons, issus des plus beaux discours de Mussolini ou de Goebbels, et j'étais sorti au bout de six heures convaincu de remporter la palme haut la main. La chute fut d'autant plus brutale. Ce fut le plus grand râteau de mon parcours intellectuel depuis un humiliant 6/20 à l'écrit du bac de français en 1973 dont les épreuves se déroulaient cette fois-là à Saint-Brieuc. Certes, j'avais eu ma revanche, les notes n'engagent au final que ceux qui les donnent, mais quand même, je continuais à faire profil bas à chaque fois que j'allais à Rennes de peur que les gens me reconnaissent et me montrent en ricanant du doigt comme le mec qui s'est chopé un magistral 4/20 à l'agrégation. Mon vieux van tout rouillé garé rue Honoré-de-Balzac entre un SUV Audi Q5 et une Toyota Corolla flambant neuve n'en menait pas large non plus. On aurait dit un vieux postier breton tout crotté attelé entre deux pur-sang fin prêts pour le grand prix de l'Arc-de-Triomphe. Bref, quand on venait de Brest à Rennes, ou encore de Plounévez-Lochrist à Thorigné-Fouillard, on avait définitivement l'air d'un plouc, à moins que je sois tout simplement atteint d'un complexe appelé « syndrome du trou-du-cul-du-monde ».

Rennes, c'était aussi des réunions assommantes dans un obscur amphi de Villejean, des convocations pénibles à des jurys de bac (hé, hé, à mon tour d'infliger des sales notes !) dans des lycées déprimants situés à l'autre bout de la ville, des manifs pour la reconnaissance de la langue bretonne, pour la revalorisation de nos salaires ou pour le rattachement de l'Ille-et-Vilaine à la région Basse-Normandie et des déménagements fastidieux pour mes fils qui à leur tour étaient censés suivre des études dans une fac réputée faire grève en moins de temps qu'il n'en faut à un ministre pour signer une réforme. Et d'ailleurs, ils en ont gardé un excellent souvenir.

Jules Verne, le Nantais, n'est pas non plus très gentil avec la Condate des Romains : « *C'est une ville aux vastes places*, écrit-il en 1868, *aux rues larges mais qu'une insuffisante population rend triste et monotone ; l'activité lui manque, l'industrie et le commerce y sont peu développés, et c'est seulement à ses souvenirs historiques qu'elle doit son titre de capitale de la Bretagne* ». Mais il parle avec enthousiasme du jardin du Thabor, ce en quoi il a parfaitement raison. C'est aussi par là que nous avions entamé notre vadrouille, au milieu d'une impressionnante collection de roses portant des noms de baptême aussi curieux que *Sheila's parfum*, *Sophocle*, *Révolution française*, *Moulin rouge*, *Lætitia Casta* et même *Frédéric Dard* ou *Léo Ferré*. Ils en avaient bien de la chance, les Rennais, de pouvoir s'offrir dans ce parc aménagé tantôt à la française, tantôt à l'anglaise, un florilège d'arbres, de plantes et d'arbustes de toutes espèces botaniques et de se balader à travers un dédale d'allées ombragées jusqu'à un ancien étang nommé l'Enfer au motif que les moines de l'abbaye voisine de Saint-Melaine se payaient un peu trop de bon temps à faire du canotage ou je ne sais quelle autre futilité, ce qui mettait en fureur leur supérieur hiérarchique. L'étang fut vidé, on en fit un pré qui devint un lieu idéal pour les duels entre gentilshommes en des temps où on ne plaisantait pas sur les questions d'honneur. Le parc servait bien sûr aussi de rendez-vous galant et je suis poli. Moins drôle, le site fut utilisé par les Allemands pour exécuter des Résistants.

J'avais prévenu mon oncle de chausser ses baskets car tout octogénaire qu'il soit, ce n'était pas le genre d'homme à frémir devant trois ou quatre heures de marche. Pour des raisons professionnelles, François s'était installé à Rennes avec sa petite famille et y avait fait son nid. Il aimait sincèrement cette ville, la parcourait en long et en large à pied comme à vélo depuis des décennies, suivait son évolution avec un certain optimisme, écartant d'une pichenette les discours grincheux et les projections alarmistes qu'en bon avocat du Diable, je ne manquais pas de marmonner dans ma barbe. De plus, François était un inconditionnel du Stade Rennais qui, devons-nous le rappeler, avait gagné la dernière Coupe de France de football contre le PSG. C'était le guide idéal pour me faire redécouvrir cette ville. Bruno, le patron de la librairie L'Encre de Bretagne de la rue Saint-Melaine m'en avait déjà fait goûter quelques échantillons il y a deux ou trois ans lors d'un reportage, raison de plus pour se faire offrir un café chez lui. Lui aussi, le banlieusard de Paris, aimait bien sa ville d'adoption qui bon gré mal gré avait fini par l'adopter. L'essentiel de ses bouquins était consacré à la matière bretonne. Bruno était en quelque sorte mon agent en terres brétiliennes. Mais le libraire n'était pas dupe. Il reconnaissait que Rennes revendiquait de moins en moins sa celtitude, qu'elle regardait davantage à l'est, obsédée par l'idée de rejoindre la capitale en moins de deux heures et de se raccrocher de ce qu'on appelle pompeusement en géographie « l'archipel mondial de la métropolisation » en oubliant par là même son *hinterland* historique, son arrière-pays qui l'avait pourtant hissé au rang de capitale.

Cet après-midi-là, je n'ai pris volontairement aucune note et aucune photo. Tonton François, devenu guide d'un jour, m'a trimballé d'une rue l'autre, d'une place la suivante et d'une rive l'opposée. Je retiens la place Sainte-Anne, bien sûr, ses travaux autour de la ligne 2 du métro et son escadron de punks à chiens, toujours fidèles au poste. Je retiens le couvent des Jacobins qu'il nous fut impossible de visiter pour cause de colloque organisé ce jour-là. La cathédrale, nous la laissâmes de côté, préférant la promenade le long du canal d'Ille-et-Rance où les anciens lavoirs, situés devant l'école d'architecture, avaient été joliment rénovés. Je retiens aussi d'anciennes façades à pan de bois ayant échappé au grand incendie de 1720, dont la remarquable maison nommée Ty Koz, sans doute la plus vieille de la ville. Mais aussi les portes mordelaises où se devaient de passer les ducs de Bretagne pour prêter serment aux libertés bretonnes, la fraîcheur de quelques arrière-cours, la chapelle Saint-Vincent abritant une exposition sur l'histoire et la construction de la ville, les pavés et les terrasses de la rue Vasselot où nous avons dégusté une excellente bière, la nouvelle gare un peu mégalo pour les uns, à la pointe de la modernité pour les autres, la promenade des Bonnets rouges (me demandant au passage si un jour il y aura un square des Gilets jaunes), l'ancienne école de médecine, magnifiquement bâtie au début du XXe siècle de briques rouges, de schiste gris et de grès pourpre, abritant aujourd'hui les services techniques de la ville, et pour finir notre randonnée, le domaine Oberthur, ancien siège des imprimeries du même nom, avec son parc et le château du maître. C'était l'été. Les épaules se dénudaient enfin. Les lycéennes se retrouvaient toutes émoustillées après les épreuves du bac, les mamans faisaient prendre le goûter à leurs marmots au visage bariolé de Nutella, quelques femmes solitaires, allongées sur l'herbe de tout leur long, lisaient un roman de Guillaume Musso ou de Chateaubriand mais plutôt de Guillaume Musso. Une autre se livrait à des exercices qui s'apparentaient au yoga. Une vieille femme avançait péniblement à l'aide d'un déambulateur sans que son sourire ne se crispe un seul instant. Il nous plut à penser que c'était un parc uniquement réservé aux dames.

Couvert le midi puis averses à l'est
Quarantième jour
Rennes

La visite du musée des Beaux-Arts débutait comme il se doit par la salle des antiquités consacrée à L'Égypte ancienne avec ses habituelles momies qui semblaient passionner une classe d'enfants de maternelle toujours prompts à répondre aux questions qu'on ne leur posait pas. Au moins éprouvaient-ils de l'intérêt, voire de l'enthousiasme, contrairement à ces collégiens aux jeans troués qui traînaient dans ce genre d'endroit une morgue aussi longue qu'un jour sans pain et étaient prêts à faire appel devant la Cour européenne des droits de l'homme au motif que leurs profs leur interdisaient de sortir leur portable.

Les momies avaient toujours la côte, les poteries étrusques un peu moins. Je montai les escaliers monumentaux du musée, d'ailleurs tout semblait un peu monumental dans cette ville bâtie par et pour le pouvoir. Il y avait de belles choses au premier étage, des natures mortes de Chardin, le célèbre nouveau-né emmailloté de Georges de la Tour, un Rubens, des oranges peintes par Gauguin, un petit Picasso, un Sérusier tout aussi petit et puis deux toiles que j'affectionnais depuis longtemps et que j'étais ravi de voir pour la première fois en vrai de vrai. Les *Femmes de Plougastel au pardon de Sainte-Anne la Palud*, de Charles Cottet et *La chevauchée de Saint Guénolé et du roi Gradlon*, d'Evariste Vital-Luminais (1903) dont une reproduction avait longtemps orné un mur de ma salle de classe. À l'horizon, la ville d'Ys était submergée par les flots et les deux hommes à cheval se débarrassaient de la princesse Dahut, coupable d'avoir livré la ville au stupre et à la décadence, ce qui n'était pas très généreux de leur part mais bien fait pour elle. Nous reviendrons sur cet épisode quand nous aurons atteint la baie de Douarnenez mais patience, patience…

Au rayon des contemporains, on croisait aussi quelques grands noms : Pierre Soulages, Geneviève Asse, Georges Mathieu… Je baguenaudai d'une salle à l'autre, saluai en passant une statue de Chateaubriand qui, au soir de sa vie, ne ressemblait plus du tout à Marlon Brando mais plutôt à un vieux sage un peu décrépit et revenu de tout. Ce n'était pas le musée le plus intéressant que j'avais visité en Bretagne et j'allais partir un peu sur ma faim lorsque je vis au rez-de-chaussée un écriteau qui indiquait le cabinet de curiosités du marquis de Robien, à l'origine de la création de ce musée après que les biens de la noblesse eussent été saisis par le gouvernement révolutionnaire. Robien était un parlementaire, c'était aussi un humaniste, un encyclopédiste et un homme de goût. Au cours de sa vie, il avait emmagasiné plus de 8 000 objets venus des quatre coins du monde. Des tableaux, des meubles, des maquettes (la tour de Nankin), des statuettes hindoues et des poteries antiques, un soulier de géant, des chaussures minuscules pour les pieds bridés des femmes chinoises, des pièces de monnaies disparates, des rames polynésiennes, des porcelaines de tout poil, une arbalète médiévale, un carquois apache, des objets hétéroclites qui vous laissaient totalement perplexes et même des figurines chinoises érotiques qu'on pouvait observer à travers un œilleton posé à la hauteur des yeux d'un adulte. Bref, un fascinant bric-à-brac. C'était fantastique et encore, m'apprit cette dame qui s'occupait des lieux, on ne voyait ici que la partie immergée de l'iceberg, le quart de la collection, le reste étant entreposé dans les sous-sols du musée en attente de nomenclature. Je lui sortis les yeux les plus doux de mon répertoire pour qu'elle cède à ma demande mais non, c'était non, strictement interdit au public, quasiment secret d'État. J'adorais les collectionneurs et les cabinets de curiosités, ce qui n'étonnait guère Pénélope qui ne manquait jamais, à chaque fois qu'elle venait chez moi prendre un thé et plus quand affinités, de me rappeler que ma maison était un vrai cabinet de curiosités, ce qui signifiait pour elle une sorte de capharnaüm pour vieux garçon maniaque et obsessionnel. Quoi ? Je ne collectionnais que les livres, les tableaux, les marque-pages aux portraits de femmes, les cartes postales, les cartes IGN, les cailloux de toutes sortes, les carafes publicitaires de bistrots et les sables ramassés sur les plages au cours de mes pérégrinations.

Tout près du musée se trouve le lycée Émile Zola, célèbre pour avoir été en 1899 le théâtre du Conseil de guerre du capitaine Alfred Dreyfus. L'affaire ayant fait trop grand bruit à Paris et dans tout le pays, il a été décidé que le procès en révision se déroule à Rennes, ville réputée paisible quoiqu'en majorité très curetonne et antidreyfusarde. Mais l'ambiance est plus que tendue. L'armée quadrille la ville. Des journalistes venus du monde entier se pressent dans la capitale de Bretagne qui devient, l'espace de quelques semaines, le centre du monde. Fernand Labori, un des avocats du capitaine, reçoit une balle dans le dos sans qu'on ait jamais retrouvé le coupable. Les commerçants juifs subissent des menaces. Le jour du procès, un petit malin doué pour les affaires a installé près du lycée une estrade avec terrasse pour avoir en ligne de mire celui que certains considèrent comme un traître et d'autres comme un martyr. Aux premières loges, la place coûte un franc. L'estrade est pleine. Chacun le sait, ce procès est une mascarade mais l'armée tient à sa réputation. Dreyfus est accusé de trahison avec circonstances atténuantes, ce qui est absurde, puis gracié par le président Loubet avant d'être réhabilité six ans plus tard.

Après s'être appelé lycée Chateaubriand, l'établissement avait pris en 1971 le nom d'Émile Zola, l'un des plus ardents défenseurs de Dreyfus, ce qui était plutôt sympathique et même courageux de la part des Rennais mais entre-temps, la ville avait basculé à gauche. C'était un bien beau lycée, l'un des premiers de France, d'ailleurs, fondé sous le Premier Empire, qui avait accueilli sur ses bancs quelques potaches qui firent par la suite un peu parler d'eux dans des registres différents : Pierre-Jakez Hélias, Alfred Jarry, Paul Féval, Mona Ozouf, Pascal Obispo… (cherchez l'intrus). Comme aucun garde-chiourme ne semblait en interdire l'accès, j'ai jeté un œil à l'intérieur. Les élèves n'avaient pas à se plaindre, c'était un lycée prestigieux, en effet, d'architecture classique mais élégante. Les briques rouges se mélangeaient élégamment à la pierre blanche. C'était exactement le genre de bahut du centre-ville qui donne l'idée d'une grande nation mettant au premier rang de ses préoccupations l'éducation de la jeunesse. En ce jour de baccalauréat, dans la grande cour de récréation, quelques groupes de cancres se demandaient cependant quels esprits pervers avaient bien pu leur soumettre de telles questions aussi tordues pour la dissertation de philo. Solidaire à ma façon, je me mettais à leur place. Quelques gouttes de pluie tombaient sans faire de bruit.

J'avais rendez-vous à midi quinze boulevard de la Liberté avec Laurence, éditrice à Ouest-France avec qui je préparais un bouquin pour la prochaine rentrée, rendez-vous dans un restaurant qui s'appelait Le Globe, situé tout près des anciennes imprimeries du journal du même nom, aujourd'hui réhabilitées en un hôtel Mercure plutôt classe. Originaire de Saint-Brieuc, Laurence avait fait ses études en cette ville pour ne plus la quitter puisqu'elle bossait dans cette même boîte depuis maintenant une trentaine d'années. Elle s'y connaissait question bouquins, mise en page et stratégie commerciale, on pouvait lui faire confiance, et c'était la raison pour laquelle j'étais là, forcément toujours un peu intimidé car les éditeurs sont aux écrivains ce que les sélectionneurs sont aux sportifs. Un faux pas, une passe mal négociée et on se retrouve vite fait sur le banc de touche à regarder la fin du match en rongeant son frein. Bref, on a parlé business devant une tranche de thon grillée au basilic et un verre de pouilly mais pas seulement. Je voulais avoir son impression sur la ville. C'était entendu, Rennes avait un Parlement historique, aujourd'hui recyclé en palais de justice, Rennes venait de se doter d'une nouvelle gare multi-modale et d'un Centre des affaires que le monde entier lui enviait, Rennes était à une heure et demie de Paris (on finira par le savoir !) et à moins de trois heures de Bruxelles ou de Londres, le Stade Rennais avait remporté par deux ou trois fois la Coupe de France de football, son stade avait été récemment et un peu bizarrement baptisé Roazhon Park sans doute pour rappeler que Rennes était en Bretagne, l'Université de Rennes rayonnait sur tout l'ouest de la France, Rennes était le siège du plus grand quotidien de France, Rennes était un pôle performant de compétitivité, une métropole dynamique et attractive, un riche bassin d'emplois industriels et tertiaires, que sais-je, Rennes était classée première dans le palmarès des villes de France où il fait bon vivre (sondage *L'Express*, 2017) et deuxième où il fait bon travailler, Rennes était le berceau du rock new-wave des années quatre-vingt (Niagara, Étienne Daho, Marquis de Sade…), Rennes possédait un patrimoine architectural qui laissait pantois d'autres villes de même importance, certes Rennes ceci, certes Rennes cela, certes, mais à part ça ?

À part ça (c'est Laurence qui parle) certains de mes amis rennais me demandent régulièrement pourquoi je m'entête toujours à retourner en Bretagne dès que j'ai un moment de libre. Ce à quoi je réponds : « Mais Rennes est en Bretagne, que je sache ? C'est même la capitale ! » Ils me regardent alors avec l'air ahuri de ceux qui se réveillent d'un mauvais rêve.

C'est ainsi. En ces temps de concentration et de métropolisation dans un contexte de mondialisation, de globalisation et de plein d'autres mots finissant par -ion, beaucoup de gens se réclament davantage d'une ville que d'une région, et ça ne concerne pas seulement les Rennais. Les Brestois sont tout aussi farouchement attachés à leur cité. L'identité urbaine dépasse maintenant la revendication régionale. On est barcelonais avant d'être catalan, dublinois avant d'être irlandais. Est-ce à encourager, à blâmer ou à déplorer ? Je ne sais pas mais je me retrouve comme tout le monde devant le fait accompli. La concurrence des pôles urbains a pris la place des querelles de clochers d'antan mais on reste peu ou prou dans le même esprit de concurrence un peu immature. Au XVIe siècle, c'était à qui érigeait le calvaire le plus riche, la cathédrale la plus vaste, le beffroi le plus haut. Aujourd'hui, c'est à qui se décrochera le pompon au championnat de l'attractivité, au tournoi de la compétitivité, au hit-parade de la croissance. C'est toujours à qui pissera le plus haut et les instituts férus de classements en tout genre ne se privent pas de hiérarchiser à tout va. Mais il y a aussi ceux qui ne prennent plus la peine de se débraguetter, qui refusent de jouer le jeu ou qui s'en fichent un peu. On s'est demandé, Laurence et moi, s'il était raisonnable de prendre un dessert mais on s'est contenté d'un café.

J'avais oublié : Rennes possédait également avec plus de 600 000 références la plus riche médiathèque de Bretagne. Je ne pouvais décemment pas rater ça. Celle-ci se trouvait depuis une dizaine d'années aux Champs Libres, le pôle culturel situé non loin de la gare que partageaient également le musée de Bretagne et un espace scientifique avec un planétarium. L'ensemble architectural était assez audacieux, adjectif qu'on utilise généralement dès qu'on reste perplexe devant une réalisation un peu curieuse, de la même façon qu'on peut l'être devant un plat exotique concocté par des relations plus ou moins proches qui nous ont invités à dîner dans le seul but de nous épater. Jacqueline, une copine qui travaillait à la médiathèque depuis des années en tant que responsable du fonds régional et que je croisais de temps à autre dans les salons du livre puisqu'elle avait repris, après le décès de son mari Bernard, la direction des éditions Les Portes du Large, se proposa de me servir de guide. Jacqueline était une femme qui souriait tout le temps et qui riait le reste du temps. Elle semblait chaque fois sincèrement heureuse de nous voir et le prouvait par une accolade enthousiaste et naturelle. J'imagine qu'elle aussi avait droit, comme tout un chacun, à sa ration quotidienne d'inquiétudes, d'emmerdements, de solitude, de tristesse et de tous ces grains de sable qui nous embrouillent l'existence, mais il semblait n'en rester aucune miette quand elle vous rencontrait. Il y a des gens, comme ça, dont la bonne humeur est contagieuse. De plus, elle paraissait particulièrement heureuse de me faire visiter son palais des livres étagé sur six paliers en haut duquel se trouvait son antre et d'où l'on pouvait jouir d'un large panorama sur la ville. Plus on montait, plus le niveau intellectuel s'élevait également. Les livres pour enfants et les mangas au rez-de-chaussée, les BD au premier, les romans au troisième et ainsi de suite. Au sixième, on était donc au top. Le plus vieil ouvrage, bien sûr planqué quelque part dans un coin protégé des archives, datait du XIe siècle. Il s'agissait des écrits de Bède le vénérable, un lettré anglo-saxon mort en 735, mais il y avait bien sûr à peu près tout ce qui concernait de près ou de loin le patrimoine littéraire breton. Une vie n'aurait pas suffi pour en faire le tour. Tous ces trésors avaient été bien sûr référencés sur des ordinateurs mais Jacqueline conservait pieusement les anciennes fiches du catalogue écrites à la main sur des papiers Bristol et rangées dans un magnifique buffet à tiroirs.

Le clou du spectacle, si j'ose dire, c'était le Musée du livre et des lettres Henri Pollès, qui prenait une bonne partie du sixième étage. Il ne s'agissait pas vraiment d'un cabinet de curiosités, encore que ça y ressemblait. Il ne s'agissait pas non plus de sa bibliothèque personnelle bien qu'il y eut là à peu près 30 000 de ses ouvrages légués en 1988 à la ville de Rennes. C'était bien plus que ça. La chambre, la cuisine, le bureau ou même la salle de bains de sa maison de Brunoy, dans l'Essonne, avaient été ici reconstitués. Chaque pièce était littéralement envahie d'une nuée de bouquins, posés à la va comme je te pousse sur des étagères brinquebalantes ou pieusement reliés dans une bibliothèque de style Empire ou encore simplement jetés en désordre sur le lit. C'était la maison d'un fou, d'un fou furieux des livres. C'était une ruche ou un essaim, je ne sais pas trop, et on avait l'impression que chacun de ces bouquins était un être vivant, possédait une histoire propre, un cœur battant et du sang irriguant les pages. On avait l'impression que les livres allaient se mettre à parler, du moins à caqueter. Dans un amas confus de babioles, de statuettes ou de souvenirs, chaque livre semblait pourtant être à sa place, place que lui avait assignée son propriétaire pour une raison qui nous échappe encore. Henri Pollès dont à ma grande honte je n'avais pas lu la moindre page était né à Tréguier en 1909. Auteur d'une quinzaine de romans, dont trois furent sélectionnés pour le prix Goncourt, il fut toutefois déçu par le manque de reconnaissance du public comme de la critique et tourna le dos à l'écriture pour se consacrer à sa passion de bibliophile. C'est ainsi qu'il devint courtier en livres rares au service des libraires et des collectionneurs. « *J'adorais toucher, palper, caresser les livres,* écrit-il, *toujours de nouveaux livres, ces véhicules de lumière, de conscience, d'enchantement…* » Il fut l'ami de Jean Giono et de Max Jacob. Le 30 septembre 1994, Pollès périt dans l'incendie de sa maison de Brunoy, au milieu de ce qu'il appelait *son grand tombeau*. Ses derniers livres disparurent avec lui.

Me restaient deux ou trois choses à voir à Rennes avant de regagner mes pénates, à commencer par le musée de Bretagne qui se trouvait dans le même bâtiment. Le musée suivait depuis le néolithique jusqu'à nos jours un ordre chronologique parfaitement lisible. Il était vivant, aéré et riche en découvertes. On pouvait y emmener nos gosses en toute confiance. Tout cela était parfait mais je me sentais un peu en surcharge cognitive, comme disent aujourd'hui les psys. Depuis la visite matinale du musée des beaux-arts, la journée avait été éprouvante. Une salle entière était bien sûr consacrée à l'affaire Dreyfus, une autre retraçait l'histoire de Rennes depuis ses origines. En 1720, un grand incendie avait ravagé une bonne partie de la ville. Un menuisier *de mauvaise vie*, dit-on, s'était engueulé avec sa femme et la scène de ménage avait mal tourné. Dans la série *ivre virgule*, désormais bien connue de la presse régionale, on imagine avec délectation le compte rendu publié le lendemain : *Ivre, il renverse une bougie sur un tas de copeaux en voulant descendre à la cave chercher une autre bouteille que sa femme avait planquée au grenier.* Le feu s'était propagé d'une maison à l'autre comme une traînée de poudre. Plus de trois mille maisons ainsi que l'église Saint-Sauveur furent réduites à un tas de cendres. En 1994, rebelote. Cette fois-ci, c'est le Parlement qui fut la proie des flammes. Des fusées de détresse lancées par des marins-pêcheurs en pleine manif contre les dégradations de leurs conditions de travail et les nouvelles directives européennes embrasèrent la charpente du noble bâtiment. Depuis, la ville classée première dans le palmarès des villes de France « où il fait bon vivre » s'était refait une beauté.

Toujours à pied, mais d'un pas cette fois-ci plus traînant, moins déterminé, je passais devant le Parlement sans y rentrer, devant la piscine Saint-Georges sans m'y baigner et devant l'église Saint-Germain sans y prier avant de retourner rue Honoré-de-Balzac embrasser mon oncle et ma tante devant chez qui était resté garée Babette la camionnette qui patiemment m'attendait comme le cheval d'un ivrogne devant la porte du cabaret. Voilà, c'est ainsi que s'achevait la première partie de mon périple armoricain dans sa partie orientale, abusivement baptisé Haute Bretagne. Je voulais voir Clisson et j'avais vu Clisson. Je voulais voir Fougères et j'avais vu Fougères. J'avais déjà parcouru plus de six mille kilomètres dans mon van, erré quarante jours et quarante nuits à travers trois départements sans trop savoir en quête de quoi j'étais parti mais qu'importe, tous les pèlerins du monde vous soutiendront mordicus que l'important n'est pas d'arriver mais d'avancer, que l'essentiel n'est pas la cible mais la trajectoire, que le chemin est par essence Vérité et que le but final est à chercher en son âme et en sa conscience, *amen.*

François Maspero, dont je ne saurais que trop recommander la lecture de ses récits de voyage, y avait réfléchi avant moi quand on l'interrogeait sur ses motivations.

« Qu'est-ce que vous cherchez exactement *? Vous avez bien une idée derrière la tête ? » A ces questions-là, je n'ai pas trouvé de réponse prête. D'ailleurs, si j'en trouvais une, je crois que je cesserais de voyager. »* (*Balkans-Transit*).

J'ai rattrapé la rocade nord en quelques minutes par le bien nommé boulevard d'Armorique et sans me retourner, sans même jeter un œil dans le rétroviseur, j'ai mis aussitôt le cap à l'ouest, bien décidé à reprendre l'aventure avant la Saint-Glinglin.

Landerneau, août 2020

REMERCIEMENTS

à tous ceux qui m'ont ouvert cette porte devant laquelle je frappais en pleurant et qui m'ont offert le gîte et le couvert : Daniel et Hélène, Nadine et Nono, Jacques, Odile et Michel, François et Anne-Marie, Laurence.

à mes camarades d'écriture chez qui j'ai pioché en toute impunité de précieux renseignements : Bernard Rio, François de Beaulieu, Daniel Cario, Gwenc'hlan Le Scouëzec, Michel Renouard, Gustave Flaubert et tant d'autres...

aux journaux *Ouest-France* et *Le Télégramme* pour m'avoir gracieusement fourni un titre à chacune de mes journées.

à Cyrille et à Nathalie pour la relecture.

à Laëtitia pour m'avoir de temps en temps accompagné et supporté dans mes errances aussi bien que dans mes absences.

à tous ceux qui m'ont reçu, de quelque façon que ce soit, à savoir les gardien(ne)s de musées, les hôtesses des offices de tourisme, les hommes et les femmes qui tiennent l'accueil des campings, les barmen et les barmaids, les bibliothécaires, les libraires, les moines et les moniales, bref, tout ce petit monde disparate que j'ai eu le plaisir de rencontrer au hasard de mes pérégrinations.

à Didier et à Cécile, des éditions Géorama.

à Babette, la camionnette.

H.B

Du même auteur :

Garce d'étoile. Sur les chemins de Compostelle, Bretagnes, 1990, Coop-Breizh, 2010, Géorama, 2018.

La nuit blanche, NiL éditions, 2000 – Coop-Breizh 2006.

Le beurre et l'argent du beurre, Coop-Breizh, 2005, Géorama, 2020.

Félicité Grall, Robert Laffont, 2004 – Coop-Breizh, 2011.

Un bon Dieu pour les ivrognes, Coop-Breizh, 2006.

Demain, j'arrête d'écrire, Coop-Breizh, 2007.

Sur le chemin de Stevenson (photographies de Bruno Colliot), Ouest-France, 2007.

Les sirènes du Transsibérien, Géorama, 2008 – Pocket, 2017.

Une heure de sommeil en moins, Coop-Breizh, 2009.

Brèves de Bretagne, Edicité, 2009 – Géorama/Edicité, 2018.

Si c'est ma femme, je suis pas là, Dialogues, 2011.

Monts d'Arrée (photographies de Jean-Yves Guillaume), Géorama, 2013.

Rester en Rade, Dialogues, 2013.

Je hais les dimanches, Saisons 1 (2015) et 2 (2016), Dialogues.

K.B., *Voyage au cœur de la Bretagne*, Dialogues, 2017.

Lulu tout simplement, Presses de la cité, 2019.

Bouts de chemins en Bretagne. 30 rencontres, 30 randonnées, Ouest France, 2020.

Géorama est membre de
l'Union des éditeurs de voyage indépendants
www.uevi.org

Tout un monde de livres
sur
www.librairieduvoyageur.com

Retrouvez tous les titres de Géorama sur
www.georama.fr
www.facebook.com/georama.editions

DANS LA MÊME COLLECTION

Planète D. Le grand détour
Damien Artero

Les chemins de la paix. La grande aventure des années soixante *
André Brugiroux

Le monde en stop. Cinq années à l'école de la vie *
Ludovic Hubler (également disponible en poche chez Pocket)

Les Sirènes du Transsibérien. Voyage à Vladivostok *
Hervé Bellec (également disponible en poche chez Pocket)

En famille, le temps d'un rêve.
Trois ans autour du monde en camping-car *
Erwin Münch (version papier épuisée)

Une vie sur la route. Chroniques d'un sac à dos *
André Brugiroux

De Brest à Vladivostok. 15 000 km à travers l'Eurasie
Textes : Jean Lallouët / Photos : Serge Vincenti

Des Jardins au Sahara. Carnets d'Afrique d'un jardiner-voyageur *
Michel Damblant

EcoAmerica. Voyage en quête de solutions durables *
Guillaume Mouton

Résilience. De l'Atlantique à l'Himalaya, au-delà du handicap ⋆
Vincent Bernard

71 & autres faits d'hiver. Itinérance solitaire d'une femme en Laponie ⋆
Nathalie Courtet

À pied dans le Caucase. Azerbaïdjan - Géorgie - Arménie
Nathalie Courtet

La Haute Route. Carnet du GR20
Bernard Berrou

Carnets d'éternité. 30 ans sur les chemins du monde
Philippe Montillier

Regards sur l'Altaï. La montagne d'Or
Jean-Paul Le Bihan

Garce d'étoile. Sur les chemins de Compostelle
Hervé Bellec

Paris-Téhéran à vélo ⋆
Michael Pinatton

⋆ Titres également disponibles en version numérique.

Conception graphique
Bruno Pia

Mise en page
Cécile Beyou

Photo de couverture
IStock

Ouvrage réalisé avec le soutien financier
de la région Bretagne

Éditions Géorama
13, rue du Port
29840 Porspoder
02 98 33 61 72
www.georama.fr

ISBN 979-10-96216-41-3
Dépôt légal : 3e trimestre 2020

Achevé d'imprimer en septembre 2020
Impression Printcorp